Ein üppiger Titel mit allumfassendem Anspruch – für ein Beispielbuch, das all jene Leser interessieren wird, die sich mit der Phänomenologie des Erotischen beschäftigen. Daß der Anspruch sich inhaltlich erfüllt, zeigt bereits die Einführung von Franz Blei, dem Schriftsteller, Kritiker und Essayisten, der sich auch als Sammler und Kenner von Erotika ausgewiesen hat. 1932, als diese zweibändige Sammlung erstmals in Wien erschienen war, »als Privatdruck in einer nur für Bibliotheken und Wissenschaftler bestimmten Subskriptions-Ausgabe«, mußte das Impressum den zusätzlichen Vermerk tragen: »Das Verleihen der Ausgabe ist verboten«. Franz Blei wollte in einer Zeit, von der er meinte, daß in ihr das Ende eines für die europäische Zivilisation charakteristischen »sentimentalisierten Phallozentrismus« gekommen sei, mit historischem Blick Beispiele aus allen Zeiten und Kulturen dafür geben, »wie sich die jeweilige erotische Haltung des Menschen literarisch niederschlug«, Beispiele der erotischen Literatur »einschließlich jener, die man die pornographische nennt«.

insel taschenbuch 1141

Anthologie der erotischen Literatur aller Zeiten und Völker

Zweiter Band

Anthologie der erotischen Literatur aller Zeiten und Völker

Mit einem Vorwort von Franz Blei
Herausgegeben von Paul Englisch
Neu arrangiert und mit einem Nachwort
versehen von Karl Riha

Zweiter Band

Insel Verlag

insel taschenbuch 1141
Erste Auflage 1990

Hinweise zu dieser Ausgabe am Schluß des zweiten Bandes
Vertrieb durch den Suhrkamp Taschenbuch Verlag
Umschlag nach Entwürfen von Willy Fleckhaus
Satz: LibroSatz, Kriftel · Druck: Ebner Ulm
Printed in Germany

1 2 3 4 5 6 – 95 94 93 92 91 90

Neuzeit

I. Abteilung

Epigramm

Aus den Paralipomenen von Goethes ›Faust‹

Köstliche Ringe besitz ich, gegrabne fürtreffliche Steine
Hoher Gedanken und Stils fasset ein lauteres Gold.
Teuer bezahlt ich die Ringe, geschmückt mit feurigen Steinen,
Blinken hast du sie oft über dem Spieltisch gesehn;
Aber ein Ringelchen kenn ich, das hat sich anders gewaschen,
Das Hans Carvel einmal traurig im Alter besaß:
Unklug schob er den kleinsten der zehen Finger ins Ringchen,
Nur der größte gehört würdig, der eilfte hinein.

Satan rechts gewendet:
Euch gibt es zwei Dinge,
So herrlich und groß,
Das glänzende Gold
Und der weibliche Schoß.
Das eine verschaffet,
Das andre verschlingt,
Drum glücklich, wer beide
Zusammen erringt.
Links gewendet:
Für euch sind zwei Dinge
Von köstlichem Glanz:
Das köstliche Gold
Und ein glänzender Schwanz.
Drum wißt euch, ihr Weiber,
Am Gold zu ergötzen
Und mehr als das Gold
Noch die Schwänze zu schätzen.

Mephistopheles zu dem jungen Mädchen:
Was weinst du . . .
Mädchen: Ach nein, der Herr dort spricht so gar kurios
Von Gold und Schwanz, von Gold und Schoß,
Und alles freut sich, wie es scheint,
Doch das verstehn wohl nur die Großen?
Mephisto: Mein liebes Kind, nur nicht geweint,
Denn willst du wissen, was der Teufel meint,
So greife nur dem Nachbar in die Hosen!
Satan gradaus: Ihr Mädchen, ihr stehet
Hier grad in der Mitten,
Ich seh', ihr kommt alle auf Besen geritten,
Seid reinlich bei Tage und säuisch bei Nacht,
So habt ihr's auf Erden am weitsten gebracht.

Das Tagebuch

Goethe

– aliam tenui, sed iam quum gaudia adirem
Admonuit dominace deseruitque Venus
(Tibull, 1, 5, v. 39, 40)

Wir hörens oft und glaubens wohl am Ende:
Das Menschenherz sei ewig unergründlich,
Und wie man auch sich hin und wider wende,
So sei der Christe wie der Heide sündlich.
Das Beste bleibt, wir geben uns die Hände
Und nehmens mit der Lehre nicht empfindlich;
Denn zeigt sich auch ein Dämon, uns versuchend,
So waltet was, gerettet ist die Tugend.

Von meiner Trauten lange Zeit entfernet,
Wie's öfter geht, nach irdischem Gewinne

Und was ich auch gewonnen und gelernet,
So hatt ich doch nur immer Sie im Sinne;
Und wie zu Nacht der Himmel erst sich sternet,
Erinnerung uns erleuchtet ferner Minne:
So ward im Federzug des Tags Ereignis
Mit süßen Worten ihr ein freundlich Gleichnis.

Ich eilte nun zurück. Zerbrochen sollte,
Mein Wagen mich noch eine Nacht verspäten;
Schon dacht ich mich, wie ich zu Hause rollte,
Allein da war Geduld und Werk vonnöten,
Und wie ich auch mit Schmied und Wagner tollte,
Sie hämmerten, verschmähten, viel zu reden.
Ein jedes Handwerk hat nun seine Schnurren.
Was blieb mir nun? Zu weilen und zu murren.

Da stand ich nun. Der Stern des nächsten Schildes
Berief mich hin, die Wohnung schien erträglich.
Ein Mädchen kam, des seltensten Gebildes,
Das Licht erleuchtend. Mir ward gleich behäglich.
Hausflur und Treppe sah ich als ein Mildes,
Die Zimmerchen erfreuten mich unsäglich.
Den sündigen Menschen, der im Freien schwebet –
Die Schönheit spinnt; sie ist's, die ihn umwebet.

Nun setzt ich mich zu meiner Tasch und Briefen
Und meines Tagebuchs Genauigkeiten,
Um so wie sonst, wenn alle Menschen schliefen,
Mir und der Trauten Freude zu bereiten;
Doch weiß ich nicht, die Tintenworte liefen
Nicht so wie sonst in alle Kleinigkeiten:
Das Mädchen kam, des Abendessens Bürde
Verteilte sie gewandt mit Gruß und Würde.

Sie geht und kommt, ich spreche, sie erwidert;
Mit jedem Wort erscheint sie mir geschmückter.
Und wie sie leicht mir nun das Huhn zergliedert,
Bewegend Hand und Arm, geschickt, geschickter,
Was auch das tolle Zeug in uns befiedert,
Genug ich bin verworrner, bin verrückter,
Den Stuhl umwerfend, spring ich auf und fasse

Das schöne Kind; sie lispelt: Lasse, lasse!
Die Muhme drunten lauscht, ein alter Drache,
Sie zählt bedächtig des Geschäfts Minute;
Sie denkt sich unten, was ich oben mache,
Bei jedem Zögern schwenkt sie frisch die Rute.
Doch schließe Deine Türe nicht und wache,
So kommt die Mitternacht uns wohl zugute.
Rasch meinem Arm entwindet sie die Glieder,
Und eilet fort und kommt nur dienend wieder;

Doch blickend auch! Sodaß aus jedem Blicke
Sich himmlisches Versprechen mir entfaltet.
Den stillen Seufzer drängt sie nicht zurücke,
Der ihren Busen herrlicher gestaltet.
Ich sehe, daß am Ohr, um Hals und Gnicke
Der flüchtigen Röte Liebesblüte waltet,
Und da sie nichts zu leisten weiter findet,
Geht sie und zögert, sieht sich um, verschwindet.

Der Mitternacht gehören Haus und Straßen.
Mir ist ein weites Lager aufgebreitet,
Wovon den kleinsten Teil mir anzumaßen
Die Liebe rät, die alles wohl bereitet;
Ich zaudre noch, die Kerzen auszublasen,
Nun hör ich sie, wie leise sie auch gleitet,

Mit gierigem Blick die Hochgestalt umschweif ich,
Sie senkt sich her, die Wohlgestalt ergreif ich.

Sie macht sich los: »Vergönne, daß ich rede.
Damit ich Dir nicht völlig fremd gehöre.
Der Schein ist wieder mich; sonst war ich blöde,
Stets gegen Männer setzt ich mich zur Wehre.
Mich nennt die Stadt, mich nennt die Gegend spröde;
Nun aber weiß ich, wie das Herz sich kehre;
Du bist mein Sieger, laß Dichs nicht verdrießen,
Ich sah, ich liebte, schwur Dich zu genießen.

Du hast mich rein, und wenn ichs besser wüßte,
So gäb ichs Dir; ich tue, was ich sage.«
So schließt sie mich an ihre süßen Brüste,
Als ob ihr nur an meiner Brust behage.
Und wie ich Mund und Aug' und Stirne küßte,
So war ich doch in wunderbarer Lage;
Denn der so hitzig sonst den Meister spielet,
Weicht schülerhaft zurück und abgekühlet.

Ihr scheint ein süßes Wort, ein Kuß zu gnügen,
Als wär es alles, was ihr Herz begehrte.
Wie keusch sie mir, mit liebevollem Fügen,
Des süßen Körpers Fülleform gewährte!
Entzückt und froh in allen ihren Zügen
Und ruhig dann, als wenn sie nichts entbehrte.
So ruht ich auch, gefällig sie beschauend,
Noch auf den Meister hoffend und vertrauend.

Doch als ich länger mein Geschick bedachte,
Von tausend Flüchen mir die Seele kochte,
Mich selbst verwünschend, grinsend mich belachte,
Nichts besser ward, wie ich auch zaudern mochte,

Da lag sie schlafend, schöner als sie wachte;
Die Lichter dämmerten mit langem Dochte.
Der Tagesarbeit, jugendlicher Mühe
Gesellt sich gern der Schlaf und nie zu frühe.

So lag sie himmlisch an bequemer Stelle,
Als wenn das Lager ihr allein gehörte,
Und an die Wand gedrückt, gequetscht zur Hölle,
Ohnmächtig jener, dem sie nichts verwehrte.
Vom Schlangenbisse fällt zunächst der Quelle
Ein Wanderer so, den schon der Durst verzehrte.
Sie atmet lieblich holdem Traum entgegen;
Er hält den Atem, sie nicht aufzuregen.

Gefaßt bei dem, was ihm noch nie begegnet,
Spricht er zu sich: So mußt du doch erfahren,
Warum der Bräutigam sich kreuzt und segnet,
Vor Nestelknüpfen scheu sich zu bewahren.
Weit lieber da, wos Hellebarden regnet,
Als hier im Schimpf! So war es nicht vor Jahren,
Als deine Herrin dir zum ersten Male
Vors Auge trat im prachterhellten Saale.

Da quoll Dein Herz, da quollen Deine Sinnen,
So daß der ganze Mensch sich regte.
Zum raschen Tanze trugst Du sie von hinnen,
Die kaum der Arm und schon der Busen hegte,
Als wolltest Du Dir selbst sie abgewinnen;
Vervielfacht war, was sich für sie bewegte:
Verstand und Witz und alle Lebensgeister
Und rascher als die anderen, jener Meister.

So immerfort wuchs Neigung und Begierde,
Brautleute wurden wir im frühen Jahre

Sie selbst des Maien schönste Blum und Zierde;
Wie wuchs die Kraft zur Lust im jungen Paare!
Und als ich endlich sie zur Kirche führte,
Gesteh ich's nur, vor Priester und Altare,
Vor Deinem Jammerkreuz, blutrünstiger Christe,
Verzeih' mirs Gott, es regte sich der Iste.

Und ihr der Brautnacht reiche Bettgehänge
Ihr Pfühle, die ihr Euch so breit erstrecktet,
Ihr Teppiche, die Lieb und Lustgedränge
Mit Euren seidenen Fittichen bedecktet!
Ihr Käfigvögel, deren Zwitschersänge
Zu neuer Lust und nie zu früh uns wecktet,
Ihr kanntet uns, von euerm Schutz umfriedet,
Teilnehmend sie, mich immer unermüdet.

Und wie wir oft sodann im Raub genossen,
Nach Buhlenart des Ehestands heilge Rechte,
Von reifer Saat umwogt, vom Rohr umschlossen,
An manchem Unort, wo ichs mich erfrechte,
Wir waren augenblicklich, unverdrossen
Und wiederholt bedient vom braven Knechte!
Verfluchter Knecht, wie unerwecklich liegst Du!
Und Deinen Herrn ums schönste Glück betrügst Du.

Doch Meister Iste hat nun seine Grillen
Und läßt sich nicht befehlen, noch verachten,
Auf einmal ist er da, und ganz im Stillen,
Erhebt er sich zu allen seinen Prachten;
So steht er nun dem Wanderer ganz zu Willen
Nicht lechzend mehr am Quell zu übernachten.
Er neigt sich hin, er will die Schläferin küssen,
Allein er stockt, er fühlt sich weggerissen.

Wer hat zur Kraft ihn wieder aufgestählet,
Als jenes Bild, das ihm auf ewig teuer,
Mit dem er sich in Jugendlust vermählet?
Dort leuchtet her ein frisch erquicklich Feuer,
Und wie er erst in Ohnmacht sich gequälet,
So wird denn hier dem Starken nicht geheuer;
Er schaudert weg, vorsichtig, leise, leise,
Entzieht er sich dem holden Zauberkreise.

Sitzt, schreibt: »Ich nahte mich der heimischen Pforte,
Entfernen wollten mich die letzten Stunden,
Da hab ich nun, am sonderbarsten Orte,
Mein treues Herz aufs neue Dir verbunden.
Zum Schlusse findest Du geheime Worte:
Die Krankheit erst bewähret den Gesunden.
Dies Büchlein soll Dir manches Gute zeigen,
Das Beste nur muß ich zuletzt verschweigen.«

Da kräht der Hahn. Das Mädchen schnell entwindet
Der Decke sich und wirft sich rasch ins Mieder
Und da sie sich so seltsam wiederfindet,
So stutzt sie, blickt und schlägt die Augen nieder;
Und da sie ihm zum letztenmal verschwindet,
Im Auge bleiben ihm die schönsten Glieder.
Das Posthorn tönt, er wirft sich in den Wagen,
Und läßt getrost sich zu der Liebsten tragen.

Und weil zuletzt bei jeder Dichtungsweise
Moralien uns ernstlich fördern sollen,
So will auch ich in so beliebtem Gleise
Euch gern bekennen, was die Verse wollen:
Wir stolpern wohl auf unserer Lebensreise,
Und doch vermögen in der Welt, der tollen,
Zwei Hebel viel aufs irdische Getriebe:
Sehr viel die Pflicht, unendlich mehr die Liebe!

Die kleinen Globen

Heinrich Heine

Das weinend kleine Ding,
Das harmlos einen Fehl beging,
Das Röcklein wurd ihm aufgehoben
Nach hinten, und die kleinen Globen,
Die dort sich wölbten, rührend schön,
Manchmal wie Rosen anzusehn,
Manchmal wie Lilien, wie die gelben
Violen manchmal, ach! dieselben,
Sie werden von der alten Frau
Geschlagen, bis sie braun und blau.

Gamiani

Aus dem Französischen des Alfred de Musset

Es war nach Mitternacht, und die Salons der Gräfin Gamiani waren noch hell erleuchtet. Der Ball war auf seiner Höhe und die gräfliche Gastgeberin schien glücklich über den Erfolg ihres Festes; sie strahlte und dankte jedem Wort, mit dem ein Gast seine Anwesenheit dankbar bemerklich machte, mit einem Lächeln.

In meiner gewöhnlichen Rolle des Beobachters hatte ich schon mehrfach Gelegenheit genommen, der Gräfin zu gratulieren, und war mir über ihre Bedeutung und Verdienste als femme du monde im klaren. Es blieb mir also nur ihr sozusagen moralisches Wesen übrig und die genauere Untersuchung ihres Herzens: aber da war irgendwas Fremdes, Unbekanntes, das sich meinem sondierenden Skalpell entgegenstellte. Ich spürte eine unendliche Mühe, der Existenz dieser Frau auf den Grund zu kommen, deren Lebensführung nichts erklärte.

Sie war noch jung und besaß ein sehr bedeutendes Vermögen. Sie war, was man eine hübsche Frau nennt. Hatte weder Eltern noch ergebene Freunde. Viele Zungen beschäftigten sich mit dem Rätselraten, was immer in übler Nachrede endete; aber da man ihr gar nichts beweisen konnte, blieb sie undurchdringlich.

Die einen nannten sie nach Balzacs Roman eine Fedora, die ›Frau ohne Herz und Leidenschaft‹. Die andern glaubten, sie litte an einer tief verwundeten Seele, worüber sie sich auf etwas grausame Weise zu zerstreuen suche.

Vergeblich bemühte ich alle Hilfskräfte meiner Logik; ich kam zu keinem befriedigenden Schluß. Ich gab die Beschäftigung mit dieser rätselhaften Gräfin auf, als ich hinter mir einen alten Lüstling laut sagen hörte: »Die Gräfin? Eine Tribade!«

Das Wort war ein Licht, in dem sich alles ordnete und klärte. Diese Gamiani sich nackt, aufgelöst und zerschlagen in den Armen einer andern Frau vorstellen in einem endlosen weil immer unbefriedigt bleibenden Lustgefühl, – ja, das war es; damit verlor sie alles Rätselhafte, ohne die neugierige Spannung nach ihr zu mindern.

Es erregte mich; mein Blut kreiste schneller; es warf mich auf ein Sofa.

Ich beruhigte mich; ich berechnete ganz kühl, was zu tun, um die Gräfin zu überraschen; ich mußte es um jeden Preis wagen.

Ich verließ den Ballsaal, um das Schlafzimmer der Gräfin aufzusuchen, in dem ich mich verbergen wollte. Ein Toilettenkabinett war durch eine Glastür vom Schlafzimmer getrennt; hinter dieser Glastür verborgen, sah ich das Bett vor mir. Das Versteck bot alle Vorteile; ich verbarg mich hinter einigen Kleidungsstücken, die da hingen, und wartete geduldig auf die Stunde. Und sie kam früher als ich dachte.

Die Gräfin betrat das Schlafzimmer, hinter ihr das Stubenmädchen, ein junges, braunes Ding mit starken Formen. »Ich brauch Dich heute nicht, Julie. Geh schlafen . . . Und wenn Du Lärm in meinem Zimmer hören solltest, laß Dich das nicht stören. Ich will allein sein.« Diese Worte versprachen etwas. Ich war mit meiner Kühnheit zufrieden.

Die Stimmen aus dem ferneren Salon wurden leiser, verstummten. Julie hatte das Gemach verlassen. Die Gräfin stand etwas versonnen, wie mir schien; sie reckte die Arme. Da war jemand in die Tür getreten, und die Gamiani wandte sich um; der Ausdruck ihres Gesichtes wandelte sich in freudige Überraschung. Sie machte einen kleinen Schritt, als ihr entgegenkommend eine ihrer Freundinnen in mein Gesichtsfeld trat; es war Fanny, die nun sagte: »Es gießt in Strömen und kein Gefährt weit und breit.«

Gamiani: »Ich bin untröstlich wie Sie, Fanny, und mein Wagen ist in Reparatur.«

Fanny: »Meine Mama wird sich so beunruhigen.«

Gamiani: »Ich schicke einen Diener, der Ihre Mama beruhigt. Ich lasse ihr sagen, daß Sie die Nacht bei mir verbringen.«

Fanny: »Sie sind zu gütig, Gräfin. Aber mach ich Ihnen keine Ungelegenheiten?«

Gamiani: »Aber ein Vergnügen wird es mir sein, Liebste! Und Sie müssen hier bei mir schlafen, – Sie sehen, das Bett ist so breit, daß drei Fannys drin Platz hätten.«

Fanny: »Aber ich werde Ihren Schlaf stören.«

Gamiani: »Wie schrecklich zeremoniell! Wir schlafen hier wie zwei junge Freundinnen, wie zwei Mädchen im Pensionat. Los! Ich will Ihnen helfen, meine Kammerfrau schläft schon, aber wir brauchen sie ja nicht . . . Gott, wie sind Sie schön gewachsen, Sie Glückliche! Was haben Sie für eine entzückende Figur! Und diese Taille!«

Fanny: »Finden Sie sie gut?«

Gamiani: »Hinreißend!«

Fanny: »Sie wollen mir schmeicheln . . .«

Gamiani: »Nein, was haben Sie für eine wundervolle Haut, Fanny!«

Fanny: »Die Ihre ist viel schöner, Gräfin.«

Gamiani: »Keine Spur! Vergleichen Sie doch! Aber tun Sie das Hemd weg wie ich und jetzt . . . aber man könnte aus Ihrer Verlegenheit glauben, Sie stünden vor einem Mann . . . jetzt schau Sie sich da in den Spiegel. Paris würde Ihnen den Apfel reichen! . . . Jetzt lächelst Du, Spitzbübin . . . Sie verdienten einen Kuß auf die Stirn, auf die Wangen, die Lippen, überall hin! . . .«

(Und der Mund der Gräfin spazierte lasziv und brennend über Fannys Körper, die zitternd nicht weiß, was mit ihr geschieht. Ein jungfräulicher Engel in den Armen einer tollen Bacchantin. Da stammelt)

Fanny: »O, was tun Sie, gnädige Frau, ich bitte Sie . . .«

Gamiani: »Fanny! Mein Kind! Mein Leben! Du bist zu schön! Ich liebe Dich! Ich bin verrückt nach Dir!«

(Und vergeblich sucht sich das Kind zu wehren. Die Küsse ersticken ihre kleinen Schreie. Sie wird umschlungen und gegen die Kraft dieser Arme vermag sie nichts. Die Gräfin trägt sie wie ein ganz Leichtes auf das Bett und wirft sich über sie wie eine zu verschlingende Beute.)

Fanny: »Was ist Ihnen? O Gott, gnädige Frau, das ist schrecklich . . . Lassen Sie mich doch! Ich schreie! Sie machen mir Angst . . .«

(Zur Antwort werden die Küsse Gamianis nur noch lebhafter, die umschlingenden Arme nur noch stärker; die beiden bilden einen Leib.)

Gamiani: »Gib mich Dir ganz, meine süße Fanny! Komm, mein Leben! Das ist die Lust, die große Lust, Kind! Ah, Du gibst nach . . .!«

Fanny: »Das ist schlecht! Das ist schlecht! Sie töten mich . . . Ah . . . ich sterbe . . .!«

Gamiani: »Ja, drück mich an Dich, Liebstes! Drück mich ganz stark an Dich! Ah, wie schön bist Du so in der Lust! . . . Du Ausgelassene! Du bist glücklich! Endlich gibst Du Dich Dir selber hin! Ah!«

(Seltsames Schauspiel. Die Gräfin, gänzlich aufgelöst, liegt über ihrem Opfer, das seine Sinne zu spüren anfängt. Fanny umarmt die Gamiani, preßt sie an sich, küßt sie, wo immer die im Feuer suchenden Lippen auf die Gräfin treffen, und kleine Schreie, Seufzer, Aufstöhnen vereinen sich, begleitet vom Knacken des Bettes unter den wilden Stößen der Gräfin. Bald ist Fanny so weit: sie läßt die kraftlosen Arme sinken und liegt blaß und unbeweglich wie eine Tote. Die Gräfin deliriert. Die Lust hat sie noch nicht untergekriegt. Sie wirft sich aus dem Bett, wälzt sich in tollsten Stellungen auf dem Teppich, läßt ihre Finger wie toll sich an den Stellen stärksten Lustempfindens beschäftigen, an den Brustspitzen, an der weitgeöffneten Scham. Der Anblick verwirrte mich gänzlich. Für einen Augenblick beherrschte mich Entrüstung, Ekel; ich wollte mich der Gräfin zeigen und sie unter dem Gewicht meiner Verachtung vernichten. Aber die Sinne waren stärker als die Vernunft. Das stolze bebende Fleisch triumphierte. Ich war völlig betäubt und wie verrückt. Ich stürzte mich, nackt und ganz in Feuer, auf Fanny. Sie hatte noch kaum Zeit gehabt, diesen neuen Angriff zu begreifen, als ich im Triumph des Besitzes schon ihren Leib unter dem meinen beben und auf jeden meiner Stöße antworten fühlte. Unsere Zungen umarmten einander, unsere Seelen wurden eins.)

Fanny: »O Gott, man bringt mich um . . .«

(Sie streckte sich, stöhnte auf, fiel zurück und überschüttete mich mit ihren Gnaden. Das war auch mein höchster Augenblick, in dem ich das Leben zu lassen glaubte . . .

Vernichtet, vergehend in Fannys Armen, hatte ich gar nicht gemerkt, wie mich die Gräfin attackierte. Zu sich gekommen durch unser stöhnendes Schreien, hatte sie sich über mich geworfen, um mir ihre Freundin zu entreißen. Ihre Arme schüttelten mich, sie zauste mich beim Haar, ihre Zähne bissen mich in den Nacken. Dieser zwiefache Kontakt mit zwei in Schweiß gebadeten Leibern, beide in Lust entbrannt, belebte mich wieder und verdoppelte mein Verlangen. Überall fühlte ich Feuer. Ich blieb geschlossen und siegreich in der Macht Fannys. Dabei gelang es mir, ich weiß nicht wie, die Schenkel der Gräfin zu packen und sie auseinander gespreizt über meinen Kopf zu bringen. Ich stieß keuchend einen Befehl aus, den die Gamiani verstand. Und ich setzte meine lebhafte Zunge dorthin, wo die Gräfin in Feuer stand. Und Fanny, in Lust verloren, küßte und leckte meine Kehle, die sich über ihrem Munde bewegte. Es dauerte ganz kurz, daß die Gräfin besiegt und vollendet war. Aber Fanny war zu neuer Lebendigkeit erwacht, warf ihre pressenden Schenkel um meine Hüften und schrie wie ein Reiter, der seinem Pferde die Sporen in die Weichen treibt:)

»Mach schneller, mach schneller . . .! Ah, ich vergehe . . .«

(Erschöpft lagen unsere Leiber, aus unsern Mündern fuhr stoßweise und mählich nachlassend der Atem. Nach und nach kamen wir wieder zu uns, blickten uns etwas blöde an, sahen aneinander vorbei. Die Gräfin bedeckte sich in aller Hast und Fanny zog die Bettdecke über sich und begann wie ein Kind, das etwas, das nicht wieder gut zu machen, angestellt hat, leise zu weinen. Alsbald hub die Gräfin an, mir Vorwürfe zu machen.)

Gamiani: »Das war gemein von Ihnen, Alcide! Und feige! Nein, es gibt da keine Entschuldigung. Nie verzeiht eine Frau, wenn sie bei ihrer Schwäche überrascht wird.«

(Ich tat mein Bestes, mich zu verteidigen. Sagte, daß ihre abweisende Kälte mich zu List und Überfall gezwungen hätten. »Und können Sie glauben, Gamiani, daß ich je ein Geheimnis mißbrauchen werde, das ich mehr dem Zufall als meiner Unerschrockenheit verdanke? Das wäre gemein! Nie werde ich diese exaltierte Stunde vergessen. Und wenn ich schuldig wurde, lag es am Feuer, das Sie in mir entzündeten, Sie und Fanny.« Und Fanny weinte nicht mehr, als ich mich an sie wandte. Ich wußte, daß sie gleich lächeln würde. Schon sah ich in Gamianis Augen das laszive Feuer aufglühen. Schon schimmerten die Zähne durch die von der Lusterwartung auseinander geschobenen Lippen Fannys. Ich hatte das Spiel gewonnen und wußte, es würde die Nacht durch dauern.

Brief an die Präsidentin Madame Sabatier

Aus dem Französischen des Théophile Gautier

Rom, am 19. Oktober 1850

Präsidentin meines Herzens!

Dieser unflätige Brief, dazu bestimmt, die Sauereien am heimatlichen Herde zu ersetzen, hat hübsch lang auf sich warten lassen. Aber das ist die Schuld der Sauereien, nicht des Briefschreibers.

Die Schamhaftigkeit regiert in diesen so feierlichen wie antiken Gegenden, und ich bedaure es sehr, daß ich Ihnen nur dreckige und wenig spermatische Schweinereien übermitteln kann. Ich folge meiner Reiseroute.

In Genf empfiehlt Ihnen die Regierung am Stadttor die Ansicht von der »hinteren« Seite, – viel in einer protestantischen Stadt, wo, um die Katholiken zu demütigen und ihnen zu zeigen, daß sie nichts als gottlose Sinnesmenschen sind, die Weiber sich den Arsch und die Titten mit dem Schlichthobel der Sittsamkeit nach amerikanischer Methode abhobeln.

Wir haben alle Anstrengungen gemacht, um die von der Behörde vorgeschriebenen zwölf Arschbacken zu sehen, aber wir haben auf einem gespannten Seil nicht mehr als vier zu Gesicht bekommen, die durch einen verschalten Damm getrennt unter den Röckchen zweier junger deutscher Seiltänzerinnen zwei pralle Popos bildeten und im tête-à-tête nicht einmal unangenehm sein würden.

Da wir nicht deutsch konnten, was es uns nicht möglich, uns mit diesen Popos zu besprechen.

In der folgenden Nacht ließ mich Don Jaquemart de Bandeliroide, ganz eingenommen von dem unter dem blauen Himmel tanzenden weißen Arsch träumen, ich wäre Brindeau vom Théâtre-Française, und mit der Gewandtheit eines Stehaufmännchens, die diesen quabbeligen Päderasten auszeichnet, nehme ich die kleine, um den Leib mit einem Faden befestigte Tänzerin auf einem buchsbaumenen Piephahn in Empfang. Die sumpfige und geographische Fehlgeburt, die aus einer solchen nächtlichen Phantasmagorie entstehen müßte, findet nicht statt, denn der Schraubenbohrer der Liebe durchbohrt mir den Nabel mit solcher Gewalt, daß die Angst mich aufweckt, und mein Traum mich in das Flaschenbrett auf der Hobelbank eines Tischlers verwandelt. Louis furniert im Erschlaffen einen dicken und gelben Samenschleim, und das Stubenmädchen würde auf seinem Laken beim Bettmachen Amerika entdecken können. So viel von Genf. Schließlich sieht man keinen an die Mauern gemalten Schwanz; zweifellos sind sie alle in den Votzen der Weiber, wenn man die Bezeichnung Votze für die Uhrmachermaschinen anwenden kann, die die Protestantinnen unter einem mageren Haarbüschel, aus dem die Blumen des weißen Flusses einen Pinsel machen, zwischen ihren fleischlosen Schenkeln herumschleppen.

In Wallis begegneten wir meiner Chimaira, das heißt dem Weibe mit den drei Titten; aber die dritte war ein Kropf und die einzig harte. Ich habe es nicht versucht, diese schweizerische Isis zu fragen, ob sie ihre Votze querüber trüge, eine chinesische Phantasie, die mich anlockt. In der Herberge am Simplon drang ein monströser Papillon der Lady Bentwick in den Mund und sie rief aus »very delicious«. Die Berggipfel sind wie in spritzende männliche Glieder verwandelt, die Straßen bilden die Hoden.

In Domo d'Ossola bieten die Aborte, die aufzusuchen und an denen unsere Libationen niederzulegen, uns eine fünfzehnstündige Tour zur frommen Pflicht machte, einen bezaubernden und feenhaften Anblick. Sie waren mit Fresken bemalt und stellten Rosenbuketts dar, die mit einem Strich ins Purpurne in der Mitte blühten wie blonde Arschlöcher. Es ist sehr angenehm, sich mit einem Ausblick auf diese blühenden After, beziehungsweise diese ärschlichen Blüten, die ihre Blumenkronen entfalten, niederzuhocken: die Faltungen des Schließmuskels, bereit, einen Piephahn zu verschlucken oder einen Dreckpfosten auszuspeien.

Ein Ding setzte mich in Verwirrung: eine kleine, auf einem Brettchen stehende Ölflasche mit einer eingetauchten Feder. Ich fragte den Kellner, wozu das gebraucht würde. Er geriet in Verlegenheit, wurde rot, stotterte und lief davon. Ich hatte mir erst gedacht, die Verwendung bestünde darin, die dreckigen Verrichtungen den mit Hämorrhoiden garnierten Aftern zu erleichtern. Aber es scheint, dieses Öl diente dazu, den Hintern dieses hübschen Kellnerjungens schlüpfrig zu machen, ein Vergnügen, das von den Engländern, die nach Italien kommen, sehr begehrt ist. Denn hier können sie ihren päderastischen Neigungen, die auf ihrer liebenswürdigen Insel mit dem Strick bestraft werden, huldigen. Eine rührende Aufmerksamkeit von der Landesregierung, die auf solche Weise einige Stöße für viele Engländerinnen besorgt, die sonst überhaupt nicht gefickt würden. Stellen Sie sich vor, liebe Präsidentin, diese mit Rosen verzierte Latrine als einen Rendezvousplatz, wo ein Lord mit höchst ernsthafter Miene die geölte Feder in den schlecht geputzten, aber engen Arsch dieses jungen Dunstmachers steckt, – Lord Brougham oder Lord Palmerston oder irgendeine andere verehrungswürdige Persönlichkeit, pralinéfarben, mit weißem Backenbart und weißen Augenbrauen.

Am Abend bot man uns ein Marionettentheater. Der Mann und die Frau, beide noch jung und kurz verheiratet, liehen den kleinen Darstellern ihre Stimme. Die Frau, mit einer Klitoris begabt, die ihr wie ein Degenknauf oder ein steifer Piephahn das Kleid in die Höhe hob, besaß ein Posaunenorgan in haarigem Alt, und der Mann eine Flötenstimme in der Lage Abälards nach seinem häßlichen Erlebnis. Das hinderte ihn nicht, während der Monologe des Helden am Gipfelpunkt des rauhen Geschickes und verzweifelnder Liebe sein Weibchen zu ficken und abzugeilen, – ein Zwischenspiel, das den Vorhang erzittern machte, die Knie des Weibes inmitten der Dekoration abzeichnete und die Beine der Marionetten im Momente des Vergehens nachschleppen ließ.

In Sesto Calende habe ich arme Hennen gesehn, die in einem Maße von den zahlreichen Hähnen getreten wurden, daß ihre Rücken ganz entfedert waren, der Steiß so sehr, daß sie sich selber dem Bratspieß überlieferten, um dem Martyrium zu entgehen. Denn, o Präsidentin, werde Du nur mal erst zweiundzwanzigmal in der Minute erklettert und dies von drei Uhr morgens bis sieben Uhr abends, vielleicht würdest sogar Du dies für zuviel finden. Es ist aber wahr, daß die Frauen darüber anders denken als die Hennen. Diese trugen übrigens nur eine einzige Feder am Steiß, und zwar zur Bequemlichkeit der jungen Lustknaben der Herberge, die, sobald sie das Herannahen eines englischen Reisewagens hören, die Feder ausreißen und in die für alle Fälle vorbereitete Ölflasche tunken.

In Mailand bestiegen wir die oberste Spitze des Turmes der Kathedrale, einen schneeigen Schwanz, der den Himmel einstößt. Die Treppenwände tragen denkwürdige, dabei seltsame und verschiedenartige Inschriften, die zur Reinlichkeit ermahnen. Der Italiener ist von Natur aus so ein Schwein, daß er sich, unbekümmert wo er ist, entleert, wodurch die Abortreiniger Hungers sterben müssen in diesem Reiche, das mit seinem Stiefel Sizilien in den Arsch tritt.

Behalt in deiner Häuslichkeit
Den Überfluß an Flüssigkeit.

Oder:

Leute, die aus gutem Haus,
Brunzen auf dem Platz sich aus.

Oder:

Wenn ein Bedürfnis du verspürst,
Acht, daß dies Eck du nicht verschmierst.

Diese schwachen Proben genügen. Dergleichen Warnungen finden sich bis zur Höhe von 512 Fuß über dem Meere, aber nicht über – der merde, denn man findet von letzterer auf den Turmspitzen Proben, die keineswegs von den Schwalben hier niedergelegt worden sind, wohl aber von den Menschen, epinpoxozoi andres, wie Aristophanes in seinem großen Disput zwischen der Gerechtigkeit und der Ungerechtigkeit sagt. (Dieser Grieche, falls nicht gerade Ferdinand da ist, um es Ihnen zu erklären, will gar nichts Unanständiges sagen, sondern spricht bloß von Menschen mit sehr großen Arschlöchern ... bitte, lassen Sie deswegen nicht Ihre Phantasie geil werden.)

Im selbigen Mailand fanden wir im Rathaus der Stadt an jenem verschwiegenen Ort, der seinen Namen verliert und sich nun Garten nennt – durch den Euphemismus des guten Geschmacks, der »einen pflanzen« für scheißen setzt – ein in zwei Stücke zerrissenes Sonett in der unvergleichlichen Sprache der Sofia Crivelli, der berühmten, wenn auch vollständig unbekannten Sängerin.

Wer mochte nun eine genügende Anzahl von Exemplaren dieser kostbaren Poesie besitzen, um sich auf diese Weise den Arsch zu wischen, wenn nicht die Diva selber? Das Sonett war voll tiefen Sinnes, aber was es zweifellos ganz unschätzbar machte, war ein Fleck von goldigem Rot, sehr reich, sehr warm, an die schönsten Erd- und Mumienfarben der Tizianschen Schule erinnernd. Feigenkerne fanden sich nicht darauf, aber ein blauschwarzes, sehr starkes gekräuseltes Haar, das meine Einbildungskraft geradezu erektil sich zu den gelockten Höhen des Venusberges emporbäumen ließ, bis zu dem Haarsamenkranz rings um die mystische Rose, der unter den Seufzern eines melancholischen Bauches erblüht. Ich beneidete das Schicksal dieses Papieres, das über diesen fahlroten Arschbackenzwischenraum hingleiten, dieses Darmende berühren, diese schokoladenfarbenen Lippen streifen durfte und diese Klitoris mit dem Köpfchen einer Venusmuschel gekitzelt hat; und indem ich meine Vorhaut verlängere, spinne ich mit einem Schleim, durchsichtig wie ein Kristallhaar, folgenden Vierzeiler:

Glücklicher Garten, den sie durchackert hat!
Glücklicher Abort, auf dem sie gehockt hat!
Glückliches Papier, das sie berührt hat!
Glückliches Sonett, das sie gewischt hat!

In Mailand badet man mit den Weibern zusammen, und zwar in Badewannen aus weißem Marmor. Wir hatten Wannen, aber keine Weiber und sind so dumm gewesen, uns in der Stille der Badestube die Eichel zu waschen, ohne eigentlich zu dieser notwendigen Reinlichkeit eine Veranlassung gehabt zu haben.

Es scheint, die Bäder dienen als Gelegenheitshäuser, und man kann hier rasch ein Votzhäppchen genießen wie in

Frankreich in den Restaurants. Die Wanne dient gleichzeitig als Sofa wie als Bidet und der Schwanz spielt zu gleicher Zeit die Rolle des Godmiché und der Injektionsspritze.

Von Mailand bis Venedig habe ich leider nichts Priapeisches zu melden, wenn ich nicht von einer grausamen Erektion berichten will. Diese wurde durch das onanistische Gebahren einer schlecht gefederten Kutsche hervorgerufen, deren Kissen mich zum Verzweifeln zwischen den Schenkeln kitzelten. Stellen Sie sich nun ein Markbein, ein Hirschhorn, kurz was Sie sich nur als was recht Hartes denken können, vor. Man hätte ihn für einen vorsintflutlichen Schwanz halten können, der in einer Tropfsteingrotte versteinert worden war, für einen bronzenen Phallus, den Leisten des Gottes von Lampsakus entfallen, einen indischen Lingam, der die mystische Vereinigung mit der Göttin Joni vollziehen will, für eine napoleonische Säule, die auf der Place Vendôme meines Schamberges aufgerichtet wurde, um darauf ein Evangelium der Liebe in der Messe der Venus zu lesen. Oh, irgend eine Hand, die in den Schlitz meiner fast durchstoßenen Hose geglitten wäre und sich, wie ein ideales Fütchen, um diesen Fleischpfahl gewunden hätte, wäre mir in dieser harten Situation willkommen gewesen! Daß eine Zunge mir mit ihrem Gelecke das Vorhautbändchen, diese Klitoris des Mannes, versilbert hätte und mich zur Decke des Wagens einen Strahl spermatischer Suppe hätte schleudern lassen! Warum tat kein sphärenhafter und weißer Popo seine runden, frischen und elastischen Schenkel auseinander, warum öffnete er nicht das Zentrum der Wonnen in dem goldigroten Paradiese, in dem Nußknackerchen der Liebe, warum nicht diesem Champignon des Hosenschlitzes, diesem Stößel einen Mörser der Kythera? Es wäre ein stolzes Glockenspiel mit den Eiern gewesen, ein kräftiges Gebimmel – so und so.

Nach Passieren von neun Ortschaften und dreimaligem Wechsel der Postillone (nicht in den Arsch) wurde er mir endlich schlapp und ich verbrachte die Zeit von Mittag bis um sechse ohne Unterstützung der Gabel des Sankt Carpion. Meine beruhigte und von Vorspiegelungen von Popos, Haaren und Fütchen aller Größen, die in meinem Gehirn herumwirbelten, befreite Phantasie kehrte zu den Empfindungen der Wirklichkeit zurück. Ich bemerkte, daß ich nicht im Gewölke eines priapischen Himmels, sondern in einem schrecklichen Staubwirbel mich befinde, worauf ich folgenden Vierzeiler mache:

Als seiner Körner unausweichlicher Raub
Triefen unsere Augenlider,
Und in die Augen seinen Staub
Treibt dieser Wind uns immer wieder.

Nun unsere Abenteuer in Venedig. Während wir allerlei Halsschmuck in einem Laden der Merceria betrachten, sehen wir ein hübsches Mädchen im Hemd, bloß mit dem Zipfel eines Schals bekleidet, dessen Spitze ihr den Popo küßt. Keine Strümpfe, Schlapfen an den Füßen, die Brüste bloß, tanzende Augen im Kopf, ein Mund, der wie ein Haifisch drei Reihen Zähne zu haben scheint, und im Nacken einen Haarknoten wie aus Strohseilen geflochten und zusammengerollt wie Ankerketten auf dem Oberdeck eines Dreimasters. Sie stritt sich mit dem Ladenbesitzer wegen eines hohlen Goldringes im Werte von drei oder vier Zwanzigern, nannte den Mann Hund, Sohn einer Kuh, Schuft, Exkrement einer Hure, Balg, Galeerensträfling und Deutscher, was die größte Beleidigung unter allen schien. Sie fluchte und schwur beim Leibe des Bacchus und dem Blute der Diana, – kurz sie war in Wut und reizend. Wir kauften ihr den Ring und sagten ihr, sie möge zu uns ins Haus kommen, unter dem Vorwand, wir wollten ihr Porträt malen. Sie kam zwei, drei Tage später und ich machte ihr ein Pastellbildchen, das sie mit sich fortnahm. Die Bekanntschaft war gemacht, aber wir waren zwei gegen eine, was beinahe so feige ist wie fünf gegen einen. Wir spielten das Mädchen um »Kopf und Adler« aus: Ludwig gewann und war konsequenterweise glücklich.

Ihre Jungfernschaft war zweifelhaft. Im erhabensten Augenblick der Schäferstunde, als das junge Paar sich anschickte, mit den Nabeln anzustoßen, befeuchtete die junge Gattin sich die Finger im Munde, steckte sie in die unterirdische Ritze, um die großen Lippen schlüpfriger zu machen, die Nymphen einzuseifen und den triumphierenden Einzug von meines Freundes Pint zu erleichtern. Ich selber spielte in dieser melancholisch-amoureusen Szene die Rolle des antiken Cibiculariumsklaven, indem ich mit der einen Hand den Leuchter, mit der andern meinen Schwanz hielt.

Doch das junge Kind brachte, gerührt von meinem einsamen Schicksal, beim zweiten Besuch eine Freundin mit, ein achtzehnjähriges Kind, blond, rosig, mit regelmäßigen Zügen, einem sanften und traurigen Gesichtsausdruck, ziemlich hübsch alles in allem, bis auf die unregelmäßigen Zähne, zu englisch für eine Venetianerin, die aus Turin stammte. Während ich nun auf ihr die Rolle des Herrn Schenkelbesteiger, politischen Kandidaten und Nebenbuhler des Herrn Kneifmirdiebacken spielte, das heißt: während meine Hände wie Krabben fingernd und Spinnenfüße machend, sich ins »Café zu den zwei Säulen« begaben, erzählte mir diese Schönheit ihre Geschichte, die jedoch derjenigen Giulias nicht ähnlich war. Sie war Figurantin des Theaters Fenice, aber das Theater war geschlossen und ihre choreographische Karriere zu Ende. Da sie nun ihren Popo öffentlich nicht mehr zeigen durfte, zeigte sie ihn jetzt an abgelegenen Plätzen. Ihre ziemlich kleine Fut war mit kurzem, graden, wie Filz zusammengedrücktem Haar besetzt. Ich ließ sie die Tutteln aus dem Korsett, von dem einige Bänder zerrissen waren, herausnehmen. Sie waren groß, ziemlich fest, sehr weiß und von blassen Äderchen durchzogen. Die rosige Warze hatte einen großen hortensiafarbenen Hof. Die Milch, welche diese Brüste blähte, gab ihnen was Rubenshaftes, das Sie entzückt hätte und mir nicht mißfiel.

Ich vergaß zu sagen, daß das arme Geschöpf schon ein wenig schwanger war, unter dem Vorwande, daß die österreichische Armee sich nie zurückzog und die Ungarn keine Wallachen sind. Wie ich so den Popo der achtungswürdigen Mutter abgreife, hüpfte der in dem kürbisförmigen Bauch der Extänzerin eingeschlossene Fötus, der jedenfalls wußte, was das bedeuten soll und der an ähnliche Vorspiele gewöhnt war, unter seiner weißen Decke wie eine Kröte unter einer Serviette und zog sich nach dem Hintergrund der Gebärmutter zurück, um den Pintstößen auszuweichen. Geradeso wie eine mit dem Stock verfolgte Katze sich unter das Bett flüchtet, sich an die Mauer schmiegt und sich jämmerlich einrollt. Der Kopf des Fötus bildete einen kleinen Höcker an der mütterlichen Flanke und ich fragte mich, ob ich an diesem von einer österreichischen Spritze getroffenen Fötus herumstöbern sollte. Wäre ich sicher gewesen, daß es ein Mädchen sei, würde ich bereitwilligst diese Jungfernschaft in der Fut der Mama gepflückt haben. Aber ich hatte, da es in Italien war, Furcht, es könnte ein kleiner Päderast sein, ein embryonaler Lustknabe, ein zu frühreifer Puppenjunge, der mir schon vor seiner Reife den Arsch hinhielte und mich durch die mütterliche Vagina in seinen After leiten würde. Auch muß erwähnt sein, daß sich die dreizehn Überzieher in Ludwigs Tasche befanden, der vierzehnte hingegen auf seinem kaiserlichen und triumphierenden Gliede. Vage Visionen von Gelatinekapseln und Erdbeerwurz tanzten vor meinen Augen, und ich legte das zartfühlend in die Hände der jungen Person, wovon sie glaubte, ich würde es ihr an den Popo legen. Mein Zeige- oder eigentlich mehr Ringfinger schob sich gut bespeichelt zwischen die Lippen ihrer Natur und einige Reibungen auf dem kleinen Blättchen der Klitoris entwickelten bald dieses interessante Organ.

Diese junge Schülerin der Terpsychore schob, mit den Händen ebenso geschickt wie mit den Beinen, zuerst mit langsamen, dann mit beschleunigten Bewegungen meine Vorhaut von hinten nach vorn, von vorn nach hinten in einem Rhythmus, der mich an eine Opernarie erinnerte. Diese Übungen brachten, eine zeitlang wiederholt, bei ihr ein klares Wasser, einen durchsichtigen und weißlichen Schaum zum Vorschein und bei mir einen guten dicken Samen, der in ihrer hohlen Hand das Aussehen eines ausgeleerten Topfes von Roueneser Apfelmus hatte. Ungefähr um dieselbe Zeit zog auch der Kerl Ludwig aus seinem erbärmlichen Loche aus, zeigte dabei eine hochzufriedene Miene, mächtig stolz und aufgekratzt, den Kamm geschwollen wie ein Hahn, der von einer Henne herabsteigt. Vicenza (das war der Name seiner Schönen) ließ mit der gleichgültigsten Miene von der Welt ihr Kleid über ihren Arsch hinabbauschen.

So also vollzogen sich unsere Liebesspiele in Venedig. Ludwig verbrauchte noch einen Überzieher mit der schönen Vicenza, was die Zahl dieser neutralisierenden Därme auf ein Dutzend herabminderte. Einige Tage zuvor hatten wir auf dem Markusplatz einen Kerl getroffen, der uns Präservativs aus Goldschlägerhäutchen anbot, worauf wir ihm antworteten, daß wir selber Händler in Schafdärmen wären und daß die geringste Fut besser unser Geschäft besorgen würde. Der Kerl versprach uns, daß er am Abend für unsere Schwänze Etuis und für unsere Überzieher Gefäße finden würde. Das heißt ideale Huren von zauberhaftem Genre, dem des Veronese, zu mäßigsten Preisen. Am Abend machte er sich mit einer geschäftigen und geheimnisvollen Miene auf den Weg und wir folgten ihm diskret. Er drang in ein Gewirr unaussprechlicher Gäßchen ein, in eine ununterbrochene Folge der verschiedensten Mördergruben. Wir beeilten unsere Schritte und dann begann kreuz und quer durch zwei Fuß lange venetianische Gassen ein wilder Lauf. Die Schöße unserer Paletots flogen im Winde. Unser Schatten hatte Mühe, uns auf den Fersen zu bleiben. In Rücksicht auf den Zustand, in dem wir uns befanden, ermüdete uns das sehr. Unsere Piephähne stiegen über unsere Gürtel empor wie die Yatagangriffe und unsere Testikel spielten Zimbel auf unsern Hosenböden. Endlich führte uns der Kuppler in einen Hinterhof, wo sich ein elendes Hundeloch befand, ausgeschmückt mit einer Carconte erster Qualität, in einem schwarzen dekolletierten Kleide, die Haut an Stelle von Goldcream mit einer Speckschwarte eingerieben, verfleckt, verbraucht, ausgelutscht, eine jammervolle schlampige Hure, die außer den Bubonennarben, die sie sicher auf den Schamleisten aufweisen konnte, am Halse Skrofelwunden zeigte. Als ich diese Villonsche Margot sah, fuhr ich drei Schritte zurück und entschuldigte mich, daß wir zu zweit wären: sie aber antwortete liebenswürdig darauf, das täte nichts zur Sache und wenn wir ihn beide zu gleicher Zeit geschickt hineinschieben würden, könnten wir sie ja einer von vorne, einer von hinten haben. Dies Arrangement fand indessen nicht unsern Beifall, und der Kerl ließ uns noch zwei oder drei Orte in diesen Quartieren durchwandern und läutete an Türen, wo die Leute herauskamen, um ihm Grobheiten zu sagen. Als er endlich begriff, daß wir wählerisch wären, wollte er uns in den Schoß der Familie einführen und auf gut Glück anklopfend, fragte er im Hause, ob kein Mädchen da sei, das sich gegen bare Bezahlung von zwei reichen, wenn auch schlecht angezogenen englischen Reisenden in den Hintern wolle abschwabbern lassen. Durch einen ganz außerordentlichen Zufall waren an diesem Abend die Venetianerinnen alle tugendhaft oder, was das natürlichere ist, sie waren alle gerade im besten Zuge zu vögeln und wollten ihre Liebhaber nicht aus der Fut herauslassen, um sich mit elenden Fremdlingen zu beschmutzen. Schließlich kamen wir durch den Kerl in ein Haus und da gabs bis auf die etwas zu große Nase ein ziemlich angenehmes Weibsstück. Sie befand sich jedoch gerade im Kindbett und so unternehmend man auch war, so konnte man doch nicht ein Unterweges durch Schwanzstöße in den Bauch seiner Mutter zurückbefördern. Auch fürchteten wir den Schweif an irgendeiner vergessenen Geburtszange aufzuschinden.

Ich will es Dir nicht verhehlen, Präsidentin, daß diese junge Gebärende uns für ungeschliffen und undelikat zu halten schien, weil wir uns nicht in den Sturzbach ihres Wöchnerinnenflusses hineinstürzten, unbekümmert um die Nachgeburt, den Mutterkuchen und die verdünnten Schleimhäute. Obgleich sie kaum zweiundzwanzig zählte, hatte sie schon sechs Bälger aus ihrem behaarten Munde ausgekotzt. Diese sechs Bälger waren alle weg; die Kinder leben nicht gern in Venedig, und die kleinen verreckten Dinger ernennen sich zu Advokaten und sind dadurch ermächtigt, ins Paradies einzutreten und dort die Sache ihrer Eltern zu verfechten.

Padua ist von sehr schönen Mädchen bevölkert, die hierherkommen, um auf Veranlassung der medizinischen Fakultät eine Syphiliskur durchzumachen. Die Mahlzeiten setzen sich folgendermaßen zusammen: Quecksilber, Kopaivabalsam, Kubeben, Sarsaparilla, Höllenstein. Man schneuzt sich mit Vorsicht, aus Angst, daß einem nicht die Nase zwischen den Fingern bleibt; es ist notwendig, mit Präservativs aus galvanisiertem Blech zu vögeln, damit man seiner Sache sicher sei.

Florenz enthält eine einzige Hure, die bei einer ehrenwerten Tapezierfamilie wohnt. Sie treten ein, verlangen einen Nachttisch, ein Bidet oder ähnliches Möbelstück dieser Art und mit einer pfiffigen, lüsternen Miene, und man versteht Sie vollkommen. Aber dieses arme Geschöpf ist so beschäftigt, daß man sich vierzehn Tage vorher einschreiben muß.

Wenn sie sich wäscht, legt sie den Arno trocken, – aber auch das nimmt Zeit in Anspruch. Jedem Klienten sind bloß sechs Bewegungen gewährt: sechs nach vorn, sechs nach hinten; diejenigen, die langsam arbeiten, zahlen das dreifache, entsprechend der Länge der Fickerei. Es gibt zwar auch zwei sehr freche und provozierende Blumenmädchen, die ständig bereit zu sein scheinen, auf den Rücken zu fallen; aber die erste hat einmal bei einem Stoß die Syphilis erwischt, die sie nach den Einen noch hat, von der sie nach den Andern kuriert ist; aber sie ist dadurch sehr scheu gegen das Aufsitzen geworden, so scheu wie ein aufgeschundenes Maultier. Die zweite ist die Geliebte eines Diebes, was ihr eine unüberwindbare Tugend verleiht. Was nun die anständigen Frauen betrifft, so ist es sehr schwierig, sie zu behupfen, denn sie haben immer einen warmen männlichen Umschlag auf ihrem Venusberg. Der Gatte, der Liebhaber und der Bediente folgen einander mit kurzer Unterbrechung. Man muß eine Ruhepause abwarten und sich am Rand der Fut halten, seine Wurzel in der Hand, damit man sie im geeigneten Moment, wenn der Platz gerade leer ist, was ziemlich selten, rasch einpflanzen kann. Außerdem gibt es in Florenz eine Menge heimlicher Schildkröten, die mehr oder weniger von ihren Gatten getrennt leben, schandbare Schlangen, längst aus der Mode gekommene Carconten, unbeschäftigte Löwinnen mit verdorbenem Ruf, mit durch Abtreibung ruinierter Gebärmutter, durch Pessare gestützter Scheide, geheime Polizeispioninnen, englische Blaustrümpfe, vermutliche Tribaden und unbestimmte Päderastinnen, bei denen man seinen Wurm einquartieren kann, wenn man den Geschmack Balzacs hat. Aber dazu muß man eine Menge Aufwand treiben, um schließlich so ein altes, verschleimtes Kanonenloch auszufegen, das sicher bereits mehr als dreißigtausend Schüsse abgefeuert hat.

In Rom macht das Kreuz-Aß den kleinen Abbates zu viel

Spaß, aber die Weiber haben eine schreckliche Furcht vor Kutten und Papisten in Sutanen, die ihnen den Weihwedel in den Popo stecken und ihnen das Bauchinnere mit Prediger-samen besprengen, der der flüchtigste von allen ist. Jede Hure muß verheiratet sein, sonst steckt man sie ins Gefängnis, falls man sie erwischt, dreihundert Francs Geldstrafe. Die einzige Industrie der Römer besteht darin, ein hübsches Mädchen zu heiraten, die sie dann den Kardinälen und den Fremden verkuppeln.

Die Römerinnen sind sehr schön, von einer lebhaften, aufdringlichen, kompakten, massiven, aber unbestreitbaren Schönheit. Sie scheinen von den Piedestalen der Museen heruntergestiegen zu sein. Zwanzig Kinder können sie gleichzeitig in ihren robusten Lenden tragen und es wären mit Eisen besetzte Korsetts nötig, um ihre ungeheuren Brüste zusammenzuhalten.

Die Geschichte der Mutter von Beatrice Cenci, der man nicht den Kopf abschlagen konnte, weil ihre wie Bomben großen Tutteln sie hinderten, den Hals in den Blockausschnitt zu legen, kann man hier sehr gut begreifen. Das sind nicht mehr diese großen herabhängenden und sich schaukelnden Schlapptitten des Rubens, diese großen vlämischen Kleisterkübel, diese Niagarafälle aus Fleisch und Fett, die sich von der Höhe der Brust auf das tieferliegende Gebirge des Bauches herunterstürzen bis in die Täler des Schamberges, – nein, das sind zwei erzene Halbkugeln, die man vor sich herträgt, ein zweiter harter Arsch, der auf dem Magen befestigt ist, zwei ungeheure Terrinen, die von der Seite gesehen ein Kapitol und einen Palatin aus Fleisch bilden.

Am andern Abend besuchten wir eine junge Schöne, die nach einigen Umständen und nachdem sie sich versichert hatte, daß wir keine Polizeispitzeln wären, ihr Kleid ablegte und sich herumdrehte, damit wir ihre Reize auf der blanken Haut abgreifen könnten. Ihre Brüste platzten im Zimmer in die Höhe, durchschlugen die Decke, breiteten sich in der Via Condotti aus, kugelten über den Korso bis zur Piazza Venetia und ließen uns nun in einer Sintflut von Rosen und Lilien eingehüllt. Ludwig, erdrückt unter dem Bergsturz dieses Doppelgebirges, war zwischen diesen beiden Globen gefangen, ließ einen silbernen Schleim in diesem Engpaß los und verfolgte seinen Pfad wie ein Spargel in einem Weinblatt. Ich rüstete mich schon, sein Epitaph zu schreiben, falls er unter dieser Lawine begraben würde bleiben. Er meinte, auf diesem Wege keiner Syphilis zu begegnen, war aber in einiger Unruhe wegen der Krätze. Bis jetzt hat sich diese Angst nicht gerechtfertigt.

Man gab uns dann die Adresse einer verheirateten Frau beim Obelisken des Monte Cavallo Nr. 48, einem granitnen Schwanz, der dieser Dame als Wahrzeichen dient. Sie wohnt im ersten piano, was Stockwerk und kein Klavier bedeutet, und nennt sich Nana. Ihr Gatte geht alle Tage von 12 bis 3 aus und dann kommen die Fremden. Nana, wie man sagt, das schönste Weib Roms, zieht sich splitterfasernackt aus und zeigt ihren Popo der Gesellschaft, der es freisteht, sie umzudrehen. Diese plastische Nummer kostet fünf bis zehn Francs, je nachdem man sich begnügt, sie zu betrachten oder reell zu genießen. Der Gatte kehrt um drei Uhr zurück, Nana zieht ihr Hemd wieder an und geht als ehrenwerte Frau wieder an die Besorgung ihrer häuslichen Obliegenheiten. Diese liebenswürdige Industrie hat dem Kerl von Zuhälter bereits ein Haus und eine Rente eingetragen.

Verzeihen Sie, teure Präsidentin, diesen endlosen Brief, in dem ich mich aufs äußerste angestrengt habe, Ihr Schamgefühl nicht zu verletzen. Bald werde ich wieder meinen Platz an Ihrer häuslichen Tafel einnehmen und die Feder für die Zunge – o, daß sie nicht hineingesteckt ist! – ruhen lassen können, und ich werde in der Wahl des Loches nicht wählerisch sein.

P. S. Übermitteln Sie meine erektilsten Unanständigkeiten an Fräulein Bébé und mein Beileid dem Rückenmark Ferdinands, Rückenmärker im dritten Stadium. Wenn dieses Papier nicht so frivol und arschwischerisch wäre, würde ich Sie bitten, meine herzlichsten Grüße Musset zu übermitteln; aber ich wage es nicht, meine Ergebenheitsgrüße längs dieser Mauer zu deponieren.

Aus den Gedichten Baudelaires:

Das Gebet eines Heiden

Laß deine Flamme nicht fehlen!
Kühl ist mein Busen wie Schnee.
Wollust, Folter der Seelen,
Diva exaudi me.

Göttin im Äther verloren,
Feuer im Fundament!
Horch auf das Herz, das erfroren,
Eherne Sänge dir nennt.

Wollust, ich bleibe dein Sklave,
Ob dein Sirenengesicht
Aus Fleisch und Samt mich besticht

Oder ob tödliche Schlafe
Mit formlosem Wein du verleihst, –
Wollust, du schmiegsamer Geist!

Besessen

Die Sonne ist umflort. Manon, mach es wie sie
Und mummele dich ganz ins Fell der Apathie.
Schlaf oder rauche viel; bleib still in Qualmverbrämung
Und tauche auf den Grund der tiefsten Willenslähmung.
Ich lieb dich wie du bist. Doch: sollte es dir passen,
Die Finsternis, mein Stern, heut Abend zu verlassen
Und aufzuleuchten da, wo bunte Tollheit lacht,
Das wäre hübsch, Manon. Wir bummeln heute Nacht!
Entzünde deinen Blick am Strahl von tausend Lichtern,
Entzünde die Begier auf schweinischen Gesichtern!
Du ganz bist meine Lust, ob strotzend, ob morbide;
Sei was du immer willst: Zerrüttung oder Friede,
Sei Licht, sei Dunkelheit –; laß mir nur eins gelingen,
Mich, Satan-Göttin, *dir* als Opfer darzubringen.

Lesbos

Mutter lateinischer Spiele und griechischer Wonnen,
Lesbos, wo Küsse bald feurig, bald schmachtend gelind,
Frisch wie die reifen Pasteken und heiß wie die Sonne,
Zierde der ruhmvollen Tage und Nächte sind.
Mutter lateinischer Spiele und griechischer Wonnen.

Lesbos, wo Küsse wie Wasser des Wildbaches schnellen,
Der ohne Bangen in grundlose Schluchten lief;
Dann sich windet in pochenden schluchzenden Wellen,
Stürmisch und heimlich emsig wirbelnd und tief, –
Lesbos, wo Küsse wie Wasser des Wildbaches schnellen.

Lesbos, wo sich die Phrynen einander begehren,
Wo noch kein Seufzer der Antwort entbehrend verrann,

Du, die nicht minder wie Paphos die Sterne verehren,
Wie die Venus die Sappho beneiden kann, –
Lesbos, wo sich die Phrynen einander begehren.

Lesbos, du Erde der heißen erschlaffenden Nächte!
Mädchen vor ihren Spiegeln – o heillose Sucht –
Hohlen Auges verleitet durch heimliche Mächte
Spielen mit ihres Frauentums reifender Frucht, –
Lesbos, du Erde der heißen erschlaffenden Nächte!

Was bedeuten die Sätze des Guten und Schlechten?
Hehre Mädchen, ihr Zierde der Inselwelt,
Euer Glaube ist einer der großen und echten,
Liebe hat Himmel und Hölle in Schatten gestellt, –
Was bedeuten die Sätze des Guten und Schlechten?

Um das Geheimnis der knospenden Mädchen zu singen,
Hätte mich Lesbos auf Erden vor allen bestimmt,
Mich schon von Kind auf bekannt mit den finsteren Dingen
Helles Gelächter, drin schmerzliche Träne schwimmt, –
Um das Geheimnis der knospenden Mädchen zu singen.

Die Freundinnen

Nach dem Französischen des Lemercier de Neuville

Die Szene ein Cabinet particulier des Café Anglais. Die Zeit das zweite Kaiserreich. Die Personen: Jeanne, blond und hübsch, früher so ein kleines Mädel, jetzt verheiratet, Berthe, braun und hübsch, früher so ein kleines Mädel, jetzt verheiratet. Die Stimme eines Kellners.

Berthe zu Jeanne, die auf den Boulevard hinuntersieht: Siehst du niemand kommen?

Jeanne: Einen Straßenkehrer seh ich ... einen Plakatanschläger ...

Berthe: Das sind zwei Männer, und wir erwarten zwei Herren.

Jeanne: Die scheinen auf sich warten zu lassen.

Berthe die sich vor einem Spiegel richtet: Wir sind eben zu früh.

Jeanne: Glaubst Du? Jedenfalls hätte es sich geschickt, daß sie uns nicht die ersten sein lassen.

Berthe: Das macht doch nichts. Vorausgesetzt, sie kommen.

Jeanne: Sie? Wer sie? Ich bin mit Dir gekommen, ich hab getan wie Du wolltest, aber ich will gehenkt sein, wenn ich weiß, worum es sich handelt und wozu dieses heimliche Frühstück. Du kommst zu mir gelaufen, bringst meinen Mann durcheinander, meine Kinder durcheinander, mein Mädel, mich und gibst mir keine Ruh, bis ich nicht hergerichtet und angezogen und ausstaffiert bin wie am Pfingstsonntag ... Und wie ich dann von Oben bis Unten parfümiert bin, bringst Du mich, ohne auch nur ein Wort zu sagen, hierher, wo wir einmal vor Jahren ... ja, sag mir doch endlich, was das alles bedeutet!

Berthe: Erinnert Dich denn der Ort, wo wir sind, an gar nichts?

Jeanne: Daß wir hier einmal zu viert zwanzig Flaschen Sekt getrunken haben, das ist doch gerade keine Sache, wert sich daran zu erinnern.

Berthe: Nein. Wenn er getrunken ist, gehts nur mehr unsern Magen an, aber – erinnerst Du Dich wirklich an sonst nichts?

Jeanne: So hilf mir doch ein bißchen drauf.

Berthe stellt sie vor einen Spiegel: Da, lies.

Jeanne liest: 15. September 1856 ... 15. September 56? Und? Ach ja ...! Jetzt erinnere ich mich ... vor drei Jahren, das war die Nacht mit Ernst und Arthur, vor unserer Hochzeit . . .

Berthe: Und Ernst und Arthur hab ich getroffen, und die erwarten wir hier, und sie werden gleich da sein!

Jeanne: Und die denken noch an uns?

Berthe: Na, sie werden uns ja gerade keine karnikelhafte Treue bewahrt haben und waren wohl keinen Moment untröstlich – wir haben uns verheiratet und damit war es auch für sie aus.

Jeanne: Ja, einmal muß man ja ein Ende machen. Immer kann man doch nicht so leben, so hübsch es auch ist und so hübsch wir auch noch sind, mein Gott.

Berthe: Ja, und da kommt auch ein Moment, wo das lustige Leben auf einmal fad und ermüdend wird . . . Ach, Schatz, wir hatten doch auch gelebt und wie! Unsere Woche hatte zu viele Sonntage. Und schließlich spuckten wir schon Blut wie ganz gemeine Kameliendamen und bekamen von unsern Liebhabern manchmal kleine Fußtritte, die die Liebe nicht desavouierte . . . Es war Zeit, sag ich Dir. Besser, als im Spital verrecken, ist doch noch heiraten. Es verblödet ja ein bißchen, aber es gibt Reputation. Wir waren Huren und sind Ehefrauen geworden. Man wies mit den Fingern auf uns, jetzt zieht man den Hut. Erst verachtet, jetzt geachtet. Schließlich doch besser so. Wir langweilen uns natürlich mit unseren Ehetrotteln, aber wir sind nicht mehr unglücklich mit unsern Liebhabern. Und haben Kinder, Du Zwillinge, ich ein Mädel – von wem wohl die drei Fratzen sind? Man muß Ernst und Arthur darüber fragen.

Jeanne: Jetzt können sie's ja sagen, wo wir unsere Männer haben.

Berthe: Ja, unsere Männer . . . (sie nähert sich Jeanne) Du duftest noch immer so gut wie damals . . . und Deine Haut ist noch immer so . . . (sie küßt Jeanne)

Jeanne: Aber Berthe! . . .

Stimme des Kellners: Hier, meine Herren, bitte hier.

Jeanne: Da sind sie.

Stimme des Kellners: Pardon, meine Herren, es scheint, die Herren sind fortgegangen. Wollen Sie die Güte haben ... (die Stimme verliert sich.)

Berthe: Das waren sie nicht. – Sag mal, Jeanne, hast Du, seit Du verheiratet bist, Deinen Trauschein angesehn?

Jeanne: Nein. Wozu auch?

Berthe lachend: Um mit dem Federmesser hineinzuschneiden, wozu sonst?

Jeanne: Ach, nicht ein einziges Mal. Ich hab gar nicht daran gedacht.

Berthe: Wie ich ... Da wird es uns sehr komisch vorkommen, meinst Du nicht?

Jeanne: Komisch und gut, wer weiß. Übrigens, ein Schnitt mit einem Federmesser zerschneidet einen Trauschein nicht. Die Sachen stehen auf einem soliden Pergament, weiß Gott.

Berthe: Ich glaube, es wird uns komisch vorkommen. Ob auch gut? Das muß man abwarten. Die Untreue machte uns ehmals wahrhaftig keine Schmerzen, und ich muß für mein Teil schon sagen, daß es mir immer viel Spaß gemacht hat, Liebe von verschiedenen Bäumen zu pflücken, – es war wohl immer dieselbe Frucht, aber doch nicht derselbe Baum.

Jeanne: Du bist ein Leckermaul.

Berthe: Heute kriegen wir vielleicht Magenschmerzen davon, Verdauungsstörungen ...

Jeanne: Da kannst Du recht haben. Es gibt Sachen, an die wir nicht mehr gewöhnt sind. Man kommt herunter aus Mangel an Übung ... Aber sag, tanzen kannst Du doch noch? Dein Chahut war doch berühmt! Komm, tanzen wir!

Berthe: Und wie gern! (Sie tanzen einen wilden Cancan, der ihnen das Haar auflöst, die Wangen dunkelrot macht und die Corsagen öffnet.)

Jeanne: Jetzt einen Walzer! (Sie umschlingen einander verliebt und walzen, Wange an Wange, Brust gegen Brust und Bauch an Bauch.) Berthe . . . so kann ich das Tempo nicht halten . . . Tanzen wir wie anständige Leute. (Sie tanzen dezenter.) Ach, ich kann nicht mehr!

Berthe außer Atem: Siehst Du . . . Wir können nicht mehr lachen, nicht mehr tanzen, gar nichts mehr, – es ist aus mit uns, Schatz! . . . Und die Männer, glaubst Du? Die amüsieren uns noch weniger! Wir kennen sie doch! Sie sind alle gleich. Haben nicht so viel Phantasie! Nur Bedürfnisse. Es gibt keinen, der nicht bei seiner ersten Zusammenkunft mit einer Frau damit anfängt, ihr . . . (sie sagt ihr etwas ins Ohr) Hab ich recht?

Jeanne lacht: Oder wenn er zuviel getrunken hat . . . (sie sagt ihr etwas ins Ohr.)

Berthe lachend: Genau so . . .

Jeanne bringt vor dem Spiegel ihre etwas derangierte Toilette in Ordnung: Übrigens, die kommen nicht.

Berthe: Verlaß dich drauf, sie kommen (und während sie sich vor dem Spiegel richtet). Sag, glaubst Du ganz ehrlich, daß sie nach drei Jahren die gleichen mit uns sein werden? Siehst Du, damals, da waren wir fidel wie der Teufel in der Krinoline, – heute sind wir gesetzter und Mütter! Ah! Die Männer sind doch solche Kanaillen! Bei dem Wort Frau denken sie gleich an einen Haufen widerwärtiger Sachen, an Niederkunft und wie das die Brüste schlaff macht und Falten auf dem Bauch . . .

Jeanne lebhaft: Kriegt man nicht immer!

Berthe: Ich spreche nicht von Dir, Liebling, und nicht von mir, aber die Männer wissen, daß es in den meisten Fällen so ist, und da ist man in ihren Augen zu nichts sonst gut, als zum Säugen und Windelwaschen, – die Liebe ist uns verboten. Die zwei, auf die wir warten, glauben's von uns nicht anders, und . . . wir hätten nicht herkommen sollen, Jeanne. Brauchen wir sie?

Jeanne: Schau, die Tugendhaftigkeit ist ja eine ganz hübsche Sache, aber man soll sie doch nicht geradezu mißbrauchen. Wenn wir einmal alt sind, dann haben wir Zeit genug dazu, meinst du nicht?

Berthe lebhaft: Wo ich doch getrennt schlafe, ich bitte Dich!

Jeanne nicht weniger lebhaft: Und ich doch auch!

Berthe: Ich versteh nicht, daß man sich so auf die Männer versteift. Für diese Individuen, die überall Haare haben, nach Tabak riechen, manchmal auch nach Wein und die sich, Liebhaber oder Gatte, einbilden, sie hätten ein Recht darauf, uns, ob wir wollen oder nicht, auf den Rücken schmeißen zu dürfen, uns die Beine auseinander zu pressen und uns ihren Pfahl in den Bauch bohren ... Eigentlich ist man doch nur so ein Möbel und nicht eine Frau.

Jeanne: Wie oft hab ich das schon gedacht! Und neunmal unter zehn sind sie von einer Ungeschicklichkeit, daß man ihnen den ganzen Weg lang helfen muß, und amüsant ist das wahrhaftig nicht.

Berthe: Ja, die Augen haben sie immer größer als den Bauch, und mehr Kopf als Schwanz, – hab ich nicht recht?

Jeanne: Die wahre Glückseligkeit ist's nicht (sie neigt sich melancholisch auf Berthe's Nacken und küßt sie da wie zerstreut, und küßt immer wieder).

Berthe schauert zusammen, küßt Jeanne auf den Mund): Ah! Jeanne ... schweig ... ich vergehe ... Du hast mich verstanden und ich habe Dich erraten (sie umarmt Jeanne wie einen Mann, hastig, atemlos.) Komm, Liebling, gehn wir! Komm zu mir ... gleich ... Ich lieb Dich ... ich will ... komm, meine Kinder sind spazieren, mein Mann auf seinem Bureau ... wir haben vier Stunden für uns allein ... vier Stunden der einzigen Seligkeit, die wir Frauen hier haben können ... (Man hört unten einen Wagen rollen und vorfahren.) Da sind sie! Komm, Liebling, komm! Wir wollen uns lieben! (Sie eilt rasch mit Jeanne ab, Pause, dann:)

Die Stimme des Kellners vor der Türe: Hier, meine Herren, die beiden Damen sind hier.

Erste Eindrücke

Aus den ›Memoiren einer Sängerin‹

Meine Eltern, wohlhabende, aber keineswegs reiche Leute, hatten mir eine musterhafte Erziehung gegeben. Mein lebhafter Charakter, das Talent, alles spielend zu erlernen, und namentlich mein schon früh ausgebildetes Talent für Musik, machten mich zum Liebling nicht allein meiner Eltern, sondern aller, die unser Haus besuchten. Bis zum 13. Jahre hatte mein Temperament vollständig geschwiegen. Andere junge Mädchen hatten mir zwar erzählt, was es namentlich für eine Bewandtnis mit dem Unterschiede zwischen dem männlichen und weiblichen Geschlechte habe, daß es eine Fabel sei, wenn man weismachen wolle, der Storch bringe die Kinder, und daß doch gewiß recht sonderbare und geheimnisvolle Dinge vorgehen müßten, wenn man sich verheirate. Mein Interesse an solchen Gesprächen war immer nur das der Neugierde gewesen. Meine Sinne sprachen dabei noch in keiner Weise mit. Erst als sich an meinem Körper die ersten Spuren von Mannbarkeit zeigten, als ein leichter Anflug gekräuselter Haare sich da bemerkbar machte, wo die Mutter nie, selbst beim Anziehen und Waschen nicht eine vollständige Entblößung litt, da gesellte sich zu der Neugierde auch noch das Wohlgefallen. Wenn ich allein war, untersuchte ich die mir unerklärliche Erscheinung des krausen Haarwuchses an jener Stelle, die doch so große Bedeutung und Wichtigkeit haben mußte, da alle Welt sie so sorgfältig hütete und den

Blicken entzog. Beim Aufstehen, wenn ich mich bei verschlossenen Türen allein wußte, nahm ich einen Spiegel von der Wand, stellte ihn davor und rückte ihn solange schräg, bis ich alles genau sehen konnte, öffnete mit den Fingern, was die Natur so sorgfältig verschlossen hält, begriff dann aber um so weniger, was meine Gespielinnen von der Art und Weise erzählten, wie die innigste Vereinigung zwischen Mann und Frau stattfinde. Der Augenschein überzeugte mich, daß das gar nicht möglich sei. An Bildsäulen hatte ich ja gesehen, wie anders der Mann von der Natur ausgestattet ist als die Mädchen. Da ich diese Untersuchungen immer beim Waschen mit kaltem Wasser vornahm, wobei ich an Wochentagen allein und ganz nackt war, während ich sonntags in Gegenwart der Mutter die Hüfte bis zum Knie bedeckt halten mußte, so konnte es nicht fehlen, daß ich auch bald auf die sich immer mehr rundenden Formen der Hüften und Schenkel aufmerksam werden mußte. Das machte mir ein unerklärliches Vergnügen. Meine Gedanken schweiften in's Weite. Ich versuchte mir auf alle mögliche Weise zu erklären, was ich doch nicht begreifen konnte, erinnere mich aber genau, daß damals meine Eitelkeit begann. Um diese Zeit war es auch, wo ich mich selbst wunderte, wie abends beim Zubettegehen meine Hand unwillkürlich auf meinen Unterleib fiel und mit den eben aufkeimenden Haaren spielte. Das Kräuseln zwischen den Fingern, die Wärme der Hand machten mir Vergnügen, ohne daß ich damals schon ahnte, wie viel mehr dort schlummere. Ich preßte dann die Schenkel über der Hand zusammen und schlief regelmäßig in dieser Lage ein.

Mein Vater war ein sehr ernster Mann und meine Mutter ein Muster weiblicher Sitte und des feinsten Anstandes, so daß ich vor beiden einen außerordentlichen Respekt hatte, gerade deswegen aber auch die größte Liebe für sie fühlte. Höchst selten kam ein Scherzwort über die Lippen meines Vaters und eben so selten sah ich von ihm eine Zärtlichkeit für meine Mutter. Dabei waren beide sehr schöne Leute. Der Vater war damals ungefähr 40, die Mutter 34 Jahre alt.

Nie war mir der geringste Gedanke gekommen, daß unter dieser ernsten und in jeder Beziehung gemessenen Außenseite so viel Sinnlichkeit verborgen sei, als ich durch einen sonderbaren Zufall davon erfahren sollte. Ich war 14 Jahre alt geworden und ging eben in den Konfirmationsunterricht bei einem Prediger, der, nebenbei gesagt, meine erste schwärmerische Liebe war, und nicht die meinige allein, sondern die aller seiner Schülerinnen, obgleich er nichts weniger als jung und schön war. Ich habe vielfach beobachtet, daß Lehrer, und vorzüglich Religionslehrer, den ersten nachhaltigen Eindruck auf das Gemüt junger Mädchen machen. Ist der Prediger ein guter Kanzelredner, ein in der Gemeinde beliebter Mann, so schwärmen alle jungen Mädchen für ihn.

Ich war also schon 14 Jahre und körperlich vollkommen ausgebildet, bis auf das eigentliche Zeichen der ganzen Weiblichkeit, die periodische Blume. Da kam der Geburtstag des Vaters heran; die Mutter traf mit der liebevollsten Geschäftigkeit alle Vorbereitungen dazu. Ich hatte ein Gedicht gemacht, einen großen Blumenstrauß gewunden und war schon früh morgens festlich angezogen, weil der Vater schöne Toiletten sehr liebte. Meine Eltern schliefen nicht zusammen, weil der Vater oft sehr spät arbeitete und dann die Mutter nicht stören wollte – so sagten sie wenigstens; später habe ich auch darin ihren weisen Lebensgenuß erkannt. Mein Vater schlief also nicht in dem Schlafzimmer meiner Mutter. Gewöhnlich stand er um 7 Uhr auf. An seinem Geburtstage war die Mutter schon um sechs Uhr auf und im Hause tätig, um Geschenke zu ordnen und Vaters Bild zu bekränzen. Gegen 7 Uhr sagte sie, das frühe Aufstehen mache doch sehr müde und sie wolle sich noch einen Augenblick auf's Bett legen, bis der Vater herüberkäme. Weiß der Himmel, wie mir die Idee kam, aber ich dachte, es müsse doch gar zu hübsch sein, wenn ich dem Vater gleichzeitig mit der Mutter gratulieren könne, denn ich hatte ihn schon in seinem Zimmer husten hören. Er war also auf und mußte bald herüberkommen. Während die Mutter noch mit dem Dienstmädchen sprach, schlüpfte ich in das Schlafzimmer, welches einen Alkoven mit einer Glastüre hatte, in welchem die sämtlichen Garderoben-Schränke standen. Dort wollte ich versteckt stehen bleiben, bis die Mutter dem Vater gratulierte, um dann durch mein Erscheinen die geliebten Eltern zu überraschen. Ganz stolz und glücklich über meinen Plan, stand ich mäuschenstill hinter der Glastür des Alkovens, als meine Mutter hereintrat, sich schnell bis auf das Hemd entkleidete, sich auf ein bereitstehendes Bidet setzte und sich sorgfältig wusch. Ich sah dabei zum ersten Male, welch' einen wunderschönen Körper meine Mutter hatte; dann stellte sie einen großen Stehspiegel, der am Fußende ihres Bettes neben ihrer Toilette stand, schräg gegen ihr Gesicht und legte sich in's Bett, die Augen aufmerksam nach der Tür gerichtet. Jetzt erst kam mir der Gedanke, daß ich wohl eine Ungeschicklichkeit begangen haben könne, und ich wäre gern so weit wie möglich aus dem Alkoven weggewesen. Ein dunkles Gefühl sagte mir, daß vor meinen Augen etwas geschehen würde, was ein junges Mädchen nicht sehen dürfte. Ich hielt ängstlich meinen Atem an und zitterte an allen Gliedern. Da öffnete sich die Tür und der Vater trat ein, wie gewöhnlich des Morgens mit einem eleganten Schlafrock bekleidet. In dem Augenblick, wo die Tür sich bewegte, hatte meine Mutter die Augen geschlossen und stellte sich fest schlafend. Der Vater trat an das Bett, betrachtete mit dem Ausdruck der größten Liebe die Schlafende, ging dann zur Türe zurück und schob den Riegel vor. Mir wurde immer banger, und es war mir zu Mute, als sollte ich in die Erde sinken, als mein Vater nun leise die Beinkleider abstreifte, so daß er unter dem Schlafrocke nur noch das Hemd anhatte, sich dem Bette wieder näherte und vorsichtig die leichte Decke abhob. Damals hielt ich es für Zufall, jetzt weiß ich es besser, daß die Mutter mit geöffneten Schenkeln – das eine Bein angezogen, das andere ausgestreckt – dalag. Ich sah zum ersten Male einen anderen weiblichen Körper, aber ausgewachsen und in voller Blüte, und dachte mit Beschämung an die Unreife des meinigen. Das Hemd war ganz heraufgeschlagen, so daß nichts verdeckt blieb, und auf der Brust war es so weit offen, daß der linke Busen in seiner ganzen Weiße hervorquoll. Wie wenige Frauen habe ich nachher kennen gelernt, die es wagen durften, sich ihren Männern oder Liebhabern so zu zeigen, denn die bei weitem größere Zahl der Frauen hat über 20 Jahre hinaus keinen schönen Körper. Mein Vater schien den Anblick mit seinen Augen zu verschlingen, dann aber beugte er sich vorsichtig über die Schlafende, benetzte im Munde seinen Finger und führte ihn dahin, wo seine Augen sich noch nicht weggewandt hatten. Zart fuhr er auf und nieder, und kaum war es einige Male geschehen, als meine Mutter seufzte und das andere Bein wie im Schlaf anzog und sich auf sonderbare Weise mit den Hüften bewegte. Ich fühlte mich wie mit Blut übergossen, schämte mich, wollte weggehen und konnte nicht. Als die Bewegungen der Hüften stärker wurden, benetzte der Vater noch einmal seinen Finger und ließ ihn dann so tief hineingleiten, daß seine ganze Hand von den krausen Haaren bedeckt war. In diesem Augenblick öffnete meine Mutter die Augen, als ob sie eben erst erwacht wäre, schloß aber gleichzeitig die Schenkel, so daß sie die Hand meines Vaters gefangen hielt, und rief mit einem lauten Seufzer:

»Bist Du es? Eben träumte ich von Dir. Wie schön weckst Du mich! Tausend Glückwünsche zu Deinem Geburtstage!«

»Den schönsten bringst Du mir damit, daß ich Dich überraschen konnte. Wie schön Du heute wieder bist! Du hättest Dich nur sehen sollen!«

»Mich aber auch so zu überfallen! Du hast doch die Türe verriegelt?«

»Sei unbesorgt. Willst Du mir aber wirklich gratulieren, so öffne Deine Schenkel wieder. Du bist ja frisch und duftig wie eine Rose!«

»Alles was Du willst, Du Engel von einem Manne. Aber willst Du nicht lieber bis heute abend warten?«

»Da hättest Du nicht so einladend daliegen müssen. Fühle nur her, so wirst Du Dich überzeugen, daß ich nicht warten kann.«

Nun sank er auf ihr Gesicht nieder, und die Küsse wollten gar kein Ende nehmen. Dabei blieb seine Hand in spielender, liebkosender Bewegung an dem Orte, wo sie gewesen, und ich sah die Hand meiner Mutter sich unter den Schlafrock ihres Mannes stecken, wo sie ebenso geschäftig schien, während die Küsse immer glühender wurden. Dann küßte mein Vater den Hals, den Busen, saugte an den Rosenknospen desselben, ging dann noch weiter herunter und heftete seine Lippen auf den Mittelpunkt aller weiblichen Reize. Kaum hatte der Vater ihn mit dem Munde berührt, so schob die Mutter sich herum, so daß sie quer auf dem Bette lag. Der Vater kniete nieder und hielt mit den Händen ihre weit geöffneten Schenkel hoch aufwärts, ließ aber keinen Augenblick den Mund von der Quelle seines Vergnügens. Da er mir den Rücken zukehrte, so konnte ich nicht sehen, was er machte, schloß aber aus den leisen Ausrufen meiner Mutter, welche ganz Außerordentliches zu empfinden schien, denn die Augen verschwammen ihr, die Brust zitterte, die Schenkel bewegten sich hin und her. Seufzend und abgebrochen rief sie:

»Ach wie schön! Mehr oben! – Wie lieb Du heute bist! Äh! Ah! Ah! Jetzt saugen! So! – Es kommt gleich! Ach, warum kann ich Dich dabei nicht auch küssen! – Himmlisch! – Etwas tiefer mit der Zunge! Nur rascher! Ah! Ah! – Ich spritze! Ich – Ah!«

Jedes dieser Worte ist mir unvergeßlich. Wie oft habe ich sie mir nachher in Gedanken wiederholt! Wie viel habe ich darüber nachgedacht und nachgegrübelt! Ist es mir doch, als tönten sie noch heute in meinen Ohren.

Es trat jetzt eine Pause ein. Die Mutter lag mit geschlossenen Augen regungslos da; der ganze Körper schien seine Spannkraft verloren zu haben, und die hochgehobenen Schenkel sanken auf den Rand des Bettes. Ich war erschrocken über den Ausdruck, den das Gesicht beider angenommen. Das war nicht mehr mein sanfter, ernster Vater, das war nicht mehr meine keusche, sittliche Mutter. Das waren ein paar Wesen, die keine Rücksicht mehr kannten, die glühend und wonnetrunken sich gegenseitig in einem mir unbekannten Genusse überboten. Der Vater hielt sich einige Augenblicke ganz ruhig, setzte sich auf den Rand des Bettes und betrachtete mit brennenden, fast wilden Blicken den Punkt, dessen Liebkosungen meine Mutter zu so wollüstigen Ausrufungen veranlaßt. Mir war der Atem so vollständig bei dem Anblick vergangen, daß der heftige Herzschlag mich fast zu ersticken drohte. Tausende Gedanken gingen mir durch den Kopf, aber noch war die Besorgnis, wie ich unbemerkt aus dem Verstecke wieder herauskommen sollte, ohne von meinen Eltern entdeckt zu werden, die Hauptsache. Lange sollte ich indessen in diesem Zustande nicht bleiben, denn was bis jetzt geschehen, war nur das Vorspiel gewesen. Ich sollte das erstemal so viel auf einmal sehen und lernen, daß ich keiner weiteren Belehrung mehr bedurfte.

Wie gesagt, hatte sich der Vater neben die noch immer unbeweglich daliegende Mutter auf den Rand des Bettes gesetzt, so daß er mir das Gesicht zukehrte. Es schien ihm heiß zu werden, denn plötzlich warf er seinen Schlafrock und sein Hemd ab, zog aber dann den Schlafrock allein wieder an. Nun sah ich mit einem Male, worüber ich mir nach den Erzählungen meiner Gespielinnen schon oft den Kopf zerbrochen. Mir gingen geradezu die Augen über, so starrte ich vor Neugier und Aufregung darauf hin. Wie anders war das, als ich es bei Statuen und bei kleinen Knaben gesehen! Ich erinnere mich deutlich, daß ich mich davor fürchtete und doch einen angenehmen Schauder über meinen Körper herabrieseln fühlte. Der Vater sah gar nicht darauf hin, sondern hielt die Augen immer auf den Körper meiner Mutter geheftet. Mit der Hand schien er das rebellische Glied bändigen zu wollen, denn er fuhr immer leise darüber hin, und ich sah, wie er plötzlich die Spitze desselben entblößte. Mir wurde immer ängstlicher zu Mute. Als ob mir etwas geschehen sollte, kniff ich unwillkürlich die Schenkel zusammen, denn so viel hatte ich im Umgange mit anderen Mädchen schon erfahren, daß die beiden Teile, die ich da zum ersten Male entblößt vor mir sah, zusammengehörten. Wie das aber möglich sei, da ihre Größe so verschieden war, konnte ich nicht begreifen. Nachdem diese Ruhe einige Minuten gedauert hatte, nahm mein Vater die kraftlos herabhängende Hand meiner Mutter und führte sie dahin, von wo ich meine Augen nicht abwenden konnte. So wie sie fühlte, was er ihr in die Hand gab, schlug sie die Augen auf und lächelte unbeschreiblich holdselig, richtete sich auf und hing mit so leidenschaftlichen Küssen an seinem Munde, daß ich mir selbst sagte, alles Bisherige sei nur die Einleitung dessen gewesen, was noch geschehen sollte. Beide sprachen kein Wort, aber nachdem sie einige Minuten die heißesten Küsse gewechselt, wobei seine Hand zwischen ihren und ihre Hand zwischen seinen Schenkeln beschäftigt war, warf sie das Hemd und er den Schlafrock ab. Meine Mutter legte sich dann so auf das Bett, daß sie eine Unterlage von Kissen gerade unter der Mitte des Körpers hatte, und ich bemerkte deutlich, daß sie sich so lange hin- und herschob, bis sie in ihrer liegenden Stellung bequem in den Spiegel sehen konnte, den sie sich zurecht gerückt, ehe sie sich vor dem Eintritt meines Vaters schlafend gestellt. Mein Vater konnte das nicht bemerken, denn er sah weniger in das schöne, freudestrahlende Gesicht meiner Mutter, als zwischen ihre Schenkel, die sie jetzt weit auseinander legte, so daß mein Vater dazwischen knien konnte. Ich sah so angestrengt auf beide hin, daß mir die Augen fast aus dem Kopfe springen wollten. Ihre Lage war so, daß ich alles ganz genau sehen konnte. Meine Mutter nahm den stolzen Speer ihres Mannes in die Hand, führte ihn zu jener wunderbaren Spalte, benetzte den Kopf mit Speichel und wischte dann einige Male damit auf und nieder, wobei sie in eine Art von girrendem Seufzer ausbrach. Dann sagte sie:

»Jetzt! lieber Mann, aber langsam, damit wir zusammen genießen. Der erste Erguß war so reizend, daß ich fürchte, der zweite werde nicht so rasch kommen. Laß mich nur nicht im Stich!«

Ich armes unwissendes Mädchen! Was verstand ich damals von dem, was meine Mutter sagte? Ich sah nur, daß, so wie meine Mutter »Jetzt!« gesagt hatte, das Glied meines Vaters langsam in ihrem Schoße versank. Weit entfernt, Schmerz darüber zu empfinden, wie ich erwartet hatte, leuchteten ihre Augen vor Vergnügen. Sie schlang beide Beine um die Hüften meines Vaters zusammen, als wollte sie ihn noch tiefer in sich hineindrücken; dabei waren ihre halbgeschlossenen Augen immer auf den Spiegel gerichtet, in dem sie genau alle Bewegungen meines Vaters sehen konnte und mit größter Begier das Bild im Spiegel genoß. Die tausend Gefühle, welche mich damals bewegten, ließen mich gar nicht daran denken, daß beide Körper eigentlich wunderschön waren. Jetzt weiß ich freilich, daß solche Schönheit zu den größten Seltenheiten gehört. Ich sah nur erstaunt die Sache, ohne an Nebendinge zu denken. Als der Vater mit dem ersten Eindringen ganz in ihr versunken und regungslos schien, öffnete sie nach einigen Minuten ihre pressenden Schenkel. Er hob sich und zog dadurch den glühend roten Pfeil aus der Spalte, um gleich wieder bis an die Wurzel in ihr zu versinken. Bei jedem Stoße bewegte sie entgegenkommend die Hüften und ich konnte deutlich sehen, wie ihr Vergnügen mit jeder Bewegung stieg. Das Gesicht des Vaters konnte ich leider nicht sehen; aus dem Zittern der so angenehm beschäftigten Teile und aus seinen immer lebhafter werdenden Bewegungen konnte ich aber schließen, daß ihn die Wollust übermannte. Er sprach kein Wort, sondern handelte nur. Die Mutter stieß dagegen einzelne Worte aus, – manchmal unverständlich, als raubte das Vergnügen ihr die Besinnung, – aus denen ich mir zusammenreimen konnte, was zwischen beiden vorging.

»So, recht tief, Du einziger Mann! Halte recht lange an! Nun – langsam. Ah! – Wie stark bist Du heute! – Ich denke, so feucht und schlüpfrig, wie von dem ersten Male, müßte Dir das Vergnügen machen! – Jetzt – et – was schnel – ler! So! – Ach, wie schön! – Es kommt doch noch nicht bei Dir? – Halte so lange als mög – lich an! – Ah! ah! O, wie schade! Nun hast Du schon gespritzt – und ich bin noch nicht so weit! War das ein Strom! Bis zum Herzen habe ich den heißen Strahl gefühlt!« –

Der Vater hatte noch immer kein Wort gesprochen. Von dem Augenblicke an, wo seine Bewegungen schneller geworden waren, schien er alle Besinnung verloren gehabt zu haben. Zwischen Herausziehen und wieder Hineinstürmen blieb auch nicht einen Augenblick Zwischenraum. Dann schienen sich Konvulsionen seines Körpers zu bemächtigen. Er zitterte und bebte, die Schenkel zuckten, und endlich schien er sich so tief in meine Mutter hinein zu bohren, daß er wie leblos liegen blieb, den Kopf auf ihren wogenden Busen sinken ließ und sich dann erschöpft auf die Seite legte. Während die Mutter nach einem Handtuch griff und erst sich und dann den Vater abtrocknete, hatte ich Gelegenheit, die Veränderung zu bemerken, die unterdessen bei beiden vorgegangen. Was bei meinem Vater groß, rot und drohend gewesen war, lag jetzt klein und matt da, und ich bemerkte nur einen weißen Schaum, mit dem die Spitze überzogen war, bis das Handtuch die Spuren desselben wegnahm. Was dagegen bei meiner Mutter eng geschlossen und kaum bemerkbar gewesen war, stand auseinander und erschien glühend rot. Sie öffnete die Schenkel und ließ ebenfalls einen weißen Schaum herausfließen, der die ganze Höhlung zu füllen schien, und von dem ich dummes Ding nicht begriff, wo er hergekommen war. Dann holte sie Wasser, wusch erst den Vater auf das Zärtlichste und füllte dann eine Spritze, die eine krumme Röhre hatte, führte sie bei sich ein und reinigte sich gründlich, worauf sie sich an das Bett setzte, auf dem der Vater immer noch ausgestreckt und wie träumend lag. In seinem Gesichte lag die vollständigste Befriedigung, in dem ihrigen nicht. Sie war offenbar in eben solcher Aufregung, wie Vater vorhin gewesen war, nachdem er sie so lange zwischen den Schenkeln geküßt. Bei dem Abtrocknen hatte sie auch wie zufällig dem Spiegel eine andere Richtung gegeben, so daß mein Vater, dessen Kopf jetzt an derselben Stelle lag, wo vorhin der ihrige gelegen, nicht dasselbe Bild in ihm sah, das sie mit solcher Gier genossen. Ich war in solcher Spannung, daß ich auch diese kleine, anscheinend unwillkürliche Bewegung bemerkte, aber freilich erst später die Erklärung dafür fand. Nun glaubte ich, sei alles vorbei, und obgleich meine Sinne in einer unglaublichen Aufregung waren, so dachte ich doch nur daran, wie ich, ohne mich zu verraten, aus dem Schlafzimmer herauskommen könnte. Ich hatte mich aber geirrt und sollte noch anderes zu sehen bekommen. Vor dem Bette sitzend, beugte sich meine Mutter über den Liegenden und küßte ihn auf das Zärtlichste.

»Warst Du glücklich?« fragte sie schmeichelnd.

»Über alle Beschreibung, aber es tut mir leid, daß Du nicht

mit mir zusammen fertig geworden bist. Ich war zu aufgeregt und konnte mich nicht mehr halten. Es schoß wie eine Fontäne heraus!«

»Das tut ja nichts! Ich will ja an Deinem heutigen Geburtstage nur Dir Freude machen und habe auch schon vorhin einen himmlischen Genuß gehabt.«

Dabei beugte sie sich auf ihn herab und küßte dieselbe Stelle bei ihm, die er vorhin bei ihr geküßt hatte. Diesmal konnte ich besser sehen, was geschah, als vorher, wo der Vater mir den Rücken zugedreht hatte. Erst küßte, streichelte, liebkoste sie ihn von außen, dann nahm sie die Spitze in den Mund, daß es dem Vater in höchstem Vergnügen über das Gesicht zuckte. Mit der rechten Hand griff er der so wollüstig Beschäftigten erst an den Busen, dann zwischen die Schenkel, die sie sogleich auch öffnete, um ihm die vollste Freiheit zu gestatten. Ich sah, wie der Finger erst ganz oben in ihrer Spalte spielte, dann tiefer ging und endlich ganz eindrang, während sie mit dem Munde immer rascher saugte, bis zu meiner größten Verwunderung unter ihren Liebkosungen das wunderbare Wesen sich wieder aufrichtete und dieselbe Gestalt annahm, wie ich zuerst gesehen. Offenbar hatte meine Mutter das gewollt, denn ihre Augen strahlten vor Vergnügen, und da mein Vater keine Bewegung machte, sondern zufrieden schien, daß seine Hand eine so angenehme Beschäftigung gefunden, so schwang sich meine Mutter unter einer Flut von Küssen über ihn her, so daß sein ganzer Körper zwischen ihren Schenkeln lag. Der Zufall hatte gewollt, daß ich das, was jetzt geschah, doppelt sehen konnte; einmal von der Seite, weil die Längsseite des Bettes mir gegenüber stand, das andere Mal von hinten in dem Spiegelbild. Was ich bis dahin immer nur hatte teilweise sehen können, je nachdem die Körper sich näherten oder voneinander entfernten, das konnte ich nun in dem Spiegel so deutlich beobachten, als ob ich dicht dabei gestanden, und nie werde ich dieses Schauspiel vergessen! Es war das Schönste, was man nur sehen konnte, und schöner, als ich es selbst je erlebt. Beide Gatten waren aber auch in vollster Gesundheit, Kraft und Aufregung. Die Mutter war diesmal der eigentlich beschäftigte Teil, während der Vater sehr viel ruhiger schien als vorher. Er faßte sie zwar um die runden, schneeweißen Hüften, nahm die Knospen ihres Busens zwischen seine Lippen und saugte daran, wenn sie sich vornüberbeugte, bewegte aber den Unterkörper fast gar nicht, während sie Feuer und Flamme schien und eine außerordentliche Lebendigkeit entwickelte. Sie führte mit der Hand die wieder drohend aufrecht stehende Lanze an die Öffnung und senkte sich dann soweit herab, daß sie ganz eindrang. Hatte ich alles Vorhergehende mit Angst und Bestürzung angesehen, so kamen jetzt ganz andere Gefühle über mich. Wallungen, von denen ich mir keine Rechenschaft zu geben wußte, die aber unbeschreiblich süß waren. Hätte ich nicht das Rauschen und Knistern meines Kleides gefürchtet, so würde ich mit meiner Hand dahin gefaßt haben, wo meine Mutter eine so überwältigende Wollust zu empfinden schien, daß sie alles um sich vergaß und aus einer stillen, höchst ruhigen Frau eine glühend Genießende wurde. Der Anblick war über alle Beschreibung schön! Die kräftigen Glieder meines Vaters, die blendend weißen, runden Formen und jene Teile in engster Verbindung und Bewegung, in welche sich das ganze Leben und Sein zweier glücklicher Menschen konzentriert zu haben schien! Wenn sie sich hob, sah ich, wie die roten Lippen ihrer Spalte sich nur ungern von dem Zeichen männlicher Kraft trennten, welches zwischen ihnen und eng von ihnen umschlossen, bald ganz entblößt war, bald bis in das Innerste drang, bald ganz entblößt war, um gleich darauf wieder zu verschwinden. Diesmal sagte meine Mutter gar nichts, aber beide schienen in gleicher Steigerung zu genießen. Die Bewegungen wurden bei beiden gleichmäßig schneller, beiden brachen die Augen gleichzeitig, und als die höchste Ekstase eintrat, stieß mein Vater plötzlich von unten herauf, als ob er ganz in das reizende Geheimnis hinein wollte, während meine Mutter ihre Schenkel so weit als möglich spreizte und von oben herabdrückte, als ob sie alles hineinpressen wollte. Dann sagte der Vater: »Jetzt! Jetzt! Ich spritze! Himmlisch!« Und gleichzeitig die Mutter: »Es kommt! Es kommt! Ach, welch' ein süßer Strom!« Eine Sekunde wohl dauerte diese höchste Entzückung, dann sanken beide Arm in Arm auf das Bett nieder, zogen aber nun die kleine Decke über sich, um sich nicht zu erkälten, so daß mir der Anblick ihrer Körper entzogen wurde.

Ich stand wie versteinert! Die beiden Wesen, für welche ich bis jetzt die meiste Ehrfurcht und Liebe gefühlt, hatten mich über Dinge aufgeklärt, über welche sich junge Mädchen so wunderbar verkehrte Gedanken machen, hatten allen Schein und alle Verstellung bei Seite geworfen, durch welche sie mir bisher als ganz rein, leidenschaftslos und Ehrfurcht gebietend erschienen waren, hatten mir gezeigt, daß die Welt unter der äußeren Form der Sitte und des Anstandes den Genuß und die Wollust verbirgt. Aber ich will jetzt noch nicht philosophieren, sondern ich will erst erzählen. –

Zehn Minuten ungefähr mochten beide wie leblos unter der Decke gelegen haben, dann standen beide auf, wuschen sich, zogen sich an und verließen das Zimmer. Ich wußte, daß meine Mutter den Vater zunächst in das Zimmer führen würde, wo die Geburtstagsgeschenke aufgestellt waren, und dieses lag an dem Balkon, der in den Garten führte. Ich schlich mich daher einige Minuten nachher aus dem Schlafzimmer und lief so rasch als möglich in den Garten, von wo aus ich die Eltern begrüßte. Wie ich dann mein Gratulationsgedicht hergesagt habe, weiß ich nicht. Mein Vater hielt meine Verwirrung für Rührung. Konnte ich doch meine Eltern nicht ansehen, weil ich den Gedanken nicht los werden konnte, wie ich sie vor wenigen Minuten in einer ganz anderen Beschäftigung gesehen hatte. Der Vater küßte mich und die Mutter; aber welch' eine andere Art von Kuß war das? So kalt, so förmlich! Auch die Mutter küßte den Vater. Aber wie hatte ich sie vorher küssen sehen? Ich war so verwirrt und verlegen, daß es meinen Eltern endlich auffiel. Ich schützte Kopfweh vor, weil ich mich nur danach sehnte, auf mein Zimmer zu kommen und allein zu sein; denn ich vermochte keinen anderen Gedanken zu fassen, als das so unerwartet Gesehene zu ergründen und womöglich selbst Versuche anzustellen. Der Kopf brannte mir wie Feuer und das Blut jagte mir fast fühlbar durch die Adern. –

Die Mutter meinte, ich sei wohl zu fest geschnürt. Das war eine willkommene Gelegenheit, mich in meinem Zimmer auskleiden zu können, und das tat ich auch mit einer Eile, daß ich fast alles zerriß. Wie war aber mein unreifer Körper so wenig schön im Vergleich zu der vollendeten Schönheit meiner Mutter. Kaum rundete sich bei mir, was bei ihr schon die üppigsten Formen angenommen hatte. Das vollste Gebüsch bei ihr war bei mir kaum leichtes Moos. Sofort versuchte ich mit der Hand an mir selbst, was ich den Vater hatte tun sehen. Ich rieb hin und her, auf und nieder, öffnete die Lippen des Eingangs so weit als möglich, ohne Schmerzen zu empfinden! Es war wohl ein angenehmes Gefühl, wenn ich ganz oben am Eingang, wo ich zwischen den Lippen einen kleinen hervorragenden Fleck fühlen konnte, sanft, und besonders mit warmem Speichel benetzt, rieb; aber daß man davon so außer sich geraten, so alle Besinnung verlieren könne, wie ich bei meiner Mutter gesehen, das konnte ich nicht begreifen. Ich schloß daraus, daß zu solcher Wollust ein Mann gehöre, und verglich in Gedanken den Prediger mit meinem Vater. Ob der sich wohl auch mit seinem ernsten Wesen nur so verstellte, wie sich offenbar mein Vater gegen uns verstellt? Ob er wohl auch so feurig, so wollüstig, so besinnungslos wird, wenn er sich mit seiner Frau allein befindet? Ob er es wohl auch mit mir tun würde, wenn ich das täte, was die Mutter getan? Namentlich konnte ich das Bild nicht los werden, wie sie jenes wunderbare Glied geküßt, daran gesaugt, seinen Kopf bis in den Mund genommen und so lange geliebkost, bis es sich aufgerichtet, um sich auf's Neue in sie zu versenken.

In einer Stunde war ich zehn Jahre älter geworden. Als meine eigenen Versuche nichts helfen wollten, und ich ermattet davon ablassen mußte, überlegte ich hin und her, was ich nun tun müsse? Schon damals war ich in allen Dingen ungemein systematisch. Ich führte ein Tagebuch, hielt Rechnung über meine kleinen Einnahmen und Ausgaben und schrieb alles Mögliche auf. So kam ich denn auf den Gedanken, mir erst alle Worte aufzuschreiben, die ich gehört, aber vorsichtig auf einzelne Papierschnitzel, damit niemand daraus klug werden konnte. Dann dachte ich über alles Gehörte und Gesehene nach und baute mir mein Phantasieschloß zurecht.

Erstens hatte die Mutter sich schlafend gestellt und sich so zurecht gelegt, daß der Vater das tun mußte, was sie wünschte. Sie war also die Verlangende, wollte aber nur als die Gewährende erscheinen. Sie hatte sich ferner den Spiegel so zurecht gerückt, daß sie durch den Anblick doppeltes Vergnügen haben mußte. Hatte mir der Anblick im Spiegel doch auch mehr Vergnügen gemacht als die Wirklichkeit, weil ich Dinge ganz deutlich sah, die ich sonst nicht hätte sehen können. Aber auch das hatte sie vor dem Vater versteckt. Sie hatte ihm also nicht eingestehen wollen, daß sie noch mehr genösse als er. Endlich hatte sie ihn gefragt, ob er nicht bis heute Abend warten wolle, während sie doch alles vorbereitet hatte, um gleich morgens zu genießen, was sie wünschte.

Zweitens hatten beide mehrmals ausgerufen: »Es kommt!« Es war von einem »Erguß« die Rede gewesen, und als das höchste Vergnügen eintrat, hatten beide gesagt: »Ich spritze!« Was war das? Vergebens zerbrach ich mir den Kopf, was das wohl bedeuten könnte? Ich mag gar nicht niederschreiben, welche widersinnige Erklärung ich mir damals erfand. Bei aller gewöhnlichen Schlauheit junger Mädchen ist es erstaunlich, wie lange sie über alle Dinge im Dunkeln tappen und wie selten sie gerade auf die einfachste und natürlichste Erklärung dabei kommen.

Das Küssen und Saugen war ebenfalls nicht die Hauptsache, sondern nur eine Vorbereitung gewesen, obgleich die Mutter offenbar gerade dabei das meiste Vergnügen gehabt hatte, sowohl als der Vater ihr an der Spalte saugte und wahrscheinlich mit der Zunge spielte, denn sie hatte ja dabei gesagt: »Jetzt tiefer!« und nachher, daß das ein »himmlischer Genuß« gewesen sei, – als auch, wie sie dem Vater dasselbe tat.

Kurz, es gab so viel zu denken und zu erklären, daß ich den ganzen Tag nicht zur Ruhe kam. Fragen wollte ich niemand, denn da die Eltern das alles so vorsichtig verborgen hatten, so mußte es wohl etwas Unschickliches sein. Wir bekamen viel Besuch den Tag über und des Nachmittags kam auch der Onkel mit seiner Familie nach der Stadt. Er brachte seine Frau, meine Cousine, ein zehnjähriges Mädchen, meinen Cousin von 16 Jahren und eine französische Gouvernante aus der Schweiz mit. Da der Onkel am anderen Tage noch Geschäfte in der Stadt hatte, so blieben sie die Nacht bei uns, und die Cousine und ihre Gouvernante mußten in meinem Zimmer schlafen. Da wurde noch ein Bett aufgeschlagen und neben das meinige gestellt. Dort sollte die Gouvernante, die Cousine mit mir zusammen in meinem Bette schlafen. Mir wäre es lieber gewesen, wenn ich im Bette der Gouvernante hätte schlafen können, denn sie war ein sehr lebhaftes Frauenzimmer, 28 Jahre alt, nie um eine Antwort verlegen, und von ihr hätte ich vielleicht Belehrung erhalten können, obgleich ich nicht wußte, wie ich das anfangen sollte, da sie doch eine Erzieherin war und meine kleine Cousine sehr strenge hielt. Aber ich dachte mir, die Vertraulichkeit des Zusammenliegens im Bette würde schon eine Gelegenheit herbeiführen, und ich machte tausend Pläne. Als die Zeit zum Schlafengehen herangekommen war, fand ich Marguerite schon in unserem Schlafzimmer. Sie hatte eine spanische Wand zwischen die Betten geschoben, so daß die Schlafenden vollständig von einander getrennt waren. Sorgfältig brachte sie uns beide zu Bett, ließ uns unser Abendgebet hersagen, nahm dann die Lampe auf ihre Seite mit herüber, wünschte uns gute Nacht und ermahnte uns, bald einzuschlafen. Das hätte sie bei meiner Cousine kaum nötig gehabt, denn kaum unter der Decke, war sie auch schon eingeschlafen; bei mir aber war vom Schlafen keine Rede. Allerlei Gedanken gingen mir im Kopfe herum. Ich hörte Marguerite noch einige Zeit herumwirtschaften, sich dann ausziehen und das Nachtkleid anlegen. Ein schwacher Lichtschein durch die spanische Wand zeigte mir eine kleine, kaum einen Stecknadelkopf große Öffnung, und schnell hatte ich eine Haarnadel zur Hand, um das Loch unbemerkt größer zu machen, so daß ich mich im Bette nur etwas herabzuschieben brauchte, um ganz bequem zu Margueriten hinüber zu sehen. Sie hatte eben das Hemd ausgezogen, um das Nachthemd anzuziehen.

Ich sah freilich keinen so schönen Körper wie bei meiner Mutter, aber doch runde, reife Formen, eine kleine, aber wohlgeformte Brust und geschlossene Schenkel. Ich hatte kaum eine Sekunde Zeit für das Beschauen, denn rasch warf sie das Nachthemd über, setzte eine Haube auf und holte dann aus ihrem Reisesack ein Buch, mit dem sie sich an einen Tisch dem Bette gegenüber setzte und zu lesen begann.

Kaum aber hatte sie einige Minuten gelesen, als sie aufstand, die Lampe nahm und auf unsere Seite kam, um nachzusehen, ob wir auch schliefen. Natürlich schloß ich die Augen so fest wie möglich und öffnete sie erst wieder, als ich hörte, daß sich die Erzieherin auf ihrer Seite auf den Stuhl setzte. Gleich war mein Auge auch wieder an der Öffnung. Marguerite las mit größter Aufmerksamkeit in dem Buche und sein Inhalt mußte etwas ganz Besonderes sein, denn ihre Wangen röteten sich und ihre Augen glänzten, die Brust hob sich unruhig und plötzlich ließ sie die rechte Hand unter das Hemd sinken, setzte den einen Fuß auf die Bettstelle und schien nun noch eifriger, – mit noch größerem Vergnügen zu lesen. Was ihre Hand unter dem Hemde machte, konnte ich freilich nicht erkennen, da sie bedeckt war; aber ich reimte mir das heute morgen Gesehene zusammen. Manchmal schien sie nur mit den Fingerspitzen in den Haaren zu spielen, dann drückte sie wieder die Schenkel zusammen und bewegte sich mit dem Unterkörper hin und her. Vor lauter Aufmerksamkeit hatte ich gar nicht bemerkt, daß neben ihr auf dem Tische ein kleines Blechgefäß auf einer Spiritus-Lampe stand, dessen Inhalt bald anfing zu dampfen. Wahrscheinlich hatte sie die Flamme schon vor dem Entkleiden angezündet, denn ich hatte es nicht gesehen. Plötzlich legte sie das Buch fort, faßte in das dampfende Gefäß und als sie den Finger herauszog, sah ich, daß Milch darin erwärmt worden war. Sie schien sich nur überzeugt zu haben, ob die Milch heiß genug sei. Denn nun holte sie aus ihrer Reisetasche ein Paket Wäsche hervor, wickelte es aus und hatte plötzlich ein sonderbares, mir unerklärliches Instrument in der Hand. Es war schwarz und hatte genau dieselbe Form wie das, was ich heute früh bei meinem Vater gesehen. Ich armes Ding, was wußte ich damals von einem Godemiché! Sie senkte ihn in die heiße Milch, ließ ihn eine Zeitlang darin, legte ihn dann an ihre Backe, als wollte sie prüfen, ob das Instrument die rechte Wärme habe. Kaum hatte sie sich davon überzeugt, als sie die Spitze desselben wieder in die Milch legte, die beiden Kugeln am andern Ende zusammendrückte und beim Loslassen das Innere der Kugeln mit der warmen Milch füllte. Nun setzte sie sich nieder, stellte beide Füße hoch auf das Bett, und zwar meinen Augen gerade gegenüber, so daß ich zwischen ihre ausgebreiteten Schenkel sehen konnte, da sie das Hemd hoch heraufgeschlagen und unter dem Gürtel des Kamisols befestigt hatte. Mir quollen vom angestrengten Sehen fast die Augen aus dem Kopfe. Nun nahm Marguerite das Buch wieder in die linke Hand, – ich hatte beim Aufnehmen bunte Bilder darin bemerkt, ohne erkennen zu können, was sie darstellten – jenes Instrument in die rechte Hand und führte dessen Spitze an jenen wunderbaren Teil, den ich eben auch bei mir selbst in der Hand hatte. Ganz langsam fuhr sie erst auf und nieder, von oben bis unten, rieb leise eine gewisse Stelle, wobei ihre Augen immer sonderbarer glänzten und das Buch mit seinen Bildern fast zu verschlingen schienen, dann leitete sie die Spitze zu der eigentlichen Öffnung und drängte langsam den ganzen Schaft hinein, wobei sie die Schenkel noch mehr auseinander spreizte, den Unterkörper entgegenschob und einen leisen Seufzer ausstieß. Sie schob so lange, bis der Schaft nicht weiter eindringen konnte und die Kugeln sich fast mit den Haaren vereinigten. Ebenso langsam, wie er eingedrungen war, zog sie ihn auch wieder heraus, und nun wiederholte sich das Spiel nach und nach immer schneller, bis sie das Buch fallen ließ, die Augen schloß, die linke Hand im Mund befeuchtete und sich – während das Instrument unten immer rascher eindrang – oben in der Spalte kitzelte und rieb. Ihr Körper schien in Konvulsionen zu geraten. Sie kniff die Lippen gewaltsam aufeinander, als fürchtete sie sich durch einen Seufzer zu verraten; endlich schien der höchste Moment bei ihr gekommen; mit beiden Händen preßte sie die Kugeln, daß die Milch gewaltsam in ihr Inneres spritzen mußte, schloß dann die Schenkel über dem noch immer tief eingedrungenen Instrument und lag regungslos, aber tief atmend, still auf dem Stuhle. Ich rührte mich immer noch nicht. Endlich öffnete sie die Schenkel wieder, zog das Instrument, das ganz mit Schaum bedeckt schien, heraus und fing den nachstürzenden Milchstrom in einem Tuche auf. Dann trocknete sie alles, – packte Buch und Instrument sorgfältig ein, kam darauf noch einmal mit der Lampe an unser Bett, um zu sehen, ob wir schliefen, und legte sich selbst zur Ruhe, mit so ruhigem, glücklichem Gesichte, als sei sie nun vollständig befriedigt. Während sie in das Bett stieg, schob auch ich mich zurecht und freute mich, nun eine Gelegenheit gefunden zu haben, die mir Lösung aller Rätsel verhieß, welche sich unruhig in meinem kleinen Kopf umhertummelten.

Ich war außer mir, aber auch fest entschlossen, daß Marguerite mir beichten, mich aufklären, mir helfen sollte! Tausend Pläne durchkreuzten meinen Kopf.

Flossie, die fünfzehnjährige Venus

Aus ›Flossie the Venus of Fifteen‹, das man fälschlich Algernon Ch. Swinburne zuschreibt

An einem sonnigen Spätnachmittag im Juni bummelte ich durch eine stille Straße Piccadillys, als mein Blick von zwei weiblichen Gestalten gefesselt wurde, die mir entgegenkamen. Die eine war eine hohe, schön gebaute Frau von etlichen fünfundzwanzig Jahren, die unter andern Umständen wohl mehr als einen bloß zufrieden musternden Blick von mir empfangen hätte. Aber so bannte ihre Begleiterin meine Augen in fast atemloser Bewunderung. Ein junges Mädchen war es, fünfzehn Jahre alt und von solcher bezaubernden Schönheit des Gesichtes und der Gestalt, wie ich sie noch nie gesehen hatte. Sie trug nach Mädchenart das dunkelblonde Haar nicht aufgebunden, so daß es ihr fast bis zur Taille fiel.

Sie hatte veilchenfarbene, etwas übermütig blickende Augen, die das lustige Lächeln ihrer vollen roten Lippen nicht widerlegte. Diese und tausend andere Reize kannte ich später ja alle so gut, aber was mich noch beim ersten Sehen traf, war ein starker und überaus wohlgeformter Busen, dessen Form eine nach französischer Art gemachte Bluse in großer Deutlichkeit abzeichnete. Der kurze Mädchenrock, den sie trug, ließ ein Paar wundervoll gedrechselte Waden in haselnußfarbenen Seidenstrümpfen sehen. Nah gekommen, hörte ich zu meinem nicht geringen Erstaunen, wie mich die ältere von den beiden mit meinem Namen begrüßte.

»Erinnern Sie sich nicht mehr an mich, Kapitän Archer?« Einen Augenblick lang war ich in Verlegenheit, aber die Stimme half mir auf den richtigen Weg.

»Natürlich sind Sie es, Miß Letchford, die vor drei Jahren meine Schwestern unterrichtete!«

»Das hab ich nun nicht mehr nötig. Ich gab es auf und lebe jetzt mit meiner kleinen Freundin hier zusammen in einer eigenen Wohnung. Flossie Eversly – Kapitän Archer.«

Die violetten Augen lachten mich an. Der lächelnde Mund machte in seinen Winkeln Grübchen. Ich war fünfunddreißig alt, und das verliebteste Entzücken warf mich vor diesem reizenden Mädel nieder.

Kurz darauf trennten wir uns, ich mit der Adresse ihrer Wohnung in der Tasche und mit dem feierlichen Versprechen, am nächsten Tag den Tee bei ihnen zu trinken. Andern Mittags erhielt ich diesen Brief:

»Mein lieber Archer, leider muß ich Sie davon verständigen, daß ich bei Ihrem Besuche nicht zu Hause sein werde. Es tut mir leid und wieder nicht leid, denn ich möchte, daß Sie Flossie sehr genau kennen lernen. Sie ist eine Waise und hat keine Verwandte auf der Welt. Sie ist eben aus ihrem Pariser Pensionat zurückgekommen und dem Alter nach noch ein Kind. Aber ein Weib an Wissen und Körper, wie Sie ja selber sehen können. Sie ist eine warme, leidenschaftliche Natur und der Blick, den Sie ihr gestern zuwarfen, ging nicht daneben. Um ganz offen zu sein: sie hat sich in Sie verliebt. Sie werden an ihr eine entzückende Genossin finden. Aber gehen Sie sehr zart mit ihr um und was auf der Welt möglich, wird sie für Sie tun. Sprechen Sie auch mit ihr über das Pariser Pensionat, – sie erzählt riesig gern davon. Ich möchte Flossie glücklich sehen und Sie können mir dabei helfen. Aber vergessen Sie nicht, daß sie erst fünfzehn Jahre ist. Immer Ihre Eva Letchford.«

Der Sinn dieses Briefes war nicht mißzuverstehen. Als ich klingelte, öffnete sie selber die Tür und im Hinausschlüpfen flüsterte sie mir zu:

»Flossie erwartet Sie. Und noch eins: Sie waren ja viel in Paris, nicht wahr? Flossie auch. Sie ist sehr jung und – es gibt verschiedene Wege. Auf Wiedersehen.«

Ich betrat das nächste Zimmer. Flossie saß in einen Langstuhl geschmiegt und las. Mit einer raschen Bewegung warf sie die Beine unter dem Rock hervor und schnellte in die Höhe. Kam auf mich zu, in den Augen ein seltsames Gemisch mädchenhafter Schüchternheit und verhaltener Lust. Ich breitete die Arme, – und im nächsten Augenblick übersäte ich, was ich in ihnen hielt, mit Küssen, – Haare, Wangen, Augen, Stirn. Und nun der volle Mund. Bei der ersten Berührung waren ihre Lippen geschlossen, aber schon öffneten sie sich und langsam wie eine sakrale Handlung schob sich ihre Zunge in meinen Mund. Dabei richtete sie sich auf den Fußspitzen auf, preßte die Arme um meinen Leib, daß ich ihre Hände an jener Stelle spürte, wo Rücken und Schenkel sich treffen. Keines sprach ein Wort. Keines hatte einen Atem. Um mit ihrer eng an meinen Leib gepreßten Gestalt und Zunge in Zunge nicht im Rausche umzufallen, drückte Flossie mich in einen Lehnstuhl und ließ sich auf dessen einen Arm nieder. Ihre Hand schob sich hinter meinen Kopf, und das Küssen ging weiter. Eine Atempause gab mir die Möglichkeit zu fragen:

»Wann kommt Deine Freundin Eva zurück?«

»Sie fuhr aufs Land und wird erst am Abend zurück sein.«

»Dann kann ich die ganze Zeit bis dahin bei Dir bleiben?«

»Ja, bleib, Jack. Ich habe Karten für die Ibsen-Premiere heut abend. Aber ich weiß nicht, ob Du mich dahin mitnehmen wirst.«

»Dich zu einem Stück von Ibsen? Mit Deinem kurzen Kleid und Deinem offenen Backfischhaar? Ich glaube, man ließe uns nicht hinein.«

»Oh, wenn das alles ist! Warte einen Augenblick!«

Und sie lief aus dem Zimmer, daß ihr der Rock um die Beine flog. Und schon war sie wieder da. Sie hatte ein langes Kleid von Eva angezogen und auf ihrem zusammengesteckten Blondhaar balancierte mein steifer Filzhut. Auf der Nase trug sie einen blauen Zwicker, in der Hand meinen Stock. So kam sie auf mich zugestelzt, schaute mich über ihre Pincenez weg an und sagte mit einer tiefen männlichen Stimme:

»Wenn Sie zu Ibsen wollen, Herr Archer, dann also los. Wenn Sie aber einen so schlechten Geschmack haben sollten, an Ibsen nichts zu finden, dann tanze ich Ihnen einen Jupon-Tanz.«

Und schon zog sie sich das lange Kleid aus, warf den Hut, den Stock auf ein Kanapee, ließ mit einem Schwung ihre Haare wieder auf den Rücken fallen und schob mich zum Piano. Sie faßte den Saum ihres kurzen Kleidchens, hob ihn und tanzte zu meinem Klimpern. Keine kindliche Bajadere hätte es besser getroffen, die Verführung zu mimen. Flammen schoß sie aus ihren halboffenen veilchenfarbenen Augen auf mich, der volle Mund war leicht von den Zähnen geschoben, dem Kleid folgte ein immer höher geraffter Unterrock, so daß die zarten weißen Höschen sichtbar wurden und zwischen deren Rand und den Strümpfen ein wenig rosiges

Fleisch. Atemlos ließ sie sich schließlich auf einen Stuhl fallen, die Brüste waren in rascher Bewegung, die Augen geschlossen und die Schenkel etwas geöffnet. Ein Parfum wehte mich an, ein Gemisch aus weißen Rosen und Odor di Femina. Ich warf mich über sie.

»Sag, Flossie, was soll ich zuerst tun?«

»Küß mich zwischen den Beinen.«

Ich kniete schon vor ihr. Weit taten sich die Beine Flossies auseinander und ich vergrub meinen Kopf zwischen den Schenkeln, die ein weitausgeschnittenes Höschen freigab. Zu meiner Überraschung fand ich die Schamlippen nicht wie sonst bei Mädchen ihres Alters geschlossen. Reif und rot und geöffnet lagen sie vor meinem Blick.

Meine Zunge suchte und fand rasch jenes kleine Schwänzchen, das man den Kitzler nennt. Gierig schlossen sich meine Lippen über dem Heiligtum. Flossies Hände legten sich hinter meinen Kopf, den sie in ihren Schoß preßte. Leise hörte ich sie stöhnen. Sie kreuzte ihre Beine über meinem Rücken. Ein rasendes Ansichpressen und die duftende Essenz ihres Wesens strömten in meinen aufsaugenden Mund.

Als ich mich erhob, bedeckte sie ihr Gesicht mit beiden Händen, aber zwischen den Fingern sah ich ein brennendes Auge voll Lust und Scham. Aber da sprang sie auf, als ob sie sich auf sich selbst besönne, schaute mich voll an und sagte im Tone tiefster Traurigkeit:

»Bin ich nicht ein schreckliches Kind, Jack? Aber nicht um eine Million Pfund möchte ich anders sein und gäbe das her!«

»Ich auch nicht, Süße. Und wenn Du es wieder haben willst . . .«

»Nein, jetzt bist Du an der Reihe.«

»Willst Du damit sagen, daß . . .«

»Gewiß will ich das damit sagen und tun. Sofort legen Sie sich auf das Sofa, mein Herr Jack.«

»Aber . . .«

Aber schon sprang sie mich an und steuerte mich, feuerte mich auf das Sofa. Sie stürzte sich über mich und bewegte sich auf wunderbare Weise, schraubend und schiebend, über mir, wie ich der Länge nach auf dem Rücken lag, daß es mir schwer wurde, mich unbewegt zu halten. Da ließ sie ab, wobei sie auf Kinderart, wie zum Stillhalten mahnend, einen Finger hob, und rutschte auf die Knie.

Im nächsten Augenblick spürte ich ihre Finger sich mit meinem Priap beschäftigen, der aus dem geöffneten Gefängnis schnellte. Aber schon ließ sie die Finger davon, denn Lippen und Zunge beschäftigten sich mit ihm und er verschwand Zoll um Zoll in Flossies Mund. Was draußen blieb, ließen die Finger nicht los, die sich leise auf und niederschoben. Allmählich wurde die Bewegung der Zunge schneller und das braunblonde Köpfchen pendelte immer lebhafter auf und nieder. Meine Hände vergruben sich in ihren Locken; ich drückte das Köpfchen immer tiefer über meinen Schwanz, so daß ich fast das Gaumenzäpfchen zu berühren meinte. Lippen, Zunge und Hände arbeiteten jetzt mit verdoppelter Kraft. Mit einem Aufschrei bat ich Flossie, mich loszulassen. Aber nur noch gieriger umschloß sie den strotzenden Priap und vollendete das Werk der Lust bis zu seinem unausbleiblichen Ende. Sie nahm ihre Lippen erst von dem sprudelnden Kelche, bis sie das letzte Tröpfchen, das er spendete, aufgeleckt hatte. Dann erst stand sie auf, beugte sich über mich, der ich regungslos dalag, und drückte ihre feuchten Lippen auf meinen Mund.

»Jetzt lieb ich Dich zwanzigmal mehr als früher, Jack. Es ist doch herrlich, nicht?«

Ich öffnete ihr die Bluse und rasch half sie mir dabei. Was waren Flossies Brüste herrlich! Während ich abwechselnd die Warze der einen und der andern zwischen meine saugenden und kneipenden Lippen nahm, was sie hart wie Stachel machte, brachte Flossie es, ohne daß ich es merkte, fertig, alles, was sie anhatte, abzustreifen. Als sie jetzt aufsprang, hatte sie inmitten eines weißen Wäschenestes stehend, nichts an als ihre hellbraunen Seidenstrümpfe und ihre kleinen Schuhe.

»Jetzt bin ich«, sagte sie, »die weiße Königin der Mi-Net-Inseln. Mein Königreich grenzt an dieser Seite an das Piano, auf der andern Seite an den Rand eines Bettes, das im andern Zimmer steht. Jede Mannsperson, die mit einem Atom von Kleidung innerhalb dieser Grenzen angetroffen wird, wird zum Verluste ihres Priaps verurteilt. Aber hallo! Wer kommt denn da?«

Sie beschattete ihre Augen mit der Hand und schaute nach mir hin. »Aha, ein Fremder! Und wenn uns unsere königlichen Augen nicht täuschen, ein Mann! Er soll sehen, was es heißt, unsere Gesetze zu übertreten! Ergreift ihn und nehmt ihm seine Kleider weg!«

»Große Königin«, sagte ich im Tone tiefster Demut, »wenn Ihr mir nur zwei Minuten gewähren wollt, werde ich mich beeilen, Euer Gesetz zu befolgen.«

»Und wir, Fremdling, werden Dir dabei helfen«, sagte Flossie leise und laut: »Mir scheint, er ist ganz hübsch. Zuerst also wollen wir diese lächerlichen Hosen entfernen, die mehr als alles andere die Gesetze von Mi-Net verletzen. Gut! Und jetzt das Hemd! Und jetzt – aber was ist denn das, Herr? Wir danken Euch, Herr, aber gerade jetzt brauchen wir keine Zeltpflöcke.«

»Wenn Eure Majestät geruhen wollten, die Finger wegzunehmen, würde ich sofort alles tun, was in meiner bescheidenen Kraft steht, um den Pflock des Ärgernisses verschwinden zu lassen. Aber wenn Majestät nicht loslassen . . .«

»Ruhig, Herr Fremder! Eure Zeit ist fast um und wenn dieses letzte Stück Eurer Kleidung nicht binnen zwanzig Sekunden unten ist – ich sehe, Ihr gehorcht. Jetzt sollt Ihr auch erfahren, wie wir einen unseren Gesetzen ergebenen Untertan zu belohnen wissen.«

Und die große weiße Königin der Mi-Net-Inseln nahm meinen leicht sich nach abwärts krümmenden Priap zwischen ihre feuchten Lippen und zog ihn fast bis auf die Wurzeln in ihren Mund. Die Zunge wurde daran lebhaft und nicht minder die königlichen Finger, die sich um die benachbarten Teile in Bewegung setzten, so daß die Majestät bald den ihrer Erhabenheit schuldigen Tribut in ihrer roten Mundhöhle in Empfang nehmen konnte. Fülle und Dauer dieser Libation schienen der Majestät das allergrößte Vergnügen zu bereiten.

Sie spielte ihr reizendes Spiel der Königin weiter.

»Die nächste Zeremonie, die ein Besucher dieses Reiches erfüllen muß, wird ihm, fürchte ich, nicht so angenehm sein, aber er muß sie vollziehen. Wir werden nun unsere königliche Person auf diesen luftigen Thron placieren. Ihr, Herr Fremdling, werdet Euch auf den Schemel vor uns setzen. Dreimal werden wir dann dieses unser Szepter schütteln« – sie ergriff einen Pampasgraszweig, der irgendwo lag, – »und beim drittenmal werden unsere Knie sich öffnen und unser Gast wird das königliche Dominium der Liebeslust erschauen. Dann wird er sich nähern und es mit seinen Küssen begrüßen, bis wir kundtun werden, daß wir genug haben. Haltet Euch jetzt bereit!«

Die weiße Königin Flossie setzte sich in einen breiten Armsessel. Dreimal wehte das Szepter aus Pampasgras, die Beine gingen langsam auseinander wie Tore aus Elfenbein. Und da stand zwischen den auseinanderstrebenden, leicht klaffenden Scharlachlippen aufrecht und steif der Kitzler wie ein befehlender Herr. Ich starrte und starrte. Bis Flossies Stimme mich anschnarrte:

»Bitte, vorwärts! Ich kann mir nicht den ganzen Tag lang von Euch den Weg versperren lassen!« Und gleich darauf mit ihrer natürlichen Stimme:

»Jack, wenn Du mich nicht sofort da küßt, sterbe ich!«

Ich versank in das rote Heiligtum, das mich zu einem

davon besessenen Priester machte. Die weißen Schenkel schlossen sich bebend um meinen Nacken wie um einen Gefangenen im Glücke der höchsten Lust. Einmal spürte ich Flossies Hand unter meinem Kinn, das sie hob. Ich sah auf und mit einem Wunderblick ihrer verzückten Augen flüsterte sie:

»Du bist wonnig, Jack!« und gab zurücksinkend sich weiter meinem wilden Taumel hin, den ich mit Lippen, Zunge, Nase vor und in dem Heiligtum tanzte.

Da kam der Augenblick, wo ich fühlte, daß ich die letzte seligste Besitznahme nicht länger mehr verzögern konnte. Ich blickte auf und begegnete Flossies süßem Kindergesicht und ihren Veilchenaugen, die eine Bitte aussprachen. Und als ob sie meine Gedanken läse, drängte mich Flossie sanft weg, rutschte zu mir, der ich auf dem Boden vor ihr kniete. Sie legte den Arm um meinen Nacken.

»Armer, armer Kerl«, sagte sie, »ich weiß, was er will und ich will das ja auch, – so sehr, ach so sehr! Aber, Jack, Du kannst nicht ahnen, welch gute Freundin Eva zu mir gewesen ist und ich habe ihr versprochen, es nicht zu tun. Weißt Du, ich bin erst fünfzehn und – die Folgen! Also nicht mehr davon reden. Erzähl mir von Dir. Ich will dann alles von mir erzählen. Und wenn Du nicht mehr zuhören willst, kannst Du mir den Mund stopfen mit – womit Du willst.«

Ich erzählte also aus meinem Liebesleben irgendwas. Aber es schien sie so wenig zu interessieren wie mich selber. Also bat ich Flossie, mir aus ihrem kleinen Leben zu erzählen. Und sie tat es. Unmöglich, den Humor wiederzugeben, mit dem sie erzählte, diesen reizenden Schulmädchenhumor und wie das Erzählte von den Augen begleitet wurde.

»Bevor ich anfange, Jack, möchte ich was Festes in der Hand haben, so was wie eine Stütze auf den Weg. Hast Du vielleicht was derlei bei Dir?«

Ich bot ihr an, was mir im Augenblick und in der Situation am besten als »Stock« geeignet erschien.

»Ach, wie glücklich seid ihr Männer, daß ihr das immer zufällig zur Hand habt!«

»Es ist ein Artikel, der bei unseren Kundinnen immer sehr gefragt ist. Er ist auch teuer, sieben Pfund zehn – «

»Wenn Sie mir garantieren können, daß er in diesem beinah steifen Zustand bleibt, würde mir nichts darauf ankommen, mehr dafür auszulegen.«

»Sie werden finden, gnädige Frau, daß es sich, auch wenn Sie mehr dafür anlegen, reichlich lohnt. Unsere Damen haben immer ihre größte Zufriedenheit darüber ausgesprochen.«

»Sie wollen wohl sagen, daß die Damen es öfter als einmal verlangen? Dann will ich es lieber gleich mitnehmen.«

»Vielleicht gestatten Sie, daß ich es Ihnen bringe?«

»O ich kann es selber ganz gut in der Hand halten. Es wird doch nicht plötzlich zusammenfallen?«

»Nur wenn mans an einen sehr kühlen Ort bringt, gnädige Frau.«

»Und es darf nicht geschüttelt werden, so zum Beispiel?« Und Flossie schüttelte es ausgiebig.

»Nimm die Hand weg, Flossie, sonst gibts eine Katastrophe!«

»Ein gutes Wort, Jack. Aber glaubst du, ich wüßte nicht, was ich zu tun habe, wenn ich die Katastrophe kommen sehe?«

»Das wäre?«

»Eine solche Katastrophe muß man hinnehmen und schlucken.«

Aber es kam nicht zur Katastrophe, denn Flossies Hand begnügte sich mit dem Stock als Stütze, ohne ihn zu schwingen oder sonstwie zu bewegen. Anders hätte sie nicht ihre kleine Geschichte aus der Schule erzählen können.

»Als meine Eltern starben, war ich noch sehr klein, hatte weder Brüder noch Schwestern noch sonst Verwandte auf der Welt. Ich schneide nicht auf, Jack, aber ich bin ziemlich reich. Der eine ferne Verwandte lebt in Indien, und kümmert sich nicht einen Deut um mich, der andere ist vor drei Jahren gestorben. Der indische Onkel hat vor zwei Jahren dafür gesorgt, daß ich in Paris in ein Mädchenpensionat kam. Es war die Zeit meiner wunderlichsten Gefühle und Sehnsüchte nach etwas, von dem ich nicht wußte, was es war. Ein Zustand, der unerträglich wurde, wenn ich tanzte oder ein Spiel spielte, an dem auch ein Junge oder ein Mann beteiligt war. Im Pensionat gab es ein hübsches Mädel namens Yvette de Vespertin, die, ich weiß nicht warum, eine große Vorliebe für mich hatte. Sie war zwei Jahre älter als ich, hatte mehrere Brüder zu Haus und war jederzeit zu allen tollen und übermütigen Streichen aufgelegt, also ein Mädel, wie ich es zur Vertrauten brauchte. Natürlich fiel es ihr nicht schwer, mich über das aufzuklären, was mir fehlte, und nach zwei Tagen wußte ich alles, was ich wissen mußte. Am dritten Tag unserer Unterhaltung schob mir Yvette, als ich zu Bett ging, einen Zettel in die Hand. Jetzt, Jack, mußt du zum Fenster hinausschauen, sonst trau ich mich nicht, dir zu sagen, was auf dem Zettel stand.

›Liebste, wenn Du Dir die Zunge, die Brüste und das Loch lecken lassen willst, kommt heut abend ganz nackt in mein Bett. Ich werde Dir den Weg zum Paradies zeigen. Komm sofort zu Deiner Yvette.‹

Auch wenn ich nicht ein so gutes Gedächtnis hätte, den Zettel würde ich mir gemerkt haben, denn er war der Schlüssel, der mir zuerst das Paradies aufsperrte.

Wäre ich wie andere Mädchen meines Alters gewesen, hätte ich von der Einladung keinen Gebrauch gemacht. Aber so zog ich mich wie im Fiebertaumel nackt aus und flog in Yvettes Schlafzimmer, das unmittelbar an das meinige stieß.

Bis jetzt hatte ich noch nicht gewußt, wie schön gewachsen sie eigentlich war. Sie streifte gerade ihr Hemd ab, als ich eintrat, und in sprachloser Bewunderung starrte ich sie an. Sie war entzückend und eine Gier packte mich, diesen wonnigen Leib zu berühren. Ich sprang auf sie zu, umschlang sie und griff sie mit zitternden Händen oben und unten. Nach einer Weile nahm sie mich um die Taille und zog mich halb, halb trug sie mich zum Bett. Sie legte mich an dessen Rand der Quere nach und auf dem Vorleger kniend vergrub sie ihren Kopf zwischen meine Beine. Im Nu hatte sie ihre Lippen voll auf den andern Lippen vor ihr, die sie mit einer geschickten Bewegung ihres Mundes trennte. Mit einem kühnen Schlag drang ihre Zunge ein und Wogen des Entzückens durchschauerten mich. Aber dieses Entzücken wurde Ekstase, als sie sich an jene Stelle machte, die du kennst, Jack, – weißt du, die hier an der Spitze meine ich. Da wirbelte Yvettes Zunge wie toll herum und es gab bald das erwartete Ereignis, das, wie Yvette sich ausdrückte, mir den Weg ins Paradies zeigte.

Ich hatte gar keine Erfahrung, aber ich tat mein Bestes, um mich für das Vergnügen, das sie mir verschaffte, zu revanchieren, und da ich, wie du weißt, eine lange und spitzige Zunge besitze und Yvettes Loch – oh, Jack, ich habe das Wort zum letztenmal gebraucht, schau wieder zum Fenster hinaus oder stopf mir besser meinen nichtsnutzigen Mund mit deiner – Zunge oder . . . Wie groß dieses schreckliche Ungeheuer schon wieder ist. Gib deine Hände hinter meinen Kopf und nun steck ihn mir hinein bis er meine Kehle berührt. Denk dir, er wäre wo anders; arbeite wie ein Teufel und hör um Himmels willen nicht vor dem Allerletzten auf. Ach der süße Kerl! Wie er sich bäumt! Ich glaube, er sieht, wie mein Mund auf ihn wartet. Komm Jack, ich muß dir Minet machen, bis auf den letzten Tropfen. Jetzt!«

Freundinnen unter sich

Aus ›Abenteuer einer Pariser Kokotte‹ von Le Nimois

Der Graf hat mir einige seiner Freunde vorgestellt – und ihre Mätressen ... Ich habe ein Diner gegeben, man hat gelacht, man hat gesungen, man hat getanzt. Man hat auch Ausschweifungen veranstaltet, aber es ist nicht das Richtige; hinter diesen Festen droht die Langeweile, man spürt das Gewollte, die künstliche Leidenschaft.

Die Frauen studieren sich gegenseitig, und dieses mißtrauische Studium läßt es zu keiner richtigen Leidenschaft kommen. Man ist weit entfernt von jener Zusammengehörigkeit, die mich mit Elvira verband.

Elvira! Ich träume davon, ihr zu schreiben. Ich kann nicht länger widerstehen. Ich habe dem Grafen von dieser Freundin erzählt und ihm gesagt, daß ich sie außer dem Hause meines Gatten sehen würde. Dies hat jeden Verdacht in ihm erstickt. Er willigt ein, daß ich die Beziehungen zu ihr erneuere. Was wird sie mir erzählen? Meiner Treu, ich zögere nicht länger, ich schreibe ihr:

»Liebste! Ich bin jetzt im eigenen Heim installiert. Und – Du allein sollst es wissen – ich sehne mich, ich sehne mich danach, Dich wiederzusehen und über alles unterrichtet zu werden, was mich interessiert. Komm schnell oder richte es so ein, daß ich Dich irgendwo treffen kann, bei Dir, wenn Du willst, es ist mir gleich, aber so, daß wir ungestört plaudern können. Ich habe Dich nicht vergessen und wünsche, selbst glücklich, allen denen Glück, die ich liebe – und Du hast einen guten Platz in meinem Herzen! Auf bald ... und die Deine

Léna de Maurégard.«

Léna de Maurégard, der Name, den der Graf mir gewählt hat: er sagt, daß er gut klingt.

Mein Brief ist abgeschickt, und ich erwarte mit Ungeduld die Antwort Elviras.

Was wird sie mir von meinem Gatten erzählen? Was ist seit meiner Flucht geschehen? Ich weiß es nicht, aber ich mißtraue diesem Albinomädchen, dieser Juana, mit der er auch manchmal schläft, seit ich davon bin.

Ah, ich habe nicht die Kraft, weiterzuschreiben, ich werde erst wieder leben können, wenn ich die Antwort Elviras habe . . .

Diese Antwort, einen Eilbrief, bringt man mir. Ich spüre es, der Brief ist von ihr, er zittert in meiner Hand, ich erkenne jetzt ihre Schrift.

»Meine Angebetete, Dank für Dein Gedenken, Du bist das Heil für mich. Komm ohne Angst, ich werde Dich den ganzen Tag erwarten. Stani sehe ich nicht mehr, ich werde Dir alles erklären. Mein Blut kocht, Du bist meine Vielgeliebte, komm, ich bin Deine wie Du die Meine. Elvira.«

Ein Nebel schwimmt vor meinen Augen, alle meine Nerven beben. Ich werde sie sehen, schön und heiß! Ah! Sie sieht Stani nicht mehr. Warum sehen sie sich nicht mehr? Das Albinomädchen, diese Juana, wird ihr meinen Gatten weggelockt haben! Vorwärts, bedenken wir uns nicht lange und eilen wir zu ihr. Man wird mich nicht wiedererkennen in dem Hause, in diesem Hause, in dem ich mit meinem Gatten wohnte, und wir werden die Freiheit haben, alles zu tun, alles . . .

Ich bin noch wie im Taumel, ich habe meine Elvira wiedergefunden! Aber was für Sachen, was für Dinge muß ich aufzeichnen! Ist es möglich, daß soviel Trunkenheit in einfachen Liebkosungen liegen kann, soviel Wonne, daß nichts, selbst die unerwartetste Enttäuschung nicht, einen Schatten von Traurigkeit über sie breitet?!

Zunächst von dieser Enttäuschung.

Mein Gatte, Stani, hat sich rasch über meinen Verlust getröstet. Er nimmt regelmäßig die zweitausend Francs in Empfang, die ich ihm monatlich schicke, und er hat Elvira verlassen, um beständig mit Juana und ihrem Liebhaber Paulet zu leben. Er hat zwar unsere eheliche Wohnung beibehalten, gegenüber derjenigen Elviras, aber – wie diese mir versicherte – er kommt niemals mehr hin. Und man sieht ihn überall, wo man sich amüsiert, mit dieser Juana, die er in einem gemieteten Coupé im Bois spazieren führt, während Paulet, man weiß nicht womit, sich beschäftigt. Sie bilden einen Haushalt zu dreien, und die beiden Männer, Liebhaber der gleichen Frau, sollen überdies noch durch Vergnügungen außerhalb der Natur mitsammen verbunden sein.

Außerhalb der Natur? Weshalb »außerhalb der Natur«? Wenn ihnen dies ebenso Freude bereitet, wie mir das, was ich mit Elvira genieße? Ich nehme Stani diese Genüsse nicht übel; aber ärgere ich mich nicht doch über ihn?

Ja, ich ärgere mich darüber, daß er das Geld, das ich ihm schicke, für Juana ausgibt, während es mich ganz gleichgültig ließe, wenn ich sähe, daß er es für Elvira verausgabt.

Warum diese Neigung, auf Juana eifersüchtig zu sein, während ich es auf Elvira nicht bin? Weil Juana nicht soviel wert ist wie Elvira. Juana ist aus jenem Bordell gekommen, in das Stanislaus mich einst geführt hat, um mit dem Herrn zu leben, der sie von dort wegnahm. Und was für ein Herr! Sicherlich läßt Paulet sich von den Männern zahlen und ebenso von den Frauen. Es ärgert mich, daß Stanislaus ihn als seinen Freund betrachtet. Es ist nicht eigentlich Eifersucht, was ich empfinde, es ist vielmehr ein Widerwillen gegen diese Liaison mit zweifelhaften Leuten.

Mit den zweitausend Francs monatlicher Pension, die ich

ihm aussetze, würde Stani, als Liebhaber Elviras, überall gute Figur machen und könnte als Journalist eine beneidenswerte Situation erreichen.

Ah, diese Juana ist sehr zur unrechten Zeit aufgetaucht und wußte ihr Schifflein recht gut zu lenken. Elvira mißtraute ihr die ersten Tage nach meiner Abreise nicht, bis eines Abends, nach einer Partie zu viert, bei der sie Paulet behielt, während mein Gatte mit Juana ging, Stani kalt gegen sie zu werden begann und sich bei seinen neuen Freunden installierte. Vergeblich versuchte sie ihn mittelst der Passion wiederzugewinnen, die er ihrem Popo entgegenbrachte; Juana kokettierte mit dem ihrigen, Stani kam nicht wieder, und Elvira schickte ihm mit der Post das Geld, das ich ihr sandte, um es ihm einzuhändigen.

Trotzdem scheint mir, daß diese Juana nicht so gut gebaut ist wie Elvira.

Sie zweifelte nicht, daß ich nach Erhalt ihres Eilbriefes zu ihr fliegen würde, und erwartete mich in einem wunderbaren Déshabillé.

»Meine kleine Rinette, du bist noch schöner geworden!«

»Und du, Elvira, deine Haut ist weicher und frischer als je!«

»Mein Liebchen, wie oft habe ich an dich gedacht!«

»Und ich! Ach, wenn du wüßtest, wie schwer mir mein kluger Entschluß gefallen ist!«

»Arme Katze! Bei deinem Naturell konnte dir ein Liebhaber nicht genügen!«

»Stani geht mir sehr ab.«

»Und die anderen?«

»Oh, die anderen, die zahlten uns!«

»Und wir haben uns für gutes Geld miteinander amüsiert.«

»Wir werden uns ohne Zuschauer auch ganz gut amüsieren.«

»Ach, ohne dich gehen meine Geschäfte nicht mehr . . .«

Ich betrachtete sie ganz erstaunt und bemerkte ein wenig Melancholie in ihren Augen.

Sie fuhr fort: »Stani hat mich verlassen, und allmählich taten es auch die paar Freunde, die ich hatte. Man war an uns beide und unsere Intimität gewöhnt, jetzt sind alle verschwunden. Mein Onkel ist mein einziger ernsthafter Souteneur geblieben, die paar ›Partien‹, die ich gemacht habe, haben mir nicht viel eingetragen. Du hast mein Glück mit dir fortgenommen . . . und die Chance, es wiederzufinden.«

»Du bist in Schwierigkeiten?«

»Nicht gerade in Schwierigkeiten, Rinette, ich habe noch Ersparnisse aus der Zeit unserer Kompagnieschaft, aber diese Ersparnisse verringern sich.«

»Warum vertraust du dich mir nicht an, ich gebe dir . . .«

»Du bist eine kluge Frau wie ich; du träumst von einer Zukunft, die ich errate. Ich hänge zu sehr an unserer Freundschaft, um sie durch Geldangelegenheiten zu gefährden.«

»Wenn ich Stani monatlich zweitausend Francs schickte, so hoffte ich, daß ein gut Teil davon einem Haushalt zufließe, den ihr beide führt.«

»Er hat Juana und Paulet vorgezogen. Ich habe immer gehofft, wieder irgendeine Freundin zu treffen, die mir Gelegenheit geben würde, meine undankbaren Kunden zurückzugewinnen. Aber nach dir war keine Wahl möglich, lauter dumme Huren, die alles für sich haben wollten und nichts begriffen.«

»Arme, arme Liebe, aber ich bin jetzt zurückgekehrt und werde dir das Glück wiederbringen.«

»Ach, wie denn?! Du wirst reich ausgehalten, es ist dir nicht erlaubt, Unklugheiten zu begehen, die deine Situation gefährden würden. Und dann, wie soll ich meine Anziehungskraft wiederfinden? Sogar mein Onkel schmollt mir oft wegen meiner Isolierung und hätte mich sicherlich schon verlassen, wenn er mich nicht im Kindesalter verführt hätte.«

»Wir wollen sehen, hör zu: der Graf erlaubt mir, dich zu besuchen, dich zu empfangen. Bei mir wirst du die Bekanntschaft irgendeines reichen Liebhabers machen, der dir eine entsprechende Situation schafft, und einstweilen, während wir dies abwarten, kannst du ja wieder die ›Partien‹ veranstalten, die uns selbst Vergnügen bereiten werden und denen wir uns gerne hingeben. Ich werde mich bereit halten, auf deinen Ruf immer gleich bei dir zu sein. Wende dich an einen meiner ehemaligen Freunde, künde ihm meine Rückkunft an, aber ohne ihm zu verraten, was ich geworden bin, und das Glück wird zu dir zurückkehren, es wird dir von neuem lächeln.«

»Wie, Rinette, du würdest mir für eine dieser ›Partien‹ deinen Beistand leisten?«

»Zweifelst du an mir? Würdest nicht auch du mir zu Gelegenheiten verhelfen?«

»Oh ja! Aber mein Herz fließt über! Du kommst wie ein schöner Traum zu mir. Gerade hat einer unserer gemeinschaftlichen Liebhaber, dem ich vor einigen Tagen begegnete, mir sein Bedauern ausgedrückt, daß wir nicht mehr zu zweit sind und ihm nicht mehr jene süßen Stunden verschaffen können, die er bei uns genoß. ›Siehst du‹, sagte er zu mir, ›wenn du noch mit deiner Freundin Rinette wärest und von mir fünfzig Louis verlangtest, ich würde sie dir geben wie einen Sou. Aber eine Frau allein, nach dem, was man mit euch zu zweien gemacht hat, das zählt nicht mehr.‹ – ›Nun gut‹, sagte ich zu ihm, ›ich erwarte Rinette, und wenn es bei deinem Wunsche bleibt, werde ich dich für einen Nachmittag einladen, aber es wird hundert Louis kosten!‹ – ›Einverstanden, schreibe, ich werde sie dir schicken.‹ Also, nun habe ich es dir erzählt, soll ich ihm ein Wort schreiben?«

»Ohne Zweifel, ohne Zweifel und ohne Zögern. Wer ist es?«

»Oh, du liebtest ihn nicht sehr!«

»Das macht nichts! Hundert Louis in deiner Börse, dafür würde ich es mit einem Affen machen.«

»Hundert Louis, die wir teilen werden!«

»Das ist meine unwiderrufliche Bedingung, Rinette.«

»Na also gut, wie du willst. Wer ist es?«

»Barfleur, der dicke Unternehmer . . .«

»Der so sehr nach Urin riecht . . .« Ich schnitt eine Grimasse. Als ich die Verlegenheit Elviras bemerkte, fügte ich lachend hinzu: »Schreib' ihm nur, wir werden uns eben stark parfümieren. Übermorgen werde ich kommen, um die Faktura zu begleichen.«

»Oh, ich bete dich an, ich bete dich an!« Sie kniete vor mir nieder und begab sich mit einer Hand und dem Kopf unter meine Röcke.

Ich hielt sie zurück, denn ich hatte ein ebenso großes Bedürfnis nach ihr wie sie nach mir, und ich sagte: »Elvira, laß mich anfangen! Du bist schon mehr entkleidet, und dann will ich deinem Popo jene Liebkosungen zukommen lassen, die du so sehr liebst, und mit denen mein Gatte dich überhäuft hat. Schnell, schnell, streck' dich auf dem Divan aus und zeig' ihn mir.«

»Ja«, sagte sie, »komm, laß dein hübsches Schnäuzchen an meine Hinterbäckchen und die Spalte dazwischen kommen und regaliere mich mit den kleinen Zungenschlägen, die mich bis in den Grund der Eingeweide kitzeln. Ah, diese Liebkosungen machen mich toll.«

Sie war auf dem Diwan hingestreckt, ihre Hüften völlig nackt, und ihr weißer, rundlicher Popo hatte immer noch dieselben aufreizenden Linien, war immer noch gleich hinreißend. Ich näherte mein Gesicht und liebkoste ihn mit zarten Küssen, bei denen ich mich erinnerte, mit welcher Andacht dieser Popo meinen Gatten erfüllt hatte. Ich meinte, noch die Zungenküsse zu finden, mit denen er diese Spalte durchforscht hatte, und ich glaubte schließlich, mit ihm selbst auf diese indirekte Weise einen Kuß der Liebe und der Wiedervereinigung zu tauschen.

Der Popo einer Frau ist eine wahrhaft bewunderungswürdige Sache, selbst für eine andere Frau. Sie zuckte unter meinen Küssen, wand sich und flüsterte: »Ziehen wir uns doch ganz nackt aus!«

Ich verlangte nichts Besseres.

Und dann trug das Delirium uns fort, und nur schwer gelang es der Vernunft, mich daran zu erinnern, daß ich nach Hause mußte.

Aus der ›Geschichte von Venus und Tannhäuser‹ des Aubrey Beardsley:

Die Morgentoilette der Venus

Der Toilettentisch schimmerte und gleißte wie der Hauptaltar von Notre Dame des Victoires und vor ihm saß Venus in einem geschürzten Morgenrock in Schwarz und Heliotrop. Der Coiffeur Cosmé bemühte sich um ihr duftendes Haar und schuf mit winzigen silbernen Zangen, erwärmt von den Liebkosungen der Flamme, reizend witzige Löckchen, die leicht wie ein Hauch über Stirn und Brauen atmeten, wie Ranken über den Nacken fielen. Pappelarde, Blanchemains und Loreyne, ihre drei Lieblingszofen, warteten ihr auf mit Puder und Parfüm in schlanken Kristallen und zerbrechlichdünnen Riechkugeln und hielten in Töpfchen aus Porzellan Schminken – nur Chateline kann solche bereiten – delikate Schminken für diese Wangen bereit und diese Lippen, ein wenig blaß geworden in den Ängsten und Nöten des Hörselbergexils. Claude, Clair und Sarrasine, ihre drei Lieblingspagen, standen liebeerfüllt daneben und hielten ein Präsentierbrett mit den Pantoffeln, Fächer und Linnen. Minette aber trug auf den flachgestreckten Händen das göttliche Handschuhpaar, und La Popelinière, die Oberwärterin der Garderobe, stand mit dem Kleide in Goldgelb bereit. La Zambinella brachte die Juwelen, Florizel die Blumen, Amadour ein Kästchen mit Nadeln und Gestecken, Vadius eine Bonbonniere mit Süßigkeiten aller Art. Die Tauben, ihre immer aufwartenden Tauben trippelten durch den Raum, den Jean Baptiste Dorat mit galanten Tapeten dekoriert hatte. Ein paar Zwerge und andere zweifelhafte Geschöpfe hockten hier und da, streckten die Zunge heraus, kniffen sich ins Fleisch und benahmen sich auch sonst abscheulich. Wofür ihnen Venus zuweilen ein kleines Lächeln schenkte. Als die Toilette so weit war, trat Priapusa, die dicke Maniküre und Meisterin in der Kunst des Schminkens ein, nahm ihren Platz an der Seite des Toilettentisches und begrüßte Venus mit einem vertraulichen Kopfnicken. Sie trug ein Kleid aus weißem Moiré, garniert mit Goldspitze, und um den Hals ein zinnoberrotes Samtband. Das Haar hatte sie in flachen Bandeaus über die Ohren gedrückt und am Hinterkopf zu einem mächtigen Chignon gesteckt, darüber ein breitkrempiger Hut schwebte, mit Rosa-Musselin und roten Rosen ausgeputzt. Fett und salbungsvoll klang Priapusas Organ. Widerliche kleine Gesten machten ihre kurzen Hände, seltsam bewegte die Schultern Kurzatmigkeit, einer faltigen Schnürbrust entweichend. Die Haut war gegerbtes Leder, die großen Augen wie aus Horn, die Nase eines Papageis, der kleine Mund schlampig verwischt, in breite Hängebacken vergraben, und Kinn quellend auf Kinn, – so war die kluge Person, von Venus mehr geliebt als ihr ganzer übriger Hofstaat, was sich in hundert Kosenamen ausdrückte, die sie ihr gab, wie: Liebeskröte, Kickhühnchen, Rothähnchen, Schönliebchen, Prüfstein, Hustentröpflein, Bijou, Graukehlchen, Madame Mann, Kleinschleckchen, Schlimmschlimm, Milchschweinchen.

Das übliche Gespräch zwischen Priapusa und ihrer Herrin

war in dem vortrefflichen, unter alten Freunden üblichen Tone, wobei man sich in kürzesten Sätzen verständigt und für Einfachstes nur ein pointiertes Wort braucht. Selbstverständlich besprach man ein bißchen den eben neu eingetroffenen Tannhäuser, den Venus noch nicht gesehen hatte, weshalb die Göttin einige in ihrer Sachlichkeit reizende Fragen über ihn stellte.

Priapusa erzählte von seiner unerwarteten Ankunft, seiner Promenade durch den Park und von seiner mäßigen Zufriedenheit über das da Gesehene, von seiner plötzlichen Begeisterung für ein schlankes Mädchen auf der ersten Terrasse, von der Menge von Gehröcken, die sich um ihn gesammelt hatte und ihn mit Rosen bewarfen, von der Grazie, wie er sich dagegen verteidigt hatte und von der spaßigen Reverenz, die er der Statue des Gartengottes damit erwies, daß er dem Priapus mit der frommen Ehrfurcht des Pilgers einen Kuß auf den Phallus gab. Im Augenblick befinde sich Tannhäuser köstlich genießend bei den Bädern.

Priapusas amtlicher Bericht und die Coiffüre beendeten sich zu gleicher Zeit.

»Cosmé«, sagte Venus, »du bist sehr lieb und sehr geistreich gewesen und hast dich heute selber übertroffen.«

»Sie schmeicheln mir«, dienerte das ältliche Wesen mädchenhaft kichernd unter seiner Maske aus schwarzem Atlas.

Venus entglitt ihrem Morgenkleide und stand Zum-Davor-Hinknien hoch und schlank mit ihren Füßen in einem Neste von Spitzen und Volants. Nacken und Schultern zogen wundervolle Linien und die maliziösen Brüstchen betörten mit jener Anmut, die ganz zu erfassen nie erlaubt, an der bis zum letzten sich zu ergötzen nie gestattet werden darf. In köstlicher Gliederung flossen Arme und Hände und ragten die göttlich langen Beine von der Hüfte zum Knie zweiundzwanzig Zoll und ebenso viele vom Knie zur Ferse, wie es einer Göttin zukommt. Gern möchte ich eingehender über sie erzählen, denn die Details spielen in der Gattung der Beschreibung eine nicht geringe Rolle. Doch fürchte ich, hie und da nötiges Schweigen ließe so viele Lücken in dem Bilde, daß ich es lieber unbegonnen als unvollkommen lassen möchte. Wer Venus nur im Vatikan, im Louvre, in den Ufficien oder im British Museum gesehen hat, der weiß nicht, wie sehr schön sie wirklich aussah.

Priapusa wurde beim Anblick der süßen Person ganz lyrisch und pickte sich gewissermaßen Küsse von den göttlichen Armen.

»Zünglein, du mußt dich endlich benehmen lernen«, wehrte Venus ab und befahl Millamant, ihr die Pantoffeln zu geben.

Das Präsentierbrett war beladen mit ganz köstlichen und entzückend geformten Pantoffeln, hinreichend, das Museum Cluny zu einer Stätte aller Ausgelassenheit zu machen. Es gab da Schuhe in grau und schwarzem, in schwarz und gelbem schwedischen Leder, in weißer Seide, in rosafarbenem Atlas, in Samt, in dünnem Florentiner Sarcenet; da waren welche seegrün mit kirschblütenfarbner Seide genäht, andere rot mit Weidenzweigen und graue mit fliegenden Vögeln bestickt. Absätze gab es aus Silber, aus Elfenbein, aus Gold; Schnallen aus edlen Steinen mit mystischen Devisen; Bänder und Schleifen seltsam verknüpft und verflochten; Knöpfe so herrlich, daß ihre Knopflöcher kein Vergnügen empfinden konnten, bevor sie sich nicht um sie geschlossen; Sohlen aus weichstem Leder, rosenduftend. Aber Venus fand an keinem Paare dieser Schuhe Geschmack und befahl ein schon einmal getragenes, abgelegtes Paar aus blutrotem Maroquin mit Perlenblumen bestickt. Sie standen ihr zu den weißen Seidenstrümpfen vorzüglich. Wie immer erhaschte sich, als man das Präsentierbrett wegtrug, der von Launen bestimmte Florizel einen der Pantoffel, stülpte ihn über sein Glied und bewegte sich dann entsprechend. Das war so

Florizels verliebte Laune. Inzwischen trat La Popelinière mit dem Kleide heran. »Aber ich will heute nacht kein Kleid anziehen«, sagte Venus und streifte sich die Handschuhe über.

Die Toilette war beendet und die Tauben umflatterten und umgurrten die Füße der Göttin, da sie es liebten, mit ihren Flügeln die Knöchel zu streifen. Die Zwerge klatschten in die Hände, steckten zwei Finger zwischen die Lippen und pfiffen. Nie zuvor war auch Venus so strahlend gewesen, nie so bezwingend schön. Spiridion sah in der Ecke auf von seinem merkwürdigen Geduldspiel und erbebte. Ganz blaß vor Lust streichelten Claude und Clair die Göttin, zogen mit zitternden Lippen Fältchen in ihre Seidenstrümpfe, um sie wieder mit ihren schlanken Fingern zu glätten. Sarrasine löste die Strumpfbänder, küßte ihre Innenseite, legte sie wieder an, preßte seine Lippen auf ihre Schenkel. Die Zwerge wurden, ihr könnt mir's glauben, ganz frech, und es gab beinahe eine Melée. Da verkündete Prantzmungel, daß das Souper auf der fünften Terrasse serviert sei. »Endlich«, rief Venus, »ich sterbe vor Hunger!«

Das Souper im Hörselberg

Den Anfang der ausgelassenen Laune machte der Scherz mit den Surprise-Päckchen, die jeder der Gäste in seiner Serviette gefunden hatte. Dann kritisierte man die Dekorationen, wo einer den andern witzig im Auffinden des Doppelsinnes einer Guirlande überbot, in der Drehung eines Zweiges, in der Windung einer Ranke. Wie gewöhnlich war da Pulex Sieger. Über den Tisch gelehnt, erklärte er dem Pagen Macfils de Martijo die symbolische Bedeutung eines gewissen Rosen-arrangements. Der kleine Page lächelte und summte den Refrain aus der Petite Ballette. Natürlich exzellierte in Deutungen auch Sporion. Mit fortschreitendem Mahle wurde die Unterhaltung geräuschvoller und persönlicher. Die Untreuen Cerises, Brancas Schüchternheit, Sarmeans toller Einfall an einem Morgen im Liliengarten, Thorilliers immer mehr nachlassende Potenz, Asbartes Neigung für Roseola, Felix gigantisches Glied, Cathelins Liebe zu Sulpigios Pudel, Solas Leidenschaften zu sich selber, der häßliche Biß, den Marisca der Chloe gab, die Epilierung des Pulex, Cyrils kleine Unpäßlichkeiten, Lesbias abgründige Windmaschine und tausend andere Vorkommnisse des Tages gaben der Unterhaltung den Stoff.

Bald wurden die erst schrillen und schreienden Stimmen gedämpfter. Den schlimmen Worten wurde mit noch schlimmeren Gesten nachgeholfen, ja, an einem Tische konnte sich Scabius überhaupt nur noch mit seiner Serviette verständlich machen. Bassolissa und Lysistrata bemühten sich, ihre gegenseitigen Namen auszusprechen, wobei sie in große Erregung gerieten, und Tala, der Tragöde in Purpur und Federkrone, hob sein kothurnbeschuhtes Bein und begann schwankend die Rezitation einer seiner Lieblingsrollen. Er kam über die erste Verszeile nicht hinaus, die er immer wiederholte; erst der von in weißem Mousslin gekleideten Sartyrn servierte Spargel brachte ihn zum Schweigen.

Cliter und Sodon waren um die reizende Pella in einen großen Streit geraten und es fehlte nicht viel, daß sie sich mit den Tischleuchtern bewarfen. Sophia hatte mit einer leeren Champagnerflasche eine Intimität angefangen, tat den Schwur, von der Flasche geschwängert worden zu sein und schloß damit, auf der Tafel ihre scheinbare Niederkunft zu begehen. Belamour erklärte, ein Hund zu sein, sprang auf allen Vieren beißend, bellend und leckend von Lager zu Lager. Mellefont schlich herum und tröpfelte Aphrodisiaca in die Kelche, Inventus und Ruella tauschten wechselseitig ihre Kleider aus, und Spelto bot einen Preis auf die erste

Liebesentladung, und er gewann den Preis. Tannhäuser drückte sich, schon ein wenig beschwipst in die Kissen und ließ Julia tun, was immer ihr Vergnügen machte. Daß mir doch zu erzählen erlaubt wäre, was um diese Zeit am Tische Nummer 15 sich begab! Es vermittelte den deutlichsten und letzten Begriff von den Bräuchen des göttlichen Hofstaats. Aber ich darf aus Gründen, nicht genug zu beklagen, vom größten Teil dessen, was bei diesem Souper gesagt und getan wurde, weder erzählen noch etwas erraten lassen. Venus war von Tannhäusers Schönheit so eingenommen, daß sie die meisten Gänge unberührt ließ. Bisweilen ließ sie ihr Köpfchen auf ihn sinken, küßte ihn voll Brunst, wobei seine sowohl feste als elastische Haut ihren kleinen Zähnen unvergleichliche Weide bot. Erregung schob ihr die Oberlippe hinauf, daß man das Zahnfleisch sah. Und Tannhäuser war nicht weniger verliebt. Keine Stelle ihres Leibes, vor der er nicht seine Andacht verrichtete, oft ganz versinkend in den Falbeln und Krausen ihrer Wäsche, deren manches Stück dabei zerrissen wurde. Letzte Kraft seiner hitzigen Lippen verlor er an ihren Mund gepreßt, fuhr mit den Fingerspitzen streichelnd über ihre Lider, hauchte fast die Locken aus der Stirne und noch tausendfach mehr in dieser Art ihren Leib stimmend, so wie ein Geiger, der seine Geige stimmt, bevor er darauf sein Spiel beginnt.

Priapusa schnob wie ein altes Schlachtroß, wenn es Pulver riecht, kitzelte abwechselnd Tannhäuser und Venus mit unermüdlicher Zunge und hörte damit erst auf, als sie vom Chevalier einen ordentlichen Mund voll bekam. Diesen Moment benutzte Claude, verschwand unter dem Tisch und tauchte auf der andern Seite gerade unter dem Lager der Göttin auf, wo er, noch ehe diese eins zählen konnte, seinen Kaffee aux deux colonnes schlürfte. Clair war so wütend über den Erfolg seines Freundes, daß er ihm für den Rest des Abends schmollte.

Adolphe

Der Chevalier Tannhäuser begab sich zu Venus, ihr seinen Morgengruß darzubieten. Er traf sie in einem entzückenden weißen Musselinkleid auf der Wiese lustwandelnd und den Schmuck für ihren kleinen Frühstückstisch zum Strauße pflückend. Wie ein mutwilliger Junge küßte er sie in den Nacken.

»Ich bin gerade unterwegs, Adolphe das Futter zu bringen«, sagte die Göttin und hob leicht an ihrem Arm einen mit Pfeffernüssen gefülltes Retikül. »Adolphe ist so süß«, sagte sie weiter, »weiß wie Milch bis auf die schwarzen Augen und die rosenfarbnen Nüstern und den scharlachroten Schweif.«

Das Einhorn Adolphe bewohnte ein eigenes reizendes Palais aus grünem Blattwerk mit goldnem Gitter, eine Behausung höchst passend für das entzückende weiße Geschöpf, das stolz und einsam, nur Venus als Kameraden kennend und anerkennend, in seinem kunstvollen Käfig spazierte. Als Venus und Tannhäuser an die Tür traten, bäumte sich Adolphe und kurbettierte, schlug den weichen Rasen mit seinen Elfenbeinhufen und stellte seinen Schweif wie eine Kirchenfahne. Venus schob den Riegel. »Du mußt draußen bleiben«, sagte Venus zum Chevalier, »Adolphe ist so eifersüchtig, aber du darfst vor dem Gitter zusehen. Adolphe hat gerne Publikum.« Dann brach sie mit ihren köstlichen Fingern die würzigen Kuchen und reichte dem feurigen Liebling sein Frühstück.

Das letzte Stückchen war verzehrt. Venus wischte die Hände und tat, als ob sie nun, ohne sich weiter um Adolphe zu kümmern, den Käfig verlassen wollte. Sie spielte jeden Morgen diese kleine Komödie, und jeden Morgen erlag der verliebte Adolphe dem Betrug in Angst und Qual, es könnte dieser Tag wirklich der letzte sein, den Venus ihn liebe. Doch ließ sie ihn nicht lange in dieser Verzweiflung. Sie lief gerührt zurück zu ihm und tat verehrungswürdige Buße für ihren lieblosen Scherz.

Wie glücklich war der arme Adolphe, als es ihm nun verstattet war, die königlichen Brüste mit feinster Zungenspitze zu streicheln! Der intensive Geruchsinn zieht Tiere zweifellos stärker zu Frauen als zu Männern, und der herrliche Geruch der Frau, der betäubend unsere Nüstern füllt, muß von der rohen Kreatur in noch göttlicherer Fülle geschmeckt werden. Doch sei dies auch anders zu begründen, jedenfalls schnupperte Adolphe um die Röcke der Venus wie es kaum je ein Mann tat mit solch raschem Effekt; denn alsbald legte sich das Einhorn auf eine Seite zu Boden und bot geschlossenen Auges der Göttin erregt seinen Bauch mit dem Zeichen seiner Mannheit. Venus aber griff das Gewaltige und drückte es zärtlich an ihre Wangen; ganz wenige Berührungen genügten, um die Wonne des Tieres auf den Gipfel zu bringen. Venus stützte ihren linken Arm auf den Ellenbogen und bewegte ganz entzückend den weichen Unterarm auf und ab an dem straff gespannten Instrumente Adolphes. Da sprang der Strom der Melodie auch schon empor im Bogen und das Einhorn gab erstaunlichen Gesang dazu aus seiner Kehle. Tannhäuser war amüsiert über die strenge Etikette im Venusberg, die jeden Bewohner zwang, den Gesang Adolphes abzuwarten, bevor es gestattet war, zum Frühstück sich zu setzen.

Adolphe war an diesem Morgen sehr verschwenderisch gewesen. Venus kniete hin, wo immer es zu Boden gefallen war, und leckte ihr kleines Apéritif auf.

Der Liebeszweikampf

Venus und der Ritter hatten sich in den entzückenden Pavillon zurückgezogen, den Le Con auf der ersten Terrasse für die Göttin gebaut und eingerichtet hatte und von dem aus man auf die Wäldchen und Gärten einen köstlichen Ausblick genoß. Das Boudoir war ein entzückender Raum in Seide und weichen Kissen. Von seinen acht Wänden glänzten Spiegel und Leuchter auf üppige Bildwerke, und die Kuppel der Decke dämmerte dreißig Fuß hoch vergoldet durch den warmen Schleier des Kerzenlichtes. Zierlich lächelten geputzte Statuettchen aus Wachs, grimmig blickten groteske Figuren aus Chinaporzellan, bleich schimmerten auf vergoldeten Hügelchen blaßgrüne Vasen, in kleinen, nach einer Seite hin offnen Kästchen spielten zwerghafte chinesische Figuren die Szene eines Stückes, und eine Welt von merkwürdigen Kostbarkeiten füllte die gewundenen Schränke an den Wänden. In einer Ecke des Raumes standen sechs allerliebste Kartentischchen mit zierlichsten Stühlen darum geordnet.

Das hübscheste im Pavillon waren die zusammenklappbaren Wandschirme, von de la Pine mit Claude'schen Landschaften bemalt, bei deren Anblick man hinschmilzt und die einen ganz vergessen machen, wie kunstvoll und faszinierend die Natur oft sein kann. Vier solche Paravents gab es in diesem Boudoir der Liebe, es begrenzend und neue Räume in dem Raume schaffend. Mächtige Ranken roter Rosen mengten ihren Duft mit dem weichen, den Kissen und Pfühlen entströmenden aufreizenden Parfüm, von Chateline höchst diskret hergestellt und Eeau Lavante getauft.

Venus lag in dem allerliebsten Boudoir neben Tannhäuser auf rosenfarbener Seide. Cosmés Kunstbau von Löckchen, Wellen und Bändern war schon gegen Ende des Soupers in völlige Unordnung geraten; nun fielen gelöste Locken des schwarzen Haares verirrt über die Lider, die müden, leichtgeschwollenen. Zartestes Hemd und zierlichstes Höschen waren zerrissen und feucht geworden, daß sie fast am schimmernden Leibe klebten, dessen Waden nach Liebe gierten. Die festgeschlossenen Schenkel schienen alles umfassendes

Abbild des Kleinods zu sein, das sie zwischen sich verwahrten. Die herrlichen Tétons du derriere waren so rund und prall wie die Wangen einer Jungfrau und versprachen Genüsse tief wie die Geheimnisse der rue Vendôme, und der Flaum unter dem Nabel erreichte die gekräuselte Fülle eines cherubinischen Lockenköpfchens.

Bleich und wortlos war Tannhäuser. Er ließ seine edelsteingeschmückte Hand fiebrig über die königlichen Glieder gleiten, riß da Hemd und Höschen und Strümpfe weg und seiner eigenen wenigen Kleidung bereits ledig warf er sich mit einem tiefen Ausatmen auf die prachtvolle Dame.

Mir ist die Gewohnheit der Romanziers nicht unbekannt, Helden darzustellen, die ihrer Dame an zwanzigmal und öfter in einer Nacht die Beweise ihrer Kraft geben. Tannhäuser zeichnet solche gargantuanische Unermüdlichkeit mitnichten aus, und er fühlte sich nach einer Stunde sehr erleichtert, als Priapusa, Daricours und noch ein paar betrunken in den Pavillon taumelten und Venus für sich verlangten. Bald war das Boudoir übervoll von einer laut lärmenden Menge, die sich nur mit Mühe auf den Beinen halten konnte. Es waren Schauspieler darunter, und einer von ihnen wandte, noch in Kostüm und Rolle als Fanfreluche, seine schreckliche Aufmerksamkeit Tannhäuser zu. Außerhalb der Bühne fand ihn aber der Chevalier ganz uninteressant, weshalb er sich erhob und den Platz räumte, auf den sich die Maniküre der Venus niederließ.

»Der arme Kleine sieht erschöpft aus«, sagte Priapusa, »soll ich ihn in sein Bettchen bringen?« –

»Ist er so schläfrig wie ich«, gähnte Venus, »dann tu es.«

Da hob die fette Alte ihre Herrin vom Lager und trug sie zärtlich und mütterlich in ihre Arme gebettet davon. Und sagte: »Komm, Kindchen, es ist Zeit für euch beide ins Bett.«

Das erste Erlebnis

Aus dem Englischen der ›Venus in Indien‹
von einem unbekannten Verfasser

Ich wurde in Canterbury geboren und aufgezogen. Meine frühesten Kindheitserinnerungen sind mit jenem Orte verknüpft, den ich bis zum vierzehnten Lebensjahre nie verließ. An meinen Vater kann ich mich nicht erinnern; ich weiß nicht einmal, ob er noch lebte, als ich zur Welt kam; ich weiß nur, daß ich weder ihn noch ein Bild von ihm je gesehen habe, und daß meine Mutter kaum je von ihm sprach. Ich weiß also nicht, wer und was er war; aber meine Mutter trug einen Ehering, und die Nachbarsleute spielten nie darauf an, daß sie je anders als höchst anständig gewesen sei. Meine Mutter war Schneiderin und hatte einen sehr guten Kundenkreis. Sie war stets bei Geld, ob es nun Arbeit gab oder nicht. Es gab keinen Pflanz, obgleich wir immer ein sehr angenehmes Leben führten, nichts, das nur fürs Auge hergerichtet war, wenn man von einem der Probierzimmer absehen wollte, wo einige Nippesgegenstände aufgestellt waren. Als Kind kam mir dieses Zimmer immer prachtvoll vor. Wir hatten also ein trauliches Heim, gutes Essen, gute einfache Kleidung, solide Betten, mit einem Wort, alles, was wahren Komfort bietet und nichts Überflüssiges. Wir hatten allerdings keinen Dienstboten; eine alte Scheuerfrau stellte sich jeden Morgen ein und besorgte die groben Arbeiten. Meine Mutter und ich staubten ab, machten die Betten usw. und kochten das einfache Mahl. Bis zum zwölften Lebensjahre besuchte ich die Fachschule, und da ich hübsch flink war, lernte ich vielleicht mehr, als es sonst bei Mädchen in meinem Alter der Fall ist. Ich schloß naturgemäß Freundschaft mit Altersgenossinnen, und da wir nicht nur vom Lernen, von Äpfeln und Zuckerwerk sprachen, erfuhr ich mancherlei über die Beziehungen der Geschlechter zueinander, über Liebende und die Art, wie sie sich geben; Dinge, deren Kenntnis ich vor meiner Mutter verheimlichte. Was ich erfuhr, übte aber nicht die geringste Wirkung auf mich und meine Anschauungen aus. Ich wußte, daß ich ein kleines Vötzchen habe, daß Haare darüber wachsen würden und daß ich große Brüste bekäme. Auch daß ich die Periode bekäme, wußte ich.

Auch würde ich eines Tages heiraten und einen Mann haben, der sein Ding in mein kleines Ding steckte. Über kurz und lang kriegte ich auch Kinder wie alle andern verheirateten Frauen. Obgleich wir Mädchen nun über diese Dinge sprachen, wurde doch nie irgendeine Anspielung darauf gemacht, welch ungeheurer Genuß im Ficken liege. Wir waren alle zu jung, um mehr zu wissen als Unklares. Bevor ich dreizehn Jahre wurde, nahm mich meine Mutter aus der Schule, nicht nur weil ich für mein Alter zu groß geworden war, sondern auch weil sich mein Busen bereits zu formen begann und zwei liebliche kleine Brüste sich hervordrängten. Mit welchem Gefühl der Lust sah ich sie wachsen! Sogar meine Mutter, die mich jeden Sonnabend in der Wanne badete, bevor ich schlafen ging, merkte das und sagte mir:

»Eines Tages, Lizzie, wirst du einen großen Busen haben. Ich erinnere mich nicht, jemals schönere Brüste gesehen zu haben, die so schnell wuchsen!«

Und ich konnte sehen, wie sie einen raschen Blick nach unten warf. Ich erriet, daß sie nachsehen wollte, ob das Haar da unten schon zu sprießen beginne. Aber meine Brüste waren bereits hübsch groß, bevor es zutage trat. Das Haar und die Periode kamen fast gleichzeitig. Zunächst waren eine Menge kleiner schwarzer Punkte zu sehen, die aber sehr schnell wuchsen, so schnell, daß ich an meinem dreizehnten Geburtstage einen ganz hübschen Wald hatte. Auch mein Vötzchen machte eine bemerkenswerte Veränderung durch. Es schien dicker zu werden und andere Formen anzunehmen.

Man kann also sagen, daß, soweit die äußere Erscheinung in Betracht kam, ich mit dreizehn Jahren ein ganzes Weib war. Ich hatte ziemlich viel Fleisch auf den Knochen, einen festen Busen, eine nette Taille, schöne, schwellende Hüften, starke Schenkel und sehr hübsche Beine, Knöchel und Füße. Ich hatte schon zu starke Formen, um noch kurze Kleider zu tragen. Meine Mutter machte mir daher lange, in denen ich mich vor dem großen Spiegel im Probierzimmer zu bewundern pflegte. Obgleich ich mich auf diese Art bewunderte, kam mir dennoch nie der Gedanke, die Aufmerksamkeit von Männern auf mich zu lenken. Bis dahin hatte ich nicht den geringsten Funken von Lust in mir gespürt, und meine Mutter, die mich, wie ich weiß, scharf beobachtete, um eventuelle Anzeichen von Koketterie an mir wahrzunehmen, sah nichts, weil es nichts zu sehen gab. Ich war jedoch der Verwirklichung geträumter Liebesgeschichten näher, als ich oder sie nur ahnte.

Hinter unserem Haus war ein schmaler Garten, ungefähr dreißig Meter lang und nicht einmal so breit.

Am Ende des Gartens war eine Allee, auf deren anderer Seite Stallungen standen, wo die Kavallerieoffiziere ihre Reitpferde untergebracht hatten. Es war mir das Liebste, an unserem Gartenzaun zu stehen und zuzusehen, wie die schönen Pferde zum Bereiten ausgeführt oder ihrem Besitzer gezäumt und gesattelt übergeben wurden.

Manchmal kam ein oder der andere Offizier, um in den Stallungen Nachschau zu halten, aber nie schenkte einer mir auch nur die geringste Aufmerksamkeit, so daß ich schon gewöhnt war zuzusehen, ohne angesprochen zu werden. Ungefähr im August, als ich etwas über dreizehneinviertel Jahre zählte, wurden einige bis dahin leerstehende Stallungen von einem Offizier gemietet, der drei wunderschöne Pferde besaß. Ich war neugierig, den Offizier zu sehen, und eines Abends lauerte ich ihm auf. Bald kam er auch, ein schlanker, großer, sehr fescher und hübscher, junger Offizier in Interimsuniform – Reitjacke, Reithosen, hohe Stiefel und Sporen. Die goldbesetzte Mütze saß schief und mehr im Nacken. Er schritt rasch durch die Allee, alle Augenblicke den Stiefeln mit der Reitpeitsche einen Schlag versetzend, und sah nach rechts und nach links, als ob er alles in guten Augenschein nehmen wollte; denn ihm war ja alles neu. Er sah auch mich und fixierte mich gehörig, dann wandte er aber seinen Blick den Stallungen zu, brummte etwas, sah mich wieder an, lächelte, und mit einem kurzen, scherzhaften Gruß mit der Peitsche ging er in den Stall. Ich wußte sofort, daß dies der neue Offizier sei. Er hatte etwas an sich, das mich gleich für ihn einnahm. Er schien so ganz anders zu sein, als seine Kameraden. Die hatten immer so finster dreingeschaut und waren so steif umherspaziert, als ob nichts in der Welt eines Blickes wert wäre, während der neue Mann schmuck und elegant, lustig und nett aussah. Und er hatte mich tatsächlich angelächelt. Ich war ganz aufgeregt, als er mich gegrüßt hatte, und zog mich vom Gitter zurück, aber ich ging nicht fort. Ich wollte ihn wiedersehen, und so blieb ich. Er kam gleich wieder heraus und sprach zu seinem Reitburschen, worauf dieser in den Stall zurückkehrte. Der junge Offizier ließ seine Blicke die Allee hinaufwandern, dann sah er nach der entgegengesetzten Seite, während er seinen Handschuh anzog. Und auf einmal, als er mich erblickte, kam er leichten Schrittes auf mich zu, machte eine kleine Verbeugung und sagte lächelnd:

»Guten Abend, Polly, ein schöner Abend, nicht wahr?« Dann drehte er sich um und ging rasch davon.

Ich weiß, daß ich rot wurde. Wieder fühlte ich mein Herz klopfen. Sehnsüchtig blickte ich ihm nach, und war entzückt, als er sich nach einigen Schritten umwandte und wieder mit der Peitsche winkte. Ich war verliebt und wußte es nicht! Aber es war so . . .

Nun also . . . jeden Abend kam der junge Offizier. Es fiel

zwischen uns nichts anderes vor. Wenn er eines Abends nicht erschien, war ich ganz betrübt, denn er fehlte mir fürchterlich. Ich erfuhr, daß er Charles Vincent heiße und Husarenrittmeister sei. Ich hatte es aus Gesprächen der Reitburschen erlauscht.

Hab ich schon gesagt, daß ein kleiner alter Schuppen ohne Tür an einem Ende unseres Gartens an der Straße lag? Ich hatte dort Geißblatt, Waldreben und Kletterrosen angepflanzt, und als ich noch in die Schule ging, machte ich am liebsten, bei schönem, warmem Wetter natürlich, dort meine Aufgaben. Die Schlingpflanzen waren gut gediehen, und so hatte sich der schmutzige, alte Schuppen in eine hübsche Laube verwandelt und wurde für mich, wenn auch nicht eine Laube des Segens, so doch des großen Glücks.

Eines Abends kam mein schmucker Offizier nicht zur gewohnten Zeit, und ich war geärgert und betrübt, da ich ihn sehr vermißte. Ich hörte, wie sein Reitbursche zu einem anderen sagte, er sei erstaunt, daß der Rittmeister noch nicht komme, da die braune Stute krank sei und er ihm davon erzählt habe. Somit wußte ich, daß der Held meiner Träume noch kommen werde, und ich ging in die Laube und setzte mich lauschend nieder. Auch warf ich ab und zu einen Blick durch die Ritze des Schuppens. Die Reitburschen entfernten sich bald bis auf den des Rittmeisters Vincent. Schließlich schien auch er die Geduld zu verlieren, und ich hörte, wie er fluchte und zu sich selbst sagte, er wolle sich hängen lassen, wenn er länger bleibe; er gehe lieber auf ein Gläschen und werde dann wieder kommen. Er schloß den Stall ab, steckte den Schlüssel ein und ging.

Ich wartete und wartete. Endlich hörte ich den mir wohlbekannten Schritt, und mit einem Herzklopfen, wie wenn ich wirklich einen heißersehnten Liebhaber erwartete, ging ich hinaus und stellte mich wie gewöhnlich ans Gitter. Die Sonne war gerade im Untergehen, und die ganze Allee lag im

Schatten. Der Rittmeister kam schnell daher, warf mir einen Blick zu, lächelte wie gewöhnlich und sagte: »Guten Abend, Polly.« Dann versuchte er die Stalltür aufzumachen. Da er sie versperrt fand, stieß er mit dem Fuß daran. Ich wußte am besten, daß niemand darin sei und sagte daher:

»Herr Rittmeister, Ihr Bursche wartete auf Sie bis vor einer Weile, wo er wegging, um ein Gläschen zu trinken. Aber er sagte, er werde bald wiederkommen.«

»Ah, danke schön, liebe Polly.« Er kam auf mich zu und fragte: »Wie lange ist denn der Bursche schon fort?«

Ich überlegte, denn mir war die Zeit schrecklich langsam vergangen, und sagte dann: »Na, beiläufig dreiviertel Stunden, Herr Rittmeister.«

»Dreiviertel Stunden«, rief er aus und sah auf die Uhr, »nun, dann wird er wohl bald zurückkommen, glaube ich. Und wie geht es Ihnen, Polly. Ich sehe Sie hier jeden Tag! Welch ein reizendes Mädchen Sie sind, Polly. Ich erkläre, daß ich Sie heiraten muß! Wollen Sie mein Weib werden, Polly, wenn ich Sie darum bitte?«

Ich war selbstverständlich ein dummes Ding, aber ich konnte nicht umhin, über die Maßen vergnügt zu sein, daß mich ein Mann so bewunderte und mir sogar einen Heiratsantrag machte, obgleich es mir ganz klar war, daß es nur ein Scherz sei.

»Sie machen sich über mich lustig! Sie wissen, daß ich Sie nicht heiraten kann!«

»Aber auf jeden Fall könnten Sie mir doch einen Kuß geben, nicht wahr, Polly?«

Mein Gesicht glühte. Das war ja gerade das, wonach ich mich sehnte. Ich blickte mich sorgsam um, und da ich niemand sah, sagte ich: »Aber rasch, weil sonst jemand zusehen könnte, und dann gäbe es Klatsch.«

Kaum hatte ich das gesagt, als auch schon sein Mund auf meinem brannte. Das war ein Kuß, wie ich noch nie einen erhalten hatte; ein Kuß, der mir durch Mark und Bein ging.

»Polly«, sagte er leise, »könnte ich nicht in die Laube kommen und mit Ihnen ein wenig plaudern, nachdem ich meine Pferde besichtigt habe?«

Es konnte nur zu leicht der Fall sein, daß Mutter käme, und so erwiderte ich rasch, pochenden Herzens:

»Gut! Ich werde jetzt hineingehen und warten, bis Sie kommen. Aber, bitte, bleiben Sie nicht länger hier stehen, denn ich habe Angst, wissen Sie.«

»Ich verstehe«, sagte er leuchtenden Blickes. Er wandte sich um und ging ein wenig die Allee hinab, um den Burschen zu erwarten. Ich ging in die Laube und stellte mich an die Ritze, um hinaussehen zu können.

Wie mein Herz klopfte! Würde er mich wieder küssen? Ich betete zu Gott, daß der Bursche bald kommen möge, denn, wenn ich zu lange ausblieb, würde Mutter nach mir rufen.

Endlich kam der Bursche. Der Rittmeister sprach mit ihm, ohne ihn aber zu schelten. Ich glaube, das war mir zu verdanken, denn sicherlich wäre der Rittmeister unter anderen Umständen sehr böse gewesen. Er blieb nicht lange im Stalle. Bald kam er mit dem Burschen zusammen heraus und ging die Allee hinunter. Das gab mir einen Stich ins Herz. Wollte er denn nicht kommen? Wie schrecklich, wie grausam! Ich konnte nicht anders, als mich niedersetzen und weinen und schluchzen. Plötzlich stand mein Liebster vor mir. Er war so schnell, als ihn seine Füße tragen konnten, zurückgeeilt, nachdem er den Burschen losgeworden war. Ich sprang auf, als er eintrat. Er sah, daß ich geweint hatte und zog mich, nachdem er sich gesetzt hatte, auf seinen Schoß nieder. Mit dem einen Arm hielt er mich umfangen, während die andere Hand auf meinem Busen ruhte. Er hörte nicht auf, mich feurig zu küssen. Er schien ganz aufgeregt zu sein, und ich selbst war ganz außer mir vor Glück und Freude.

»Oh, Polly«, sagte er, »weißt du, daß ich mich schon nach

diesen Küssen gesehnt habe, seitdem ich dich zum erstenmal erblickte. Du bist das schönste, reizendste Mädchen, das ich je gesehen habe . . .«

Ich konnte nur lächeln. Es war in der Laube schon ziemlich dunkel geworden . . . Er bedeckte mir Hals und Gesicht über und über mit Küssen, und seine Hände lagen noch immer auf meinem Busen. Es tat mir zu wohl, als daß ich ihn hätte bitten können, sie wegzunehmen, aber ich wußte, daß es sich nicht schickte. Während er mich küßte, nannte er mich seinen Liebling, sein Täubchen, sein süßes, kleines Herzchen, und ich streichelte sein Haar und erwiderte seine heißen Küsse.

Schließlich fragte er: »Wie alt bist du, Polly?«

»Ich heiße nicht Polly, ich heiße Lizzie.«

»Lizzie, wie alt bis du? Sechzehn? Siebzehn?«

»Sechzehn, siebzehn!« wiederholte ich. »Nein, ich bin erst dreizehn; erst im nächsten Jahr werde ich vierzehn.«

»Dreizehn!« rief er überrascht aus, »erst dreizehn! Du wirst doch schon älter sein als dreizehn. Wer hätte so etwas erlebt!«

Lachend erwiderte ich: »Aber nein, ich bin wirklich erst dreizehn!«

Er sah mich an. Dann griff er an meine zweite Brust und drückte sie zu meinem Entzücken, worauf er die Hand wieder auf die andere Brust legte.

»Dann ist das wohl alles ausgestopft?« fragte er.

»Was?«

»Nun diese . . . wie nennst du sie denn? Nun dein Busen, Lizzie.«

»Bei mir ist nichts ausgestopft. Ich brauche keine Wattierung. Ich nicht!«

Er lachte: »Aber Schätzchen, – es gibt kein Mädchen mit dreizehn Jahren, das solche schön entwickelten Brüste hätte, wie die da.« Und er preßte sie immer wieder. »Sie sind viel zu schön für ein Mädchen von dreizehn! Ich glaube nicht, daß du nicht älter bist!«

»Aber, ich werde doch wissen, wie alt ich bin.«

»Nun, dann glaube ich nicht, daß sie echt sind, das muß Wattierung sein.«

Ich war böse. Warum war er so eigensinnig? Warum wollte er mir nicht glauben, daß meine Brüste Fleisch und Blut und nicht Watte seien? Ich sagte also:

»Wenn Sie glauben, daß ich ausgestopft bin, dann, bitte, rühren Sie sie nur nicht mehr an!«

»Aber Lizzie, . . . ich sage ja nicht, daß sie nicht echt sind. Tatsache ist, daß ich nicht weiß, was ich davon halten soll. Irgend etwas ist da nicht in Ordnung. Aber, sei nicht böse, mein Kätzchen, komm her und gib mir einen Kuß.«

Diese entzückenden Küsse und köstlichen Befühlungen!

»Lizzie«, sagte er, »laß mich die Hand in deine Bluse stecken.«

Während er das noch sagte, hakte er auch schon meine Bluse auf. Die Haken und Ösen ärgerten ihn, und er wurde so furchtbar ungeduldig, daß ich, die ich nicht minder begierig war, ihm die Gewißheit zu verschaffen, daß ich nicht ausgestopft sei, schließlich seine übereifrigen Hände wegschob und die Bluse selbst öffnete.

»So«, sagte ich lachend, »jetzt können Sie Ihre Hand hineingeben, aber Sie müssen noch zuerst das Miederleibchen aufknöpfen.«

Das gab ihm nur wenig zu schaffen, und wie wenn er nach etwas haschte, von dem er fürchtete, es könne ihm entschwinden, griff er geschwind mit der sehr starken, aber weichen Hand unter mein Mieder und schloß sie fest über der kleinen Kugel, die er dort fand.

»Oh«, sagte er schnalzend, »oh, welch herrliche kleine Brust! Wie glatt, wie rund, wie fest! Wie Radiergummi, so elastisch! Und welche süße kleine Warze! Laß mich auch die andere Brust befühlen!«

Er drängte seine Hand zu meiner rechten Brust vor, die er

ebenso wild befühlte, wie die andere. Die Wirkung war wundervoll! Ich kann meine Empfindungen nicht beschreiben. Es ging mir durch Mark und Bein! Ich hätte am liebsten die Arme um ihn geschlungen und ihn fest an mich gedrückt! Mir war, als wollte ich mehr von ihm haben; ein Etwas, das ich nur bekommen könnte, wenn ich meinen Leib so dicht wie nur möglich an seinen drückte. Die Stellung, worin ich mich befand – er hielt seinen Arm hoch und fuhr mit der Hand in meinem Busen umher – hinderte mich daran, ihn zu umarmen. Ich tat alles, was ich tun konnte. Ich umhalste ihn und zog sein Gesicht zu meinem nieder, küßte seinen Mund mit leidenschaftlicher Kraft und erreichte, daß mein Liebster noch feuriger und erregter wurde.

»Mach deinen Kragen auf, Lizzie! Ich muß diese herrlichen Brüstlein sehen und küssen!«

Seine Stimme machte mich erbeben. Mir war, als zitterte er am ganzen Körper und als ob auch seine Stimme bebte. Ich war noch immer im unklaren über das, was geschehen werde.

Ich beeilte mich, seinem Wunsche nachzukommen und machte den Kragen auf. Er riß meine Bluse über die Schultern und den Busen herab und bedeckte meine wogenden Brüste mit brennenden Küssen. Und ich . . . ach, ich lehnte mich auf seinen starken Arm zurück und gab mich und meine bebenden Brüste völlig seinem Willen preis. Wie sein Mund von Hügel zu Hügel flog! Wie seine Lippen die Höhen erklommen und seine Zähne zart die kleinen kitzligen Brustwarzen benagten, wie sein heißer Atem das dazwischenliegende Tal durchwogte, und über meinem ganzen Leib zu spüren war, bis dorthin, wo mein Schlußband das weitere Vordringen unmöglich machte.

Aber ach! Während seine Lippen so tätig waren, richtete seine rechte Hand, die sich zwischen meine Schenkel gedrängt hatte, dort wahre Verwüstungen an. Zuerst wollte ich Widerstand leisten, nicht weil es mir unangenehm war, sondern weil ein gewisses Schamgefühl in mir aufstieg, das fast stärker war, als die große Lustempfindung, die mir seine beweglichen Finger gaben.

»Oh«, stöhnte ich.

»Was denn, mein süßes Lieb?« Wie er dieses eine Wort »Lieb« sagte! Es hörte sich an, wie wenn es aus dem Tiefsten seines Herzens käme.

»Ach, nimm deine Hand von dort weg!«

»Ja, ja! Ach mein süßes Lizzychen ... Ich muß! Ach, Lizzie! Ich werde nicht eher glücklich sein, bis ich dich nicht gehabt habe! Du weißt, was ich meine, nicht wahr, mein Lieb? Sag, daß du mich lassen wirst, ja?«

Ich wußte zwar nicht genau, was es bedeutete, aber ich fing an zu begreifen, daß Liebe, Ehe und »das Hineinstecken seines kleinen Dinges in mein kleines Ding«, wie wir jungen Mädchen uns ausdrückten, wenn wir von Eheleuten sprachen, innig zusammenhingen, und das Vergnügen, das mir dadurch bereitet wurde, daß seine Finger über mein vor Lust vergehendes Vötzchen glitten, ließ mich vermuten, daß das »Hineinstecken« etwas Himmlisches sei.

Ich weiß nicht mehr, ob ich »ja« oder »nein« sagte, aber er tat so, als hätte ich »ja« gesagt, denn plötzlich war seine Hand wieder unter meinen Röcken und bevor ich noch »Muh« sagen konnte, hatte er sie schon ganz hoch oben zwischen meinen Schenkeln, wobei er mich fest an sich drückte und auf den Mund küßte. Obgleich meine Hosen vorne offen waren, boten sie doch ein geringes Hindernis, das seine flinken Finger allerdings bald überwanden. Wie mich das durchrieselte, als sie mein Ding liebkosten! Wie hinreißend war es, als er den einen Finger tief zwischen die glühenden Lippen stieß. Ich machte keine weiteren Versuche, um ihn daran zu hindern. Es war viel zu köstlich. Ich spreizte die Schenkel ein wenig mehr auseinander und während sein Mund lange heiße Küsse auf meinen drückte, schob er den Finger vor und zurück, hinein und hinaus. Da . . . ein Ruck, ein Beben, ein Sprung! Zuerst fühlte ich es in meinem Ding, dann im Bauch und dann im ganzen Körper, und mein Liebster rief aus:

»Lizzie, Süße! Jetzt ist dir's gekommen!«

Er zog die Hand einen Augenblick zurück und ich fühlte, daß er an sich etwas tue. Mit vor Aufregung bebender Stimme sagte er: »Gib mir deine Hand, Lizzie, gib mir deine Hand!«

Er legte sie auf etwas, das sich wie ein großer dicker Stab anfühlte, dicker als ein Besenstiel und heiß und furchtbar hart, wenngleich es wie Samt und die Haut locker und beweglich war. Das Ding war so groß, daß ich kaum meine Hand darum legen konnte. Aber schon das bloße Anfühlen brachte mein Blut zum Sieden.

»Was ist das?« stieß ich hervor.

»Das bin ich, Lizzie. Das ist mein wahres Selbst, mein höchsteigener Schwanz. Weißt Du's nicht, mein Lieb, Lizzie, das ist, was da hineinpaßt!« Er hatte den Finger wieder in mein Ding gesteckt und mich dadurch noch wilder gemacht. »Laß mich's hineinstecken, süße Lizzie! Ich müßte sterben, wenn du nein sagtest!«

»Ach«, keuchte ich, denn ich konnte kaum ein Wort sagen, »das ist doch unmöglich! Es ist doch viel, viel zu groß!« Und während ich sprach, befühlte ich den sonderbaren, elastischen Kopf, der das mächtige Werkzeug krönte.

Statt jeder Antwort setzte mich mein Liebhaber auf die Bank, knöpfte die Hosenträger auf, zog die Hosen hinunter und das Hemd hinauf und bot meinem erstaunten Auge den Anblick eines Dinges dar, das so aussah, wie eine ungeheure weiße Stange mit einer roten Spitze. Das Ganze aber stieg aus einem förmlichen Wald von dunklen Haaren auf.

Bevor ich noch ein Wort reden oder auch nur den geringsten Widerstand leisten konnte, hatte sich mein ungeduldiger Charlie vor mich gestellt, meine Röcke aufgehoben und mich auf seinen Schoß gezogen, und zwar so, daß ich über ihm stand. Dann näherte er meinen Unterleib seinem und drückte mich hintenüber an sich. Ich mußte die Knie ein wenig einbiegen und auf den Zehenspitzen stehen, während er knapp auf dem Rande der Bank saß. Welche Fülle köstlicher Lust machte ich durch. Ich war überrascht, als ich fühlte, daß er mich direkt auf das gesetzt hatte, was er seinen Schwanz nannte. Er stieß in einemfort die Worte hervor: »Mein Lieb, mein Lieb, mein Lieb!« Und was mich betrifft, war ich zu berauscht, um ans Sprechen zu denken. Um mich zu stützen, mußte ich ihn umhalsen und ich legte mich so zurück, daß ich mich ihm hingeben konnte, wie Mutter Natur mich's gelehrt hatte.

Damals machte Charlie noch keinen Versuch, mich meiner Jungfernschaft zu berauben. Er wollte mich kirre machen, indem er mir Lust spendete und darin hatte er Erfolg. Er stieß seinen großen Schwanz bis zum Jungfernhäutchen vor und dann zog er ihn zurück bis er nahezu draußen war.

Jedesmal spürte ich, wie sich mein Ding öffnete und die Lippen über den großen Kopf schlüpften und auch wie sie sich schlossen, wenn er draußen war. Wieder fühlte ich die wunderbare krampfhafte Erregung. Bald wurde er furchtbar aufgeregt, seine Bewegungen wurden schneller und seine Stöße energischer, bis er mich plötzlich an seine Brust quetschte. Dann spürte ich, wie sich etwas in heißen Strahlen in mich ergoß. Eine warme Flüssigkeit rann meine Schenkel hinunter in meine Hosen und auch mein Haarwald und das umliegende Gebiet waren förmlich überschwemmt von der Einspritzung, die er mir gegeben hatte. Ich war einer Ohnmacht nahe – so unaussprechlich groß war die Lust, die mich durchbebte – als ich plötzlich eine Stimme hörte: »Lizzie! Liz-z-ie!«

»Wer ruft dich da?« fragte Charlie, mich schnell absetzend und meine Röcke glättend, während er aufsprang, sein zitterndes Glied wegsteckte und seinen Anzug so schnell wie möglich richtete.

»Die Mutter!« rief ich schuldbewußt und erschreckt aus.

»Hab keine Angst«, sagte Charlie, und schnell noch einen Kuß aufdrückend, »richte dein Kleid und ruf deiner Mutter zu, daß du bald kommst.«

Das tat ich.

»Komm Kindchen«, war die Antwort meiner Mutter, worauf sie ins Haus zurückging.

Mein Liebster konnte durch das Blattwerk sehen, daß Mutter ins Haus gegangen war. Dann umarmte er mich wieder, drückte mich an sich und legte meine linke Hand auf seinen steifen, ungeheuer großen Schwanz, der unter seinen Hosen bis zum Nabel hinauf stand. Er selbst steckte die rechte Hand zwischen meine Schenkel und während er mein bebendes Vötzchen drückte, küßte er mich immer von neuem und flehte mich an, am nächsten Abend zur selben Zeit wieder auf ihn zu warten. Ich möge jedoch darauf achten, daß meiner Mutter nicht das geringste in meinem Benehmen oder in meinem Äußeren auffalle. Ich versprach es, gab seinem entzückenden Schwanz noch einen zarten Abschiedsdruck und lief beglückt, wenn auch noch immer aufgeregt, ins Haus hinein.

Mutter merkte nichts. Nachdem ich mich vor dem Schlafengehen ausgezogen hatte, untersuchte ich mich ganz genau und bewunderte mich in meiner Nacktheit. Ich war also schön? Ich hatte schönere Brüste als die meisten anderen Mädchen und mein kleines Vötzchen war ein wahrer Edelstein? Oh, du mein Gott! Wenn doch Charlie zu mir ins Bett kommen könnte! Wie schön müßte das sein! Er täte die ganze liebe Nacht nichts anderes, als was er eben getan hatte! Doch ich würde ihn ja nicht vor dem nächsten Abend sehen, und so wollte ich versuchen einzuschlafen so gut ich konnte und von ihm zu träumen.

Ich fand aber keinen Schlaf, denn ich war zu aufgeregt. Es dauerte nicht lange, und ich hatte einen Finger so tief in mein Ding gesteckt als ich nur konnte und ihn hin und hergeschoben, wie Charlie es getan hatte. Sein Finger war aber viel stärker als meiner und hatte mir größere Lust bereitet. Und erst gar sein Schwanz! Wie war es nur möglich, daß solch ein ungeheures Ding überhaupt in mich hinein konnte? Ich konnte es nicht glauben und dennoch war es so. Warum war der Schwanz aber nicht ganz hineingegangen? Möglicherweise beanspruchte er mehr Zeit.

Es dauerte lange bevor ich einschlief und dann, ach, träumte ich weder von meinem Liebhaber noch von etwas anderem.

Aus den Gedichten Verlaines:

Man schläft nicht gut . . .

Man schläft nicht gut mit ihm, – jedoch es macht mir Spaß,
daß ich ihn hab, daß er mein stolzes Opfer, daß
er diesen schönsten Schlaf gesellig mir versüßt,
den niemals man, gottlob, mit üblen Folgen büßt.
Wenn Brust an Brust wir ruhn und er so nah, daß ich
fast glaube, er hat Lust und kommt und vögelt mich,
mir rückt, und an mein Bein sein dicker Schwengel rührt
und mein erregter Bauch ihn belebend auf sich spürt
wenn er sich dreht und – sei's nur weil er lustig träumt
die feiste Semmel mir des Arsches entgegenbäumt,
und dieser Arsch so bös, so bübisch, borstig, barsch,
dies Herzblatt, dies Juwel, dies Götterbild von Arsch
in meinen Bauch sich wühlt, verführerisch mir lacht
und geil mich wie ein Bock, wie ein Tenor mich macht, –
wenn ich mich dreh und wie ein Schraubstock mich sein Loch
zu packen droht, o – wenn wir uns endlich beide noch

die Rücken drehn, und Arsch an Arsch sich reckend zwängt,
und sich mein Schwanz vor Glück hebt, senkt und hebt und
senkt,
ohn' Ende hebt und senkt, – – sagt, ob nicht ganz ich muß
beglückt sein?! Totus in benigno positus.

Moral in Verkürzung

Ein blondes Haupt, das leicht im Rausch der Wollust bebt
ein Hals, der schwellend über schöne volle Brüste
und ihrer Knospen rings gerötet Paar sich hebt,
ein sanfter Doppelwulst der Sockel dieser Brüste,
zwei Beine hoch gereckt und zitternd, – und geneigt
auf sie ein kniend Weib, das holder Tat gewillt
– die Liebe kennt die Tat – den Göttern nur das Bild,
das strahlend Weiße zeigt des Arschs, den Spiegel zeigt
der Schönheit, die sich selbst dort sieht und an sich glaubt.
O, Arsch des Weibs! Du Held und siegesfroher Herr
des Mannesarsches du, ob keusch, ob mannbar er, –
dir Ehre, Heil und Ruhm! Dir aller Ärsche Haupt.

Vorspiel

Euch, o der Einen Gottes, ihr einz'gen Priesterinnen,
euch schon erblühten, euch noch knospenden, geprüften
wie noch zu prüfenden, euch Huren will ich dienen
und nirgends leben als in eurer Reize Klüften!

Anbetungswürdig sind die flinken, eure Füße,
die nur um Liebe gehen, kommen, nur verweilen
im Bett im Liebesspiel und schmeichlerischer Süße
des Liebsten Müdigkeit und schlaffe Unlust heilen.

Ich presse, küsse sie, ich lecke sanft der Sehnen
geschmeidig zartes Netz, ich sauge an den Zehen
und trink der Sohlen Hauch, der duftenden, vor denen
die Götter plump und die Aposteln langsam gehen.

Ich liebe euren Mund und seiner Anmut Spiele,
wenn Zunge, Lipp und Zahn, mit Kuß und Biß nicht
geizend,
sich unsre Zunge – und gar oft noch schönre Ziele –
ersehn, ein Spiel, fast wie das Stößchen selbst so reizend.

Und eure Brüste! Stolz und Wollust atmend strahlen
zwei trotzge Burgen sie, – und oft an ihrer Mauer –
ein Eber im Parnaß und in des Pindus Talen –
reibt sich mein Mannesstolz und wetzt zum Kampf die
Hauer.

Und eure Arme, die so schön, so zart, so weiß sind,
so weich und doch, wenn's Zeit, von Muskeln so sich
hebend,
die in der Liebe heiß und frisch hernach wie Eis sind
und weiß wie der Popo und fast wie er so bebend!

Und eure Hände! O wie lieb ich eure Hände!
Reich sind gesegnet sie vom Streicheln und vom
Schmeicheln,
mit Inbrunst kosen sie und Sorgfalt ohne Ende
hervorzulocken neu die scheu verhüllten Eicheln.

Doch was, o Huren, ist all dies vor euren Mösen
und Hintern, dem Bild und Duft und Kuß und Lachen,
die euch Geweihten uns zum wahren Heil erlösen,
wahrhaft zu Engeln uns gefallne Engel machen!

Und darum Schwestern ihr und mir Begleiterinnen,
ihr einzigen, euch Fraun wie Jungfraun euch geprüften
wie noch zu prüfenden, will euch allein ich dienen
und nirgends leben als in eurer Reize Klüften.

Balanide

O du Eichel, du höchste der Gaben
meines Knaben,
meines angebeteten Herrn.
Wie doch spürte in Lust und in Bangen
dein Verlangen,
deinen Druck mein Arschloch so gern!

Wenn dein Stamm an mir bohrt, wenn er klemmend
und sich stemmend
und gebläht vor Begeisterung
für die Taten voll Ruhm, die ihm winken,
meine Schinken,
sich erobert in feurigem Schwung.

Der du bist meinen Därmen ein Speiser,
reicher Geiser,
dessen Schaum auch mein Schlund schon geschleckt,
du mir köstlichstes aller Gerichte!
Sieh, ich dichte
ohne Scham, wie dein Labsal mir schmeckt!

Komm du süße, komm, dehne und spreize
deine Reize,
die wie Samt sind und purpurn und blaß, –
die im Spiel meiner Hand sich bekleiden
mit Geschmeiden
von Qualen und milchigem Glas.

Nur zu sanften, zu spielenden Händeln,
nur zum Tändeln
ruf ich heute, o Eichel, dich an.
Aber halt! – O ich Schlappschwanz! Du hebst dich,
du belebst dich – –
Also gut dann! Zur Sache! Voran!

Denn dein Wunsch – meinem Loch, meinem Munde
jeder Stunde
unumgänglicher Norm ist nur er;
sie sind andachtsvoll deiner – du weißt es –
voll des Geistes,
den du heischest, allmächtiger Herr!

Wenn gelabt dann und voll deiner Güte
mein Gemüte,
kehre still in die Vorhaut du ein:
Wie ein Gott sich verhüllt in der Wolke, –
ich folge
dein Vasall und gewärtig dein.

An den Freund

Steig über mich, so wie ein Weib,
das ich von unten möchte ficken!
So! Gut so! Wenn ich meinen Dicken
nun bohre sanft in deinen Leib.

Durch Butter gleitend kann gleichviel
ich oben deine Lippen fassen
und meine Zunge spielen lassen
ihr wildes, geiles, süßes Spiel.

Und senken tief in deine Augen
die meinen, tief in deine Brust
und aus der schwülen Träume Wust
die Beute neuer Lust mir saugen.

Ich kose deines Rückens Sehnen,
der Achselhöhlen zarten Pelz,
das Haar, den Hals, den zarten Schmelz
der Flanken, die sich bebend sehnen.

Dein Arsch auf meinen Schenkeln reitend
beschwert sie seiner süßen Last,
indes mein Wanst sich hebt voll Hast
und senkt, auch dir Genuß bereitend.

Und du genießest, Kleiner, wahrlich,
denn sieh, wie sich dein Schwanz, erpicht
auf seine Rolle, aufwärts biegt
und schnell sich bläht und wächst beharrlich

und, großer Gott! schon zeigt sich, säumend
den Rosenkelch, ein Tröpfchen hell
des Glückes Stern, – ich schlürf ihn schnell
und lecke, selbst schon überschäumend,

dich nicht zu prellen des Genusses,
an deiner süßen Eichel dich,
daß ihrer Fieber Last sie sich
entlade königlichen Flusses.

Du süßes Himmelslicht der Quellen,
du hehre Milch! Um deine Flut
steigt dieser Duft, in dessen Glut
des Lebensbaumes Blüten schwellen.

Und zu dir kommt die Gier, die herbe,
die bettelnd Linderung begehrt
der Bitterkeit, die sie verzehrt,
die Gier nach dir, daran ich sterbe.

Doch herrlich strömt und auserlesen
die Spende deiner Jugendkraft
und tauft in ihrem reichen Saft
mein ganzes glückberauschtes Wesen.

An eine Statue

Schau, wer im verschwieg'nen Hinterhalte
zwischen Quell und Busch dort friedlich steht, –
sanft, von vorn und hinten ganz der alte,
du mein schöner kleiner Ganymed!

Dich entführt der Adler, – doch ich meine:
lieber trüg an einen andern Ort
als zum wilden Zeus aus deinem Haine
seiner trägen Schwingen Flug dich fort.

Denn sein Auge raunt: auf Wiedersehen!
Und es streift – indessen mich der Strick
spöttisch mustert – dich mit einem schlauen,
einem sonderbaren Seitenblick.

Ach, bleib da, mein guter Junge! Heile
in bewährter Weise meine Pein
und vertreibe mir die Langeweile! –
Bist du nicht mein trautes Brüderlein?

Triolett an eine Tugendhafte als Bitte um Entschuldigung einer minderwertigen Leistung

Die Quantität an Mut und Saft
laß meiner Kraft kein Maßstab sein, –
das ist durchaus nicht meine Kraft,
die Quantität an Mut und Saft.
Du zerre tüchtig meinen Schaft
wohl zwischen Stumpf und Rinde ein,
die Quantität an Mut und Saft
laß meiner Kraft kein Maßstab sein.

Die Qualität gilt mehr, sagt man,
als Quantität wie groß sie sei.
Hoch Schlemmer, Vielfraß, in den Bann!
Die Qualität gilt mehr, sagt man.
Auf! Passe den Geschmack denn an
der Wollust und sei lieb dabei, –
die Qualität gilt mehr, sagt man,
als Quantität wie groß sie sei.

Auch kleines Glied wird groß und schwer,
wenn »man« es nur belebt und nährt, –
sei du der »man» – auf die Gewähr:
auch kleines Glied wird groß und schwer.
Streckt *sie* nur vor, zurück gibt *er* –
ein munt'rer Bursch, der Wollust wert;
auch kleines Glied wird groß und schwer,
wenn »man« es nur belebt und nährt.

Mein Glied verlacht dein stolz Gesicht,
da kühn es ist und kampfbereit;
tu meinetwegen drauf Verzicht –
mein Glied verlacht dein stolz Gesicht,

der Katz gleich, der ein Aug schon bricht,
und die doch »Kampf aufs Messer« schreit.
Mein Glied verlacht dein stolz Gesicht,
da kühn es ist und kampfbereit.

Trotzdem und in nicht langer Zeit
geschieht's. Sat prata. Still! Nur Mut!
Die Trommel los! Das Schwert bereit,
trotzdem und in nicht langer Zeit.
Und dennoch doch und doch erfreut
weint dann mein Schwanz, dein Stolz läßt Blut.
Trotzdem und in nicht langer Zeit
geschieht's. Sat prata! Still! Nur Mut!

Pensionsmädchen

Mit blauen Augen, roter Wange,
die eine 15, eine 16, schliefen immer
sie beide in dem gleichen Zimmer.
's war ein Septemberabend schwer und bange.

Zu mehr Genuß hat jede abgestreift
das feine Hemd, dem frischer Ambraduft entsteigt;
die Jüngre hat sich offnen Arms zurückgeneigt
zum Kuß der Schwester, die ihr in die Brüste greift.

Und dann aufs Knie sinkt und dann toll
den Kopf im Schoß vergräbt und mit dem Munde
im Dämmerschein des blonden Goldhaars wühlt.
Die Kinderhand der Kleinen aber fühlt
den Walzertakt der letzten Musikstunde
und lächelt, eine Rose, unschuldsvoll.

Auf dem Balkon

Sie sah'n den Schwalben zu, die auf und nieder flogen.
Die eine rosig blond, die andre schwarz und bleich,
in Nachtgewändern beide, welche bleich
wie leichte Spitzenwolken sie umflossen.

Wie schwer der Abend schwieg . . . Aus tiefer Brust genossen
sie beide mit dem Schmachten müder Asphodelen
die stumme Seligkeit der Schwesterseelen . . .
Am Himmel kam der treue Mond heraufgezogen.

Sie preßten ihre Arme, ihre vollen Hüften,
seltsames Paar, mitleidig lächelnd andrer Pärchen
und hingen ihren Träumen nach.

Und hinter ihnen stand im dunkelnden Gemach
gleich einem stolzen Thron aus einem Märchen
ihr Bett, zerwühlt und voll von Düften.

Frühling

Da sagt zum blonden jungen Mädchen leise
das junge rote Weib, in dem mit Macht
so viele Unschuld die Begier entfacht,
in zärtlicher und sanfter Weise:

»Du Saft, der quillt, du Sproß, der blüht,
du junger Buchenzweig, der treibt und wird,
laß meine Hand, daß sie im Moose irrt,
in dem die Rosenknospe glüht.

Und lasse mich die Tropfen Tau,
die deine zarte Blüte feuchten,
im hellen Glase schlürfen –

Dann soll die Wonne strahlen dürfen
auf deiner reinen Stirne, wie das Leuchten
des Morgenrots am keuschen Himmelsblau.«

Sommer

Hör auf! Ich sterbe, mein geliebtes Leben!
Ruft drauf das Kind, der atemlosen
Geliebten mit dem wühlenden Liebkosen
ganz ohne Willen hingegeben.

»Ich sterbe! Deine Brust, die sich auf meine senkt,
berauscht, beengt mich heiß und schwer,
von fremdem Dufte ist dein Fleisch durchtränkt
und überwogt mich wie ein trunknes Meer.

Dein Fleisch, es hat die dunkle Pracht
der reifen Sommerglut
mit ihrem Duft und ihrer satten Schwere.

Und deine Stimme grollt wie Sturmeschöre,
und deine Haare rot wie Blut
drohn leuchtend durch die lange Nacht.«

An die gnädige Frau

Wenn zwischen deiner strammen Schenkel Schäfte
du bebend Kopf mir oder Schenkel zwängst,

mit deiner jungen säuerlichen Säfte
verzückten Woge meine Kehle tränkst.

Wenn du in deine Scheide meinen Rüssel,
den dicken, aber gar nicht faulen, wringst
und ganz, so wie das Schlüsselloch den Schlüssel,
ihn von der Eichel bis zum Sack verschlingst.

Dann – so beim Lutschen wie beim Rutschen – windet
sich dein Popo, und du nimmst Posen an,
die man bei anständigen Frau'n nicht findet
und – weiß der Himmel – du tust recht daran.

Du züngelst wild mich, wenn wir uns umfassen
und deine langgereckte Zunge flammt,
geschnellt von Feu'r und Gier ohne Maßen
geradewegs ins Herz mir – Gottverdammt!

Und deine Hügel zerren meinen Prügel
so wie ein Bär zerrt an der Mutterbrust,
o Bärlein, wohlgeschleckt, bemooste Hügel!
O sanft bewaldet Lager meiner Lust!

Ja Bärlein, wohlgeschleckt! – Hier meine Zunge,
die trunk'ne Schlemmerin steht dafür ein
und schmeichelt speichelnd in beredtem Schwunge
in deines geilen Kitzlers Gunst sich ein.

Doch was! Schier unersättlich ist der runde,
der, noch so wohlgeschleckt, doch leckre Schacht,
wie er mir rot auf braunem Zobelgrunde
Pierettens Lippen, süß und schnippisch lacht.

Boby und Marie

Nach dem Französischen des Alfred Jarry

Das Folgende spielt sich des Nachts im Zimmer der Marie ab, Dienstmädchen bei Bobys Eltern, Herrn und Frau Stadtrechner Yheimer in einer kleinen Stadt. Marie heißt eigentlich Veronika, aber man nennt, seitdem vor Jahren einmal eine Marie zwei Jahre lang bei Yheimers in Dienst gestanden hat, jedes neue Mädchen Marie, also auch diese Veronika, die wir in ihrer Kammer von einer kümmerlichen Kerze beleuchtet sehen, während draußen in den Linden vor dem kleinen Haus der Mond wühlt. Marie, im Unterrock und im Mieder – natürlich ein altes der Frau Stadtrechnerin – streckt sich und gähnt. Wobei, denn sie ist jung, sich die zwei festen Ballen ihrer Brüste, hart wie Holz, aus der Corsage drängen. Rote, unten behaarte Arme streckt sie in die Luft, die riecht wie das Mädchen, dessen ganze Schönheit seine Jugend ist: nach billiger Rosenpomade riecht es, nach Fett, nach Kohlrüben, nach ungelüftetem Bettzeug und ein bißchen nach Schmutz. Das Bett, dem sich Marie nun zuwendet, ist sehr schmal und aus Eisen. Da schwingt sich Boby, der fünfzehnjährige Sohn des Hauses, aufs Fensterbrett, wohin er von seiner Mansarde außen am Dach in der Dachrinne lang geklettert ist. Marie ist starr vor Schrecken und sperrt den Mund auf.

Boby im Tone seines fünfundzwanzigjährigen Onkels: »Schau nicht so blöd. Warum riegelst du die Tür ab!« (Und er steigt ins Zimmer, setzt sich aufs Bett und glotzt in das runde Waschbecken aus Blech, das da steht, voll schmutzigen Wassers, auf dem ein kleiner zerdrehter Knäuel von Mariens Haaren schwimmt, um eine Kerzenflamme summen Gelsen; ihr Singen ist für eine Weile alles Geräusch in der Kammer Maries). Die sagt schließlich: »Herr Boby, Sie sind verrückt.«

Boby: »Laß mich in Ruh. Ich bin müd. Ich will schlafen.«

Marie: »Aber nicht in meinem Bett, mein ich. Sie sind mir ein Schöner! Ich werd die Gnäfrau rufen.«

Boby: »Meinetwegen den Papst. Ich schlaf bei dir. Punktum. Bei mir kann ich nicht. Mein Bett ist zu groß. Hilf mir ausziehn. Die Stiefel. Sie sind naß. In der Dachrinne war Wasser – «

Marie: »Wie ein Dieb! In der Dachrinne!«

Boby: »Dreck!«

Marie: »Dazu sind Sie gekommen, daß Sie mir das sagen?«

Boby: »Hast du englisches Pflaster da?«

Marie: »Ein Zwirn geht nicht?«

Boby: »Zwirn? Warum nicht gleich Nadel? Schaf. Ich hab mir ein Knie blutig geschunden auf dem verfluchten Dach. Gib mir ein nasses Tuch.«

Marie: »So was! Der junge Herr, der studiert . . . und kommt da in der Nacht einen in den Hintern zwicken . . . Ich werd's der Gnäfrau sagen . . .«

Boby: »Gib schon das Tuch . . . Und wenn ich mir die Hosen ausziehe, bild' dir nur nicht ein, daß ich es deswegen tu, damit ich dir zeige . . . was du dir denkst.«

Marie: »Nein, der junge Herr, so was!«

Boby kriecht ins Bett: »Pfui Teufel, ist das feucht da herinnen . . . als läge man in einem Nachttopf . . . Leg dich auf den Boden oder auf deinen Koffer . . . wohin du willst . . . Und red nicht mehr. Das verwirrt mich. Lösch das Licht aus.« Marie löscht das Licht aus und nun ist eine lange Weile eine tiefe Stille. Draußen rascheln die Linden und der Mond, der langsam höher steigt, wie auf einer weißen Treppe eine Jungfrau mit aller Weiße ihrer unschuldigen Füße. Marie steht nun im Hemde, ganz weiß, vor Boby, der so tut als schliefe er. Er hat Angst, nicht mehr als der »Herr« zu erscheinen, sucht und sucht nach einem erwachsenen männischen Witz, findet keinen und zöge es vor, allein zu sein. Seine Angst wächst.

Marie: »Kleiner ... (sie seufzt bedrängt von sich selber) Bubi ... Es hat doch gar keinen Verstand ...«

Boby: »Halt dein Maul. Laß mich. Ich will das gar nicht mehr. Das kommt nur, wenn einem warm ist. Dann ...«

Marie: »Soll ich Ihnen wärmen, junger Herr ... Aber wird der junge Herr gescheut sein?«

Boby: »Nein, nicht, Marie ... oder ich rufe die Mama. Sag mir bloß Schweinereien, wie gestern.«

Marie: »So was! Ich möchte wirklich wissen, woher der junge Herr kommt.«

Boby: »Aus einer Gegend, die du schon bei Papa gesehn hast.«

Marie: »Aber junger Herr ... Herr Boby, Sie sind zu jung dazu noch ...«

Boby: »Red keinen Stiefel. Ich hab schon (er ärgert sich, daß er nicht mehr sagt, aber ›acht‹ oder ›achthundert‹, – er weiß nicht, ob das viel ist oder wenig) acht Weiber vor dir gehabt, und eine hat sogar (er sucht das Wort, das er heute vormittag zum erstenmal in der Schule gehört hat) einen Tripper gehabt« (er lacht, platzt vor Lachen, mit Angst ... Angst ...)

Marie: »Den hab ich vor zwei Jahren gehabt, aber man merkt davon nichts mehr. Ja.«

Boby: »Schweig schon ... Weißt du, ich geb dir zwei alte Krawatten von mir und drei Mark. Das ist der Preis, mußt du wissen.«

Marie: »Bezahlen? Aber junger Herr ... Und wenn ichs gewußt hätte, ein neues Leintuch hätt ich genommen ...«

Boby ganz erschüttert nun, da Marie bei ihm ist – oder er bei ihr: »Sag, hast du Kamillengeist? Ich weiß nicht, wie mir auf einmal wird ...«

Marie ganz leise ihm ins Ohr: »Gib nicht acht darauf, Bubi . . . Das ist immer so, wenn mans nicht gewöhnt ist . . .« (Nun ist der Mond im Zimmer. Aber des schmalen Bettes bewegte Masse steht im Dunkeln, ist vom Licht wie in das Dunkle gedrängt, wo es zuckt wie ein dumpfes Tier.)

Im Paradies

Von Nikolaus Hafner

Die Personen: Herr Meier · Frau Fischer · Annerl · Frau Nepalek · Nastinka · Steffi · Der Direktor · Theobald · Der Polizeiinspektor · Ein Polizist

Herr Meier: »Ganz in der Ordnung, daß das Paradies in der Nähe des Himmels ist, aber statt der vier Stiegen könnte auch ein Lift heraufführen, meine liebe Frau Fischer. Das geht in die Knochen.«

Frau Fischer: »Wenn man noch so jung ist wie Sie, Herr Meier, dann ist das Stiegensteigen eine Stärkung.«

Herr Meier: »Lassen wir die Komplimente, Frau Fischer, und kommen wir zum Geschäftlichen. Haben Sie denn etwas, das die Müh lohnt?«

Frau Fischer: »Beste Ware wie immer. Aber Sie sind ein Kenner, Herr Meier, und schwer zufriedenzustellen. Aber die ungarische Lisel war ein Prälatenstück.«

Herr Meier: »Ganz nett, ganz hübsch, aber etwas zu geräumig. So was muß sein wie ein neuer Handschuh, eher zu knapp. Und die Lisel, das war ein Boxhandschuh, aber für eine Kinderfaust.«

Frau Fischer: »Was Sie da reden, Herr Meier! Es ist weder mein Fehler, noch der der Lisel, daß Sie nicht genug Möbel für das Lokal haben.«

Herr Meier: »Lassen wir das. Sie haben mir einmal von einer kleinen Nichte erzählt, frisch vom Land.«

Frau Fischer: »Ein Engel, sag ich Ihnen. Garantierte Jungfrau. Hat keine Ahnung, wie ein Mann ausschaut. Ich möchte jede Wett halten, sie hat nicht einmal ihren kleinen Bruder beim Brunzen gesehn. Aber Sie kennen mein Geschäftsprinzip. Gute Ware, guter Preis.«

Herr Meier: »Ganz Ihre Meinung. Sie wissen, für eine Jungfernschaft von vierzehn Jahren laß ich mich nicht lumpen. Sind so selten, daß ich glaube, die Mädchen kommen heutzutag schon entjungfert zur Welt. Es ist ein Jammer mit der Moral.«

Frau Fischer: »Die Jungfernschaft, das ist wie die Schnepfen: Kaum daß sie Federn haben, fliegen sie weg.«

Herr Meier: »In Wien genügt schon der erste Flaum.«

Frau Fischer: »In Wien, da kriegen sie halt nur die Federn viel früher als sonstwo, Herr Meier.«

Herr Meier: »Wie alt waren Sie denn, Frau Fischer?«

Frau Fischer: »Ich hab mit zehn Jahren schon gepimpert wie eine Alte. Was eine gute Fut werden will, das öffnet sich bei Zeiten.«

Herr Meier: »Also was ist's mit der Cousine? Was verlangen Sie denn?«

Frau Fischer: »Da ist unter fünfhundert Kronen nichts zu machen.«

Herr Meier: »Sie sind verrückt.«

Frau Fischer: »Wenn Sie dem Annerl seine Brust sehen werden, geben Sie mir noch fünfzig Kronen extra. Das ist ein Stückl, sag ich Ihnen!«

Herr Meier: »Rufen Sie sie herein!«

Frau Fischer: »Also so schnell geht das nicht. Ich muß sie ein bißl vorbereiten. Gehen Sie eine Weil in den kleinen Salon, Herr Meier. Ich ruf Sie, wenn's so weit ist.«

Herr Meier ab in den kleinen Salon.

Frau Fischer ruft ins Zimmer links: »Annerl, Annerl!«

Annerl kommt: »Ja, Frau Tante.«

Frau Fischer: »Also du bist doch ein braves Mädel und willst deiner Tant keine Schand machen, – steh nicht so blöd da, drück deine Brust ein bißl heraus, stell die Füße auswärts und lach, daß man deine Zähn' sieht. Du bist doch gern in Wien, ja?«

Annerl: »Ich bin gern bei Ihnen, Frau Tant.«

Frau Fischer: »Und hast gern so hübsche Kleider an, nicht wahr?«

Annerl: »Ich hab mich gerad vor dem Spiegel angeschaut, ich glaub, die Mutter tät mich gar nit erkennen.«

Frau Fischer: »Ja, ja, aber das alles kostet Geld, meine Liebe, und du mußt ans Verdienen denken.«

Annerl: »Ich kann häckeln, nähen, stricken, zusammenräumen.«

Frau Fischer: »Bei mir wirst du was lernen, wo du in einer viertel Stund' mehr verdienst als einen Monat mit all dem Zeug.«

Annerl: »Das möcht ich gern lernen, Tante.«

Frau Fischer: »Du mußt nur folgsam machen, was ich dir sag.«

Annerl: »Sie werden mir es schon nicht zweimal sagen brauchen, Frau Tante.«

Frau Fischer: »Also es wird ein Herr kommen, der dich sehen will. Du wirst nett zu ihm sein und ihn alles sehen lassen was er will. Verstehst du?«

Annerl: »Alles was er will?«

Frau Fischer: »Alles was er will. Du mußt dich schon im Anfang ein bißl spreizen, aber nicht zu lang. Und dann wird er dich sehr gern haben.«

Annerl: »Und werd ich ihn auch gern haben? Ist er hübsch?«

Frau Fischer: »Man muß alle gern haben, die einem Geld

geben, und alle sind hübsch, die einem Geld geben, verstehst?«

Annerl: »Der Herr wird mir Geld geben?«

Frau Fischer: »Das kommt auf dich an.«

Annerl: »Und die Herrn, die mir keins geben?«

Frau Fischer: »Die laßt du reden was sie wollen und drehst ihnen den Hintern. Und wenn du viel Geld hast, dann verheirat ich dich an einen hübschen Mann und du wirst eine Gnädige. Aber daß du mir nicht zum Schrei'n anfangst, wenn der Herr kommt.«

Annerl: »Wird er mir denn weh tun?«

Frau Fischer: »Gar keine Spur. Aber daß ich keinen Muckser hör, sonst ist es aus mit Wien und Kleidern und Geld und du kannst wieder nach Haus aufs Dorf zurück und Saustall misten. Da kommt er schon.«

Herr Meier erscheint: »Also du bist das Annerl. Wirklich ein sauberes Mädel, Frau Fischer. Willst du mir einen Kuß geben, Annerl?«

Annerl: »Ich bitt schön, fragen Sie meine Tante.«

Frau Fischer: »Natürlich. Ich erlaub's schon.«

Herr Meier küßts Annerl: »Donnerwetter.«

Frau Fischer: »Mach die Blusen auf und zeig dem Herrn deine Gspaßlaberln, Annerl.«

Annerl: »Aber ... Frau Tant ...«

Frau Fischer: »Also das ist dein Gehorsam?«

Annerl: »Ich folg ja schon.«

Herr Meier: »Saperlot, saperlot!«

Frau Fischer: »Steh nicht so weit weg! Da, geh näher zu!«

Herr Meier: »Lassen Sie nur, Frau Fischer, es ist ganz recht so.«

Frau Fischer: »A was! Folgen soll sie. Also haben Sie schon ein paar schönere Tutterln gesehn als die? Rund und fest, nicht zum wegrücken. Sind die allein nicht schon sechshundert Kronen wert?«

Herr Meier: »Sechshundert, das ist viel Geld.«

Frau Fischer: »Dann gehört sie Ihrem Kompagnon, dem Herrn Friedmann, der zahlt mir – «

Herr Meier: »Nicht die Hälfte. Aber hab ich denn gesagt, daß ich die sechshundert nicht bezahl? Erst haben Sie übrigens nur fünfhundert gesagt.«

Frau Fischer: »Hab mir's überlegt. Es wäre eine Todsünde, so was für fünfhundert herzugeben. Meinem eigenen Bruder tät ich es nicht um den Preis lassen. Eine Jungfernschaft wie die gibt's nicht alle Ostern.«

Annerl: »Was ist das, eine Jungfernschaft, Frau Tant? Bitt schön, zeigen Sie mir's.«

Frau Fischer: »Was sagen Sie zu einer solchen Unschuld? Lächerlich, dafür sechshundert . . . Sünd und schad wär's. Achthundert ist mein letztes Wort.«

Herr Meier: »Hier haben Sie sechshundertfünfzig. Sonst kostet das Mädel in jeder Minute um hundert mehr. Aber Garantie?«

Frau Fischer: »Sie sind in einem soliden, anständigen Haus, Herr Meier. Das ist nicht wie Meier und Friedmann. Heb die Röck auf, Annerl.«

Annerl: »Aber Frau Tant . . .«

Frau Fischer: »Heb die Röck auf, sag ich, oder du fangst eine!«

Herr Meier: »Laß nur, Annerl, ich schau mir das später, wir schauen uns das später miteinander an. Wenn wir allein sind.«

Frau Fischer: »Da, auf Nummer 7. Es kommt, glaub ich, ohnedies wer. Und daß du mir keinen Muckser machst, Mädel, sonst setzt es was. Verstanden?«

Annerl mit Herrn Meier ab auf Nummer 7.

Frau Nepalek kommt mit Nastinka: »Grüß Ihnen guten Abend, Frau Fischer, und das ise also Nastinka, herziges Madel.«

Frau Fischer: »Schaut ganz gut aus. Zeig die Zähn' . . . Die Brust . . .« (fährt ihr unter die Röcke mit der Hand).

Nastinka: »Was machen 'S denn? Ich bin ganz gesund. Gott sei dank!«

Frau Fischer: »Aber Jungfer bist nimmer.«

Nastinka: »Siecht man?«

Frau Fischer: »Greifen tut man's. Da gibt's kein Leugnen. Bei mir net.«

Nastinka: »Auf Land zu Haus, da hat mir Frantischek schön tan und heiraten versprochen und hat mir – «

Frau Fischer: »Ein Kind g'macht.«

Nastinka: »Hat mir zwei g'macht.«

Frau Fischer: »Was? Zweimal hast du dich drankriegen lassen?«

Nastinka: »Nein, hab ich g'habt alle zwei auf einmal.«

Frau Fischer: »Also auf einen Schuß. Alle Achtung!«

Frau Nepalek: »Aber kann man Schaden doch reparieren wie auf neu. Unter hundert von die Mannsbilder merkt doch nicht anziger, wann ise in Hitz.«

Nastinka: »Hat mir Frau Nepalek gute Dienstplatz bei Ihnen versprochen. Bin ich anständiges Madel.«

Frau Fischer: »Halt die Goschen! Anständiges Madel mit zwei Kinder! Also wenn du magst, Nastinka, kannst bei mir bleiben. Zimmer, gute Kost, und wenn du's verstehst, machst dir leicht deine vierzig Kronen im Tag.«

Nastinka: »Also Hur soll ich machen?«

Frau Fischer: »Dann geh halt wieder zu deinem Frantischek und laß dir noch ein paar Kinder vögeln. Damit die ersten was zum Spielen haben. Wenn auch nix zum Fressen.«

Frau Nepalek: »Wirst doch net so dumm sein. Hast schönste Leben! Was hast mit Frantischek gemacht in Feld war nit schön? War doch schön, was? War doch gut, was? Kannst hier alle Tag machen und nix kriegst Kinder kleines davon, aber Geld, Menge Geld und Kleider schöne und alles.«

Frau Fischer: »Ich zwing niemanden zu seinem Glück!«

Nastinka nach kurzem Kampf: »A was! Leck mich Herrgott am Arsch, verfluchte Hund Franja, werd ich Hur!«

Frau Fischer: »Führen Sie's aufs Zimmer, Nepalek, Sie wissen ja wo. Und baden, frisieren. Und dann soll's essen.«

Frau Nepalek ab mit Nastinka.

Steffi kommt rasch: »Da sind fünfzig Kronen. Hundert hat er mir gegeben, der Trottel hat mir die Jungfernschaft glaubt. Mit Brillen hat er mir's untersucht.«

Frau Fischer: »Daß der glaubt, so was gibt's für hundert Ka.«

Steffi: »Viechskerl! Zwei Stunden hat er braucht, bis er so weit war. Und dann war's auch nix. Pillen hat er g'fressen, eine ganze Schachtel voll.«

Frau Fischer: »Und hast ihm die Syphilis geben.«

Steffi: »Die hab ich net. Aber einen Tripper, an den er denken wird, der Jungfernheld. Ich geh schlafen« (ab).

Der Direktor stürzt herein: »Wissen Sie, was Sie sind? Ins Zuchthaus laß ich Sie sperren!«

Frau Fischer: »Aber Herr Direktor, was wollen Sie denn? Ich hab Sie ausgezeichnet bedient, die Steffi – «

Der Direktor: »Ist eine gemeine Sau! Ins Zuchthaus laß ich Sie sperren! Eine Jungfrau hab ich bei Ihnen bezahlt und Sie schicken mir ein Mensch, die mir einen Tripper angehängt hat!«

Frau Fischer: »Sie sollten bedenken, wo Sie sich befinden, Sie, Herr! Mein Haus ist ein solides Haus. Ich habe nur anständige Menschen. Den Tripper werden Sie von Ihrer Frau Gemahlin bekommen haben oder von Ihrem Stubenmädel.«

Der Direktor: »Er stammt aus diesem Haus. Hier ist seine

Quelle. Sein Ursprung. Ich verlange meine 200 Kronen zurück!«

Frau Fischer: »Machen S' kein Aufsehn, Sie alter Jud. (Ruft zur Tür hinaus:) Theobald, geh, komm ein bißl herauf und beruhig den Herrn da!«

Theobald kommt: »Nur immer schön stad, Herr Kohn, sonst haben S' es net g'sehn, laß ich Ihnen vom dritten Stock herunterfallen, daß Sie sich im Schneitztüchel nach Haus tragen können.«

Der Direktor: »Sie, bevor Sie reden . . . Diese ganz gemeine Drecksau hier – «

Theobald: »Wann S' net gleich schaun, daß S' Ihnen drucken, dann druck i Ihnen, daß kein Druxer mehr machen, verstanden, Sie?«

Der Direktor: »Ich geh, aber Sie werden noch von mir hören!« (ab).

Theobald: »Ich hab ihn gar net reinkommen g'sehn, den Kerl, den jiddischen.«

Frau Fischer: »Paß halt besser auf.« (Theobald ab.)

Herr Meier: »Also, Frau Fischer, das Mädel ist ein Satan. Ein Zufall, daß sie mich nicht erwürgt hat.«

Frau Fischer: »Ja, das Alter, Herr Meier! Junge Pferde kann nur ein Junger ungesattelt reiten. Und sind S' nicht weiter kommen?«

Herr Meier: »Nicht einen Millimeter weit. Das Mädel hat Quecksilber im Arsch.«

Frau Fischer zu Annerl, die jetzt auch aus dem Zimmer kommt: »Ich hab mir doch gleich denkt, daß du ein unfolgsamer Trampel bist. Also so folgst deiner Tant? Ich weiß nicht, warum ich mich zurückhalt und dir nicht eine Watschen herunterhau!«

Annerl: »Aber Frau Tant, er hat mich umbringen wollen!«

Frau Fischer: »Ich hab Ihnen gesagt, sie ist noch ein Kind. Wieso denn umbringen, du dumme Gans?«

Annerl: »Er hat so ein großes rotes Tier auf einmal in seiner Hand g'habt, so lang, und das hat mich gebissen. Ich will lieber zur Mutter zurück.«

Frau Fischer: »Da bleibst, dummer Fratz. Du weißt nicht, was gut ist.«

Annerl: »Aber das gut tut weh!«

Herr Meier: »Hier sind hundert Kronen, Frau Fischer, und die sind gestohlen.«

Frau Fischer: »Wieso? Ich hab Ihnen die Ware geliefert, es ist Ihre Sache, sich der Ware zu bemächtigen. Ich bekomme sechshundert Ka.«

Herr Meier: »Dann müssen Sie mir helfen.«

Frau Fischer: »Ich hätt das Mädel vorher ein bißl mit kleinen Buben spielen lassen sollen. Was das Kalb kann tragen, trägt auch den Stier.«

Herr Meier: »Wenn Sie mir helfen, komm ich hinein.«

Frau Fischer: »Halt still, blöder Fratz. Ich erdrossel dich, wenn du dich rührst. Na, was ist denn? Wollen Sie so stehen bleiben und schauen?«

Herr Meier: »Mut, Annerl, ich werd dir schon nicht weh tun . . .« (Annerl schreit jämmerlich.)

Frau Fischer: »Hören Sie auf, Herr Meier. Es kommt wer.«

Polizeiinspektor kommt mit einem Polizisten, der an der Tür stehen bleibt: »Was hat diese Notzucht zu bedeuten, im Namen des Gesetzes?«

Frau Fischer: »Ah, der Herr Inspektor! Aber Herr Inspektor, warum denn nicht wie sonst, allein, und mit dem Polizisten?«

Polizeiinspektor: »Ich verhafte Sie. (Zu Meier:) Und Sie?«

Herr Meier: »Generaldirektor der Staatsschuldenkasse, von Meier« (gibt eine Karte).

Polizeiinspektor: »Bitte um Entschuldigung wegen der Störung, Herr Baron, aber der Dienst . . .«

Herr Meier: »Ganz recht. Dienst muß sein. Guten Abend, Herr Inspektor.« (Ab.)

Frau Fischer: »Zwei Worte im Vertrauen, Herr Inspektor.«

Polizeiinspektor zum Polizisten: »Warten Sie unten auf mich, Huber.« (Polizist ab.)

Frau Fischer: »Aber Herr Inspektor! Bin ich denn nicht immer meinen Verpflichtungen nachgekommen? Hab ich nicht immer pünktlich an jedem Monatsersten bezahlt? Da liegt schon das Geld (auf Meiers Geld weisend), das ich Ihnen hab morgen schicken wollen, als erste Rate.«

Polizeiinspektor steckt das Geld ein: »Was ist das für ein Madel?«

Frau Fischer: »Eine Nichte von mir, kommt aus Oberösterreich.«

Polizeiinspektor: »Wie heißt's denn?«

Frau Fischer: »Gib schön Antwort, wenn dich der Herr Inspektor fragt!«

Annerl: »Hintertupfer Anna.«

Polizeiinspektor: »Sauberes Madel.«

Frau Fischer: »Sei nett zum Herrn, verstehst?«

Polizeiinspektor: »Und Jungfer. Der Generaldirektor – «

Frau Fischer: »Ist ja nur zum Handkuß kommen.«

Polizeiinspektor: »Ich kenn ihn eh . . . Also . . . ich komm morgen. Um zwei hab ich dienstfrei. Da komm ich. Gel, Annerl? Gute Nacht, Frau Fischer.« (Ab.)

Frau Fischer ihm nachschimpfend: »Der Teufel soll dich in der Luft mit Glasscherben klistieren, du Hund, du Blutsauger! (Zu Annerl:) Geh schlafen. Ich komm dann schauen, warum du so geschrien hast. Nix als Sorg hat man mit dir, nix als Sorg. Hast wirklich wenig Erbarmen mit deiner Tant, die 's so gut mit dir meint!«

Josefine Mutzenbacher stellt sich vor

Aus ›Die Geschichte einer Wiener Dirne‹

Man sagt, daß aus jungen Huren alte Betschwestern werden. Aber das trifft bei mir nicht zu. Ich bin frühzeitig zur Hure geworden, ich habe alles erlebt, was ein Weib im Bett, auf Tischen, Stühlen, Bänken, an kahle Mauerecken gelehnt, im Grase liegend, im Winkel dunkler Haustore, in chambre separées, im Eisenbahnzug, in der Kaserne, im Bordell und im Gefängnis überhaupt nur erleben kann, aber ich bereue nichts von alledem. Ich bin heute bei Jahren, die Genüsse, die mein Geschlecht mir bieten kann, sind im Entschwinden begriffen, ich bin reich, bin verblüht und oft ganz vereinsamt. Aber es fällt mir nicht ein, obgleich ich immer fromm und gläubig war, jetzt Buße zu tun. Aus Armut und Elend, dem ich entstammt bin, habe ich alles meinem Körper zu verdanken. Ohne diesen gierigen, zu jeder Sinneslust frühzeitig entzündeten, in jedem Laster von Kindheit auf geübten Körper, wäre ich verkommen, wie meine Gespielinnen, die im Findelhause starben oder als abgerackerte, stumpfsinnige Proletarierfrauen zugrunde gingen. Ich bin nicht im Dreck der Vororte erstickt. Ich habe mir eine schöne Bildung erworben, die ich nur einzig und allein der Hurerei verdanke, denn diese war es, die mich in Verkehr mit vornehmen und gelehrten Männern brachte. Ich habe mich aufklären lassen und gefunden, daß wir armen niedrig Geborenen nicht so viel Schuld haben, als man uns einreden möchte. Ich habe die Welt gesehen und meinen Gesichtskreis erweitert und alles das verdanke ich meinem Lebenswandel, den man einen »lasterhaften« nennt. Wenn ich meine Schicksale jetzt aufschreibe, so tue ich dies nur, die Stunden meiner Einsamkeit damit zu kürzen und was mir jetzt abgeht, aus der Erinnerung wenigstens herbeizuschaffen. Ich halte das für besser als bußfertige Erbauungsstunden, die meinem Pfarrer wohl gefielen, die mir aber nicht zu Herzen gingen und mir grenzenlose Langeweile bereiten würden. Auch finde ich, daß der Lebensgang von meinesgleichen nirgends aufgeschrieben steht. Die Bücher, die ich darnach durchsucht habe, erzählen nichts davon und es wäre vielleicht doch gut, wenn die vornehmen und reichen Herren, die sich an uns ergötzen, die uns locken und sich von uns alle unmöglichen Dinge aufbinden lassen, einmal erfahren würden, wie es in einem jener Mädchen aussieht, die sie so brünstig in ihre Arme schließen, woher es stammt, was es erlebt und was es dabei denkt.

*

Mein Vater war ein blutarmer Sattlergehilfe, der in einem Geschäfte in der Josefstadt arbeitete. Wir wohnten ganz weit draußen in Ottakring, in einem neuen Hause, einer Zinskaserne, die von oben bis unten mit armen Leuten angefüllt war. Alle diese Leute hatten viele Kinder und im Sommer war der Hof zu klein für die Schar. Ich selbst besaß zwei Brüder, die beide um wenige Jahre älter waren als ich. Mein Vater, meine Mutter, wir drei Kinder wohnten in einer Küche und einem Zimmer und hatten noch einen Bettgeher mit dazu. Solche Bettgeher waren der Reihe nach wohl ein halbes Hundert bei uns; sie kamen und gingen, bald friedlich, bald in Streit, und die meisten von ihnen verschwanden spurlos, ohne daß wir jemals wieder etwas von ihnen hörten. Ich erinnere mich hauptsächlich an zwei von ihnen. Der eine war ein Schlossergeselle, ein schwarzer, traurig aussehender Bursche, der ganz kleine schwarze Augen hatte und immer voll Ruß im Gesicht war. Wir Kinder fürchteten uns vor ihm. Er war auch immer schweigsam und sprach kein Wort. Ich entsinne mich, daß er eines Nachmittags nach Hause kam, während ich allein in der Wohnung war. Ich war damals fünf

Jahre alt und spielte am Boden des Zimmers. Meine Mutter war mit den beiden Buben am Fürstenfeld, mein Vater von der Arbeit noch nicht zurück. Der Schlosser nahm mich vom Boden auf und hielt mich auf seinem Schoß. Ich wollte schreien, aber er sagte leise: »Sei stad, ich tu dir nix!« Und dann legte er mich zurück, hob mein Röckchen auf und betrachtete mich, wie ich nackt vor ihm auf den Knien lag. Ich fürchtete mich sehr vor ihm, aber ich verhielt mich ganz still. Wie er meine Mutter kommen hörte, setzte er mich rasch auf den Boden und ging in die Küche. Ein paar Tage später kam er wieder frühzeitig nach Hause und die Mutter ersuchte ihn, auf mich aufzupassen. Er versprach es und hielt mich wieder die ganze Zeit auf seinen Knien in Betrachtung meines nackten Mittelstückes begriffen. Er sprach kein Wort, sondern schaute immer auf die eine Stelle hin und ich traute mich nicht etwas zu reden. Das wiederholte sich, solange er bei uns wohnte, einigemale. Ich begriff nichts davon und machte mir auch, nach Kinderart, keine Gedanken darüber. Heute weiß ich, was das bedeutet hat und nenne den Schlossergesellen oft meinen ersten Geliebten.

Von dem zweiten Bettgeher werde ich später reden.

Meine beiden Brüder Franz und Lorenz waren sehr ungleich. Lorenz, der älteste, er war um vier Jahre älter als ich, war immer verschlossen, in sich gekehrt, fleißig und heilig. Franz, der nur anderthalb Jahre mehr zählte als ich, war dagegen lustig und er hielt sich auch viel mehr zu mir als zum Lorenz. Ungefähr 7 Jahre war ich alt geworden, als ich eines Nachmittags mit Franz zu Nachbarskindern auf Besuch ging. Es war auch ein Bruder und eine Schwester, und diese Kinder waren immer allein, weil sie keine Mutter hatten und ihr Vater in die Arbeit gehen mußte. Die Anna war damals schon neun Jahre alt, ein blasses, mageres, weißblondes Mädchen mit einer gespaltenen Lippe. Und ihr Bruder Ferdl ein dreizehnjähriger, robuster Bursch, auch ganz weißblond, aber rotwangig und breitschulterig. Wir spielten zuerst ganz harmlos. Da sagte die Anna auf einmal: »Spieln wir doch Vater und Mutter.« Ihr Bruder lachte und sagte: »Die will immer nur Vater und Mutter spielen.« Aber Anna bestand darauf, trat zu meinem Bruder und meinte: »Also, du bist der Mann und ich die Frau.« Und Ferdl war gleich bei mir, faßte mich am Arm und erklärte: »Da bin dann halt ich dein Mann und du meine Frau.« Sofort nahm Anna zwei Polsterüberzüge, machte zwei Wickelkinder daraus und gab mir eines: »Da hast dazu ein Kind«, meinte sie. Ich begann die Lappendocke gleich zu wiegen, aber Anna und Ferdl lachten mich aus. »So geht das nicht. Zuerst muß man das Kind machen, dann muß man in der Hoffnung sein, dann muß man es kriegen und dann erst kann mans hutschen!« Ich hatte natürlich schon manchmal davon reden gehört, daß Frauen »in der Hoffnung« sind, daß sie ein Kind kriegen werden. An den Storch glaubte ich nicht mehr so recht, und wenn ich Frauen mit einem großen Bauch sah, wußte ich ungefähr, was das bedeutet. Aber genaue Vorstellung davon hatte ich bisher nicht gehabt. Auch mein Bruder Franz nicht. Wir standen daher gänzlich verdutzt und ratlos da und wußten nicht, wie wir dieses Spiel versuchen werden oder uns daran beteiligen könnten. Aber Anna war schon zu Franz getreten und griff nach seinem Hosentürl. »Komm nur«, sagte sie, »tu ihn heraus, dein Zipfel.« Und dabei hatte sie ihm die Hose auch gleich aufgeknöpft und seinen »Zipfl« zum Vorschein gebracht. Ferdl und ich sahen zu. Ferdl lachend. Ich mit einem Gefühl, das aus Neugierde, Staunen, Entsetzen und noch einer besonderen, mir bisher fremden Erregung gemischt war. Franz stand ganz bewegungslos da und wußte nicht, wie ihm geschah.

Unter Annas Berührung richtete sich sein »Zipfl« ganz steif in die Höhe. Jetzt komm, hörte ich Anna leise flüstern. Ich sah, wie sie sich auf den Boden warf, ihre Röcke hob und die Beine auseinanderspreizte. In diesem Moment ergriff mich

Ferdl. »Leg dich nieder«, zischelte er mir zu und dabei spürte ich auch schon seine Hand zwischen meinen Beinen. Ganz willig legte ich mich auf den Boden, hatte meine Röcke aufgeschlagen und Ferdl rieb sein steifes Glied an meiner Fut. Ich mußte lachen, denn sein Schwanz kitzelte mich nicht wenig, weil er mir auf dem Bauch und sonst überall herumfuhr. Er keuchte dabei und lag schwer auf meiner Brust. Mir kam das ganz unsinnig und lächerlich vor, nur eine kleine Aufregung war in mir und nur dieser allein ist es wohl zuzuschreiben, daß ich liegen blieb, ja sogar ernsthaft wurde. Ferdl wurde plötzlich ruhig und sprang auf. Ich erhob mich gleichfalls und er zeigte mir seinen »Zipfl«, den ich ruhig in die Hand nahm. Ein kleiner heller Tropfen war auf der Spitze zu sehen. Dann zog Ferdl die Vorhaut zurück und ich sah die Eichel zum Vorschein kommen. Ich schob nun die Vorhaut ein paarmal hin und her, spielte damit und freute mich, wie die Eichel wie der rosige Kopf eines kleinen Tieres hervorspritzte. Anna und mein Bruder lagen noch auf dem Boden und ich sah, wie Franz aufgeregt hin und her wetzte. Er hatte rote Wangen und keuchte wie Ferdl vorhin. Aber auch Anna war ganz verändert. Ihr bleiches Gesicht hatte sich gefärbt, ihre Augen waren geschlossen und ich glaubte, ihr sei schlecht geworden. Dann wurden die beiden auch plötzlich still, lagen ein paar Sekunden aufeinander und standen dann auf. Wir saßen eine Weile zusammen. Ferdl hielt mich unter den Röcken mit der Hand in der Mitte. Franz tat dasselbe mit Anna. Ich hatte Ferdls Schwanz in der Hand. Anna hatte den meines Bruders und es war mir ganz angenehm, wie Ferdl bei mir herumfingerte. Es kitzelte mich, aber nicht mehr so, daß ich lachen mußte, sondern so, daß mir ein Wohlgefühl durch den ganzen Körper lief.

Diese Beschäftigung wurde von Anna unterbrochen, die jetzt die beiden Puppen nahm, von denen sie die eine sich selbst unter das Kleid auf den Bauch legte, die andere mir. »So«, sagte sie, »jetzt sind wir in der Hoffnung.«

Wir zwei gingen nun im Zimmer herum, steckten unsere ausgestopften Bäuche heraus und lachten darüber. Dann brachten wir unsere Kinder zur Welt, wiegten sie in den Armen, gaben sie unseren Ehemännern, damit sie dieselben halten und bewundern sollten und spielten eine Weile wie unschuldige Kinder. Anna kam auf die Idee, daß sie ihr Kind säugen müsse. Sie knöpfte ihre Jacke auf, zog das Hemd herab und tat, als ob sie einem Kinde die Brust reichen würde. Ich bemerkte, daß sie schon leise schwellende Warzen hatte und ihr Bruder trat hinzu und spielte damit; auch Franz machte sich bald an Annas Brust zu schaffen und Ferdl meinte, es sei schade, daß ich keine Dutln habe.

Dann kam eine Erklärung vom Kindermärchen. Wir erfuhren, daß das, was wir eben getan hatten, Vögeln heiße, daß unsere Eltern dasselbe tun, wenn sie miteinander im Bett liegen und daß Frauen davon die Kinder bekämen. Ferdl war schon ein Ausgelernter. Er sagte uns Mädchen, daß unsere Fut noch zugewachsen sei, daß man deshalb nur von außen daran herumwetzen könne. Er sagte ferner, daß wir einmal, wenn wir größer werden, Haare darauf bekommen, daß dann unser Loch sich öffnen wird und daß man dann mit dem ganzen Schwanz hineinfahren können wird. Ich wollte es nicht glauben, aber Anna erklärte mir, Ferdl wisse das ganz genau. Er habe auf dem Boden die Frau Reinthaler gevögelt und da sei sein Schwanz ganz in ihr Loch hineingegangen. Die Frau Reinthaler war die Frau eines Tramwaykondukteurs, der in unserm Hause im letzten Stock wohnte. Es war eine dicke, schwarze Frau, klein und hübsch und immer sehr freundlich. Ferdl erzählte uns die Geschichte. »Frau Reinthaler ist vom Waschen kommen. Einen ganzen Korb voll Wäsche hats tragen müssen und ich bin grad auf der Stiegn gewesen. Na, und wie ichs grüßt hab, sagts zu mir: Geh, Ferdl, bist ein starker Bub, könntest mir wirklich helfen, den schweren Korb am Boden tragen. So bin ich halt mit ihr auffi gangen, und wie wir droben sein, fragte sie mich, was willst denn jetzt dafür, daß du mir gholfen hast? Nix, sag ich drauf. – Komm, ich zeig dir was, sagt sie, packt mich bei der Hand und legt sichs auf die Brust. – Gelt, das ist gut? – Da hab ich schon gewußt, was los ist, denn mit der Anna hab ich ja schon früher gewetzt, was? – Anna blickte bekräftigend, als ob sich das alles ganz von selbst verstünde. Ferdl fuhr fort: Aber ich hab mich doch nicht ganz getraut und hab nun ihre Brust fest zusammendruckt. Sie hat sich gleich ihr Leibl aufgemacht und hat mirs alser nackerter herausgegeben und hat mich damit spieln lassen und dann hats mich bei der Nudel gepackt und hat gesagt: Wenn du niemanden was ausplauschen möchst, därfast noch was anderes tun. – – Ich red nix, hab ich drauf gesagt. – Gwiß nix? fragt sie noch einmal. – Nein, gwiß nix. – Na, da hat sie sich übern Wäschekorb glegt und hat mich auf sich genommen und hat mir den Schwanz mit der Hand hineingesteckt in ihre Fut. Ganz drin war er, ich habs ganz genau gespürt. Und die Haar, was sie drauf ghabt hat, hab ich auch gespürt.

Anna wollte noch nicht, daß die Erzählung aus sei. Wars gut? forschte sie weiter. – Sehr gut wars, antwortete Ferdl trocken und gstoßen hat sie, wie nicht gescheit und druckt hat sie mich und mit ihre Duteln hab ich spieln müssen. Und wies dann aus war, is sie rasch aufgesprungen, hat sich ihr Leibl zuknöpft und hat ein ganz böses Gesicht gemacht. Schau, daß du weiter kommst, du Lausbub, hats zu mir gesagt, und wenn du dich verplauscht, reiß ich dir dein Schädel herunter! – Ferdl machte ein ganz nachdenkliches Gesicht. Anna aber meinte plötzlich: Glaubst du nicht, daß er bei mir schon hineingeht? Ferdl sah sie an, sie hielt noch immer ihr Puppenkind an der bloßen Brust, und er griff sie an, strich wie versuchend daran herum und sie entschied endlich: Versuchs ein bißl.

Alsdann spielen wir wieder Vater und Mutter, schlug

Anna vor. Franz ging gleich zu ihr und auch ich nahm jetzt, nach all den Belehrungen, die ich empfangen hatte, und nach der Geschichte, die ich soeben vernommen, diesen Vorschlag bereitwillig an. Aber Anna wies Franz von sich. – Nein, sagte sie, jetzt soll der Ferdl mein Mann sein und du bist der Pepi ihrer. – Damit rückte sie ihren Bruder an die Seite, schob ihre Hand in seinen Hosenspalt und er griff ihr sogleich unter die Röcke. Ich packte Franz und erinnere mich, daß ich das mit einer starken Aufregung tat. Als ich seine kleine bloße Nudel aus der Hose nahm und die Vorhaut auf- und niederschob, spielte er mit seinen Fingern an meinem Loch, und da wir jetzt beide wußten, wie es gemacht wird, lagen wir in der nächsten Minute auf dem Boden und ich regierte mit der Hand seinen Zapfen so genau, daß er mir nicht den Bauch hinauffuhr, sondern mich genau in meiner Spaltung bestreichelte. Dies machte mir ein Vergnügen, von dem ich im ganzen Körper eine wohlige Spannung verspürte, so daß auch ich mich gegen ihn rieb und wetzte, wie ich nur konnte. Das dauerte eine Weile, bis Franz, erschöpft auf mich fallend, niedersank und sich nicht rührte. Wir lagen ein paar Momente so, dann hörten wir einen Disput zwischen Ferdl und Anna und schauten nach, was sie machten. Sie lagen noch immer aufeinander, aber Anna hielt ihre beiden Beine so hoch, daß sie über Ferdls Rücken sich berührten. Er geht schon hinein, sagte Ferdl, aber Anna meinte: Ja, hinein geht er, aber weh tuts – laß gehen, es tut weh. – Ferdl beruhigte sie. Das macht nichts, das ist nur im Anfang – wart nur, vielleicht geht er ganz hinein. – Wir legten uns flach auf den Boden, rechts und links von den beiden, um festzustellen, ob Ferdl drin sei oder nicht. Er war wirklich ein wenig drin. Der untere Teil von Annas Fummel war breit geöffnet, wie wir mit Staunen wahrnahmen und da drinnen steckte Ferdls Schwanz bis über den Kopf und fuhr unbeholfen hin und her. Wie Ferdl eine heftige Bewegung machte, glitt er ganz hinaus, aber ich ergriff ihn sofort und fügte ihn wieder in Annas Eingang, der mir schon ganz rot gerieben vorkam. Ich hielt ihn fest und versuchte ihn tiefer hineinzudrängen. Ferdl selbst stieß in der Richtung, die ich ihm gab, kräftig nach, aber Anna fing auf einmal laut zu schreien an, so daß wir erschrocken auseinanderfuhren. Sie weigerte sich das Spiel fortzusetzen und ich mußte Ferdl noch einmal auf mich nehmen, weil er sich nicht beruhigen wollte. Nun war aber auch ich einigermaßen rot gerieben, und weil es schon inzwischen Zeit wurde, gingen wir heim. Mein Bruder und ich sprachen auf dem Weg in unsere Wohnung kein Wort. Wir wohnten auch im letzten Stockwerk dieses Hauses, Tür an Tür mit Frau Reinthaler. Als wir oben auf dem Gang ankamen, sahen wir die kleine dicke Frau im Gespräch mit einer anderen Nachbarin stehen. Wir gafften sie an und begannen laut zu lachen. Als sie sich nach uns umdrehen wollte, flüchteten wir in unsere Tür.

Seit jenem Tage betrachtete ich Kinder und Erwachsene, Männer und Frauen mit ganz veränderten Blicken. Ich war erst sieben Jahre alt, aber meine Geschlechtlichkeit kam voll zum Ausbruch. Sie muß in meinen Augen zu lesen gewesen sein: mein ganzes Gesicht, mein Mund, mein Gang muß eine einzige Aufforderung gewesen sein, mich anzupacken und hinzuschmeißen. Nur so kann ich mir die Wirkung erklären, die damals und in der Folge von mir ausging und es mit sich brachte, daß fremde und wie mir scheint, besonnene Männer gleich bei der ersten Begegnung mit mir alle Vorsicht außer acht ließen und unbedenklich alles wagten. Diese Wirkung kann ich jetzt noch bemerken, wo ich weder jung bin, noch schön, und wo mein Körper welk geworden und die Spuren meines Wandels greifbar zu erkennen gibt. Trotzdem gibt es noch Männer, die auf den ersten Blick von mir in Flammen geraten und sich dann in meinem Schoß wie die Rasenden gebärden. Diese Wirkung mag schon viel früher tätig gewesen sein, als ich noch wahrhaftig unschuldig war und vielleicht ist sie es gewesen, die den Schlossergesellen dazu trieb, die Scham der Fünfjährigen zu entblößen.

Schwestern und Dienstmädchen

Aus den ›Bezüglichen Erinnerungen
eines Mannes von Welt‹

Natürlich ist es, falls vorhanden und lebhaften Blutes, die um drei oder vier Jahre ältere Schwester, die den Zehnjährigen als das ihr nächste männliche Wesen in das Spiel zieht, das vor den noch verschlossenen Toren des minotaurischen Palastes im Kindergarten sozusagen gespielt wird. Mehr zum Vergnügen der Schwester als des ahnungslosen Jungen, der, er weiß nicht warum, sein Bein von den Schenkeln der Schwester umklammert und gepreßt fühlt, des Nachts im für dieses Spiel gemeinsamen schwesterlichen Bette. Er fühlt sich nichts als festgehalten und das wird ihm sehr bald lästig, – zu früh für die Schwester, die ihn nicht loslassen will. Er zieht ein anderes Spiel, das sie erfunden hat, vor, das Reisespiel.

Die Schwester hat gewissen Stellen ihres Körpers die Namen von Städten gegeben: die linke kleine Brust, die eben anfängt, ist Wien, die rechte Berlin, der Bauch ist, merkwürdig warum, Jerusalem, und der Hügel darunter mit dem ersten schüchternen Gras der Haare ist Rom und etwas tiefer noch die kleine Schlucht, warm und etwas feucht, ist – der Bahnhof, wo mit Hin- und Herfahren die Züge rangiert werden. Leise, weil unter der Decke geflüstert, gibt die schwesterliche Stimme die zu reisende Route an, nennt dem fahrenden Zuge – der Hand des Kleinen – die Stationen. Und die kleine Hand fährt langsam, langsam, denn es ist ein

Güterzug, von Berlin nach Wien, nach Jerusalem und Rom und immer wieder »heim in den Bahnhof«. Um zu rangieren. Und es gibt auch eine Pumpstation, wo die Lokomotive Wasser nimmt: es ist der Mund des Schwesterchens, der die Finger des Jungen einsaugt. Der denkt bei diesem Spiele mehr an Eisenbahnfahren als irgend sonstwas, und darum macht es ihm Spaß. Und er schlüpft aus dem schwesterlichen Bette in seines, wenn jetzt wieder das andre drankommen soll: sein dünner Schenkel zwischen den Schraubstock der schwesterlichen Beine gezwängt. Dabei hört man nur den raschen Atem der Schwester in der unheimlich stillen Nacht, und das ist bedrückend und gruslig, die nächtliche Stille und der kurze Atem wie auch deren Laut.

Drei Jahre später. Es gibt keine Kinder mehr, also auch keine kindlichen Spiele. Die Schwestern haben auf ihren ersten Bällen die ersten Tanzschritte ihrer vorausbestimmten Karriere gemacht, Verlobung und Heirat. Vorkommende Verliebungen werden als die Karriere schädigend von den Eltern nicht geduldet, so sehr auch die Mädchen weinen. Der Bruder ist ihnen Luft geworden oder ein Gegenstand des Spottes über seinen unreinen Teint und seine sich so komisch brechende Stimme; er rächt sich durch Rüpelhaftigkeit. Trifft er eine von ihnen allein in der Wohnung, stürzt er über sie her, wirft sie zu Boden, kniet auf ihren Beinen, hält ihr die Arme auseinander und erklärt der Wimmernden, daß er ihr gleich ins Gesicht spucken würde. Oder er steckt der Schlafenden die Klammer eines Handschuhweiters auf die Nase, daß sie den Mund aufreißen muß, und der Kopf schleudert hin und her, er schaut belustigt zu. Jungen, die ihre erwachte Männlichkeit beschäftigt, sind so grausam wie alte Männer, die deren Schwinden feststellen; nur äußert sich diese Grausamkeit weniger harmlos, denn die alten Männer besitzen irgendeine Macht, sei es in der Familie, im Geschäft oder in der Politik, die sie mißbrauchen, um die sexuelle Ohnmacht dadurch zu kompensieren. Sie drücken den Bauch heraus mit einer Geste, als sei es die Brust. Die alten Leuteschinder spielen sich als Herren oft nur aus dem Grunde auf, weil sie als Männer bei ihren Frauen völlig versagt haben. Aber auch junge Männer, die »kein Glück bei Frauen« haben, werden sich anderwärts im Guten oder im Schlimmen durch Taten zu imponieren suchen. Ob diese Taten Gedichte sind oder Verbrechen, ist nur im Effekte verschieden, nicht in deren somatischer Verursachung.

In jener Nacht, da der Vierzehnjährige über dem nassen Linnen aufwachte, so durcheinandergeschüttert, daß er darüber den wirren Traum vergaß, in jener Nacht begann die Wandlung aller Aspekte der bisher erreichten Welt, die man leidvoll-freudvoll in einer Art naiver Übereinstimmung erlebt und hingenommen hatte. Jetzt stellte sich etwas Heimlich-Unheimliches dazwischen, etwas Lichtscheues, das den Dämmer und die Nacht bevorzugte, etwas Feucht-Warmes, das ebenso anzog wie erschreckte. Man hatte keine Worte dafür. Und was man in Büchern suchte und fand, hatte den gespenstischen Charakter der Abstrakta, was die dumpfe Wirrnis steigerte, in der man weniger lebte als gelebt wurde. Etwas ging über einen hin mit einer Gewalt, der man sich nichts als beugen konnte. Aber wenn sie sich in Gestalten und Situationen manifestierte, empfand man etwas zwischen Angst und Lust liegendes: Beklemmung.

Schwer zu sagen, ob es am Konvenü einer Erziehung liegt, die auf dem sexuellen Gebiete mit keinem andern Mittel arbeitet, als indem man der Jugend das Sexuelle in den ihr zugänglichen und möglichen Funktionen zum Tabu macht, das zu verletzen bei allen irdischen und himmlischen Strafen verboten sei. Auch eine »aufgeklärte« Erziehung, mit der die Erwachsenen den Heranwachsenden alles das – es ist ja wenig genug – sagen und erklären, was sie über die Funktionen des Sexuellen wissen, wird nicht wohlgefällig zuschauen, wenn solches Wissen von der heranwachsenden Jugend praktiziert wird und sich das zwölfjährige Töchterchen dem vierzehnjährigen Cousin hingibt. Und die aufklärenden Eltern werden dem Vierzehnjährigen nicht sagen, daß er bis zu seinem achtzehnten Jahr zu onanieren habe, weil er als eventueller Kindervater nicht in der Lage wäre Alimente zu zahlen. Es wird also auch der aufgeklärten Erziehung nichts anderes übrig bleiben als zu warnen, weil dies und das schlechte Folgen für die Gesundheit habe; und das pragmatisierte Tabu dürfte noch weniger Effekt haben als das heilige.

Nun sind es die Dienstmädchen des Hauses, welche die Schwestern bei dem bedrängten Vierzehn- und Fünfzehnjährigen ablösen. Nicht als ob sie nicht früher schon eine Rolle gespielt hätten, aber es war neben der Schwester eine Nebenrolle mit kurzen Auftritten. Etwa, wenn das Mädchen die Fenster putzte und auf der Fensterbank stehend, mehr als das Geschäft verlangte, den Hintern schupfte und die Beine spreizte, weil der kleine Sohn des Hauses am Fenster stand oder auf dem Boden in dessen Nähe hockte, um mit den Augen unter den sonst so verbergenden und geheimnisvoll tuenden Röcken dieser erwachsenen Person, deren Brüste im Gehen wippten, etwas zu erblicken, wenn er auch nicht genau sagen konnte, was. Aber schon die Waden erregten. Und mehr noch, wenn man bei dem sich beugenden Mädchen die nackten Schenkel sah fast bis hinauf, wo sie sich zum Hintern rundeten und in einem dunklen Winkel sich trafen. Da konnte es passieren, daß das Mädchen auf dem Fensterbrett den Kopf herwandte mit einem zähnezeigenden Lachen im Gesicht, so daß der kleine Bub wie ertappt wegschaute.

In einem Haushalt, dem eine lebhafte und tätige Hausfrau vorsteht, wechseln die Dienstmädchen oft. Bevorzugt werden junge Mädchen vom Lande, die mit Anlernen der Hausfrau zu tun geben und »nicht so verdorben sind«. Leider verderben sie in der Großstadt sehr rasch. Besonders wenn die Herrschaft in einer Gasse wohnt, deren oberes und unteres Ende einen lebhaften Hurenstrich hat. Da kam es vor, daß ein Mädchen, das vor acht Tagen die Stellung gekündigt hatte, aufgetakelt in Kleidern und Federnhut, der heimkehrenden Herrschaft samt Familie begegnete und der Reihe nach mit einem »Küßdihand gnäh Frau, küßdihand gnäh Herr, küßdihand Fräuln Anna« und bis auf den zwölfjährigen Sohn des Hauses herunter begrüßte, der staunte, die Mali so elegant angezogen zu sehen wie die Schwester. Von der Hausmeisterin schnappte er auf, was sie zu andern sagte: »Die Mali macht jetzt a Freimadl. Recht hats.« Und war diese selbe Mali, kaum eine Woche ists her, einmal auf dem Holzdeckel ihres Bettes, das im Vorzimmer stand, gesessen und hat den kleinen Buben – es war niemand zu Hause – geheißen, sich neben sie zu setzen. Mali war im Hemd und das Hemd war sehr zerrissen. Es ließ die eine Brust vollkommen ans Licht der Petroleumlampe und dem Blick. Und die Hand streichelte und drückte die Brust, die ganz hart anschwoll und die Warze wurde steif wie ein Stachel. Die Mali schloß die Augen und stöhnte. Sie lehnte sich zurück und fuhr sich mit der Hand zwischen die Schenkel. Die andere Hand stieß den Buben weg. Die Erinnerungen an diese Erlebnisse des Zehnjährigen mit den Dienstmädchen tauchen nur wie aus Nebeln auf oder wie hinter Schleiern gesehen. Da sich keinerlei Wissen mit ihnen verhaftete und auch die Erregung, die darauf folgte, die Hand des Buben, wie ihm die Mali befahl, mehr allgemein, als lokalisiert besonders war, kann dieses Erinnern ja auch kein anderes sein als ein sehr vages, bilderhaftes.

Ganz anders erinnert sich der Vierzehnjährige an die Dienstmädchen. Überaus wache Sinne, deren Wachsamkeit auch noch die Umstände steigerten, unter denen das Erlebnis statt hatte, behielten alles, was sich begab bis auf die bestimmte Nüance des Geruches, der diesen aus dem Schlafe geweckten Mädchen entströmte, ein Gemisch von nicht ganz sauberer Wäsche, Schweiß selten gebadeter Körper und dann plötzlich alle anderen Gerüche herrisch und scharf überriechend, wenn das Mädchen sich streckte und es aus ihrem Schoße aufstieg, der sich näßte. Gegen diesen Geruch, der wie ein Dunst sich über dem Lager verbreitete, kam der eher balsamische, nach Kastanienblüten riechende Duft des verschütteten Samens nicht auf, der dem Mädchen über die Schenkel oder den Bauch lief. Denn merkwürdiger Weise ließ keines dieser ländlichen Dienstmädchen den Jungen zu sich ein. Vielleicht aus Angst vor dem Schmerz, der Schreie auslösend »die Herrschaft« wecken könnte, die hinter einer der Türen schlief, die in das Vorzimmer mündeten, wo die Mädchen ihr Lager hatten. Vielleicht aus Angst, ein Kind gemacht zu bekommen. Vielleicht aber auch aus Ungeschick des Jungen, der sich darin, wie es anzustellen, nicht auskannte und der auch seinerseits eine gräßliche Angst davor hatte, mit etwaigem Ungestüm des Raufens mit einem sich wehrenden Mädchen die Eltern zu wecken, die so nah schliefen. So kam es, daß er entweder die üblichen Bewegungen an die sich in großer Bereitschaft hinwendenden Arschbacken des Mädchens machte oder auf ihrem Bauche, wobei es die Schenkel fest zusammenpreßte, um diese gefährdete Gegend vor der Mannbarkeit zu schützen, die sich da auf harmlosem Platz austobte. Eines einzigen Males erinnere ich mich, wo das Mädchen bereit war, sich auch am gehörigen Orte das Vergnügen schaffen zu lassen, das auf dem blanken Bauche empfunden ihr nur als ein angenehmes Vorspiel erschien. Der Junge zuckte seine letzte Erregung in den letzten Tropfen aus. Unter ihm hatte sich die ganze Weile vorher das Mädchen nur mit dem untern Leibe leise bewegt; die Arme hatte sie über das Gesicht geschlagen. Nun, da er sich gerade von ihr lösen wollte, um sein Lager aufzusuchen, entlöste das Mädchen ihre Arme und schlug sie ihm um den Hals, hielt ihn fest und öffnete die Schenkel. Hob den einen und klammerte ihn um den Rücken des Jungen. Da er gerade den Tiefpunkt seiner Erregung erreicht hatte, tat die ansteigende Lust des Mädchens und wie sie sie merkbar machte, gar keine Wirkung. Zudem glaubte er die Mutter husten gehört zu haben, und eine große Angst, daß sie ihn höre und plötzlich mit dem Licht da stehe, überkam ihn. Er stieß das brünstig gewordne Mädchen weg und entschlüpfte in sein Zimmer. Der große Moment der Einführung war verschoben und einem andern Mädchen als Priesterin vorbehalten. Nicht zu entscheiden, ob diese heißgewordne Magd im groben Bett, das sie sich der Augusthitze wegen aus der Bettlade auf den Boden gebreitet hatte, nicht die bessere Einführerin gewesen wäre.

Denn Erfahrungen brachten den Mann nahe dem Ende seiner erotischen Karriere zu der Einsicht, daß nichts besser und schöner sei, als von einem jungen und hübschen Dienstmädchen geliebt zu werden.

Es war Jahrzehnte später und es gab manche Anzeichen, daß er sich schon auf dem absteigenden Aste befand. Er hatte eine kleine Parterre-Wohnung in einem neuen Hause, wie man sie um 1930 baute: große Wohnblocks um weite rasenbestandene Höfe, auf welche die Hintertreppen mündeten. In einer Gasse, die an einer Seite des Blockes hinlief, traf er eines Abends, es war schon dunkel, ein junges Ding, blond, schlank und wie er weiter merkte, lachenden Gesichtes und Wesens, wie es den Hund der Herrin äußerln führte. Vom Hunde an der Leine festgehalten, der an den Pfahl schrieb, stand sie im Licht der Laterne, als der Herr vorbeiging, den man einen älteren nennen muß. Er lächelte, und das Mädchen lächelte auch. Er sagte was Scherzhaftes, das Mädchen lachte; und sie gingen miteinander weiter ins Dunkle, wo der

Mann, er spürte den Kontakt, den Arm ihr um den Hals und die Hand auf die Brust legte. Ein paar Schritte ins Dunklere und seine Hand lag über dem Kleide zwischen ihren Schenkeln. Das einfache Reden begleiteten einfache Gesten, wie es sich gehört in so ganz unkomplizierten Verhältnissen, wie sie überdies der ältere Herr liebte und immer geliebt hatte. Er besaß Verstand und Art für das, was man das Volk nennt in weit höherem Grade, als zu feinen Leuten der Gesellschaft hin, die er hinwieder durch seine Unbekümmertheit des Redens entzückte, wo ihm gar nicht darum zu tun war.

Bevor man sich trennte, kam man überein, sich wieder zu sehn und machte dazu diesen Plan aus: sie würde an dem Vormittag des Tages, wo sie Zeit und Lust hätte, mich nächtlich zu besuchen, einen Zettel in meinen Briefkasten stecken, auf dem nichts als »heute« stünde. Wenn es mir dann in Zeit und Lust paßte, sollte ich so gegen elf halb zwölf meine Hintertüre etwas offen lassen; sie käme dann aus dem Nachbarhaus zu mir. Wenn sie die Tür verschlossen fände, sei es eben nicht.

Ich habe, so oft ich den Zettel mit dem »heute« fand, die Hintertür nie verschlossen gehalten. Durch etliche acht Wochen kam sie anfangs drei, später zweimal in der Woche. Als sie dann nach acht Wochen nicht mehr kam, hatte das seinen Grund darin, daß sie die Stelle gewechselt hatte, wie sie mir auf einer Ansichtspostkarte mitteilte, ohne darauf zu schreiben, wo ihre neue Stelle war. Der ältere Herr fand das sehr taktvoll; er sah darin fast einen Beweis großer Liebe, die Abschied nimmt in dem Augenblick, wo sich der Herr hätte in einen Liebhaber und Ausführer verwandeln müssen, woran das Mädchen so wenig Geschmack hatte wie der Herr; es hätte alles etwas albern gemacht.

Das Entrée Theresens vollzog sich immer so: ich lag bei halb offner Tür in dem Vorplatz zu Bett. Ich hörte die Kette einhängen, Therese war da. Und schon huschte etwas leichten Fußes über den Vorplatz ins Badezimmer, wo es gleich darauf aus der Douche in die Wanne prasselte. Nach zehn Minuten war sie bei mir, rosig, die blanke Haut gut abgetrocknet und nach sich selber duftend, so etwa wie leicht nach bittern Mandeln. Ich habe nie auch nur das kleinste Kleidungsstück zu sehen bekommen, weder beim Eintreten noch beim Weggehn. Das geschah, es war Sommer, sobald die ersten Vogelstimmen in den Bäumen vor dem Fenster piepsten. Und die Stunden zwischen zwölf und fünf schlief keines von uns. Daß ich nicht zu schlafen bedurfte, versteht sich; ich konnte das ja über Tag nachholen, wann immer ich wollte. Aber daß das Mädchen nie schläfrig wurde, rührte und bewegte mich. Sie mußte doch sehr müde sein und hatte auch bei Tage keinerlei Möglichkeit, sich auszuruhen, geschweige zu schlafen. Daß mich eine solche Liebe, die solches für ein Dienstmädchen großes Opfer bringt, entzückte, wird man verstehen. Und ich machte es ihr keineswegs immer bequem. (Sie mir übrigens auch nicht, denn dazu war sie zu jung und zu sinnlich.) Als ein »älterer Herr« war ich zuweilen oder wenn der letzte Liebesdienst zur Wiederholung verlangt wurde, nicht immer in der guten freiwilligen Situation dazu. Wie geschickt war da Therese und wie unschuldig-zuchtlos hörte sie auf nichts als das, was ihr der Instinkt eingab, um den etwas trägen Gesellen munter zu machen! Als ob sie in Finger- und Zungenspiel einen gründlichen Unterricht genommen und darüber ein Diplom besessen hätte, war sie von der reizvollsten und erfolgreichsten Geschicklichkeit in beiden. Was wir in diesen Stunden miteinander sprachen, ich könnte es nicht sagen. Oder nur so allgemein als den holden Unsinn bezeichnen, den zwei ineinander verliebte und mit einander spielende Körper reden. Ich erzählte ihr nichts von meiner Tätigkeit, sie mir nichts von der ihren. Sie sprach nicht von ihrer »Herrschaft«, ich nicht von meiner

Gesellschaft. Dinge, die man nur mit dem Verstand reden kann, redeten wir nie. Dabei habe ich das nicht unangenehme Gefühl, daß sie in mir nicht nur den Mann, sondern auch den Herrn sah. So wie ich nicht für einen Augenblick vergaß, daß sie nicht nur eine Frau, sondern auch eine Magd war, so viel sie sich auch davon heruntergedoucht hatte, bevor sie sich zu mir ins Bett legte. Übrigens mit einer reizenden Geste, indem sie erst sich mit einem Knie auf das Lager stützte und das andere Bein ganz langsam nachzog.

Sie hatte zwei Beine wie die schönsten Dianen der Welt und fast übergangslos setzten die zwei harten Kugeln eines Popos an, der voller Empfänglichkeit für ihm dargebrachte Ovationen war, mit denen ich nicht sparte. Das schien in ihrer erotischen Phantasie eine Rolle zu spielen, da ich ja doch auch »der Herr« war, der sie entzückte. Als dieser Herr in einer etwas melancholischen Situation, in die der Mann in einem gewissen Alter geraten kann, sagte, daß er etwas erstaunt darüber sei, daß sie sich nicht einen jüngeren und ihrer Jugend und ihren Sinnen besser entsprechenden Liebhaber gesucht habe, sagte sie nichts als von unten herauf und ohne mich anzuschauen: »Du willst mich los sein?« Vorsichtig den Satz durch ein Fragezeichen nach aufwärts gebogen, weil sie ja doch durch und durch in ihrem Leibe wußte, daß ich sie nicht »los sein« wollte. Da wir nie mit dem Verstande redeten, gab es nie einen Streit. Für die Seidenstrümpfe und die Batisttücher, die ich ihr schenkte, hatte sie kaum ein Auge und kein Wort. Die Strümpfe vergaß sie, als ich sie ihr gab und nahm sie erst beim nächsten Abschied mit. Da ich sie ja doch nicht darin sah, hatte sie ein Interesse daran zu zeigen nicht nötig empfunden. Nie verlangte sie, daß ich mit ihr ausgehe und sei es auch nur in ein kleines Kino. Außerhalb ihrer nächtlichen Stunden mit mir schien ich sie nicht im mindesten zu interessieren. Es war das reizendste Verhältnis; es hätte länger dauern können. Als etwas Besonderes fiel mir auf, daß sie sich während der Umarmung die Hände unter den Popo legte. Ich überzeugte mich, daß sie sich ihre übrigens mit großer Sorgfalt manikürten Fingernägel – sie war Stubenmädchen – ins Fleisch grub, weil es ihr das Lustgefühl steigerte, den widerstoßenden Popo durch diese Sporen anzutreiben. Dieses Fleisch war zu jung, als daß die scharfen Krallen langdauernde Spuren hinterlassen hätten. Manchmal stellte sie sich, kurz bevor sie ging, vor mich hin und streckte mir ihren Popo hin, fragte: »Sieht man was?« Dann biß ich in das sich lockernde Fleisch, damit man »was sähe«. Sie war sehr glücklich über einen solchen Abschiedskuß. Und entschwebte, eine nackte Nymphe. Gleich darauf hörte ich die Hintertür schließen. Denn beim Fortgehen wusch sie sich nie. Sie wollte, wie sie sagte, »alles von der Nacht auf der Haut behalten«. Sie war ein gänzlich unbeschwertes Geschöpf, wenigstens im Bett, genießerisch und Genuß spendend.

Die zweite Begegnung

Aus ›Lady Chatterley und ihr Liebhaber‹
von D. H. Lawrence

»Und du redest so kalt über das Geschlechtliche«, sagte sie. »Du redest, als hättest du bloß dein eigenes Vergnügen und deine eigene Befriedigung gewollt.« Es war ein nervöser Protest gegen ihn.

»Nein«, sagte er. »Ich wollte mein Vergnügen und meine Befriedigung von einer Frau haben, und ich erhielt sie nie, weil ich nie mein Vergnügen und meine Befriedigung von ihr erhalten konnte, wenn sie nicht gleichzeitig die ihre von mir erhielt. Und das geschah nie. Dazu gehören zwei.«

»Aber du hast nie an deine Frauen geglaubt. Du glaubst nicht einmal wirklich an mich«, sagte sie.

»Ich weiß nicht, was das bedeutet, an eine Frau glauben.«

»Das ist es eben, siehst du!«

Sie saß noch immer angeschmiegt auf seinen Knien. Aber sein Geist war grau, abwesend, weit weg, er war nicht da für sie. Und alles, was sie sagte, trieb ihn weiter weg.

»Aber woran glaubst du denn eigentlich?« beharrte sie.

»Ich weiß nicht.«

»An nichts; wie alle Männer, die ich je gekannt habe«, sagte sie.

Sie schwiegen beide. Dann raffte er sich auf und sagte: »Ja, ich glaube an etwas. Ich glaube an Warmherzigkeit. Ich glaube besonders an Warmherzigkeit in der Liebe. Ans Ficken mit warmem Herzen. Ich glaube, wenn die Männer mit warmem Herzen ficken und die Frauen es warmherzig aufnehmen könnten, würde alles gut werden. Es ist diese kaltherzige Fickerei, die einfach Tod und Wahnsinn ist.«

»Aber du fickst mich nicht kaltherzig«, widersprach sie.

»Ich will dich überhaupt nicht ficken. Mein Herz ist gerade jetzt so kalt wie kalte Kartoffeln.«

»Oh!« rief sie und küßte ihn spöttisch. »Dann wollen wir sie lieber *sautées* haben.« Er lachte und saß aufrecht.

»Es ist Tatsache«, sagte er. »Alles für ein bißchen Warmherzigkeit! Aber die Frauen mögen sie nicht. Auch du magst sie nicht wirklich. Du möchtest eine gute, scharfe, durchdringende, kaltherzige Fickerei und dann so tun, als wäre alles Zucker. Wo ist deine Zärtlichkeit für mich? Du bist so argwöhnisch gegen mich wie eine Katze gegen einen Hund. Ich sage dir, es braucht zwei, um auch nur zärtlich und warmherzig zu sein. Das Ficken wäre dir schon ganz recht, aber du willst, daß es etwas Großes, Geheimnisvolles genannt werden soll, nur um deiner eigenen Wichtigkeit zu schmeicheln. Die bedeutet dir mehr, fünfzigmal mehr als jeder Mann oder das Beisammensein mit einem Mann.«

»Aber das ist es eben, was ich von dir behaupten möchte. Deine eigene Wichtigkeit ist dir alles.«

»Ja? Na, also gut«, sagte er und machte eine Bewegung, als wollte er aufstehen. »Dann wollen wir lieber auseinander bleiben. Ich möchte lieber sterben, als noch irgend einmal kaltherzig ficken.«

Sie glitt von ihm weg, und er erhob sich.

»Und glaubst du, ich will das?« fragte sie.

»Ich hoffe nicht«, erwiderte er. »Aber jedenfalls geh du ins Bett, und ich werde hier unten schlafen.«

Sie blickte ihn an. Er war blaß, und seine Miene war verdrossen. Er war so fern in seinem Zurückweichen wie der kalte Pol. Die Männer waren alle gleich.

»Ich kann nicht nach Hause gehen, nicht vor morgen früh.«

»Nein, geh zu Bett. Es ist ein Viertel vor eins.«

»Das werde ich gewiß nicht tun«, sagte sie.

Er schritt zum Herd und ergriff seine Schuhe.

»Dann werde ich ausgehen«, sagte er.

Er begann seine Schuhe anzuziehen. Sie starrte ihn an.

»Warte«, stammelte sie, »warte! Was ist nur zwischen uns gekommen?«

Er saß vornübergebeugt, seine Schuhe zuschnürend, und gab keine Antwort. Die Augenblicke verrannen. Eine Dumpfheit überkam sie, fast wie eine Ohnmacht. Ihr ganzes Bewußtsein starb, und sie stand weitäugig da und blickte ihn an aus dem Unbekannten und wußte überhaupt nichts mehr.

Die Stille ließ ihn aufblicken, und er sah sie weitäugig und verloren da stehen. Und als würde ein Wind ihn treiben, stand er auf und humpelte hinüber zu ihr, den einen Schuh ausgezogen, den anderen schon an, und nahm sie in seine Arme, drückte sie an seinen Leib, der sich wie durch und durch verwundet fühlte. Und da hielt er sie, und da blieb sie.

Bis seine Hände blindlings hinunterlangten und nach ihr

tasteten und unter ihre Kleidung fühlten, dahin, wo sie glatt und warm war.

»Mei Diandl«, murmelte er, »mei Diandl, mei kloans! Mir wolln neama streitn. Naa, neama, neama streitn! I liab di und as Gefühl von dir. Tua nid mid mir streitn. Tuas nid, tuas nid, tuas nid! Habn mar uns zsamm.«

Sie hob ihr Gesicht und blickte ihn an.

»Quäl dich nicht«, sagte sie gefaßt. »Es hat keinen Sinn, sich zu quälen. Willst du wirklich mit mir zusammen sein?«

Sie blickte mit weiten, ruhigen Augen in sein Gesicht. Er hielt inne und wurde plötzlich ruhig und wandte seinen Kopf zur Seite. Sein ganzer Körper wurde vollkommen ruhig, aber zog sich nicht zurück.

Dann hob er den Blick, sah ihr in die Augen, mit seinem seltsamen, ein wenig spöttischen Lächeln: »Ja, ja, mir wolln beianand sein auf Treu und Glaubn.«

»Aber wirkli?« fragte sie und ihre Augen füllten sich mit Tränen.

»Ja, wirkli! Herz und Bauch und alls.«

Er lächelte noch immer schwach auf sie hinab, mit einem Flackern von Ironie in den Augen und einer Spur von Bitterkeit.

Sie weinte schweigend, und er lag mit ihr und kam in sie, da auf der Matte vor dem Herd, und so gewannen sie ein gewisses Maß von Gleichmut. Dann gingen sie schnell zu Bett, denn es wurde kalt und sie hatten einander ganz ermüdet. Und sie schmiegte sich eng an ihn und fühlte sich klein und eingehüllt, und beide schliefen sie sogleich ein, fest, in *einem* Schlaf. Und so lagen sie und rührten sich nicht, bis die Sonne über dem Walde aufging und der Tag begann.

Dann erwachte er und blickte ins Licht. Die Vorhänge waren zugezogen. Er horchte auf das laute, wilde Rufen der Amseln und Drosseln im Wald. Es mußte ein herrlicher Morgen sein, ungefähr halb sechs, die Stunde, da er gewöhnlich aufstand. Er hatte so fest geschlafen! Es war solch ein neuer Tag! Die Frau lag noch immer zusammengerollt da, schlafend und zart. Seine Hand glitt über sie hin. Sie öffnete ihre blauen verwunderten Augen und lächelte ihm unbewußt ins Gesicht.

»Bist du wach?« fragte sie ihn.

Er blickte noch immer in ihre Augen. Nun lächelte auch er und küßte sie. Und mit einem Male war sie vollends wach und setzte sich auf.

»Zu denken, daß ich hier bin!« sagte sie.

Sie sah sich um in dem weißgetünchten kleinen Schlafzimmer mit einer schrägen Decke und dem Giebelfenster, vor dem die weißen Vorhänge geschlossen waren. Der Raum war kahl: leer, bis auf eine kleine, gelbgestrichene Kommode und einen Stuhl; und das nicht allzubreite Bett, in dem sie mit ihm lag.

»Ich kann gar nicht recht glauben, daß wir hier sind!« sagte sie und blickte auf ihn hinab. Er lag und betrachtete sie, und durch das dünne Nachtgewand streichelte er ihre Brüste mit seinen Fingern. Wenn er warm und ausgeglichen war, sah er jung und hübsch aus. Seine Augen konnten so warm dreinblicken. Und sie fühlte sich jung und frisch wie eine Blume.

»Ich will das ausziehen«, sagte sie, raffte das dünne Batistnachtgewand zusammen und streifte es über den Kopf. Sie saß da, matt golden, mit bloßen Schultern und länglichen Brüsten. Er liebte es, ihre Brüste schwingen zu machen wie Glocken.

»Du mußt auch dein Pyjama ausziehen«, sagte sie.

»Ah naa!«

»Ja! Ja!« befahl sie.

Und er zog seine alte baumwollene Pyjamajacke aus und schob die Hosen hinunter. Bis auf seine Hände und Handgelenke und sein Gesicht und seinen Hals war er weiß wie Milch, mit feinem, spärlichem, muskulösem Fleisch. Für

Connie war er mit einem Mal wieder durchdringend schön, wie an jenem Nachmittag, als sie ihn sich waschen gesehen hatte.

Goldener Sonnenschein rührte an die geschlossenen Fenstervorhänge. Sie fühlte, daß er herein wollte.

»Oh! Wir müssen die Vorhänge öffnen! Die Vögel singen so! Laß doch die Sonne herein«, rief sie.

Er glitt aus dem Bett, mit dem Rücken zu ihr, nackt und weiß und schmal, und ging ein wenig vorgeneigt zum Fenster, zog die Vorhänge beiseite und sah für einen Augenblick hinaus. Sein Rücken war weiß und fein, die kleinen Hinterbacken schön, von einer erlesenen, zarten Männlichkeit, der Nacken rötlich und zart und doch kräftig.

Es war eine innerliche, nicht eine äußerliche Kraft in dem zarten schlanken Körper.

»Aber du bist schön!« rief sie. »So rein und fein! Komm!« Sie streckte die Arme aus.

Er schämte sich, sich ihr zuzuwenden, seiner erregten Nacktheit wegen.

Er griff sein Hemd vom Stuhl auf und kam, es vor sich haltend, auf sie zu.

»Nein!« rief sie, noch immer ihre schönen schlanken Arme von den leicht hängenden Brüsten wegstreckend. »Laß mich dich sehen!«

Er ließ das Hemd fallen und stand still und blickte zu ihr hin. Durch das niedrige Fenster sandte die Sonne einen Strahl, der seine Schenkel und seinen schlanken Bauch beleuchtete und den aufrechten Phallus, der dunkel und heiß aus der kleinen Wolke lebhaft goldroter Haare emporstand. Sie wurde ein wenig stutzig und ängstlich.

»Wie sonderbar!« sagte sie langsam. »Wie wunderlich er da steht! So groß und anmaßend! Ist er so?«

Der Mann blickte an seinem schlanken weißen Körper hinab und lachte. Auf seiner Brust war das Haar dunkel, beinahe schwarz. Aber an der Wurzel des Bauches, wo der Phallus dick und gekrümmt sich erhob, war es goldrot, eine lebhaft gefärbte kleine Wolke.

»So stolz!« murmelte sie unsicher. »Und so herrisch! Jetzt weiß ich, warum Männer so überheblich sind! Aber er ist herrlich, in Wirklichkeit. Wie ein anderes Wesen! Ein bißchen erschreckend! Aber wirklich wunderschön! Und er kommt zu mir!« – Sie zog die Unterlippe zwischen die Zähne vor Furcht und Aufregung.

Der Mann blickte schweigend hinab auf den straffen Phallus, der sich nicht veränderte. – »Ja!« sagte er endlich mit leiser Stimme. »Ja, mei Bua! Du bist wohl gwis amol dader. Freili, du muaßt dein Kopf in d Höh streckn! Bist gar dei eigner Herr, gel? Scherst di um neamd nid! Du haltst mi für nix, Hans Zumpt. Bist da Moaster? Von mir? Ah, wohl, du büldst da mehr ein als wiar i, und du redst weniga. Hans Zumpt! Mechst as habn? Mechst di Frau Liesl? Gel, du hast mi widarum einitaucht, das is gwis. Ja, und du kimmst herfür und lachst da oans. – Tuas aft fragn! Frag die Frau Liesl! Sag: Machts hoch die Tür, die Tor machts weit, es kimmt der Herr der Herrlichkeit! Ja, wia keck als du bist! s' Mutzerl, auf das bist aus, gel? Sag da Frau Liesl, du mechst 's Mutzerl! Da Ritter Hans und s' Mutzerl von da Frau Liesl! – «

»Oh, du darfst ihn nicht necken!« rief Connie und rutschte auf den Knien über das Bett zu ihm hin und schlang die Arme um seine weißen schlanken Lenden und zog ihn zu sich, so daß ihre hängenden, schwingenden Brüste die Spitze des sich regenden, aufrecht stehenden Phallus berührten und den Tropfen von Feuchtigkeit auffingen. Sie hielt den Mann fest.

»Leg di nida!« sagte er. »Leg di nida! Laß mi einikemma z dir!«

Er hatte es nun eilig.

Und nachher, als sie ganz still geworden waren, mußte die

Frau den Mann wiederum aufdecken, um sich das Mysterium des Phallus zu betrachten.

»Aber jetzt ist er winzig und weich wie eine kleine Knospe von Leben!« sagte sie und nahm den weichen, kleinen Penis in die Hand. »Ist er nicht im Grunde wunderschön? So ganz auf sich selbst gestellt, so seltsam. Und *so* unschuldig! Und er kommt so weit in mich! Du darfst ihn nie beleidigen, hörst du? Er gehört auch mir. Er gehört nicht nur dir. Er gehört mir. Er ist mein! Und so allerliebst und unschuldig!« Und sie hielt den Penis sanft in der Hand.

Er lachte. »Gesegnet sei das Band, das unsere Herzen bindet in gleichgestimmter Liebe«, sagte er.

»Gewiß!« erwiderte sie. »Sogar wenn er weich und klein ist, fühle ich mein Herz einfach an ihn gebunden. Und wie wunderschön dein Haar hier ist! Ganz, ganz anders!«

»Das seint in Hans Zumpt seine Hoar, nid die meinign!« sagte er.

»Hans Zumpt! Hans Zumpt!« Und geschwind küßte sie den weichen Penis, der sich wieder zu regen begann.

»Wohl!« sagte der Mann und streckte seinen Körper beinahe schmerzhaft. »Er hat amal sei Wurzen in meiner Seel drein, das hat a, der gnädige Herr, der! Und mannigsmal woaß i nid, was toan mid eahm. Ah ja, er hat halt sein eigenen Wülln, und 's is schwer, eahms recht z machn. Awa deswegn mecht i beilei nid, daß a mir umbracht wurd.«

»Kein Wunder, daß die Menschen stets vor ihm Furcht gehabt haben!« sagte sie. »Er ist recht furchtbar.«

Ein Zucken lief durch des Mannes Körper, als der Strom des Bewußtseins wiederum die Richtung änderte und sich abwärts wandte. Und er war hilflos, als der Penis in langsamen, sachten Wallungen sich füllte und schwoll und sich erhob und hart wurde, hart und anmaßend dastehend, auf seine sonderbare, ragende Art. Auch die Frau zitterte ein wenig, als sie zusah.

»Da! Nimm dir eahm! Er ghört dein«, sagte der Mann.

Und sie erbebte, und ihr eigener Sinn schmolz hinweg. Scharfe weiche Wellen unaussprechlicher Lust fluteten über sie hin, als er in sie einging, und verursachten dies seltsame geschmolzene Erschauern, das sich ausbreitete und immer mehr ausbreitete, bis sie fortgerissen wurde im letzten, jähen, blinden Dahinströmen höchster Leidenschaft.

Er hörte die fernen Dampfpfeifen von Stacks Gate sieben Uhr heulen. Es war Montag morgen. Er schauderte ein wenig, und, das Gesicht zwischen ihren Brüsten vergraben, drückte er ihre weichen Brüste an seine Ohren, damit sie ihn taub machten.

Sie hatte die Dampfpfeife gar nicht gehört. Sie lag völlig still, die Seele zu durchsichtiger Klarheit gewaschen.

»Du muaßt aufstehn, muaßt nid?« murmelte er.

»Wie spät?« kam ihre farblose Stimme.

»Siebene hats pfiffen, grad vorhin.«

»Ich glaube, ich muß wohl.«

Sie war, wie immer, ungehalten über den Zwang von außen.

Er setzte sich auf und blickte ausdruckslos durchs Fenster.

»Du, nicht wahr, du liebst mich?« fragte sie ruhig.

Er blickte auf sie hinab.

»Du woaßt eh, was d woaßt. Was fragst denn nacha!« sagte er ein wenig ungeduldig.

»Ich will, daß du mich nicht hältst, daß du mich gehen läßt«, sagte sie.

Seine Augen schienen voll von einer warmen, sanften Dunkelheit, die nicht denken konnte.

»Wann? Hiazt?«

»Jetzt, in deinem Herzen. Dann will ich kommen und immer mit dir leben, bald.«

Er saß nackt auf dem Bett, den Kopf hatte er sinken lassen, nicht imstande zu denken.

»Willst du das nicht?« fragte sie.

»Wohl!« sagte er.

Dann blickte er mit denselben Augen, aber verdunkelt von einer anderen Flamme des Bewußtseins, beinahe wie von Schlaf.

»Frag mi jetztn ninerscht nix«, sagte er. »Laß mi sein. I hab di gern. I liab di, wiast da liagst. A Weib is was Wundervolls, wanns tiaf zum fickn is und a guats Votzerl hat. I liab di, deini Schenkeln und dei ganze Gstalt und 's Weiberte an dir. I liab as Weiberte an dir. I liab di mit meini Hödl und mit mein Herzn. Awa frag du mi nix. Bring mi nid zan redn. Lass mi bleibn wiar i s bin, daweil i kann. Hernach kannst mi alls fragn. Hiazt laß mi sein, laß mi sein!«

Und sacht legte er seine Hand über ihren Venusberg, auf das weiche braune Jungfernhaar, und er selbst saß still und nackt auf dem Bettrand, das Gesicht regungslos in physischer Entrückung, beinahe wie das Gesicht des Buddha. Regungslos und in der unsichtbaren Flamme eines anderen Bewußtseins saß er da, mit seiner Hand auf ihr, und wartete auf den Umschwung.

Nach einer Weile langte er nach seinem Hemd und zog es über, kleidete sich geschwind und schweigend an, blickte einmal auf sie, wie sie noch immer nackt und matt golden wie eine Gloire-de-Dijon-Rose auf dem Bette lag, und war gegangen. Sie hörte ihn unten die Tür öffnen.

Und noch immer lag sie sinnend, sinnend. Es war sehr schwer, zu gehen: aus seinen Armen zu gehen. Er rief vom Fuß der Treppe: »Halb acht!« Sie seufzte und stieg aus dem Bett. Der kahle kleine Raum! Gar nichts darin außer der schmalen Kommode und dem nicht allzubreiten Bett. Aber der Bretterboden war rein gescheuert. Und im Winkel beim Giebelfenster stand ein Regal mit Büchern, einige davon aus einer Leihbibliothek. Sie besah sie. Da waren Bücher über Sowjetrußland, Reisebeschreibungen, ein Werk über Atome und Elektronen und die Ursachen von Erdbeben; dann ein paar Romane; und drei Bücher über Indien. So! Also er war schließlich doch ein Bücherleser!

Durch das Giebelfenster fiel die Sonne auf ihre nackten Glieder. Draußen sah sie die Hündin Flossie umherstreifen. Das Haseldickicht war von Grün umnebelt, und darunter stand dunkelgrünes Bingelkraut. Es war ein klarer, reiner Morgen, Vögel flogen und sangen triumphierend. Wenn sie nur bleiben könnte! Wenn nur die andere, grauenhafte Welt von Rauch und Eisen nicht wäre! Wenn nur *er* ihr eine Welt schaffen würde!

Sie ging hinunter, hinunter über die steile, enge Holztreppe. Sie würde zufrieden sein mit diesem kleinen Haus, wenn es nur in einer eigenen Welt stünde.

Er war gewaschen und frisch, und das Feuer brannte.

»Willst du was essen?« fragte er.

»Nein! Leih mir bloß einen Kamm!«

Sie folgte ihm in die Abwaschküche und kämmte ihr Haar vor dem handbreiten Spiegel neben der Hintertür. Dann war sie zum Gehen bereit.

Sie stand in dem kleinen Vorgarten und blickte auf die tauigen Blumen, das silbergraue Beet von Nelken, die bereits Knospen hatten.

»Ich möchte, daß die ganze übrige Welt verschwände«, sagte sie, »und möchte hier mit dir leben.«

»Sie wird nicht verschwinden«, erwiderte er.

Sie gingen beinahe in völligem Schweigen durch den lieblichen tauigen Wald. Aber sie waren beieinander in ihrer eigenen Welt.

Es war bitter für Connie, nach Wragby weiterzugehen.

»Ich möchte bald zu dir kommen und ganz mit dir leben«, sagte sie, als sie ihn verließ.

Er lächelte, ohne zu antworten.

Sie gelangte leise und unbemerkt nach Hause und ging in ihr Zimmer hinauf.

Leopold Bloom belauert Gerty

Aus dem ›Ulysses‹ von James Joyce

»Komm mit, Gerty«, rief Cissy, »es ist das Bazarfeuerwerk.«

Aber Gerty war hart. Sie hatte keine Lust, auf ihren Wink und Ruf bereit zu sein. Wenn sie liefen wie verrückt, dann blieb sie im Gras sitzen, und so sagte sie, sie könnte von ihrem Platz aus sehr gut sehen. Die Augen, die sie nicht losließen, die Augen des Mannes in so naher Ferne, jagten ihr das Blut durch die Adern. Sie sah einen Augenblick hin zu ihm, begegnete seinem Blick, und ein Leuchten brach über sie her. Heißglühende Leidenschaft war in jenem Gesicht, Leidenschaft, so still wie das Grab, und sie hatte sie zu der seinigen gemacht. Endlich waren sie allein, ohne die andern, die doch immer nur spionierten und Bemerkungen machten, und sie wußte, daß sie ihm bis zum Tode vertrauen konnte, denn standhaft war er, ein treuer Mann, ein Mann unbeugsamer Ehre bis in die Fingerspitzen. Seine Hände und sein Gesicht arbeiteten, und ein Zittern lief über ihren Körper. Sie lehnte sich weit zurück, sah hinauf nach dem Feuerwerk und umfaßte das Knie mit den Händen, damit sie nicht nach hinten überfiel, wenn sie in die Höhe sah, und es war niemand außer ihm und ihr zu sehen, als sie so ihre schönen schlanken Beine mit den leichten Rundungen enthüllte, und sie glaubte, das Klopfen seines Herzens, sein heiseres Atmen zu hören, weil sie Bescheid wußte über die Leidenschaft so heißblütiger Männer, denn Berta Supple hatte ihr einmal unter dem Siegel der Verschwiegenheit von dem Logierherrn, der bei ihnen wohnte, erzählt, und der hatte aus Zeitungen ausgeschnittene Bilder von Schleiertänzerinnen und solchen, die die Beine hochwarfen, und sie sagte, manchmal täte er was sehr Häßliches im Bett, was, das könnte sie sich wohl denken. Aber dies war ja ganz was anderes, weil ein großer Unterschied vorhanden war, und sie fühlte fast, wie er ihr Gesicht zu dem seinen herabzog, fühlte fast die erste Berührung seiner schönen Lippen. Und dann gab es ja auch eine Absolution, solange man das andere nicht tat, bevor man verheiratet war, und es sollte eigentlich weibliche Priester geben, die verständen, ohne daß man ihnen lang und breit erzählte, und Cissy Caffrey hatte auch manchmal diesen seltsam verträumten Blick in ihren Augen, so daß auch sie wohl, und Winny Rippingham, die so toll auf Photos von Schauspielern war, und außerdem war es auch wegen des andern, das nun bald kam. Und Jacky Caffrey schrie, sie sollten doch gucken, da wäre schon wieder eine, und sie lehnte sich zurück, und die Strumpfbänder waren passend blau wegen der durchsichtigen, und sie alle sahen sie und schrien: »Seht mal, da, da!«, und sie lehnte sich zurück so weit sie konnte, um das Feuerwerk zu sehen, und etwas Seltsames flog durch die Luft, ein weiches Etwas, hin und her, dunkel. Und sie sah, wie in der tiefen Stille eine lange Leuchtkugelröhre hoch ging, über die Bäume sauste, hoch und höher; sie alle waren atemlos vor Aufregung, als sie höher und höher stieg, und sie mußte sich immer mehr nach hinten lehnen, um in die Höhe sehen zu können, denn sie stieg hinter ihr auf, war kaum noch sichtbar, und göttliches entzückendes Erröten überzog ihr Gesicht, weil sie sich so sehr zurücklehnte, und jetzt konnte er alles andere auch sehen, Batisthose, das Gewebe, das die Haut liebkost, viel besser als die anderen Buchsen, die grünen, weil sie weiß waren und sie ließ ihn und sie sah, daß er sah, und dann stieg sie hoch, so hoch, daß man sie für einen Augenblick gar nicht sehen konnte, und sie zitterte an jedem Glied, weil sie sich so nach hinten gebeugt hatte, bis dahin, wo noch keiner sah, nicht einmal auf der Schaukel oder beim Waten, und sie schämte sich nicht, und er ebenso wenig, daß er so unverschämt hinsah, aber er konnte dem Anblick der wundervollen Enthüllung nicht widerstehen, die sich ihm halb darbot, wie bei den Schleiertänzerinnen, die sich so unanständig vor den guckenden Herren benehmen, und er sah immer wieder hin, immer nur dahin. Gern hätte sie ihn gerufen, aber sie erstickte fast, hätte ihre schneeweißen schlanken Arme nach ihm ausgestreckt, seine Lippen auf ihrer weißen Stirne gefühlt, es wäre der Schrei junger Mädchenliebe gewesen, der sich ihr entrungen hätte, derselbe Schrei, der durch alle Zeiten klang. Und dann flog eine Rakete hoch, und ein heller Knall und O! – dann barst die Leuchtkugelröhre und alles seufzte O! und jeder schrie O! O! voller Begeisterung, und aus ihr heraus brach ein Strom goldenen, haarfeinen Goldregens und sie teilten sich und ah! jetzt waren es lauter grünliche, tauähnliche Sterne, die herabfielen mit goldenen O! so herrlich! und A! so weich, süß, weich!

Dann verging alles tauähnlich in der grauen Luft: alles war still.

Ah! Sie blickte hin zu ihm, als sie sich schnell nach vorne beugte, ein pathetischer, kleiner Blick jämmerlichen Protestes, scheuen Vorwurfs, unter dem er wie ein Mädchen errötete. Er lehnte sich gegen den Felsen. Leopold Bloom (denn er ist es) steht still, gesenkten Hauptes vor den jungen, arglosen Augen. Welcher Rohling war er gewesen! Schon wieder! Eine schöne, reine Seele hatte ihn gerufen, und wie hatte er, der Elende, geantwortet? Ein ganz gemeiner Kerl war er gewesen. Er von allen Männern! Aber in jenen Augen lag ja so viel Güte, auch für ihn ein Wort der Verzeihung, selbst wenn er geirrt, gesündigt hatte und fehl gegangen war. Würde ein Mädchen das sagen? Nein, tausendmal nein! Das war ihr Geheimnis, nur ihres, allein in dem verbergenden Zwielicht, und niemand würde es wissen oder erzählen, nur die kleine Fledermaus, die so weich hin und her flog durch den Abend, und kleine Fledermäuse erzählen nichts.

Cissy Caffrey flötete wie die Jungen auf dem Fußballplatz, wollte damit zeigen, was sie alles konnte; und dann rief sie:

»Gerty, Gerty, wir gehen. Komm mit. Wir können weiter oben auch noch sehen.«

Gerty hatte eine Idee, eine kleine Liebeslist. Sie ließ ihre Hand in die Taschentuchtasche gleiten und nahm die Watte heraus und winkte als Antwort, ohne ihn natürlich aus den Augen zu lassen, und steckte sie dann wieder ein. Ob er wohl zu weit ist, um . . . Sie stand auf. War es Abschied? Nein. Sie mußte gehen, aber sie würden sich wieder treffen, hier, und bis dahin würde sie von allem träumen, morgen, von ihrem Traum von gestern abend. Sie richtete sich auf zu ihrer vollen Höhe. Ihre Seelen trafen sich in einem letzten zögernden Blick, und die so seltsam glänzenden Augen, die ihr Herz trafen, hingen gebannt an ihrem süßen, blumengleichen Gesicht. Sie lächelte ihm bleich zu, ein süßes, verzeihendes Lächeln, ein Lächeln, das dem Weinen nahe war, und dann trennten sie sich.

Das angestochene Faß

Aus den ›Biographien des Hahnrei‹
von Daniel Ernst Bornschein

Als Heckert mit seinem jungen Weibe im Bette lag, so kamen so mancherley Geschichtchen aus den Tagen ihres unverheyratheten Lebens aufs Tapet. Jeder gab sein Schärfchen dazu her. Fiekchen meynte, es gäbe genug Weiber im Dorf, die ihren Männern Hörner aufsezten und die in allen Fächern der Ausschweifung zu Hause wären. Allein von der Art sey sie nicht. Sie habe die Keuschheit ihres Herzens und ihres Körpers jederzeit wie das größte Kleinod aufbewahrt. Heckert ließ sie eine Zeitlang plaudern, ohne sie mit einem einzigen Einwurf zu unterbrechen. Endlich, weil sie fertig war, nahm er das Wort.

Höre mich, Fiekchen! sagte er, was ich dir itzt sagen werde. Dein Umgang mit unserm Schulmeister ist mir bekannt, gesteh mir's nur aufrichtig, mit dem hast du gewiß einmahl über die Schnur gehauen.

Fiekchen vermaß und verschwor sich bey allen Heiligen, daß er in diesem Falle auf sehr falschem Wege sey!

Heckert: Ist das wirklich wahr?

Fiekchen: Ja!

Heckert: Bist du wirklich unschuldig?

Fiekchen: Auf jeden Fall.

Heckert: Du bist also rein?

Fiekchen: Rein wie die Sonne.

(Heckert glaubt ihr natürlich nicht, sondern bittet sie, zum Beweis ihres guten Gewissens den rechten Fuß zum Bett herauszustrecken.)

Faßt eine unsichtbare Hand deinen Fuß, so bist du schuldig, wo nicht, so trau ich deiner Keuschheit, selbst wenn ich dich bey einem Manne im Bette liegen sähe.

(Fiekchen geht lachend darauf ein. Ihr Fuß wird aber von einer kalten Hand angefaßt. Diese gehört einem Freunde des jungen Gatten, der ihn selbst unters Bett sich hatte verstecken lassen. Fiekchen gesteht nun, daß der Schulmeister bei ihr das jus primae noctis ausgeübt habe, da auch, wie er zur Begründung seines Rechtes dem Mädchen eingeredet habe, die Fässer Wein in manchem Lande vom Lehrer zuerst angesteckt werden.)

Der Bräutigam, der seit dem Geständnisse seines Fiekchens dem Schulmeister nachschlich, um ihm eine Schlappe anzuhängen, hatte ziemlich geschickt sein Weinglas mit einem anderen vertauscht, in welchem kein Wein, sondern ein übelduftendes Etwas aus dem Nachtgeschirr seines Fiekchens schwamm. Heckert brachte eine Gesundheit auf die Braut aus: alle nahmen die Gläser in die Hand und – zechten. Auch der Schulmeister zechte, und . . . verdrehte die Augen.

Was Teufel! ist denn in dem Glase, schrie er erbittert, und warf es unter den Tisch.

Heckert lachte und sagte: Das ist ein Gläschen aus dem Fasse, welches er angesteckt hat, Herr Schulmeister!

Nicolai auf Werthers Grabe

Goethe

Ein junger Mensch, ich weiß nicht wie,
Starb einst an Hypochondrie
Und ward auch so begraben.
Da kam ein großer Geist herbei,
Der hatte seinen Stänkrig frei,

Wie ihn so Leute haben.
Er setzt gemächlich sich aufs Grab
Und legt sein reinlich Häuflein ab,
Beschauet freundlich seinen Dreck,
Geht wohler atmend wieder weg
Und spricht zu sich bedächtiglich:
»Der gute Mann, wie hat sich der verdorben,
Hätt' er geschissen so wie ich,
Er wäre nicht gestorben.«

Goethes Furcht vor Ansteckung

Zwey gefährliche Schlangen, vom Chore der Dichter gescholten.
Grausend kennt sie die Welt Jahre die tausende schon,
Python dich und dich Lernäischer Drache! Doch seyd ihr
Durch die rüstige Hand thätiger Götter gefällt.
Ihr zerstöret nicht mehr mit feurigem Atem und Geifer
Herde, Wiesen und Wald, goldene Saaten nicht mehr.
Doch welch ein feindlicher Gott hat uns im Zorne die neue
Ungeheure Geburt giftigen Schlammes gesandt?
Überall schleicht er sich ein und in den lieblichsten Gärtchen
Lauert tückisch der Wurm, packt den Genießenden an.
Sei mir, hesperischer Drache, gegrüßt. Du, du zeigtest dich mutig.
Du verteidigtest kühn goldener Äpfel Besitz!
Aber dieser verteidiget nichts – und wo er sich findet,
Sind die Gärten, die Frucht keiner Verteidigung wert.
Heimlich krümmet er sich im Busche, besudelt die Quellen,
Geifert, wandelt in Gift Amors belebenden Tau –
O wie glücklich warst du, Lukrez, du konntest der Liebe
Ganz entsagen und dich jeglichem Körper vertraun,
Selig warst du, Properz! –

Und wenn Cynthia dich aus jenen Umarmungen schreckte,
Untreu fand sie dich zwar, aber sie fand dich gesund.
Jetzt, wer hütet sich nicht, langweilige Treue zu brechen!
Wen die Liebe nicht hält, hält die Besorglichkeit auf.
O der goldenen Zeit, da Jupiter noch vom Olympos
Sich zu Semele bald, bald zu Kalliste begab!
Ihm lag selber daran, die Schwelle des heiligen Tempels
Rein zu finden, den er liebend und mächtig betrat.
O! wie hätte Juno getobt, wenn im Streite der Liebe
Gegen sie der Gemahl giftige Waffen gekehrt.
Doch wir sind nicht ganz wie alte Heiden verlassen,
Immer schwebet ein Gott über der Erde noch hin,
Eilig und geschäftig, ihr kennt ihn alle, verehrt ihn!
Ihn den Boten des Zeus, Hermes den heilenden Gott.
Fielen des Vaters Tempel zu Grund, bezeichnen die Säulen
Paarweis kaum noch den Platz alter verehrender Pracht,
Wird des Sohnes Tempel doch stehn und ewige Zeiten
Wechselt der Bittende stets dort mit dem Dankenden ab.
Eins nur fleh ich im Stillen, an euch ihr Grazien wend ich
Dieses heiße Gebet tief aus dem Busen herauf.
Schützet mir mein kleines, mein artiges Gärtchen, entfernet
Jegliches Übel von mir, reichet mir Amor die Hand,
O! so gebet mir stets, sobald ich dem Schelmen vertraue,
Ohne Sorgen und Furcht, ohne Gefahr den Genuß.

Der Eilfte

Goethe

Köstliche Ringe besitz ich, gegrabne fürtreffliche Steine
Hoher Gedanken und Stils fasset ein lauteres Gold,
Teuer bezahlt man die Ringe, geschmückt mit feurigen
Steinen

Blinken hast du sie oft über dem Spieltisch gesehn;
Aber ein Ringelchen kenn' ich, das hat sich anders gewaschen,
Das Hans Carvel einmal traurig im Alter besaß:
Unklug schob er den kleinsten der zehen Finger ins Ringchen,
Nur der Größte gehört würdig, der eilfte hinein.

Verächtliche Impotenz

Schmach dem kombabischen Geschlecht!
Die Elenden, sie haben
Verscherzt ihr hohes Männerrecht,
Des Himmels beste Gaben.
Und schlendern elend durch die Welt,
Wie Kürbisse von Buben
Zu Menschenköpfen ausgehöhlt,
Die Schädel leere Stuben.
Wie Wein, von einem Chemikus
Durch die Retort' getrieben,
Zum Teufel ist der Spiritus,
Das Phlegma ist geblieben.
Und fliehen jedes Weibsgesicht
Und zittern, es zu sehen,
Und dürfen sie und können nicht,
Da möchten sie vergehen.
Drum fliehn sie jeden Ehrenmann,
Sein Glück wird sie betrüben,
Wer keinen Menschen machen kann,
Der kann auch keinen lieben.

Der Venuswagen

Jünglinge, o schwöret ein Gelübde,
Grabet es mit goldenen Ziffern ein!
Fliehet vor der rosigsten Charybde
Und ihr werdet Helden sein.

Tugend stirbet in der Frynen Schoose,
Mit der Keuschheit fliegt der Geist davon,
Wie der Balsam am geknikter Rose,
Wie aus rissnen Saiten Silberton.

Venusfinger bricht des Geistes Stärke,
Spielet gottlos, rükt und rükt
An des Herzens feinem Räderwerke,
Bis der Seiger des Gewissens – lügt.

Eitel ringt, und wenn es Schöpfung sprühte,
Eitel ringt das göttlichste Genie,
Martert sich an schlappen Saiten müde,
Wohlklang fließt aus todten Trümmern nie.

Manchen Greisen an der Krüke wankend,
Schon hinunter mit erstarrtem Fuß
In den Abgrund des Afermes schwankend,
Nekte sie mit tödtlich süßem Gruß.

Quälte noch die abgestumpften Nerfen
Zum erstorbnen Schwung der Wollust auf,
Drängte ihn, die träge Kraft zu schärfen,
Frisch zu spornen zäher Säfte Lauf.

Seine Augen sprühn erborgte Stralen;
Tödlich munter springt das schwere Blut,

Und die aufgejagten Muskeln pralen
Mit des Herzens lezlichem Tribut.

Neu verjüngt beginnt er aufzuwarmen,
All sein Wesen zukt in Einem Sinn,
Aber husch! entspringt sie seinen Armen,
Spottet ob dem matten Kämpfer hin . . .

Parodie auf Schillers Fridolin

Verfasser unbekannt

Ein geiler Bock war Fridolin,
Gemietet von dem Herrn,
Zu vögeln die Gebieterin,
Die Gräfin von Savern;
Denn mit dem Grafen war's vorbei,
Zu schwach schon längst zur Fickerei,
Wollt's äußerst selten ihm gelingen,
Den schlappen Schwanz zum Steh'n zu bringen.

Der Graf, ein sehr gefäll'ger Mann,
Er wußte wohl recht gut,
Wie, wenn man nicht mehr vögeln kann,
Es jungen Weibern thut;
Drum mietet er ihr einen Knecht,
Das war der Gräfin eben recht,
Weil er, wie Salisch, ohn' Ermatten
Sie zwölfmal täglich konnt' begatten.

Drum zog der ganzen Dienerschaar
Ihn auch die Gräfin vor,
Und ihre schöne Votze war

Ihm stets ein off'nes Thor.
Sie hielt ihn nicht wie ihren Knecht,
Es gab sein Schwanz ihm Eh'mannsrecht,
Und wahre Himmelslust sie fühlten,
Wenn Schwänzchen sie verstecken spielten.

Darob entbrannt in Roberts Brust,
Des Jägers, gift'ger Groll,
Dem längst von geiler Ficksuchtslust
Die Nille mächtig schwoll.
Er trat zum Grafen, rasch zur That,
Und öffnet des Verführers Rat;
Als einst vom Jagen heim sie kamen,
Streut er ins Herz des Argwohns Samen.

Wie seid ihr glücklich, edler Graf,
Hub er voll Arglist an,
Euch raubet nicht den gold'nen Schlaf
Des Zweifels eitler Wahn.
Und, wahrlich traf bis jetzt noch nie
Euch Filzlaus oder Venerie?

O möchten immer die Franzosen
Entfernet sein aus euren Hosen!
Da faßt der Graf sich an den Latz
Und zieht hervor den Schwanz,
Und spricht: bis heute, lieber Schatz,
War er noch immer ganz.

Zwar ewig schlapp, doch stets gesund,
Mein Glauben steht auf festem Grund,
Vom Schwanz des Grafen von Saverne
Bleibt, hoff' ich wohl, der Schanker ferne.

Doch Robert spricht: Versteht mich recht,
Aufmerksamkeit verdient
Wohl Fridolin, der treue Knecht,
Der Euer Weib bedient.
Denn täuschen mich die Sinne nicht,
So ist venerisch jener Wicht.
Wie, fällt der Graf ihm ein, und zittert,
Wo hast du dieses ausgewittert?

Wie, was erfüllet aller Mund,
Das birgt sich meinem Herrn?
Doch glaubet ihr, er sei gesund,
Wohlan, so schweig ich gern.
Was! sagt der Graf, Canaille sprich,
Sonst auf dem Fleck castrir' ich dich;
Hast du, – ach, es ist zum Vergehen –
Hast du den Schanker selbst gesehen?

Das nicht, jedoch die Pflaster, die
Er alle Tage schmieret,
Wie er die Nille sich ausspritzt
Und sie mit Höllenstein touchieret.
Gut, spricht der Graf, ich weiß genug,
Nur schweig', mach' deine Sache klug;
Ja, Robert, sollte es dir glücken,
Sollst du mein Weib statt seiner ficken.

Jetzt war der Graf am Schweineschloß
So eben arriviret,
Wo man den jungen Schweinetroß
Mit Messern kühn castriret.
Da kam ihm der Gedanke ein:
Auch er soll bald castriret sein,

Dann kann, mit Venerie beladen,
Er meiner Nille nichts mehr schaden.

Zwei Schweineschneider standen dort
Und schnitten voller Wut;
Zu diesen spricht er: bleibt am Ort
Und was ich sage, thut:
Der Erste, welcher kommt und fragt,
Habt ihr schon, was der Herr gesagt,
Ihr Schneider, den Befehl vollführt,
Wird ohne Weiteres castrirt.

Drob freut sich das entmenschte Paar
Mit wahrer Henkerslust,
Denn kalt, wie kalter Bauer, war
Das Herz in ihrer Brust.
Die Messer wetzten sie nunmehr
Und bringen Stricke schnell daher,
Um, wenn er kommt, ihn festzubinden,
Damit nicht Widerstand sie finden.

Drauf Robert zum Gesellen spricht
Mit falschem Heuchelschein:
Frisch, fauler Bengel, säume nicht,
Der Herr begehret dein.
Der Herr, er spricht zu Fridolin:
Mußt gleich zum Schweinestalle hin
Und frag' die Schweineschneider dort,
Ob sie gethan nach meinem Wort.
Und jener spricht: es soll gescheh'n,
Und geht. Doch hält er still,
Und denkt: erst will ich fragen geh'n,
Ob sie gefickt sein will!
Und vor die Gräfin stellt er sich:

Zum Schweinestalle schickt man mich,
Soll ich erst vögeln, ist's dein Wille,
So sei's, denn dir gehört die Nille.

Darauf die Dame von Savern
Spricht: ich bin teufelsvoll,
Ich wäre zwar gefickt recht gern,
Doch ist mein Bauch zu voll.

Drum geh' nur heut ins Hurenhaus,
Und spritze deinen Schlauch dort aus,
Ich will dir meine Nichte schicken,
Du find'st sie dort und kannst sie ficken.

Und froh der sehr willkomm'nen Pflicht
Macht er in Eil' sich auf,
Und hat den Schweinestall noch nicht
Erreicht im schnellen Lauf,
Da läßt die Geilheit ihm nicht Ruh,
Er geht dem Hurenhause zu
Und denkt, du kannst beim Rückweg fragen,
Ob der Befehl schon abgetragen.

Und als er kommt, da findet schon
Er den Chirurgus dort
Der Votzen-Visitation
Hier hält an diesem Ort.
Der ladet Fridolin gleich ein,
Behülflich ihm dabei zu sein.
Und dieser macht sich schnell zu schaffen,
Die alten Votzen zu begaffen.

Er hatte erst vor kurzer Zeit
Die Medizin studieret,

War in die Votzen eingeweiht,
Bevor er relegieret.
Faßt kundig jetzt ein Mensch am Bein,
Und steckt die Hand zur Votz hinein;
Der Feldscheer mit der Sonde gründet,
Ob Tripper er, ob Schanker findet.

Als alles endlich visitieret,
Da waschen beide sich;
Und Fridolin hält tief gerühret
Nunmehr dem Fräulein Stich.
So oft es ihm nur heute glückt,
Wird sie von hinten auch gefickt,
Und nach der Gräfin Machtgebot
Fickt Fridolin sie fast zu todt!

Als brav er sich nun ausgespritzt,
Da gehet er hinweg,
Und kömmt schwach, matt und abgefickt
Jetzt an den Schweinedreck.
Er sieht die Schweineschneider stehn
Und fragt: ob der Befehl gescheh'n.
Sie zeigen Eier ihm und Messer
Und fragen: »Wer castrirt wohl besser?«

Die Antwort bringt er seinem Herrn
Im vollen Lauf zurück;
Als der ihn kommen sieht von fern,
Traut kaum er seinem Blick.
Ha, spricht der Graf, wo kommst du her?
Du läufst ja noch verteufelt sehr,
Ach Gott, er ging nicht in die Falle,
Kömmst Bengel du vom Schweinestalle?

Ja, Herr, doch daß ich so verweilt,
D'ran ist die Gräfin Schuld,
Ich wär' fürwahr noch mehr geeilt,
Spräch' sie nicht voller Huld:
Geh hin, mein Sohn, ins Hurenhaus
Und vögle meine Nichte aus!
Dort ward ich in Beschlag genommen
Und konnt' deshalb nicht früher kommen.
In dumpfes Staunen sinket hin
Der Graf, entsetzet sich,
Welch' Antwort ward dir, Fridolin,
Am Schweinestalle, sprich!
Herr, dunkel war der Rede Sinn:
Man wies mich nach zwei Eimern hin,
Und zeigte Eier mir und Messer,
Und fragte: wer castrirt wohl besser?

Und Robert? fällt der Graf ihm ein, –
Ihm ward ganz schauerlich, –
Sollt er dir nicht begegnet sein?
Sprich, Fridolin, o sprich!
Ja, ja, dort ist er, gar nicht weit,
Was Teufel! seht, er geht ganz breit.
Nun, ruft der Graf, und steht vernichtet:
Der Schweineschneider hat gerichtet!

Und gütig, wie er nicht gepflegt –
Nimmt er des Dieners Schwanz,
Besichtigt ihn, wird tief bewegt
Und findet ihn im Glanz;
Steckt ihn der Gräfin selbst hinein
Und spricht: Kein Engel ist so rein,
So vögelt denn, – ich bin geborgen –
Meintwegen auch bis übermorgen!

Zacharias Werner auf Abwegen

Nach Carlo Dandini

»Haha, da fällt mir ein Spaß ein!«

»Nun, der Himmel sei gepriesen!« rief Ferdinand, »wenn es nur was Gescheites ist, daß wir aus dieser weinerlichen Stimmung kommen.«

»Bruderherz!« sprach Kaspar, »du wirst dich totlachen, totlachen wirst du dich!«

»Halt, halt!« schrie Theodor, – »das wollen wir uns verbitten; du sollst nicht zum Mörder werden, um einen melancholischen Menschen zu erheitern.«

»Totlachen muß er sich!« wiederholte Kaspar, »anders tue ich's durchaus nicht, totlachen, es möge mir nachher gehen, wie es wolle.«

»Es war einmal ein Mann, der hieß – «

»Hol dich der Teufel mit samt deinen Narrenstreichen!« sagte Theodor, »wenn du nichts Besseres kannst, als ein altes Ammenmärchen auftischen, so brauchen wir dich gar nicht.«

»Was willst du denn?« fragte Kaspar, »soll ich keine Geschichte erzählen?«

»Ja«, erwiderte jener, »aber nicht ein albernes Kindermärchen. Es war einmal ein Mann – «

»Der hieß Werner«, sprach Kaspar, »und war zu Rom katholisch geworden, befand sich darauf in Wien bei den Ligourianern oder Redemptoristen als Volksprediger und ward in der vornehmen wie in der niedern Welt bald gar hoch angesehen, dort, weil er gute Possen riß und die Leute amüsierte, hier, weil er wacker über die buntscheckige Welt, die er einst auf der Kanzel mit einer Husarenjacke verglich, schimpfte und am Ende kein gutes Haar an ihr ließ.

Einstmals hatte er sich den Magen verdorben, er ging in die nächste Apotheke und bestellte sich eine Purganz.

Zur selbigen Zeit war ein arger Bonvivant, ein Ungar, mit Namen Radowski, dort, welcher eine Liebschaft mit einer etwas begehrlichen Wienerin hatte. Drei-, viermalige Umarmungen genügten ihr nicht, sie wollte mehr wissen und lud den Freund zur nächsten Nacht ein. Um sich recht ritterlich zu zeigen, bestellte er sich eine tüchtige Stimulanz, und zwar in derselben Apotheke.

Die beiden Leute holten ihre Medikamente ab, aber der Teufel hatte ihnen einen verfluchten Possen gespielt.

Die Purganz war in des Ungarn und die Stimulanz in des Priesters Hände geraten. Dem armen Ungar ging es sehr schlimm. Er nahm eine Stunde vor dem Schlafengehen, wie ihm gesagt worden war, eine gute Dosis ein . . . Mit seiner Schönen im Bette, befand er sich anfangs ganz wohl, und diese war mit ihm auch nicht unzufrieden – ihr werdet wissen, daß Abführungsmittel immer zugleich auf die Geschlechtsteile wirken –. Als er jedoch zum dritten Male aufsattelte, hielt nur noch der andere Reiz den Reiz zurück, welcher durch die Medizin hervorgebracht war, und im Augenblicke der Entladung von vorn, folgte eine von hinten in einem solchen Maße, daß die junge schöne Frau nicht anders glaubte, als das jüngste Gericht breche herein mit Pauken und Trompeten, und überschwemme sie zuerst mit Pech und Schwefel.

Der arme Mensch ward von der erzürnten Frau zum Bett und zum Hause hinausgeworfen, verlor seine Lust und sein Verdienst, sein ganzes Brot war zum Teufel. Aber dem wackern Werner erging es beinahe noch übler.

Er war in Paris gewesen und hatte sich gerühmt, den Becher der Wollust bis auf den letzten Tropfen geleert zu haben. Bekannt ist der Spaß, der ihn zum Stadtgespräch machte und bewies, daß er nicht nur den letzten Tropfen, sondern auch die Hefen mitgeschlürft hatte.

Da er nicht schön war, also nicht Eroberungen machen

konnte, wobei ihm auch sein Alter hinderlich gewesen wäre, mußte er sich mit den käuflichen Mädchen begnügen. Diese suchte er jeden Abend im Palais Royal auf. Nun war er sehr kurzsichtig, und so war es ihm wiederholt geschehen, daß er ein für hübsch gehaltenes Mädchen begleitet und dann mit einer häßlichen Vettel zu tun gehabt hatte. Von da an nahm er seinen Bedienten mit sich, welcher nicht an einem Überfluß, sondern an einem überflüssigen Mangel an Verstand litt, daher auch von Werner immer nur schlechtweg Rindvieh genannt wurde.

Dies Rindvieh ging jeden Abend hinter seinem Herrn im Palais Royal auf und ab. Begegnete ihm nun ein Mädchen, das nach seinem Geschmacke schön war, so mußte er Werner am Rockschoß ziehen, als welches er nicht mit der größten Feinheit machte, daher er den pfiffigen Pariser Dirnen bald auffiel, worüber sie ihn dann im Komplott schoren und neckten, sich dutzendweise um ihn herstellten, ihn anschrien, sie seien die Schönsten, mit ihnen solle er gehen usw., tolles Zeug mit ihm trieben und ihn zum Stadtgespräch machten.

Nachdem er ganz entnervt war, ging er aus Frankreich (1808) per embages nach Rom (1809) und ward dort katholisch und endlich Priester dieser Religionssekte.

Nun hatte er sich zu erholen Zeit gehabt, die Fastenspeisen waren ihm wohl bekommen, besonders die Fische, er fühlte wieder manches Gelüste. Jetzt bekam dieser liederliche Patron, der wegen seiner Ausschweifungen von drei Frauen geschieden war, eine Stimulanz, und zwar eine Stunde, bevor er auf die Kanzel trat.

Bald regte sich der alte Adam, die vis diabolica in lumbris trat in allen seinen Bewegungen hervor. Umso heftiger donnerte er dagegen und erregte sich dadurch auf einen unerhörten Grad. Endlich verließ er die Kanzel.

Aber welchen Skandal trieb der Teufel mit ihm. Seine liebsten Jünger, die Mädchen und Weiber griff er im Beichtstuhl an, in der Sakristei nahm er ein altes Weib vor, außerhalb der Kirche, an der Ecke, wo das Fegfeuer gemalt ist, eine Köchin, und in seinem Kloster zu Mariastiegen, worin er zurücktaumelte, alles, was ihm im Sprechzimmer auffiel.

Der gräßliche Skandal, den dies verursachte, bewirkte, daß er mit großem Aufsehen aus dem Orden trat, indem er behauptete, man habe ihn durch Giftmischerei zu dieser Tollheit bringen wollen, welche ihn auf ein hartes Siechenlager warf.

»Dem ist ein schlechter Spaß passiert«, meinte Wilhelm.

»Das weiß der Himmel«, sprach Theodor. »Ich glaube, man hat übrigens in Wien sich vorzusehen. Die Weiber sind wie der Teufel versessen auf den Genuß und machen sich nichts daraus, einen Mann zu ruinieren. Sie haben gewöhnlich dergleichen Stimulanzien im Hause. Mir erzählte eine Geliebte, die ich hier habe und die mehrere Jahre in Wien zugebracht hatte, unter anderem, sie sei bei der Gräfin Steinesel gewesen, welche einen großen Musikus Fuchs zum Liebhaber gehabt; dieser sei schon stark mitgenommen und nicht mehr viel zu leisten imstande gewesen, da habe man von Schokolade und Vanillenbonbons und Diabolinis gesprochen. Das Kammermädchen habe gesagt, die Gräfin Blitzingen habe von dem stummen Italiener so treffliche Diabolinis bekommen, daß sie gleich zwölf Pfund gekauft habe. ›Ei‹, sagte die Gräfin Steinesel, ›dergleichen kann mein Fuchs auch brauchen, du mußt mir sogleich welche holen, aber nicht soviel – höchstens – – – zehn Pfund!‹«

Ein kleines Preislied

Vermutlich von Christoph Martin Wieland

Das Gärtlein still vom Busch umhegt,
Das jeden Monat Rosen trägt,
Das gern den Gärtner in sich schließt,
Der es betreut, der es begießt,
Es lebe hoch!

Der Bergmann stark und wohlgenährt,
Der ohne Licht zur Grube fährt,
Der immer wirkt und immer schafft,
Bis er erlahmt, bis er erschlafft,
Er lebe hoch!

Eine Missions-, Buß- und Sittenpredigt

der Gemeinde zu Ottakring am 25. November 1782

»Das Arbeiten und Ausmisten im Schaafstallerl Kristi ist immer für uns Geistliche fruchtlose Arbeit, so sehr wir uns auch Mühe geben, den Stall recht rein zu erhalten, weil die Schaafe immer wieder hinscheißen und brunzen und des Unrats gar kein Ende machen. Man sollt euch lieber kristliche Schweine als kristliche Schaafe nennen, weil ihr in allen Sündelöchern herumstänkert und mit euren Fotzen überall umnurscht wie die Schweine. Ich will menschlich davon reden, meine Kristen, um der Keuschheit willen hab jeder sein eignes Weib, und jedes Weib laß auch hübsch dem Mann seinen Willen, wie, wann und so oft er will. Freilich kann ich manchem Weib nicht immer Unrecht geben, wenn sie sagt: mein Mann ist ein Nimmersatt. Aber das Maul halt, Weib!

thue deine eheliche Pflicht, das ist's, was der große Paulus will. Wie schön ist's der Sara nicht angestanden, daß sie ihrem Mann in allem hübsch Gehorsam leistet. Ebenso sollt ihr auch euren Männern gehorsam seyn und euch bemühn, eure Töchter zur Nachahmung zu bewegen und zu thun, was der Mann will. Ist nicht Kristus selbst bis zum Tode gehorsam gewesen? Obediens usque ad mortem. Wenn also dieser Kristus gethan hat, wie der Apostel klar anmerkt, sollt ihr euch dawider auflehnen, ihr Fotzengepack? – wollt ihr Gott Regeln vorschreiben, ihr weiblichen Hackstöck? – Sogar beim unvernünftigen Vieh hat Gott das Weiberl überall dem Mannerl untergelegt. Schauts die kleinen Vögerln an, wann's Weiberl nicht will, braucht das Manderl Hausgerechtigkeit, nimmt sie beim Schopf, und zeigt ihr, was der Hausbrauch ist! Der Mann soll sich seines Weibes in der Jugend brav bedienen und aus ihrem Brunnen trinken, er soll sich an ihrem Brunnen allezeit sättigen und alleweil in ihrer Liebe ergötzen, und wenn ich nun frag: Warum laßt ihr's nicht zu? Ha? – weil ihr für euren Mann zu faul seyd.

Mein, sagt mir doch, welcher Mann wird so närrisch sein, einen Weingarten pflanzen und nicht von seiner Frucht essen? Dazu ist das Weib ja von der Natur hergegeben worden, daß sie dem Mann gefällig sein soll. Dazu hat sie die Mutter Natur ja so molligt und gespaßig geschaffen, daß der geplagte Mann immer einemal ein weltliches Gespaßel, einen zeitlichen Zeitvertreib haben soll. Schaut's ihr Weiber, ihr könnt euch drehn, wie ihr wollt, ihr kommt mir nicht aus, überall liegt ihr unten . . . Habt ihr einmal ein Weib, so sucht ihr keine andre, es muß euch seyn, als gäb's gar kein Weibsbild mehr auf der Welt. Schaut's, braucht man denn, um gut und vergnügt zu leben, mehr als ein Bett, wenn noch oben auf ein hübsches Weiberl darinnen liegt? . . . Aber ihr seid unmäßig in euren Begierden, könnt eure Leidenschaften nicht im Zaume halten, und obschon ihr den ganzen Tag über sehr hart arbeiten müßt, so wollt ihr doch noch bei Nacht dem armen Weiblein, das auch den ganzen Tag wie eine Kuh ihr Joch getragen und ihre Kälber selbst gesäugt hat, keine Ruhe lassen, und das ung'scheut vor den Kindern, kreißet und schnaubet dabei, daß die arme Unschuld darüber erwachet und nicht begreift, was in der Finstere vorgeht und warum eure Bettstelle knarre . . .«

Über die Ausschweifungen Berlins, das ist: dessen Tanzsäle, Kupplerinnen und Freudenmädchen

Justus Conrad Müller

Alle Städte (sagt irgendwo ein großer Arzt), wo man durch einen zaumlosen Hang nach der elenden Lust des Augenblicks, durch ein geräuschvolles Leben und die Unreinlichkeit der Sitten beweisen will, daß man zu leben versteht, zeigen uns in der Folge vorzüglich viele verdorbene Konstitutionen, viele hagere Todesgestalten und zu großen Unternehmungen unfähige Köpfe, Schwindelgeister mit Mienen von erheuchelter Freundlichkeit und teuflisch schleichenden Blicken. Daher darf man sich nicht wundern, wenn man auch in Berlin, wo der Hang zu Ausschweifungen so groß ist, sehr oft auf Gestalten stößt, von deren Angesicht Gellert schreibt:

> Es predigt traurig die Geschichte
> Der Lüste, die das Herz verzehrt!

Dies vorausgesagt, komme ich auf jene bedauernswürdigen Geschöpfe, die in dieser üppigen Stadt, wiewohl im Anfang mit lächelndem Antlitz und unterdrücktem Gewissen, auf blumiger Bahn in den Abgrund des Verderbens eilen. Schrecklich ist ihre Menge und gefährlich sind ihre Waffen.

Man kann sie in Klassen einteilen. Ach, daß hier ein unsichtbarer Genius dem unverdorbenen Jüngling zur Seite stünde und im unglücklichen Augenblick der Leidenschaft, da er im Begriff ist, ein geheiligtes Feuer auf eine unwürdige Weise zu löschen, zuriefe:

Jüngling, kämpfe ritterlich,
Wenn die Wollust buhlt um dich!
Liebling, ins Gewand der Freuden
Weiß sie schlau sich zu verkleiden;
Lockt mit Honigrede dir:
Aber flieh, ach, flieh vor ihr.
Freundlich nimmt sie dich in'n Arm,
Und ihr Busen macht dich warm.
Ach, du träumst dir keinen Kummer,
Liegst gewiegt in süßem Schlummer;
Schlummerst fort und denkest nicht,
Daß die Natter heimlich sticht.
Ha, das Scheusal kommt gerannt,
Eine Schale in der Hand,
Angefüllt mit tausend Seuchen,
Die durch Mark und Bein dir schleichen;
In der Hölle, wo es quillt,
Hat sie dieses Gift gefüllt.
Leisen Tritts, du merkst es nicht,
Schleicht sie vor dein Angesicht,
Ach, und geußt mit einem Male
Auf dich nieder ihre Schale;
Drauf verläßt sie lächelnd dich,
Zischt dich aus und meidet dich!
Wehe! Wehe! – Matt und bleich
Liegst du da den Toten gleich,
Gift durchfrißt dir alle Glieder,
Deine Blüte kehrt nicht wieder.
Reue, Reue, für und für,
Naget wie der Krebs an dir.
Auf, drum kämpfe ritterlich,
Wenn die Wollust buhlt um dich!

Unschuld ist des Jünglings Krone;
Drum entflieh dem Zaubertone,
Den dir die Sirene singt,
Wenn sie zum Verderben winkt!

Die niedrige oder skandalöse Klasse dieser unglücklichen Geschöpfe besteht aus meistens infizierten Straßenmädchen. Ich habe ihrer bereits bei Gelegenheit der Linden gedacht. Der Tiergarten, die Jungfernbrücke und die Linden sind ihr hauptsächlichster Aufenthalt. Diese Klasse ist die unschädlichste. Man findet sie beinahe in allen großen Städten, allein wegen ihrer bekannten Abscheulichkeiten wird sie nur einen höchst unerfahrenen Menschen, und das kaum, zu verführen imstande sein. Wenn es dieser Sorte nicht recht gehen will, so verirrt sie sich in die ebenso niedrigen und skandalösen Bordelle als die »Tranbulle«, den »Zottigten Juden«, die »Talgfabrik«, den »Schwarzen Kater«. Die zweite oder die reputierliche Klasse ist schon gefährlicher und hat ihr Standquartier gleichfalls im Tiergarten, hauptsächlich aber in gewissen Tabagien.

Die dritte, die sogenannte honette, besteht aus Freudenschwestern von Profession, welche die Tanzsäle besuchen. Diese sind nun wieder ebenso verschieden als die Säle selbst, wo sie hingehen. Der bekannte Verfasser der Galanterien von Berlin hat beide zu seiner Zeit sehr richtig und treffend geschildert, doch hat seitdem sich vieles verändert. Die Mädchen sind sämtlich frisiert, meistens noch sehr jung und gut (gewöhnlich weiß) angekleidet. Sie wohnen in der Stadt zerstreut, hin und wieder in einem Kämmerchen mit einem alten Weibe, als der Hausmutter und Gesellschaftsdame, zusammen. Sie nehmen zwar auch hier sehr gerne Visite an, wenn sie welche haben können, allein dies eben ist der große Punkt, der sie beschäftigt, Bekanntschaften zu machen und alsdann des Abends etliche Liebhaber mit nach Hause zu bringen. Zu diesem Ende (und um zahlreichen Zuspruch zu haben) hat sich der gegenwärtige Besitzer des so berüchtigten Bosischen Tanzsaales in der Neustadt, auf der letzten Straße, Herr Lehmann, der armen Dinger erbarmt und erlaubt ihnen, sich auf seinem Tanzsaal einzufinden, um daselbst auf Eroberungen auszugehen. Um neun Uhr des Abends nimmt gewöhnlich hier die Musik den Anfang, wo sich dann die gedachten in der Stadt zerstreuten Mädchen in ihrem Lüstre nach und nach einfinden und auf den Fang irgendeines unbedachtsamen und leidenschaftlichen Jünglings ausgehen. Es sei mir erlaubt, diesen Tempel der Venus mit ein paar Worten zu beschreiben. Es ist ein großer viereckiger Saal. In der Mitte hängen drei große Kronen von Kristallglas mit brennenden Kerzen, an den Wänden aber Spiegel mit Wandleuchtern. Oben und unten geht man durch zwei kleine und etwas niedrigere Nebenzimmer, in denen gespeist wird, auf Treppen hinauf zu den schön tapezierten und verschlossenen Logen; zur Seite aber ist eine Barriere für die Musikanten. Hier gehen nun die respektiven Liebhaber entweder unten auf und nieder, trinken ein Glas Bier, rauchen eine Pfeife oder sie mieten sich oben eine Loge und lassen sich eine Bowle Punsch oder eine Bouteille Wein heraufbringen, – erstere kostet einen Taler, letztere einen Gulden, die Loge mitgerechnet, – und sehen sodann dem Schauspiel oft ohne fernere Teilnahme zu. Wofern sie aber nicht so enthaltsam sind, so brauchen sie nur oben und unten einen Wink zu geben oder gleich wie ein Sultan das Schnupftuch zu werfen, und sogleich wird das Mädchen erscheinen, das ihnen gefällt. »Guten Abend, mein Lieber, so allein?« Du präsentierest ein Glas Punsch oder Wein. »Wollen Sie sich nicht setzen, mein Kind?« (Wobei sie der Liebhaber gemeiniglich auf den Schoß nimmt und in der Nähe abmißt, was etwa ihre Reize versprechen.) »Nun, liebes Kind, sagen Sie mir doch, wo Sie wohnen?« – »Da und da.« Alsbald entdeckt sie dir mit größter Bereitwilligkeit ihren Aufenthalt. »Aber ich dächte doch«, fügt sie am Ende hinzu, »lieber Junge, du gingst mit nach Hause!« (indem sie dich küßt). Sagst du nun »ja«, so ist der Handel gemacht; »nein«, so bittet sie wenigstens um ein Tanzgeld (vier Groschen), sieht dich an, lacht, läuft davon und tanzt einen Walzer.

Unter dieser Klasse von Mädchen sind oft Kinder von vierzehn bis fünfzehn Jahren, deren Eltern in der Stadt wohnen und nichts davon wissen, oder die von einer Kupplerin auf dem Lande und in Provinzialstädten heimlich weggekapert worden sind und nun aus Not, um in dieser äußerst kostspieligen Stadt nicht zu verhungern, bei dieser Lebensart bleiben müssen. Viele, besonders junge Weiber, sind von dem nämlichen Handwerk, verkaufen aber ihre Treue wahrlich nicht immer aus Geschmack, sondern aus der ihrem Geschlecht eigentümlichen Eitelkeit, um Putz zu verdienen, den ihnen die Männer wegen ihrer geringen Besoldung nicht anschaffen können oder wollen. Etliche, besonders von den ausländischen Mädchen sind sehr schön und die Reize ihrer Natur noch nicht sonderlich zerrüttet. Gleichwohl (wie der Verfasser der Galanterien von Berlin mit Recht behauptet) gleichen sie am Ende vollkommen den Nachtstühlen der Holländer, auf die sich der Vierzigste setzt, wenn der Neununddreißigste aufgestanden ist!

Die übrigen Tanzsäle befinden sich in den wirklichen Bordellen und dienen bloß zum Versammlungsort der Frauenzimmer, die in dem Hause wohnen und sich zu bestimmter Zeit einfinden müssen, damit erst die respektiven Liebhaber in ihrer Gesellschaft brav verzehren, ehe sie ihren Vergnügungen durch die Umarmungen dieser Mädchen die Krone aufsetzen. Dahin gehört: 1. der Tanzsaal und das Bordell Wayzingers auf dem Werder, unweit der Jungfernbrücke, wo auch verschiedene Mädchen aus der Stadt nur bloß hinzugehen pflegen. Der Saal ist unstreitig sehr schön und geräumig, wird aber bei weitem nicht so stark besucht als der Lehmannsche. Die Musik ist auch gut. Unten ist eine Reihe Logen und in der Mitte hängen zwei schöne Kronen, deren Erleuchtung sich vortrefflich ausnimmt. Die Anzahl der Mädchen ist nicht stark. Unter denen, die dermalen darin wohnen, (denn solche Häuser gleichen vollkommen einem Taubenschlag,) zeichnet sich ganz besonders die wohlehrbare Karoline mit der langen Nase aus, die so mager wie Don Quichottens Rosinante ist, gleichwohlen aber noch ihre Liebhaber findet. Sie besitzt einen unglaublichen Grad von Zudringlichkeit und Unverschämtheit. Auch wohnte sonst (jetzt aber auf der Neustadt) unten in diesem Hause die sogenannte Madame Permission aus Hamburg, eine der schönsten und ärgsten Huren in Berlin. Die Dame ist sehr wohlgehalten und ziemlich fett, ungeachtet sie (wie man sagt) mit einem ehrlichen Israeliten sieben Kinder gezeugt, nachdem sie ein gewisser Graf entführt und wie gewöhnlich verlassen hatte. Ein Franzose hat ihr verschiedene Anträge getan, sie als Mätresse zu sich zu nehmen, allein sie will sich von der Menge ihrer Liebhaber, die ihr (wie sie sagt) mehr Vergnügen machen als bloß einer, nicht trennen. Der Wayzingersche Saal wird übrigens von sehr honetten Personen besucht.

Die »Stadt Gibraltar«, gleichfalls auf dem Werder. Der Tanzsaal ist aber klein und unbeträchtlich. Die Anzahl der Mädchen (welche sämtlich frisiert) begreift etwa neune. Rechtliche Leute besuchen ihn selten, wohl aber eine Menge Handwerksburschen, Lakaien usw.

Der Tanzsaal und das Bordell Legers in der Friedrichsstadt, an der Französischen- und Kannonierstraßenecke. Vorne steht ein Billard, dann tritt man in einen kleinen, durch ein doppeltes Geländer abgesonderten Raum, wo gespeist wird. Aus diesem Raum geht wiederum eine kleine Treppe hinunter, worauf man in einen ziemlich langen und niedrigen Saal kommt. An den Seiten dieses Saales stehen lauter kleine

Tische; in der Mitte hängt eine Krone mit Lichtern; unten stehen gleichfalls Tische, aber oben, am Anfang der gedachten Treppe, ist eine Barriere für die Musikanten. Eine gewaltige Menge Perückenmacher, Schneider, Schuster und andere Burschen, auch Bürschchen von vierzehn bis fünfzehn Jahren, unterhält sich hier mit einer Anzahl schön frisierter und gekleideter Mädchen. Die wildeste Ausgelassenheit, eine zügellose Frechheit und Unverschämtheit im äußeren Betragen der gecken Dirnen, welche die Huldgöttinnen dieses Saales sind, verursachen, daß man ihn mit Widerwillen betritt. Mein Gott, wie tief kann der Mensch sinken und wie scheußlich wird jenes Geschlecht, wenn der letzte Funken von Scham in seinem Busen erloschen ist! Eine Schäferstunde (nämlich die Gefahr, sich einer Gonorrhöe oder vollkommenen venerischen Ansteckung auszusetzen) kostet nur acht Groschen. Dies Geld muß das Mädchen abliefern, so oft sie mit einem Liebhaber aus dem Tanzsaal nach ihrem zu diesem Behuf eingerichteten Zimmer geht; Kleidung, Tisch und Logis hat sie frei. Was über die Taxe ist, behält sie. Aber sie ist gehalten, den Liebhaber, soviel es möglich, zu bereden, viel aufgehen zu lassen, damit der Wirt und die Musikanten brav verdienen. Dies gereicht ihr zur Ehre und versichert ihr die Liebe des Herzväterchens (oder Kupplers). Die Mädchen mögen beim Anfang des Lasters, wovon sie sich nähren, ganz gut, ja einige schön ausgesehen haben, allein die fortgesetzten Debauchen und die oft allzu ungestümen Liebkosungen handfester Liebhaber haben sie mürbe und häßlich gemacht. Sie sollen des Lasters so gewohnt sein, daß sie selbst bei der zärtlichsten Katastrophe der Natur ohne das geringste Gefühl und Empfindung sind und augenblicklich nach erhaltener Belohnung sich in die Arme des zweiten, dritten, vierten Liebhabers werfen, dabei jedesmal das Geld bedächtig nachzählen und in gewaltige Schimpfwörter ausbrechen, wenn etwa an der Taxe etwas fehlt. Die Anzahl dieser Mädchen wechselt beständig. Hat eine davon keinen Anhang mehr, so schickt sie der Preteur in einen anderen Saal und bittet sich von da ein anderes Subjekt aus. Auf diese Art werden beide an verschiedenen Orten neu und erwerben sich Verdienst.

Der Tanzsaal und das Bordell Heils, gleich neben dem vorgedachten (hinten rechter Hand auf dem Hofraum). Die Anzahl der Mädchen beläuft sich auf neun. Der Tanzsaal ist ziemlich groß, aber nicht schön. Vorne ist die Billardstube, in die man unmittelbar aus dem Tanzsaal geht. Die Mädchen sind sämtlich zwar noch jung, aber ausnehmend abgenutzt. Dieser Tanzsaal dient gleichfalls nur für geringe Manufakturisten. Doch kommen auch wohl Personen von Extraktion in veränderter Kleidung. Nirgends haben es die Mädchen so gut wie hier. Sie bezahlen dem Kuppler wöchentlich 1 Rtlr. 6 Ggr. und dafür haben sie freien Tisch und Logis. Licht, Holz und Kleidung aber müssen sie selber stellen. Die getreue Offenherzigkeit dieser Mädchen hat mich divertiert. Einst stürzte ein Schwarm junger Wüstlinge die Tür herein und wurde gewahr, daß sie sich irrten, weil sie nach dem Legerschen Tanzsaal, der nur ein Haus weiter ist, gehen wollten. Ein junges Mädchen bemerkte, daß sie umkehren wollten, hielt sie auf und schrie ihnen zu: »Nein, zu Heils Huren sollt ihr gehen, nicht nach Legers.«

Der »Weiße Schwan« in der Spandauer Vorstadt. Die Mädchen sind zwar frisiert, aber ohne Erziehung und haben eine unausstehliche Physiognomie!

Das »Goldene Schiff«, gleichfalls in der Spandauer Vorstadt und zwar in der Kirchgasse. Der Saal ist lang und groß, die Mädchen unfrisiert, und er dient eigentlich nur für geringe Handwerker, Soldaten usw.

Der Tanzsaal des Husaren Kurts, in der Köpnicker Vorstadt, in der Kirchgasse. Er besteht aus dem eigentlichen Saal, der Speise- und Billardstube, worin einige vorzügliche unzüchtige Gemälde hängen. Das Gedränge ist hier, jedoch nur an gewissen Tagen der Woche, entsetzlich stark. Freudenmädchen der niederen Klassen, Husaren, Handwerksburschen und dergleichen tummeln sich bei einer Musik herum, bei der die Saiten pfeifen wie die Wassermäuse. Auch wird hier gespeist.

Die »Stadt Warschau«. Die Anzahl der Mädchen beträgt etwa sechs oder sieben. Schönheiten sind nicht darunter, doch scheinen einige gemacht zu sein, die physische Lust an ihnen zu büßen!

Dies sind nun eigentlich die beträchtlichsten Tanzsäle und Bordells, die am meisten besucht werden, aber bei weitem nicht alle.

Die Art und Weise, wie Fremde auf diesen Tanzsälen um ihr Geld gebracht werden, verdient hier erwähnt zu werden. Sobald sich jemand mit der Geliebten des Abends in ein etwas vertrauliches Gespräch auf der Loge oder im Saal einläßt, kommt ein Kerl mit einem Korb mit Gebackenem und präsentiert es dem Herrn mit der Ermahung: »Sie kaufen doch etwas für die Demoiselle?« Liebchen läßt sich diesen Wink nicht umsonst geben, sondern langt zu, und was will der Fremde tun? Er muß seinen Beutel ziehen und für diese Kleinigkeiten einen Haufen Geld wegschmeißen. Dieses Gebackene kommt von niemandem anders als von dem Herrn des Saales, der sich auf eine so niederträchtige Weise zu bereichern sucht. Zu Neujahr wird eine lange Pfeife mit einer Wachskerze auf einem Teller präsentiert; auch dies kostet ein gut Douceur. Jede Aufspielung zum Tanz mit dem Mädchen kostet die Person 2 Groschen, ein Bowle Punsch, die man mit ihr trinkt, 1 Taler (doch wird er auch in Gläsern zu 6 Groschen verschenkt). Ein Glas Bavaroise kostet 2 Groschen, eine Portion Kaffee 4 Groschen. Das Betteln der Musikanten auch Nichttänzern gegenüber, ist lästig, besonders auf dem Lehmannschen Saal. Die Mädchen bieten sich zwar allen

Fremden nicht so geradezu und ohne allen Umschweif an, geben aber durch Blicke und Gebärden deutlich genug zu verstehen, worum es ihnen zu tun ist. Ist aber der Fremdling schön, wohlgekleidet und freundlich, so fällt ihr bißchen Zurückhaltung weg. Sie rücken an ihn heran, liebäugeln, embrassieren und küssen ihn, bis er erweicht wird oder, was ihnen einerlei, seine milde Hand auftut. Mit manchen ihrer Liebhaber treiben sie auch Gespötte, besonders wenn er etwa natürliche Gebrechen hat. Merkwürdig und äußerst auffallend für den Beobachter ist es, wie die Mädchen unter der Menge ihrer Liebhaber allzeit einem besonders zugetan sind. Dies ist ihr Favorit; sie erschöpfen sich, ihm Proben der Zuneigung zu geben, unterhalten sich am meisten mit ihm und können sich kaum von ihm reißen. Gott weiß, ob er diesen Vorzug seinem Beutel, moralischen oder physischen Vollkommenheit zu danken hat? Genug, dieser Umstand ist auffallend. Besucht ein Mädchen, das zu einem bestimmten Tanzsaal gehört, in Gesellschaft eines Liebhabers einen andern Saal, so heißt es: sie schwärmt. Dergleichen Schwärme fallen oft vor.

Wenn ein solches Mädchen das Unglück hat, schwanger zu werden, was jedoch äußerst selten der Fall ist, so muß derjenige Vater sein, den das Mädchen angibt, gesetzt auch, daß man sie überführen könnte, es in einer Stunde mit vieren gehalten zu haben. Nichts spricht ihn davon los. Hierdurch sind viele angeführt worden, die gewisse Schäferstunden längst vergessen hatten.

*

Ich komme nunmehr zu den Kupplerinnen. Ihre Anzahl ist Legion. Denn Mädchen sind in Berlin ein höchst wichtiger Zweig des Handels. Das wird auch für nichts anders angesehen. Daher geht dieses Handwerk sowohl in ganzen dazu eingerichteten Gebäuden, als auch bei einzelnen Personen so gut vonstatten, wie einem geübten Manufakturisten eine langgewohnte Arbeit, nämlich mechanisch und ohne alles Bewußtsein.

Das erste, was mir bei meiner Ankunft in Berlin in einem der ersten Gasthäuser der Stadt dargeboten worden ist, war ein Kondom als ein sicheres Verwahrungsmittel gegen venerische Ansteckung. Ich lächelte über dieses gutgemeinte, aber trügerische Häutlein, das zwar Mädchen vor der Schwangerschaft bewahrt, aber noch niemals jemanden aus den Händen der Franzosen gerettet hat. Damen präsentiert man durch ihre Kammerjungfern Godemichés usw.

Die niedrigeren Kupplerinnen, meistens im Dienst der Venus vulgivaga grau gewordene Jungfern oder Matronen, haben einen besonders hohen Grad von Hartherzigkeit. Ihre teuflische List macht sie des Gebrauchs der niedrigsten und schändlichsten Mittel zur Erreichung ihres Zweckes fähig. Sie sind ohne alle menschlichen, geschweige denn moralischen Empfindungen, weil sich in ihren Adern kein gesundes Blut, sondern ein tausendfaches Gift bewegt. Nimmt man hinzu, daß der letzte Funke von Ehre ausgestorben und der fürchterlichste und grausamste Mangel nun gleich einer Hyäne neben ihnen steht und sie zu verschlingen trachtet, so hat man ein kleines Bild ihrer teuren Person und der Uneigennützigkeit, womit Fremde versichert sein können, von ihnen bedient zu werden.

Endlich die vierte Klasse der Freudenmädchen (oder die ordentlichen); das sind Pensionärinnen bei den vornehmeren Kupplerinnen als bei der berühmten Madame Schubitz, Lindemann, Saalbachin, Kühnholdin, Baurmeistern, Etschern usw., die alle eine bestimmte und gewisse Anzahl Mädchen unterhalten. Ein Frauenzimmer hält beständig Wache hinter dem Fenster und lauert, ob jemand kommt, wobei sich sogleich die übrigen, falls sie nicht schon Visite haben, einfinden. Der Fuß, auf dem es daselbst hergeht, ist sehr kostspielig und elegant. Die Madame, in deren Haus das Mädchen ist, empfängt dich mit großer Höflichkeit, führt dich auf ein sehr lieblich erwärmtes und dabei äußerst reinliches Zimmer, in dem ein Sofa und ein kleines Bett befindlich sind. Ein nett gekleidetes und schön frisiertes Frauenzimmer oder auch mehrere erscheinen zu deiner Gesellschaft, und nun fragt dich Madame, indem sie im Begriff ist, wieder wegzugehen, womit sie die Ehre haben könnte, dir aufzuwarten? Du forderst etwa eine Bouteille Wein, – gut: augenblicklich wird sie gebracht. Was kostet das? Einen Taler. Etwas Gebackenes dazu: 8 Groschen. Nun scherzest du ein wenig auf dem Sofa mit deiner Donna; aber auf einmal bekommt das liebe Kind Kopfweh. »Ach, lieber Junge, ich dächte, wir tränken eine Tasse Schokolade!« und ... »Du bleibst doch die Nacht hier!« – wobei sie den Arm um dich schlingt und den feurigsten Kuß auf deine Wangen drückt. Willst du den einmal angesetzten Becher der Liebe, wo sich doch der Tag geneigt hat, nunmehr ganz austrinken und die Nacht dableiben, so ist es desto besser für das Mädchen. Noch einmal ruft sie: »Madame, eine Tasse Schokolade!« – und flüstert ihr dabei ins Ohr: »Der Herr bleibt.« Madame schickt die Schokolade durch den Bedienten. Was kostet sie? 16 Groschen? Gut. Nun kommt die Aufwärterin, bringt Stiefelknecht, Nachtmütze, Pantoffeln, Handtuch und zwei Becken mit Wasser, empfiehlt sich, schließt die Tür ab und wünscht dir angenehme Ruhe.

So bist du nun mit deinem Kind allein, – ja ganz allein.
Du drückst die schöne Hand mit schüchternem Entzücken
An dein geschwelltes Herz und suchst in ihren Blicken,
Ob sie sein Klopfen fühlt? Ein sanftes Wiederdrücken
Beweist es dir. Die stumme Redekunst der Sympathie,
Ein schmachtend' Aug' voll Tränen und ein klopfend Herz,
Beschämt die Kunst der Demosthenen;

Es schmilzt das sanfte Herz der Schönen.
Und Amor leitet sie von einer kleinen Gunst
Zur andern – unvermerkt –, wohin sich beide sehnen.

Betrogener Jüngling, der du nun deine Schäferstunden genießest und unbekümmert um deine Gesundheit und deinen Beutel dem Tag entgegenschlummerst! Siehe, er bricht an! Nun steht das Mädchen auf, wäscht sich die sündigen Teile, reicht dir gleichfalls ein Becken mit Wasser. Ihr trinkt nochmals eine Portion Schokolade. Du bezahlst sie nebst ihrer Willfährigkeit mit einem Louisdor, gibst ein Trinkgeld an die Aufwärterin und schleichst sodann mit verwundetem Gewissen nach Hause.

In Berlin ist auch für den griechischen Geschmack in der Liebe gesorgt. Die *warmen Brüder* – wie man sie nennt – finden ganze Zimmer voll schöner und artiger Buben. Ein scheußlicher Tummelplatz alter und unvermögender Sünder, die unter sodomitischen Greueln grau geworden sind, ein häßlicher Anblick, der jedoch dem scharfen Blick des erfahrenen Sittenforschers nicht entgehen darf.

Ein Italiener verfertigt öffentlich jene Instrumente, die man nach den Behauptungen verschiedener Gelehrter bei den eleusinischen Mysterien verdeckt umhertrug. Tassani, Tiriponti und andere italienische physische Lustbarkeiten sind schon den Fräuleins von vierzehn Jahren bekannt. Der Tausch der Weiber auf Wochen und Tage ist sehr gewöhnlich. So habe ich einmal abends – ganz unbemerkt – gehört, wie ein Offizier zu einem Kriegsrat sagte: »Apropos, Freund, sag mal: wenn ich heute abend zu deinem lieben Weibe komme, daß sie den Pastor fidele (vermutlich den Hund) nicht aufs Sofa nimmt. Es schläft sich dann so unbequem und man wird so leicht gestört . . .«

Standrede am Grabe der Madame Schuwitz

Verfasser unbekannt

Meine andächtigen Zuhörer!

Wir stehen an der Bahre einer Frau, welche die ungerechte Welt, in Vorurteile versunken, mit allerhand nicht ehrenvollen Namen belegt. Undank ist der Welt Lohn. Wir dürfen uns daher nicht wundern, daß die, die ihr im Leben die größten Freuden verdankten, nach dem Tode auf sie schimpfen. Wir haben ein ähnliches, noch frappanteres Schauspiel kürzlich an einer Frau erlebt, die am Morgen und am Abende ein und desselben Tages von den Sklaven des Goldes und der Hoheit kriechend vergöttert und pöbelhaft beschimpft wurde. Gerechter als diese und dem Spruche: »de mortuis nil nisi bene« getreu, wollen wir ihre Verdienste auf der Wagschale der Unparteilichkeit wägen und auch das Gute in ihr ans Tageslicht ziehen. Wir werden zu ihren Tugenden auch die zählen, die sie sich durch Unterlassung manches Bösen aneignete. Diese Unterlassungstugenden würden mit Recht eine wichtige Stelle in jeder Leichenrede eines Souveräns einnehmen. Es ist leichter, Gutes zu tun, als Böses verhindern. Diese Unterscheidung bringt uns auf die natürlichste Art der Einteilung unserer Rede. Im ersten Teile derselben wollen wir die aktiven Tugenden der seligen Frau berühren, im zweiten werden wir ihre passiven löblichen Eigenschaften vornehmen, und zum Schlusse einige gottselige Betrachtungen über die Vergänglichkeit aller irdischen Herrlichkeit anstellen.

Unser Text gibt uns dazu die beste Gelegenheit. Wir lesen im Evangelio Lucae, Kapitel 23, Vers 39: »Aber der Übeltäter einer, die da gehenkt ward', lästerte ihn und sprach: Bist du Christus, so hilf dir selbst und uns. Da antwortete der andere, strafte ihn und sprach: Und du fürchtest dich auch nicht vor

Gott, der du doch in gleicher Verdammnis bist? Und sprach zu Jesus: Herr, gedenke an mich, wenn du in dein Reich kommst! Und Jesus sprach zu ihm: Wahrlich, ich sage dir: Heute wirst du mit mir im Paradiese sein!«

Wir sehen hier, meine andächtigen Zuhörer, den Heiland der Welt toleranter gegen einen Übeltäter, der noch dazu ein Mörder war, als manche seiner Bekenner gegen eine arme Sünderin, die nicht Mörderin war. Er verspricht sogar diesem Übeltäter eine Wohnung im Paradiese. Da seine Anweisung auf diese in dem kritischen interregnos sogar a vista ausgestellt war: warum sollten wir nicht glauben, daß die Verstorbene auch einen, wenngleich auf längere Sicht ausgestellten Wechselbrief auf die himmlischen Freuden erhalten habe? Wir erblicken Christus dort als einen aufgeklärten Staatsdiener seines himmlischen Herrn und Meisters, noch in der letzten Stunde seiner irdischen Existenz ist er gütig und nachsichtsvoll, auch gegen Übeltäter und macht ihnen die liberalsten Versprechungen seines Schutzes, wenn schon sein irdisches Reich zu Ende geht.

Die erste Tugend, um die unsere Selige das Paradies verdiente, ist ihre Menschenliebe. Jeder, der zu dem großen Zwecke des Lebens, dem Genusse, auch nur ein Minimum beiträgt, und seinen Mitbürgern, aus welcher Ursache es sei, eine frohe Stunde macht, hat Anspruch auf diesen Namen. Sag es, dankbares Berlin, sagt es, muntre Jünglinge, bezeugt es, dreißigjährige Greise, ihr jungen Philosophen und ihr alten Elegants bekräftigt es: Sie war, nächst der Komödie, das Universalmittel, die essentia miraculosa coronata gegen euren Erbfeind: die Langeweile. Was wart ihr ohne sie? Wenn die Glocke halb zehn schlug, wie schwebte bleiern Gott Morpheus um die Tische bei Weichleben, Eigensatz und Turm! Wie schläfrig ließ der goldne Adler seine schweren Flügel auf eure leichten Gehirne sinken, wie matt leuchteten die Strahlen des goldenen Sterns! Selbst die kräftigsten Zoten, mit denen der Hausadler des britischen Herzogs die keuschen Ohren der männlichen Berliner Jugend ergötzt, wurden so ekelhaft als die garstige Bestie selbst! Gab aber ein witziger Registrator den Ton an, von der Seligen zu sprechen, wie hüpften brandenburgische Grazien und Amoretten um den Zirkel, wie belebt wurden die Scherze erst dann, die Szene wie Hogarthisch munter, wenn in der Kommunionsstunde die ersten Bowlen Punsch geleert und der feuchte Witz sogar die stummen Schönen zur Sprache und zu Einfällen belebte! Kapua und Syrakus sehen keine lebhafteren Orgien: Brandenburg hatte ein Kapua, aber die preußischen Hannibale eine stärkere Konstitution als der Karthagische; denn sie blieben Sieger. Diese Blüten eures Lebens kommen nicht wieder. Es ist nicht wahrscheinlich, daß die Selige so früh wie Lazarus aufstehen oder daß eine andere ihre Stelle so würdig bekleiden werde. Es ist noch unwahrscheinlicher, daß ihr euch, meine andächtigen Zuhörer, plötzlich verändern werdet. Weinet also, meine Brüder, über den Verlust eurer Wohltäterin und ehrt ihre Asche!

Ihre Philosophie ist die zweite Tugend der Verstorbenen. Wir wissen nicht eigentlich, zu welcher Schule sie sich bekannte. Da sie eine Frau nach der Mode war, so ist nicht zu vermuten, daß sie den deutlichen Wolff oder den subtilen Crusius mit ihren altväterischen, bestäubten Röcken geliebt habe. Der alles zermalmende Kant, dessen kategorischer Imperativ bei ihr das Gold war, ist eher ihr Mann gewesen. Denn sie liebte die Gewißheit, deren sich die Kantianer erfreuen. Da auch die mehrsten ihrer Besucher, die eleganten Philosophen und die philosophischen Elegants, der Kantischen Lehre zugetan sind, so ist mehr als wahrscheinlich, daß sie an ihr eine Proselytin gemacht haben werden. Zudem schien der Hauptgrundsatz der Kantischen Sittenlehre *für sie* gemacht zu sein. Man muß nach Kantischen Grundsätzen bekanntlich das Gute nicht um des Guten willen oder um seines eigenen oder um seiner Brüder Besten willen lieben; das wäre höchst unphilosophisch. Sogar die Wärme des Herzens und der hochschlagende Puls der Menschlichkeit, wenn ein edler Entschluß im Menschen reift und das Göttliche in ihm Meister wird, gehört zu den trügerischen Gefühlen, die das kalte Eisen der kritischen Sittenlehre zermalme. Handle so, daß deine Maxime allgemeines Gesetz werden müsse! Laß dich nicht durch Gefühl, sondern durch einen kategorischen Imperativ dieser Maxime zur Ausübung aller Pflichten antreiben! Dies sind die Grundsätze Kants und der seligen Madame Schuwitz! Ihre Maxime war: Geld schaffen! Kants Maxime vielleicht nur die: ein neues System erschaffen. Ihre Maxime ist schon allgemeines Gesetz, Kants Maxime soll es erst werden. Auch war die Selige darin eine Kantianerin, daß sie das Gute, die Vergnügungen, die sie uns schaffte, nicht aus Gefühlen des Wohlwollens und der Menschenliebe, sondern um des kategorischen Imperativs ihrer Maxime – unserer Dukaten – erwies. Aber in ihrer praktischen Philosophie übertraf sie ohne Zweifel alle Kantischen Empiriker. Bei ihr war der kategorische Imperativ nicht wie bei diesen, ein müßiges Aushängeschild, das man im Zimmer drinnen nicht sieht; kein leerer Paradesarg, in dem der Leichnam der Philosophie nie gelegen hat. Ihr war er alles. Die gesegneten Folgen ihres Respekts gegen das Geld und ihrer Gleichgültigkeit gegen Charakter, Sitten und Stand waren: *Freiheit und Gleichheit*, die man in ihrem Hause reichlich genoß. Kein Unterschied der Stände war sichtbar: Könige und geheime Sekretäre, Herzöge und Stallmeister, Reichsgrafen und Mühlendammlords, Bischöfe und Küster, Gesandte und Briefträger, Kammerherren und Kondukteure, Generale und Bierbrauer, Leutnants und Geldmäkler, Zwerge, getaufte Juden und Branntweinbrenner, Regimentsquartiermeister und Büchsenspanner, Kammergerichtsräte und Hutmacherjungen, Präsidenten und Strumpffabrikanten, Philosophen und

Schneider, Pfalzgrafen und Schauspieler, Kammerassessoren und Weinhändler, Schriftsteller und Perückenmacher, Staatsminister und Scheidewasserbrenner, Referendar und Ressourcenvorsteher, Kabinettsräte und Schwarzseifenfabrikanten, Rezensenten und Papiermacher, schöne Geister und Futteralmacher, Buchhändler und Trödeljuden, Advokaten und Feuerwerker, Oberkonsistorialräte und Silhouetteurs, Prediger und Marktschreier, Geheimräte und Bartscherer, Finanziers und Scharfrichter sah man hier in bunter Gesellschaft. Hier ließ der stolzeste Aristokrat seine Ansprüche auf Unterscheidung schwinden, und alles opferte dem *wahren, großen Bedürfnisse der Menschheit.* Sie sah drei Könige in ihren Mauern, sechzehn Herzöge, fünfhundert Prälaten, unzählbare Prinzen, Grafen, Lords, Barone, Chevaliers und Marquis. Beglücktes Berlin! Du genossest zehn Jahre früher als Gallien die Früchte der Freiheit und Gleichheit! Nicht mit deinem Blute, nur mit harten Talern und Goldstücken bezahltest du das Entree. Und, o Wunder, die Könige selbst gaben ihr Bildnis zu den Einlaßbilletten!

Wir sehen zugleich, teuerste Zuhörer, mit welchem Unrechte man dem Einflusse der Schriften eines Voltaire, Rousseau, Helvétius, Montesquieu und anderer Philosophen und politischen Schriftsteller die französische Revolution zuschreibt. In dem kleinen Hause, zwischen der Kronen- und Mohrenstraße, ist der Keim der Republik, im vaterländischen Boden, entsprungen! Beim Schaume des echten Lüttichschen Champagners und in den Armen der reizenden Jeanette, wie schön entwickelten sich da die Begriffe von Menschenrechten und Bürgertugend in den Gehirnen und Herzen unserer jungen Demokraten! Doch, ich winke auf diese wichtige Materie nur hin; mag sie einer von den gründlichen Philosopho-Politikern, die in ihrer Studierstube die Bedürfnisse des Volks und das Verhältnis der Staaten wie eine philosophische Schulterminologie an den Fingern hersagen und aus ihr den Königen Anleitung zum Regieren zu geben wissen, näher untersuchen!

Der Patriotismus der Seligen verdient drittens gerühmt zu werden. Sie ließ besonders nur Fremde ihre Waren, deren Preis die Phantasie bestimmt, teuer bezahlen. Dadurch zog sie englische Guineen, spanische Piaster, holländische und päpstliche Dukaten und türkische Zechinen ins Land. Sie zog die rohen Produkte aus der Priegnitz, Pommern und andern Provinzen in die Residenz, bearbeitete sie und trieb einen vorteilhaften Detailhandel mit ihren Fabrikaten. Hätte eine aufgeklärte Regierung ihr ein Monopolium über alle Mädchen dieser Art verliehen, sie würde dem Staate gewiß noch größere Summen als eine Tabaksadministration gezahlt haben. Und die Mädchen hätten an der Güte durch diese Prozedur mehr als die Tabake gewonnen. Denn die Mädchen haben Verstand und wissen sich also besser zu schicken und zu konservieren als die Tabaksblätter, die zwar eine Administration, aber keinen Verstand haben.

Sie beschützte die Künste und Wissenschaften. Ihre berühmte Flötenuhr klagt noch jetzt in schmelzendem Adagio ihren Tod. Die vaterländischen Fabriken beschäftigte sie durch die kostbaren Ameublements ihrer Häuser. Ihre Hausgesellschaft bestand immer aus einigen schönen Geistern und jungen Philosophen; ihr Lieblingsbuch war Pepliers Grammaire. Die Akziseklassen gewannen durch die unendlich vermehrte Konsumtion von Zucker, Arrak, Zitronen, Mercurius dulcis, China und Pomeranzen. Die Weinfabrikanten in Stettin wurden reich durch sie. Die Ärzte, Wundärzte, Apotheker und Totengräber in Berlin und der umliegenden Gegend werden am besten wissen, was sie durch die Selige in praxi aurea Zuwachs erhalten. Ich tausche das honorarium Veneris, das die Selige zog, nicht mit dem verwandten salario Aesculapii. Die Findel- und Waisenhäuser, diese Pest der Staaten, machte sie entbehrlich, und der Schade, den sie der

Bevölkerung tat, war nur scheinbar. Was helfen dem Staat halbe Menschen, verkrüppelt an Geist und Körper, wie der unnatürlichen, aber ehelichen Produkte so viele herumlaufen? Sie selbst, die Selige, war nicht unfruchtbar. Sie lieferte dem Staate zwei gesunde, natürliche Produkte, ein Männlein und ein Fräulein, die ihr Geschlecht, wenigstens seine weibliche Branche, nicht aussterben lassen werden. Endlich gewannen Sittlichkeit und Moralität durch ihr Institut ungemein. Es ist nicht schwer, dies ernsthaft zu beweisen. Diejenigen, deren abgestumpfte Sinne und Bindfadennerven nur noch durch grobe Sinnlichkeit und derben Reiz erschüttert werden, die nicht Geist und Witz, nur Munterkeit und Zoten im Zirkel der Flaschen, der Brüder und freimütiger Schönen verlangen, fanden ebensogut und ungleich wohlfeiler ihre Rechnung bei Madame Schuwitz und ihren Schönen, als bei einer Gräfin Elliot in London, einer Nina Seltenhoff, als bei irgendeiner Tänzerin oder einer Nationalkurtisane. Auch blieb die Unschuld vor ihren Nachstellungen sicher, solange man im Tempel der Venus Pandemos opferte, wo *Unschuld* ein Schimpfwort ist. Die aber, denen aus den parties fines, bei Morino, noch etwas Geist im Gehirne, etwas Lebenslust im Herzen, etwas Mark in den Knochen geblieben ist, wurden durch die bitterste Langeweile, durch den lebhaften Überdruß in einigen wenigen Stunden in diesem Hause von der Liederlichkeit radikaliter kuriert. Das Haus der Seligen war endlich eine Merkwürdigkeit, die, obgleich sie in keiner Beschreibung von Berlin steht, eine große Menge Fremde nach dieser Stadt zog. Wäre nicht ihr Tempel und das Karneval in Berlin, was würde den stolzen Briten, den lebhaften Franzosen, den wollüstigen Italiener, den feurigen Schweden, den genußliebenden Polen an diese Sandwüsten und Steinklumpen fesseln? Viele wurden in der Nähe in ihren Erwartungen getäuscht. Ist dies aber nicht der Fall mit allem Großen, Schönen und Berühmten in der Welt?

Unter den passiven Tugenden der Verstorbenen steht billig die Mäßigung obenan. Wer zweifelt, daß sie in der Lage war, junge Toren und alte Narren rein auszuziehen und zu plündern? Dennoch ist sie arm gestorben, hat sogar Schulden hinterlassen. Man hat weder englische Stocks noch holländische Papiere, weder Tabaks- noch Heringsaktien und außer ihren Leuchtern und Löffeln kein massives Silber in ihrer Verlassenschaft gefunden. Die ganze Garderobe ihrer Pflegetöchter kann bei weitem nicht den Wert eines Solitärringes der Gräfin von L(ichtenau) betragen. Das Metier der Verstorbenen gab ihr einen Titulum der Plünderung, den jene Dame nicht hatte. Sie war also mäßig in ihren Ansprüchen und ist deshalb ruhig auf dem Bette der Ehre gestorben. Die Keuschheit der Seligen ist wohl zu beachten. Ihre Enthaltsamkeit verschmähte den Genuß, den sie anderen so bereitwillig verschaffte. Hierin glich sie den Geistlichen, die uns das Glück der Tugend und die Assignaten der himmlischen Freuden großmütig überlassen und sich selber am Rinderbraten des gemeinen Lebensgenusses begnügen. Ihre Erziehungskunst hat sich bewährt: ihren Sohn hat sie zur Tapferkeit und Ehrliebe und ihre Tochter zur Sittsamkeit erzogen. Wer, bei einem himmlischen Temperamente, bei so unendlich vielen Reizungen, bei der Erinnerung seiner eigenen Entstehung und einem weichen, zärtlichen, mitleidigen Herzen nur zwei natürliche Früchte der natürlichsten Neigungen aufzuweisen hat, – bei der keuschen Diana! – der ist sittsam erzogen, denn – die Natur ist nicht sittsam. – Die Vorsicht und Politik, mit der die Verstorbene sich in den mannigfaltigen Kollisionen, in welche sie mit Vorgesetzten, mit ihren Untergebenen, mit ihren Kollegen, mit der Geistlichkeit geriet – sich zu benehmen wußte, würde der Politik des Kardinalstaatssekretärs in Rom Ehre gemacht haben. Besonders klagte sie, daß ihr die Tugend und der Brotneid einiger jungen, vornehmen Damen manches in den Weg lege. Sie war, vermöge ihres Amtes, in einer eigenen kritischen Lage, und doch wußte sie sich durch gleiche Mittel als die deutschen freien Reichsstädte immer aus der Affäre zu ziehen und behielt den Charakter der Selbständigkeit. Die Demut, welche die Vertorbene zeigte, war ein Zweig dieser Tugend. Ihre Equipage fuhr nicht nur einem Prinzen, sondern auch einem Viertelskommissarius aus dem Weg, wodurch sie sich ohne Zweifel bis an ihr seliges Ende erhalten hat. Die köstlichste Blüte in dem Ehrenkranze der Seligen war aber ihre Verschwiegenheit. Diese war eben so groß und, weil sie in der Tat manches Geheimnis wußte, mehr wert als die Verschwiegenheit eines gewissen Ordens. Wäre sie nicht verschwiegen gewesen, die erhabene Tote, wieviel unglückliche Ehefrauen, Ehemänner, Väter, Vormünder, Bräute und – Jünglinge würde sie gemacht haben! So vieles Unglück, das es nur in der Einbildung ist, verhütete ihre Vorsicht. Wie manchen väterlichen Fluch, wie manche Ehescheidung verhütete sie dadurch! Ungestört konnte der Vater die Freuden der Liebe genießen, die er mit dem Sohne in angrenzenden Zimmern teilte. Eine allgemeine Toleranz und wahre Aufklärung war in ihrem Hause etabliert. Keine unwissenden Examinatoren untersuchten die Fähigkeiten und die Beschaffenheit der Kandidaten des Genusses. Die Kanzel der Liebe war jedem für die Gebühr offen, und der Ungeschickte blamierte sich nicht vor einem ehrsamen Publikum, nur vor einer ehrsamen H. Er lähmte nicht einer ganzen ungeduldigen Gemeine die Augenlider, er machte nur sich und einem zärtlichen Kinde eine, oft teuer bezahlte, langweilige halbe Stunde. Wir erinnern uns der fröhlichen Karnevals noch, in welchen die Weiber an den Armen ihrer Männer und Liebhaber durch die sanft erleuchteten Kabinette des Genusses strichen und in bunter Reihe mit den Nymphen auf den elastischen Diwan sanken, der gestern noch der Zeuge des Glücks ihres Führers war. Doch ich darf nur auf euer eigenes Gefühl, andächtige

Zuhörer, mich berufen, wie groß der Wert der Verschwiegenheit bei einer solchen Frau war in solchen Fällen, als manche meiner Zuhörer aus eigener Erfahrung kennen.

Ich könnte noch manches von ihrem Geschmack, ihrer Eleganz, ihrer Reinlichkeit und von ihren anderen Tugenden sagen. Die Liebe zum Landleben, diese Neigung aller großen Seelen, bewies sie durch ihr Etablissement im Tiergarten, wo sie in philosophischer Muße die Freuden der Stadt und des Landes vereinigte, dem Bacchus, der Venus und dem Gotte der Gärten vermischte Opfer brachte. Also teilt ein großer Strom, zu mächtig für ein Bette, sich in zween Arme, wie die Donau, und befruchtet das Land und die Fluren umher! Ihre klassischen Kenntnisse der Gesinnungen bewies sie durch Anlegung griechischer Bäder unter einem nordischen Himmelsstriche, denen nur die Begünstigung einer aufgeklärten Polizei und die zierliche, galant gelehrte Beschreibung eines Bötticher fehlte, um unsterblichen Ruhm zu erlangen. Hätte es diesem eleganten Polihistor (der so gut als Conring seine Braut fragen konnte, ob er als Dramaturg oder Konsistorialrat, als Modejournalist oder als Schulrektor, als Poet oder als Rezensent sich mit ihr aufbieten lassen solle?) gefallen, uns eine kurze Entwicklung, in zwei Alphabeten etwa, der Verdienste dieser merkwürdigen Frau zu schenken (in welcher er z. B. aus der kleinen Warze auf ihrer Nase ihr Talent zum Kuppeln herleiten konnte), so wäre die Selige ohne Zweifel so zu einer vorteilhaften Rezension in der allgemeinen Literaturzeitung wie Bötticher zu seinem Ruhme gekommen, welches günstige Schicksal diese kleine Schrift schwerlich haben wird. Hr. Bötticher hätte sich durch ein solches, obenerwähntes Werk ein weit größeres Verdienst als durch sein Buch über Iffland erworben. Die Verdienste von Ifflands Spiel fallen sowohl dem gesunden Auge des Laien als den geschliffenen Lorgnetten des Pedanten und den Brillen der dramaturgischen Stümper auf; aber hier bei Madame Schuwitz hätte der Verfasser die beste Gelegenheit gehabt, non audita nec. vila zu sagen, seine Bemerkungen aus noch feineren, beinahe unsichtbaren Datis zu ziehen, hier hätte er eigentlich seine Kunst im Entwickeln vieler Worte, wo wenig Stoff ist, zeigen und, nach gemeiner Art zu reden, das Gras wachsen zeigen können! Die Wehmut erstickt meine Worte! Sie macht es mir unmöglich, von den Fehlern der Verstorbenen zu sprechen! Lassen wir in Ruhe die Asche einer Frau, deren Geschäfte war: frohe Stunden zu machen. Sage nicht: »Sie schaffte sie auf Kosten der Sittlichkeit, des guten Geschmacks und unseres Geldbeutels!« Untersucht eure glücklichen Stunden, meine andächtigen Zuhörer, fragt euch: ob nicht die meisten auf Kosten eines edleren Gutes geschaffen wurden? Wer je unter euch ein Mädchen beschwatzte, um die Blüte ihrer Jugend zu brechen; wer durch Wucher und Betrug die Summen der Bacchanalien zusammenscharrte; wer seine Nächte und seine Gesundheit opferte, um in der Literaturzeitung gerühmt zu werden; wer endlich die Freuden seines Lebens, Liebe, Freiheit, Selbständigkeit, um das begnadigende Lächeln eines Fürsten; wer seine Kräfte, seine gute Laune, seine Familienpflichten um einen berühmten Namen willig opferte, der werfe nicht den ersten Stein auf das Grab einer Frau, die, minder strafbar und minder wichtig, nur fremde Börsen in Kontribution setzte und, wie die deutschen Schriftsteller, eine Sache merkantilisch betrieb, die freilich bei beiden nur die Frucht der Liebe zum Schönen, Guten und Nützlichen sein sollte. –

An euch wende ich mich zuletzt, ihr guten Schäfchen einer zerstreuten Herde! Sie war euch eine gute Hirtin. Sie war kein Mietling, welcher fliehet, wenn der Wolf, die Polizei, die Schafe fressen wollte. Sie kannte den Wolf und ihre Schafe, und die Schafe kannten sie! Sie hatte auch noch andere Schafe, die waren aber nicht aus diesem Stalle. Und alle ihre Schafe hörten ihre Stimme und kannten sie und folgten ihr.

Und sie gab ihnen ein himmlisches Leben und ließ sie nicht umkommen, und niemand durfte sie aus ihrer Hand reißen. Der Trieb, der die Schafe ihr gegeben hat, ist größer denn alles, und niemand kann sie diesem Triebe aus der Hand reißen. Sie und der Trieb waren eins! – Wohin werdet ihr jetzt fliehen?! Weh euch! Ich sehe die Charités und das Spinnhaus ihre Pforten gegen euch öffnen! Daß ihr ordentlich und arbeitsam werdet und der Liederlichkeit entsagt, dazu sehe ich so wenig Hoffnung als zur Wiederherstellung der Monarchie in Frankreich und der polnischen Republik. Doch wäre dies das einzige, obgleich bittere Mittel, einem schmählichen Ende zu entgehen, das euch furchtbar und gewisser als die französische Landung den britischen Küsten drohet. Wenn es euch nicht etwa glückt, einen alten Sünder von Hagestolzen durch eure geübten Reize zu verblenden, und euch bis zu dem Range einer Haushälterin zu erheben, oder eine länger als eure Tugend verlorene Jungfernschaft in der Ukermark noch einmal zu verkaufen, oder in einem Winkeltempel Thaliens die obere Stufe zu erklimmen und von den Brettern herab Kotzebuesche Moral und Sitten dem geistreichen Volke der Deutschen zu predigen – dann bleibt euch nichts übrig, als in Beinkleidern zu dem Korps des Prinzen von Condé zu wandern und mit dieser tapferen Armee in Allianz das rebellische Frankreich zu erobern! –

Wir wollen nunmehr, meine teuersten andächtigen Zuhörer, der Verstorbenen den Dienst erweisen, den sie so oft der dem Jünglinge beschwerlich fallenden Keuschheit erwiesen hat, wir wollen ihren Leib zu Grabe tragen! Was etwa geistig in ihr war, hat längst den Weg ins Elyseum genommen, wo sie dem Vernehmen nach bereits in den schattigen Gebüschen des Helikons einen Grottentempel, dem im Tiergarten ähnlich, für fürstliche und andere vornehme Schatten angelegt hat. Sie nimmt nur ein Talent für die Schale Nektar; weibliche und männliche Schatten strömen ihr haufenweise zu. Der Friedenskongreß zu Rastadt, der jetzt die Karte von Deutschland korrigiert, kann kaum brillanter sein, und seine Mitglieder sind gewiß nicht so fleißig als die Teilnehmer des Klubs in Neu-Ammons-Ruh. Zuvor aber wollen wir unsrer gepreßten Empfindung Luft machen durch Absingung eines Klageliedes nach der Melodie: »Jesus, meine Zuversicht«:

Kannst du noch aus deiner Welt
Wieder zu der Erde dringen,
O so sieh, wie Fürst und Held,
Greis und Kind die Opfer bringen:
Sieh, dein heiliger Palast
Schwimmt in ihren Tränen fast.

Sende, o verklärter Geist,
Sende Trost auf uns hernieder!
Gib uns allen, die verwaist,
Eine gute Mutter wieder,
Stärke uns mit neuer Kraft
Oder – mach uns tugendhaft!

Testament der Madame Schuwitz

Verfasser unbekannt

Actum, Berlin, den 16. Novembris 1797.

Demnach ich in den fröhlichen Augenblicken des Lebens, das ich aus den Händen des Schöpfers empfangen und das ich ungeachtet meiner Schwachheit und meiner Sünden durch die Leiden und das Kreuz meines Erlösers gottgefällig bis auf die gegenwärtige Stunde geführt habe, nicht ohne Erwägung lassen kann, daß mein Leib nicht wie meine Seele unsterblich ist, sondern daß er dereinst dem Schicksale, dem seit unsern ersten Eltern alle Menschen unterworfen sind, gleichfalls unterworfen ist, und da mir ferner wohlbekannt, daß die

Stunde des Todes ungewiß und daß sie mich spät oder frühe aus dieser Zeitlichkeit hinwegreißen und meinem irdischen Leben ein Ende machen kann: so habe ich mich, in meinem Gebet zu Gott, meinem Schöpfer, gewandt und von ihm um der Wunden und des Versöhnungstodes seines Sohnes willen den Beistand seines heiligen Geistes erfleht, damit er zu dem letzten Werke und Willen, den ich hiermit tue und kundmachen will, seine göttliche Kraft und seine heilsame Mitwirkung in Gnaden nicht versagen wolle. Ich habe mich nach vollbrachtem gläubigem Gebet dergestalt gestärkt gefunden, daß ich mit heitren und völlig ungeschwächten Gemütskräften habe überlegen und festsetzen können, wie es nach meinem – Gott geb's – seligen Tode mit meinem zeitlichen Vermögen gehalten werden solle; und will demnach in diesem meinem vor dem Königlichen Geheimen Justizrat Herrn G*** unter Zuziehung des Herrn Kriegsrates M***, des Herrn Geheimsekretärs P***, des Herrn Rendanten R***, des Herrn Kondukteurs R***, des Herrn Instrumentenmachers H***, des Herrn Tabaksekretärs V*** und des Herrn Partikuliers G***, als erbetene Zeugen, wohlbedächtig erklärten letzten Willen bestimmen und verordnen, was dessenthalben meine unwiderrufliche Willensmeinung ist.

Zuförderst empfehle ich meine Seele in die Hände meines himmlischen Herrn und Heilands Jesu Christi; und was meinen Leichnam betrifft, so verordne ich hiermit, daß derselbe christlich, jedoch ohne sonderliche Zeremonien, zur Erde bestattet werden soll, und ersuche ich hiermit geziemend den Oberkonsistorialrat Herrn H***, mir die Leichenpredigt über den Text Ev. Luc., Kap. 23, V. 39 zu halten. Was nun mein zeitliches Vermögen betrifft, so setze, ordne und befehle ich hiermit folgendes:

Meine beiden einzigen, zwar nicht in einer förmlichen Ehe, jedoch unter Aufrufung Gottes und seines heiligen Geistes empfangenen und geborenen und in der Lehre Jesu erzogenen und unterrichteten Kinder, nämlich Herrn Ferdinand I*** und Karoline U***, setze ich hiermit zu Erben meines gesamten Vermögens, so wie es in der Stunde meines Absterbens an beweglichen und unbeweglichen Gütern vorhanden ist, sub titulo institutionis honorabili, dergestalt und also ein, daß selbige mein vorgedachtes Vermögen, es bestehe worin es wolle, behalten und darüber nach freiem Willen als über ihr wohlerworbenes Eigentum schalten und walten sollen; jedoch mit folgenden, von meinen gedachten beiden Erben unverbrüchlich zu haltenden Ausnahmen. Sollten sich selbige weigern, diese Ausnahmen als meine wohlüberlegten Befehle und Verordnungen weder ganz noch zum Teil zu erfüllen und ins Werk zu setzen, so will und verordne ich hiermit, daß beide nicht mehr als legitim, zu deutsch: den Pflichtteil, in welchen ich sie hiermit für den erwähnten Fall zu Erben einsetze, haben und bekommen sollen. Wobei ich noch bestimme, daß dieselben keinen Gebrauch von der Quarta Falcidias, welche ich ihnen hiermit gänzlich untersage, machen sollen. Diese Ausnahmen sind nunmehr folgende:

Zuvörderst verordne ich hiermit, daß mein in der Friedrichstraße gelegenes, im Hypothekenbuche sub Nr. 844 verzeichnetes Wohnhaus und Hintergebäude nebst allem, was darin niet- und nagelfest ist, ein beständiges und immerwährendes Fideikommiß zur Fortpflanzung der menschenfreundlichen und für das allgemeine Wohl ersprießlichen Anstalt, die ich mit sichtbarem göttlichen Segen bis an mein Ende geführt habe, dergestalt verbleiben soll, daß der hiesige, durch eigene und in Verlag genommene rühmlichst bekannte Schriften, als da sind: Abenteuer eines Frauenzimmers vom Vergnügen, Gedichte nach dem Leben, Nuditäten usw. berühmte Herr N. N*** dasselbe als heres fiduciarius haben, bewirtschaften und im blühenden Zustande unverrückt erhalten solle, dergestalt und also, daß er nach seinem –

Gott geb's! – späten Tode dasselbe salva subliantia an den Herrn W*** N*** N*** den Jüngern, als welcher sich durch seine gemeinnützigen Schriften – Zeichen und Wert der unbefleckten Jungfernschaft und dergleichen – gleichfalls rühmlichst bekannt gemacht hat, restituieren soll. Nach dessen Tode soll dasselbe in gleicher Art die hochbelobte Frau S***, die sich durch Verbreitung der faßlichsten Volksschriften, als namentlich die Werke: Tlantla-Quatla-Patli, die Biographien Berlinischer Freudenmädchen usw. namhaft bekanntgemacht hat, in gleicher Art erhalten und bewirtschaften. Wenn einer von diesen resp. fiduziarischen und fideikommissarischen Erben das Fideikommißgut nicht annehmen sollte und wollte, so soll selbiges auf den nächsten von diesen dreien fallen, und falls keiner sich dazu geneigt finden lassen sollte oder auch im Fall alle drei mit dem Tode abgegangen wären, will ich, daß solches nächstdem jedesmal demjenigen, der im Verlauf der Zeit dazu als der würdigste, sei es durch Schriften oder durch Taten qualifiziert, sei es männlichen oder weiblichen Geschlechts, anerkannt werden wird, übergeben werden soll. Die Würdigung dieses Subjekts soll alsdann von einer aus den bekanntesten tugendhaften Ehefrauen dieser Stadt auszuwählenden Kommission, unter dem Vorsitz des Ministers vom geistlichen Departement, geschehen, da tugendhafte Frauen das wichtigste Interesse haben, daß eine Anstalt, wie die von mir gestiftete ist, nie eingehe, dieweil sie dadurch vor den Stürmern der jungen Tröster auf ihre Tugend und vor der Ernährung und Erhaltung unehelicher Kinder am besten bewahrt werden. Dabei verordne ich aber noch, daß diese Anstalt immer und ewig meinen Namen führen soll, indem ich dieses Fideikommiß als ein wahres Familienfideikommiß zur steten Verherrlichung meines Namens und Standes gestiftet habe.

Anlangend mein Gartenhaus im Tiergarten, so will ich, daß solches von dem Waisenhausdepartement zu einem immerwährenden Aufenthalte für junge elternlose Mädchen, die ihre Jungfernschaft zunftlos und unregelmäßig in Dachstuben und Tanzsälen vergeuden, eingerichtet und [daß] von demselben darauf gesehen werde, daß sie mit Geschmack, Ordnung und Sittsamkeit zu dem großen Geschäfte, dem sie ihren Körper gewidmet, angehalten werden. Vorläufig bestimme ich zu Präzisten – zuvörderst meine innigstgeliebte, mir zu früh entrissene Pflegetochter Charlotte L***, die ich hiermit zur Vorsteherin des Instituts ernenne; ferner Charlotte G***, Christiane*** (wenn sie ihren jetzigen Liebhaber verlieren sollte), Lotte Ar**, die blonde und die braune ***. Die Auswahl künftiger Kompetentinnen soll, unter Oberaufsicht des Departements, dem Herrn Assessor L***, als einem rühmlichst bekannten Mädchenkenner, überlassen werden.

An Legaten setze ich folgende aus:

1. Meine bekannte Flötenuhr mit sämtlichen Walzen und allen Melodien, die darauf gespielt werden können, vermache ich der F***schen geist- und kunstreichen Mittwochsgesellschaft bei Kr**, um derselben zu beweisen, daß ich keinen Neid wider sie hege.

2. Meine Bibliothek, deren Hauptschmuck Pepliers Grammaire française ist, vermache ich, wegen der sinnreichen Einfälle und witzigen Züge, die sie enthält, dem gelehrten und als witzigen Kopf bekannten Leutnant Herrn v. V***, um seiner durch zu häufigen Gebrauch gewässerten Laune Nahrung, Kraft, Spitzen und Salz zu geben.

3. Meinen Weinkeller und meine Speisekammer nebst Bouteillen und Töpfen vermache ich dem gelehrten Montagsklub im Englischen Hause, weil ich gehört habe, daß es dieser vortrefflichen Gesellschaft an gutem Essen und Trinken recht abgehen soll, was doch, wie ich mir von einem gelehrten Hausfreunde habe sagen lassen, schon eine Hauptzierde der Sokratischen Mahlzeiten in Athen war.

4. Meine Equipage nebst allem dazu Gehörigen vermache ich dem Kriegsrat G***, welcher bekanntlich nicht bloß Rat heißt, sondern auch den Königen weisen Rat gibt, damit derselbe mit mehr Glanze zu Hofe fahren kann. Ich schmeichle mir, daß meine Equipage eben so prächtig und würdevoll wie der Stil dieses Mannes und in ebensolchem Kredite bei Hohen und Niedern stehet wie jener.

5. Meine Waschbecken und Schwämme vermache ich dem Kriegsrat M***, der sie bei seinen Manipulationen wird gebrauchen können.

6. Meine Aktivforderungen vermache ich sämtlich dem O. H. B. A. weil ich mit mehreren Mitgliedern desselben in freundschaftlichen Verhältnissen gestanden habe.

7. Meine Passiva bitte ich den Pr[inzen] F*** zu bezahlen. Er wird dies billig finden, wenn ich ihm hiermit versichere, daß ich durch seine Söhne Schaden und Verlust in meinem Gewerbe erlitten habe. Überdies ist der ganze Betrag von etwa 7900 Talern ein kleines Objekt für die bekannte Freigebigkeit und liberale Gesinnung dieses Herrn.

8. Die Büste, welche bei meinem Leben stets auf meinem Sekretär stand, soll in meinen Sarg, zu meinem Haupte, gelegt werden. Also ist mein Wille.

9. Meine große Manuskriptensammlung, meine Korrespondenz, meine seit 20 Jahren geführten Tagebücher und Hauskalender, endlich meinen Adreßkalender vermache ich dem Friedenskongreß zu Rastadt in toto, wobei ich festsetze, daß die hochlöbliche Reichsdeputation gehalten sein solle, dieselben vor der Ankunft des Generals Bonaparte in Ordnung zu bringen, und daß sie sich in den Konferenzen, in welchen sie nichts Wesentliches zum Friedensgeschäft tut, mit dem Vortrag dieser meiner Aktenstücke die überflüssige Zeit verkürzen solle.

10. Meine Punschterrinen und Punschlöffel, imgleichen meine schlesischen geschliffenen Weingläser sowie alle Trink-

gerätschaften, vermache ich der ehrwürdigen R. Y. de l'A. Sie wird solche bei ihren geheiligten Arbeiten gebrauchen können. Ich darf mir schmeicheln, daß viele der Brüder meine fleißigsten Besucher waren. Sie mögen sich beim Charge les Canons an die ähnliche Arbeit in meinen Gemächern freundlich erinnern.

11. Der Musikalischen Ressource vermache ich mein überflüssiges Tischzeug, meinen Vorrat an Brennholz, dieweil ich gehört habe, daß sich die Mitglieder im Kalten erholen müssen; einige Kleider aus meiner Garderobe, um welche die weiblichen Mitglieder losen sollen; meine alten Küchenzettel zum Behuf ihrer Mittagsmahlzeiten; meinen Bierkeller; aus meiner Bibliothek Martinis Richtigen und genauen Haushalter für die Vorsteher und einige zwanzig Pfund schwarze Seife, wie auch sechs neue Borstwische und mein altes gelbes Sofa.

12. Dem Kammergerichtsreferendarius S***, welchen ich hierdurch geziemend ersuche, eine Trauerkantate in fließenden deutschen Reimen auf mein etwaiges Ableben zu dichten, restiere ich pro studio es labore, zehn Stück neue Friedrichwilhelmsdor, die man in der kleineren Schatulle in meinem Sekretär finden wird. Ich verordne und setze fest, daß ihm, dem Kammergerichtsreferendarius S***, obige zehn Friedrich-Wilhelmsdor unmittelbar nach Niederschreibung des letzten Schlußverses von meinen Haupterben bar und richtig ausgezahlt werden sollen. Jedoch versehe ich mich meinerseits zu der Einsicht und dem Wohlwollen des Herrn Poeten, daß er auch dagegen in dieser Trauerkantate meine etwaigen geringen Verdienste um die Welt und den Staat in das gehörige Licht setzen wolle, und wünsche dabei, daß die Kantate in der leichten und klappenden Manier des Theaterdichters Herrn H*** verfaßt werde, welche mir immer sehr angenehm, deutlich und gar nicht hochtrabend geschienen hat. Besonders wünsche ich, daß die letzten Verse sich immer

auf meinen Namen endigen mögen, denn dadurch wird derselbe auch in der Nachwelt berühmt, und ich gestehe, die Unsterblichkeit meines Namens ist immer mein Tendre gewesen. Der letzte Vers könnte z. B. unmaßgeblich heißen:

Hört's ihr Völker aller Zonen!
Hört's ihr kommenden Aeonen:
Mausetot ist Madame Schuwitz,
Brülle, Donner! Leuchte, Blitz!

13. Den Herausgebern der beliebten Denkwürdigkeiten der Kurmark vermache ich mein geschriebenes Verzeichnis aller Mädchen, die in meinem Hause von Anfang an bis jetzt gewesen sind; sowie das andere Verzeichnis aller meiner lebenden und verstorbenen Kunden und Besucher. Auf letzterem ist angemerkt, was ein jeder und ob er Geschäfte und wie oft an einem Abend in meinem Hause getrieben, sowie der Name des Mädchens, das ihm dabei hilfreiche Hand geleistet hat. Diejenigen, welche oft gewollt, aber nie gekonnt haben (deren Anzahl nicht geringe ist), sind zur Warnung für alle heiratslustigen Mädchen in Berlin mit roten Lettern und mit einem ⊙ bezeichnet. Mit diesen Manuskripten können die Herren einen ganzen Jahrgang anfüllen, und ich meine bescheidentlich, daß derselbe dadurch interessanter als die früheren werden möchte.

Endlich bestelle und setze ich zu Exekutoren dieses meines letzten Willens den Herrn Geheimen Justizrat G*** und den Schutzjuden Israel R*** ein, mit dem Ansinnen, daß sie auf Erfüllung derselben nach allen seinen Punkten und Klauseln mit Eifer dringen und halten und alles, so wie ich es verordnet habe, gewissenhaft besorgen und ausführen. Für diese ihre Mühewaltung erkläre ich hiermit, daß sie freien und unentgeltlichen Eintritt und, falls es ihre Kräfte erlauben, Gebrauch und Genuß, sowohl in meinem Fideikommißhause als auch in meinem, dem Waisenhausdepartement zum

Jungferndepo legierten, Gartenhause haben und bis an ihr – Gott geb's – spätes und seliges Ende behalten sollen.

Sollte nun schließlich dieser mein wohlbedächtig und beim völligen Gebrauch meiner Verstandes- und Gemütskräfte ordnungs- und gesetzmäßig erklärter letzter Wille nicht als ein zierliches, solennes Testament gelten, so will ich, daß er als ein weniger zierliches, als ein Kodizill, als ein Fideikommiß, als eine donatio mortis causa, als ein pactum successorium, als eine disposition parentum inter liberos oder wie es sonst auf irgendeine Art zu Recht beständig und Effekt haben möge, gelten und wirken solle. Urkundlich habe ich diesen meinen letzten Willen eigenhändig unterschrieben und untersiegelt.

Geschehen zu Berlin, den 16. November 1797.

(L. S.) Charlotte Schuwitz
mpr.
† † †

Die Haut des heil. Dorotheus im Nonnenkloster zu Macon

Heinrich Gottfried Bretschneider

Die Legende der Heiligen sagt: »S. Dorotheus Martyr, Cubili Regis Nicomediae Praepositus, vivus excoriatus est.« – »Der heilige Dorotheus, erster Kammerherr des Königs in Nikomedien, ist lebendig geschunden worden.« Die Haut dieses heiligen Martyrs, welche sich noch bis jetzt in dem weit und breit zerstreuten Reliquienschatze der Kirche erhält, kam nach dem glorreichen Tode des seligen Kammerherrn in die Hände Simons des Gerbers, der sie gerbte, zu der Nachwelt andächtigem Gebrauche auf ewige Zeiten zubereitete, und mit besondern hieroglyphischen Zeichen stempelte, die bei der Reinigkeit der ersten Zeiten jeder christliche Handwerksmann verstand, der sich nach dem die Priscillianisten und Gnostiker anmaßten und die jetzt nur noch den Obern der geheimsten Gesellschaften bekannt sind. Die Schicksale dieser Haut und wie sie durch mancherlei Zeitläufe endlich zu den Ursuliner Nonnen in Macon gekommen ist, weiß Niemand, als vielleicht der Heilige, der sie auf der Welt zurückgelassen hat. So viel ist historisch gewiß, daß in den Kriegen zu Ende des 14. Jahrhunderts viele Edelleute, Prälaten, Kirchen und Klöster ihre Kostbarkeiten nach Macon in das feste Ursulinerkloster flüchteten; – es kann sein, daß dieses Kleinod damals zurückgeblieben und mit dem Tode seiner alten Besitzer vergessen worden ist. Die eigentliche Wiederfindung fällt in die letzten Jahre des vorigen Jahrhunderts und hatte folgende Veranlassung: Die hochwürdige Mutter Thekla, Oberin, war eine Klosterfrau in ihren besten Jahren, die, weit entfernt von allzuklösterlicher Strenge und Eingezogenheit, sich bisweilen mit ihren Schwestern in Ehrbarkeit einen guten Tag machte. Sie war großmütig und freigebig, es fiel kein heiliger Feiertag ein, wo sie nicht am Vorabende allen geistlichen und weltlichen Freunden des Klosters, vom Bischof herunter, Geschenke schickte an Zuckerwerk, feiner Nonnenarbeit, Brieftaschen, Nadelkissen, gestickten Schachteln, Calotten, Priesterkragen, Schlafmützen, genähten Manschetten und andern Nonnen-Erzeugnissen, wogegen sie manchen artigen Dank empfing und von frommen Lippen manches Gegrüßt seist Du u. s. w. und Vaterunser zum besten ihrer Seele gewann. Diese ehrwürdige Mutter, die zur Schonung der zarten Finger ihrer Schwester solche schönen Sachen aus andern Klöstern und aus Kramläden kaufen ließ und mehrere schwere Ausgaben hatte, merkte einen Verfall der Klosterfinanzen und bemühte sich, als kluge Frau Rat zu schaffen; sie durchsuchte fleißig den Schatz des Klosters, befreite ihn nach und nach durch den Weg der Versilberung von allen aus der Mode gekommenen Kostbarkeiten, und drei Schwestern, Modesta, Crescentia und Cunigunda, ihre Vertrauten, waren gar nicht bedenklich, beim Aufsuchen und Veräußern hilfreiche Hand zu leisten. Die wachsende Notdurft und der abnehmende Vorrat führten sie in die verborgensten Winkel, in deren einem sie ein Kästchen entdeckten, darin zu ihrem Erstaunen nichts als eine gegerbte, wohlerhaltene Menschenhaut lag, die bei näherer Besichtigung der Nonnen ganzes Blut in Bewegung setzte. Es fand sich dabei nicht die mindeste Anzeige, kein Dokument und nichts, was ihnen von der Geschichte dieses Leders hätte Nachricht geben können: nur auf den Arschbacken waren zwei runde Stempel mit schwarzen Figuren, die sie nicht verstanden.

Der unerwartete Fund einer Mannshaut, vor der sie sich anfänglich fürchteten, wurde in der Folge ihre tägliche Unterhaltung: sie machten sich damit so bekannt, daß sie sie auseinander breiteten, befühlten und endlich gar in Lebensgröße mit Baumwolle ausstopften, alles insgeheim und mit einer gewissen Eifersucht, um ihren Schatz vor den andern Schwestern zu verbergen. Nachdem sie sich so wie mit einer männlichen Modepuppe lange Zeit daran ergötzt hatten, betörte sie ihr Fleisch zu allerlei Mutwillen, den der heilige Eigentümer mit Ehren nicht dulden konnte; er strafte erst die weiblichen Sünder mit schweren Träumen in der Nacht, die sie sich aber durch bessern Genuß des Tages zu erleichtern wußten. Die Strafen erhöhten sich stufenweis wie die ägyptischen, und dann bis zu allerlei Plagen an heimlichen Orten, die die Nonnen zwangen, ihre gewöhnliche Zuflucht zu ergreifen und zu beichten. Ihr Beichtvater, der hochwürdige Pater Ignatius von der Gesellschaft Jesu, etwas über 45 Jahre alt, ein Nestor, gesalbter und in der Casuistik wohlgesattelter Priester, wurde begierig, die Haut zu sehen. Er, einer von den wenigen, die die Hieroglyphen auf dem Stempel noch verstehen, war gleich zu Hause, dechiffrierte die Figuren und fand die große Geschichte des Heiligtums und der Verdienste des Gerbers Simon; er verbarg den Weibern das Geheimnis und legte ihnen in der Absolution auf, ihm die Haut, an der sie sich versündigt hatten, auszuliefern. Das geschah – und die Nonnen wurden gesund.

Nun erhob sich ein neuer Streit mit der heiligen Haut; auf einmal erscholl ein Ruf durch das ganze Land von der Haut des heiligen Dorotheus bei den Jesuiten zu Macon. Päpstliche Konfirmationsbullen über die Echtheit der Reliquie, Ablaßbriefe, Indulgenzen und mehrere Begünstigungen der Seele und des Leibes waren in der Stille zu Rom ausgewirkt worden; die heilige Haut wurde bei den Jesuiten öffentlich verehrt, Wallfahrten zu ihr angestellt, eine Bruderschaft a Sancto Corio errichtet und die ganze christkatholische Welt dazu eingeladen und in Bewegung gesetzt. Die Herren Jesuiten ließen an ihrer Kirche eine eigene Kapelle für die Haut erbauen, setzten ihr aus ihrer Mitte einen Custos, schlugen Einladungszettel an alle Kirchentüren, und des Verehrens, Aussetzens, der Andachtsübungen und Wunder war kein Ende. Zuletzt ließen sie ein besonderes Brüderschaftsbüchelchen drucken, worin die Geschichte der heiligen Haut, ohne der letzten Besitzer zu gedenken, weitläufig beschrieben war und worin 797 namentliche, authentische und mit Zeugen bestätigte Wundertaten von ihr erzählt wurden.

Die Nonnen a Sancta Ursula waren nicht die letzten, denen alle diese Dinge zu Ohren kamen: ihr Kloster war nicht weit von den Jesuiten entfernt, sie konnten von der Zinne ihres Tempels die Prozessionen der Wallfahrten mit ansehen und das laute Gebet des Volks hören.

Mutter Thekla nebst den Schwestern Modesta, Crescentia und Cunigunda merkten, was sie getan hatten und empfanden die heftigsten Gewissensbisse, ihr eigenes Kloster einer so kostbaren Reliquie beraubt zu haben. Sie wendeten sich zuerst wieder an ihren Beichtvater, der dreist genug war, die ganze Sache abzuleugnen und vorzugeben, daß das eine ganz andere Haut sei, ob ihn gleich der Kupferstich mit den Stempeln in der gedruckten, pompösen Beschreibung von der wundertätigen Haut des heiligen Dorotheus bei den R. R. P. P. Soc. Jes. zu Macon (Antwerpen 1693. 12.) auf das Gründlichste widerlegte. Mutter Thekla hatte keine Ruhe in ihren Gebeinen, die Angst ihres Herzens wurde groß, und sie ergriff endlich das Mittel, sich an den Bischof zu wenden. Der war zu ihrem Glücke ein Jansenist und freute sich des Anlasses: er gab den Klosterfrauen nun einen anderen Beichtvater, der kein Jesuit war, und befahl ihnen, die Jesuiten vor seinem Consistorio in puncto furti et doli förmlich zu belangen. Die Nonnen wollten zwar nur an den Pater Ignaz, allein der Bischof belehrte sie, daß man nie mit einem einzelnen Jesuiten streiten könnte, sondern das Ganze und Einzelne bei ihnen so verwebt sei wie bei den Polypen; er versah sie also mit einem Anwalte und sprach in seinem Consistorio nach verschiedenen Verhandlungen in erster Instanz den Nonnen die Haut zu, die P. P. Soc. Jesu sollten sie mit öffentlicher Prozession in die Kirche der Ursuliner-Nonnen zurückliefern und P. Ignaz wegen Mißbrauch seines Beichtigeramts sich vor dem Consistoria stellen. V. R. W.

Man müßte gar keinen Begriff von der nun aufgehobenen Gesellschaft Jesu haben, wenn man glauben könnte, daß sich die Jesuiten dieser Sentenz gefügt hätten; sie appellierten an den Erzbischof und so weiter stufenweis bis an den Papst, brauchten alle Künste, ließen ihren General arbeiten und wendeten alles an, was Leute tun, die in einem verjährten Besitze sind, allezeit Recht zu haben; allein wider ihr Vermuten schlug diesmal alles fehl. Der Spruch erster Instanz wurde durch alle folgenden in aufsteigender Linie bestätigt, und der größte Brückenmacher Pontifex maximus befahl im Final-Urteile, die Haut zurückzugeben, doch mit der Moderation, daß der Actus retraditionis nur in der Stille geschehen solle. Und das erfolgte dann endlich auch nach mancherlei Ausflüchten, Drehen und Windungen, und würde nie geschehen sein, wenn der Bischof nicht Jansenist gewesen wäre und Macht und Herzhaftigkeit genug besessen hätte, den Willen seiner Heiligkeit mit Kraft und Nachdruck zu unterstützen. Allein damit war die Sache noch lange nicht aus, sondern es erfolgte ein neuer Prozeß, wovon der folgende Abschnitt handelt.

(. . .)

Die Nonnen hatten inzwischen Zeit genug gehabt, sich zur Wiederaufnahme ihres Schatzes vorzubereiten und es auch auf eine feierliche und verständige Weise getan; der Ort, wo dieser heilige Depot künftig in ihrer Kirche ruhen sollte, war zierlich und kostbar geschmückt, mit kristallenen Fenstern versehen und unter einem Altare angebracht, der bloß für den h. Dorotheus neu erbaut worden. In einer Sommernacht wurde die heilige Reliquie um zehn Uhr den Ursulinern zurückgeliefert; der Bischof selbst empfing sie mit einem Kapitel aus den Händen der Jesuiten und legte sie in das bestimmte Behältnis. Die Klosterfrauen auf dem Chore begleiteten den feierlichen Akt mit einer sanften Musik und konnten kaum erwarten, bis der Bischof mit den übrigen Männern abzog und die Kirche geschlossen war. Kaum schallte der letzte Riegelschub, so waren sie schon alle vor dem Altare des h. Dorotheus; die Oberin nahm die Haut mit geziemender Andacht und Ehrerbietung aus dem kristallenen Behältnis, breitete sie aus und erlaubte den Schwestern sie anzurühren.

Schwester Modesta, voll heiligen Feuers und Geists, durchlief das Heiligtum kraft alter Bekanntschaft mit schnellen Fingern und ließ auf einmal einen lauten Schrei von sich hören, der alle Nonnen in Erstaunen setzte. Sie erholte sich nur langsam und zog Mutter Thekla, Crescentia und Cunigunda auf die Seite, um ihnen etwas insgeheim zu sagen. Die drei überzeugten sich dann selbst durch den Sinn ihres Gefühls von der Nachricht der Modesta und flüsterten den übrigen Schwestern ins Ohr, daß die Jesuiten unredlich gehandelt und wesentliche, zu einer Mannschaft gehörige Stücke zurückbehalten hätten. Nun war in dieser Nacht im ganzen Kloster an keinen Schlaf zu denken. Die vier Schwestern beratschlagten sich bis zum Chore, und vom Chore bis zum hellen Tage über den Verlust, und die andern Nonnen quälten sich mit Nachsinnen, was das eigentlich sein müsse, was der Haut abgänge? Sobald der Caplan mit der Frühmesse fertig war, übergab ihm die Oberin ein versiegeltes Schreiben an den Bischof, unterschrieben von ihr und den vier Vertrauten, welche alle ihre Gelübde beteuerten, daß sie vormals in der Haut gleich bei der ersten Findung und während des Besitzes in der Folge sehr oft in der Gegend der Mitte zwei dem äußerlichen Gefühl nach fast runde, ausgetrocknete Kügelchen mit leiblichen Händen gegriffen hätten, welche dermalen nach der Zurückgabe gänzlich mangelten, folglich entgegen der heiligen Sentenz des Papstes von den Jesuiten zurückbehalten und vielleicht gar gewalttätigerweise mit Messern ausgeschnitten worden wären. Sie, die betrübten Schwestern, nebst dem ganzen tiefgebeugten Kloster fühlten diesen Verlust um so mehr, weil das Heiligtum nun seine schönste Zierde verloren habe, und sie zu einer verstümmelten und eines so wichtigen Unterscheidungszeichens beraubten Reliquie weder Trieb zur Andacht noch Lust und Freude haben könnten.

Der Bischof und das Kapitel ließen sich durch die Klagen der spolierten Nonnen rühren und Untersuchungen anstellen, wovon die Akten im Kapitulararchiv zu Macon eine ganze Wand bedecken. Es ist unmöglich, alle Ausflüchte der Beklagten zu wiederholen; sie leugneten das Faktum, beschuldigten die Nonnen eines sündlichen, aus ihrer fleischlichen Einbildungskraft entsprossenen Selbstbetrugs, und wußten den Prozeß auf's Neue nach Rom zu spielen, endlich auch von da ein Dezisiv-Urteil zu erwirken, das sie zwar nicht völlig befriedigte, aber auch den Ursulinerinnen nicht Gerechtigkeit widerfahren ließ. Da dieses päpstliche Urteil viel Wesentliches des Prozesses enthält, einige der jesuitischen Gründe aufführt und das merkwürdige Schicksal des Corporis delicti entscheidet, so wird es hier mit Auslassung des Überflüssigen mitgeteilt.

In causa der Ursuliner-Nonnen zu Macon contra die R. R. P. P. Soc. Jesu ebendaselbst u. s. w.

Ob zwar die Klosterfrauen der heiligen Ursula zu Macon, Kläger, entgegen die P. P. Soc. Jesu daselbst, Beklagte, gründlich erwiesen haben, daß Kläger bei erster Überlieferung der Haut des heiligen Dorotheus den Beklagten die aufgetrockneten testes, die Heiligen, zugleich mit übergeben haben, und daß solche nach der Sentenz Sr. Heiligkeit erfolgten Zurücklieferung von der P. P. Soc. Jesu zurückbehalten worden sind, so kann jedoch dem Ansuchen der Kläger um Wiedererstattung des Fehlenden aus folgenden Gründen nicht willfahrt werden:

1. Haben die Beklagten P. P. Soc. Jesu, in den bei den Actis sub signo ⊙ ris beigebrachten anatomischen Gutachten der medizinischen Fakultät zu Peking, einer heidnischen und folglich ganz unparteiischen Akademie, deutlich und klar erwiesen, daß die testes eines Mannes nicht zur Haut, sondern zu dem Leibe gehören, daß diese also in hoc casu abusive an der Haut hängen geblieben sind und also den Klägern zwar der Besitz der Haut, keineswegs aber an diese eigentliche zum Leibe gehörige Vasa verstattet werden kann.

2. Scheinet zwar der verjährte Besitz beides, der Haut

nebst den annexis, für die Nonnen zu sprechen und ihnen das Eigentumsrecht über beides zu versichern; nachdem aber ausgemacht ist, daß diese annexa eigentlich zum Leibe gehören, und sich der Leib oder dessen zeitliche Besitzer über kurz oder lang darum melden könnten, so steht es lediglich in der Macht und Willkür des heiligen Vaters, den tertium locum zu benennen, wo inzwischen, bis zur Erscheiung des wahren Eigentümers, die benannten Stücke aufbewahrt werden sollen.

Se. Heiligkeit entscheiden demnach, erkennen für Recht und empfehlen: daß, nachdem aus der Kirchenhistorie sattsam bekannt ist, daß der heilige Ignatius von Loyola in der Belagerung von Pampelona den einen testem verloren hat, also soll den Patribus seiner Societät dafür der eine des heiligen Dorotheus zurückgelassen werden, um damit den heiligen Leib ihres Stifters in integrum zu restituieren; der andere soll nach Rom abgeliefert werden, um in dem Falle, wenn etwa ein Kardinal oder, welches die heilige Jungfrau verhüten wolle, der heilige Vater selbst den halben Teil des Schatzes der Mannheit durch irgend einen menschlichen Zufall verlieren sollte, der lädierte nach der kanonischen Vorschrift zur Vollgiltigkeit der Priesterschaft mit einem zweiten versehen sei, den er in einem Säckchen bei sich tragen kann; jedoch alles nur insofern und bis zu der Zeit, wann sich die etwaigen künftigen oder gegenwärtigen Besitzer des heiligen Leibes oder er selbst durch ein Wunder darum bei dem päpstlichen Stuhl gebührend melden sollten.

Dahingegen wolle Se. päpstliche Heiligkeit aus väterlicher Liebe und gerührt durch den Schmerz und das bittere Klagen der Ursulinerinnen zu Macon, diesen ihren Töchtern den Verlust, den sie durch diese Finalsentenz zu erleiden vermeinen, aus päpstlicher Macht und Autorität zu ersetzen geruhen, und ihnen gegen Erlegung der gewöhnlichen Taxe an die apostolische Kammer zur Einverleibung in den leeren

Ort zwei geweihte Muskatnüsse senden, sie sowohl durch ihre physische härtere Konsistenz als auch die heilige und wundertätige Kraft, die ihnen der heilige Vater erteilt hat, den erlittenen Abgang vollkommen ersetzen, zugleich aber die Schwester vermahnen, mit Beseitigung aller Nebengedanken die heilige Haut als unverletzt anzusehen und mit eifriger Brunst und Andacht ferner zu verehren u. s. w.

Die armen Ursulinerinnen mußten sich diesen Ausspruch gefallen lassen, aber die heilige Haut und unzählige Wundertaten, die sie noch gestiftet haben würde, sind dadurch für die Welt verloren gegangen, weil den Nonnen von der Zeit an, des päpstlichen Zuredens ungeachtet, Andacht, Lust und Freude zu dieser Reliquie verging, so daß sie noch jetzt wie jedes andere Kirchen-Ornament ohne weitere Verehrung unter dem Altare liegt.

Es gibt Leute, denen es aber nicht nachzureden ist, welche behaupten, daß die Ursulinerinnen sich im ersten Zorn durch den Satan haben verführen lassen, die zwei geweihten Muskatnüsse zu reiben und verteilt an alle Schwestern in einem Chaudeau zu trinken.

Was ein Augenblick tut

Aus ›Meine Geschichte eh' ich geboren wurde‹,
Verfasser ungewiß

So ungelegen und unbequem es mir auch war, aus der Werkstätte der Natur so unfertig, so unreif und mit so vielen schädlichen Teilen vermischt herauszutreten, so schien man doch auf mein Bitten und Trotzen nicht Rücksicht nehmen zu wollen, da ich doch wohl Recht hatte mich zu sträuben; denn ich mußte ja dereinst meine Haut dafür zu Markte tragen.

Ich übersah izt schon alle die Folgen, die daraus entstehen würden; aber mein Protestieren half nichts; könntest nun, dacht' ich, da noch so hübsch in Ruhe bleiben und dich nähren und mehr reifen, und einen recht fröhlichen Seelenaugenblick abwarten; es war nur gut, daß ich doch noch etwas Zeit mich zu besinnen behielt; denn wohlzumerken: der Eigensinn meines Vaters stand noch mit der Begierde und dem Triebe in Streit.

Der Eigensinn sprach: ich bin gewohnt, alles, was mir einfällt, durchzusetzen und mich als Mann zu zeigen; darum mußt du mir gehorchen.

Der Trieb antwortete: ich lasse mir nichts vorschreiben; ich hänge von meiner eignen Kraft und ihrem Reize nur ab; ist dieser nicht vollwirkend und hinreichend, so wart' ich die Zeit ab.

Der Eigensinn: So sollst du mit Gewalt!

Der Trieb: Gewalt schläfert mich völlig ein; damit richtest du nichts bei mir aus.

Der Eigensinn: Ich muß.

Der Trieb: Ohne die Aufforderung deines Weibes nicht.

Das war Oel ins Feuer gegossen, du bist gefühllos, sprach er zu meiner Mutter, du empfindest nichts.

Sie: O quäle mich doch nicht schon wieder.

Er: An wen ist sonst die Schuld als an dir?

Sie: Ich kann nicht dafür, daß sich die Empfindung nicht befehlen läßt.

Er: Elende Ausreden, die deine Schwäche und Kälte beschönigen sollen.

Sie: Würdest du mich inniger lieben und mich durch Güte und Sanftmut mehr an dich ziehen, so würd' ich natürlich gesünder und reger sein.

Er ward izt völig wütend gegen sich selbst; er ist gewohnt, daß ihm alles gehorcht; auch sein Trieb soll ihm schlechterdings gehorchen; eine wilde Hitze durchflog seinen Körper, die durch die Ungeduld und das Sträuben meiner Mutter vermehrt wurde, und in vollem Zorne über sein Weib, über sich, ohne Gefühl von Liebe, im Taumel einer Art von Raserei, nahte sich der Augenblick, in welchem mich Geist und Feuer und ein wollüstig Beben durchdrang; ich will nicht gern fort und werde müssen.

So gehts einem gar oft in der Welt; Nebenumstände dringen auf einen zu; man möchte gern noch in seiner Lage bleiben, um sich zu einer andern recht würdig vorzubereiten; aber man wird durch den Strudel von Nebendingen, die einen von allen Seiten angehen, mit fortgerissen; man kann gar nicht anders: und dann sperren eine Menge Gaudiebe das Maul auf: warum bist du nicht geblieben, wo du warst? Ei wer nur gekonnt hätte: gern hätt' ich einen andern Augenblick gewählt; denn an jeden andern Augenblick schloß sich auch ein anderes Leben an.

Ha! wie mich izt ein immer geistigeres Feuer durchdrang, welch ein Geist mich durchflog; ich sah, was ich nie wiedersehn werde, Welten in ihrem Zusammenhange; jeder der mir bevorstehenden Augenblicke war der Anfang zu einem neuen und jedesmal andern Leben; jeder legte einen Faden an zu seinem ganzen Leben – ich bebte; o wer in diesen Augenblicken sich auswählen könnte! Der nächste schloß eine Reihe schöner Tage und nichts als Glück an sich, der nächstfolgende legte den Faden zu einem schwarzen Gewebe an; ich bebte zurück – aber es kochte, es trieb mich, es quälte mich – ha! in welchem Augenblicke riß der Anfang meines Fadens. Da lag einer dicht vor mir, rauh und uneben Anfangs, aber nach der Mitte und gegen das Ende herrlich und glänzend – nein der folgende! durchaus schön! – es half kein Wählen; ich sah mein ganzes Schicksal: aber ich konnte nicht zurück, es stürmte mich fort; es war ein wilder, schrecklicher Augenblick; alle Pulse schlugen krampfhaft in meinem Vater, das Blut wollte das Herz zersprengen, alle Nerven zuckten und bebten, überall ging von mir ein wildes Feuer; alle Lebensgeister verwirrte ich, alle Himmel öffneten sich bei meinem Erscheinen, alle Gedanken schwanden vor mir, alle Sinne zerrütteten sich. – Allgewalt hieß der Geist, der in mir wohnte; er ließ mir die Zügel schießen, ich reite vor die Schranken und zwanzig gewaltige Tropfen wettstürmten mit mir, die peitschende Begierde hinter uns her, die wilde Brunst in uns, es jauchzten alle: Leben! Leben! Leben!

Ich flog allen vor; mein Geist überflügelte sie alle: aber noch bin ich nicht am Ziel.

Nun wann denn? fragt der ungeduldige Leser, – wann es Zeit ist, antwortet der geduldige Autor. –

Warum soll ich denn auch nicht diesen Augenblick, der alle Freuden des Menschen umfaßt, nicht wenigstens durch meine Schilderung verlängern, und seinen Genuß mehr zum Bewußtsein bringen – da er so blitzschnell dahin eilt.

Habe so den närrischen Gedanken, was wir wohl sein würden, wenn ein Gott uns diesen Augenblick *zu einem Jahre* verlängern wollte. Wer umfaßt den Gedanken ganz, diesem wollüstigen Augenblick, dieser höchsten Ekstase eine Jahreslänge! Tag und Nacht, immer, immer dieser Taumel der Empfindung, diese Entzückung, diese Begeisterung, dieses trunkene Auge, diese Vergeistigung, die nichts Irdisches mehr hört und sieht, nur in sich selbst ihre unaussprechlichsten Wonnen fühlt und umfaßt und umschließt, und nichts außer sich, alles in sich ist, da sie kein Geschäft, keine Sorge, keinen Verlust, keine Ahndung kennt, Wunsch und Erfüllung, Sehnsucht nach Freude und höchste Freude, Durst nach Himmel und den Himmel selbst so mit einander vereinigt, daß man sich keines davon einzeln mehr denken kann, Millionen Millionen Freuden alle in einen Punkt zusammen gedrängt.

Werde zum Narren über dem Gedanken, und denke mit Gottes Hülfe, daß nie was daraus werden würde; denn wir würden alle sammt und sonders verrückt.

Müßten dann auch unser Körper und Geist ein Paar ganz andere Dinge sein, könntens ja sonst nicht aushalten.

Halte dafür, daß sich die Sinne völlig zerrütten müßten, wenn dieser höchste Augenblick der Wollust nur eine halbe Stunde dauern könnte und diese Empfindung in derselben höchsten Spannung bleiben sollte.

Mein Geist verliehrt sich ganz in dem Gedanken, das Allerhöchste, seh' ich wohl, kann der Mensch nur einen Augenblick aushalten, es sei höchste Wollust oder höchster Schmerz.

Folg einmal meiner Schwärmerei ein wenig nach, lieber Leser; kennst wohl das lateinische Sprichwort: infanire juvat, das ich einmal so zu teutsch geben will: *manchmal ein wenig Narr sein, hat auch sein Gutes*, und das will ich einmal recht gern auf mich anwenden lassen.

Der allerhöchste Schmerz ist Tod und die allerhöchste Anspannung ist Abspannung, auch die allerhöchste Freude kann der Mensch, wie gesagt, nur einen Augenblick aushalten, sonst würd' er verrückt und alles schnappte über bei ihm; denn das sieht man ja wohl; er ists ja schon in der augenblicklichen Ekstase; denn da hat er ja alles vergessen, was ihn sonst angeht; da hört und sieht er ja nicht mehr, was um ihn herum ist; da vergöttert er ja die Teufel und sieht die Laster zu Tugenden; da geht er ja nur mit Engeln um.

'S ist daher recht gut, daß die Freude nur kurz dauert; sonst wär' gar nichts mit den Menschen anzufangen; sie treibens so schon bunt genug durch einander.

Sollte solch ein trunkner Augenblick sich nur zu einer Stunde verlängern können, so müßten wir arme Sünder schon eine weit stärkere Natur haben, die bei dieser Hochspannung nicht gleich Schaden litte.

Was dann der Mensch wohl aber für ein Ding sein würde, wenn er jener Anspannung, jenes Verweilen auf dem höchsten Punkte fähig wäre; es läßt sich mit den Gedanken nicht erreichen – ein überirdisches Ding mit irdischen Empfindungen – auf was für einem hohen Grade müßte seine Phantasie dabei stehen! Wenn schon der einzige Augenblick in seiner schönsten Fülle mit blühender Gesundheit und Jugendfeuer genossen, dem Geist einen ganz andern Schwung gibt, Ideen hervorruft, die vorher nicht da waren, wenn seine Fieberhitze, wie mans uns doch oft schon erzählt hat, den Geist der Prophezeiung bei Mädchen aufregte und das Auge der Seele weiter öffnete, wenn sein trunkener Genuß Wegzauberung von dieser Erde ist, was würde in demjenigen vorgehen, bei dem diese Ekstase ein Jahr dauerte! Was würden seine Geschäfte sein, oder würd' er untätig nur ganz auf seinen Empfindungen so zu sagen brüten müssen?

Will nur aufhören, lieber Leser, versteige mich da mit der Schimäre zu weit; die Menschen wären dann wohl gar im Stande und fänden in ihrer Verzückung und in dem erstaunlichen Schwunge der Gefühle und Ideen ein Mittel auf uns gegen den Tod auf immer zu sichern. Aber lieber Gott, laß unser Vergnügen doch lieber nur ein wenig dauern, wir halten das wenige ja kaum aus, sonst möchten wir unser bischen Verstand am Ende völlig verlieren, denn wie oft folgten nicht schon Ohnmachten und Verzuckungen im kurzen Genusse!

Wie aber, wenn unser Himmel einst – *eine* solche ewig süße, namenlose Empfindung wäre, da hätten wir ja gleich einen klaren Begriff von Himmelsseligkeit, wovon wir uns so viel Träume vorschnacken; wohlzumerken, es müßte uns durch das Immerwährende nicht abstumpfen und uns das Süße am Ende gleichgültig werden! Ja, da sitzt der Knoten; der Mensch muß immer etwas neues haben; er hält's auf einer Stufe nicht lange aus. Die liebe Langeweile gähnt bei dem größten Glücke; ununterbrochene Glückseligkeit wär' dir am Ende eine Quaal.

Merke wohl, was sich hier mancher träumt; durch die

außerordentliche Bezauberung in jenem allgewaltigen Augenblick, würde bei Verlängerung desselben zu einem Jahre der Geist eine solche hohe Stufe der Empfindung erreichen, daß er eine Art von Allwissenheit besitzen könnte; aber laßt die Schimären und zerbrecht euch den Kopf nicht damit; ich bin vielmehr überzeugt, daß wir bei einer Verlängerung dieses Augenblicks zu einer Stunde völlig verrückt würden; denn es gibt einen Punkt, über welchen hinaus der Bogen nicht gespannt werden darf.

Nun weiter zu meiner Geschichte.

Meine Mutter empfand bei der Näherung dieser Ekstase wenig; denn sie genoß mit Verdruß; sie dachte sich das Unglück mehrerer Kinder; denn sie war überzeugt, daß sie, kränklich durch beständigen Gram über Bedrückungen, kein gesundes Kind zur Welt bringen könne und daß auch schon durch die vielen vorigen Ausschweifungen ihres Mannes der Zeugungsstoff diese Kränklichkeit und Schwäche, eine Folge verdorbener Säfte, in sich trage. Was sollen also ungesunde Kinder der Welt! dachte sie, wir geben ihnen statt Freude, Qualen und den Keim zu unzähligen Krankheiten mit; dann müssen sie's mit tausend Schmerzen und Krankheiten auskauen und danken uns ihr Leben nicht, wenn sie älter werden.

So dachte meine Mutter und fühlte sich bei dem Gedanken völlig unglücklich; sie sah sich als das kränkliche, immer mehr entnervte und geschwächte Weib; sie sah vor sich hin und sie stand sich selbst lebhaft vor; aber trotz dieser Unlust der Seele, bewirkte der Mechanismus der Natur bei ihr das, was sie nicht bewirkt wissen wollte; meines Vaters Auge blickte unwillkührlich auf ein Gemälde zur Seite hin, das deutlich von der Nachtlampe beschienen wurde und den Paulus vorstellte, wie er auf den Knieen liegt und mit trunkenem Auge auf die Begeisterung harrt – und itzt war die Empfindung auf dem höchsten Gipfel; mein Vater fluchte, meine Mutter seufzte; *ich war am Ziele.*

Merkst du nun lieber Leser, was aus mir werden wird; sieh auf die Gemütsstimmung beider noch ein paar Augenblicke zurück; bemerke die Vermischungen von Trotz und sanftem Nachgeben, von Eigenwillen und Resignation, von wilder Hitze und seufzender Unzufriedenheit, von Härte und Duldsamkeit – und alles dies trifft in dem wichtigen Augenblick zusammen; gib acht, was ich mir daraus prophezeite.

Eine sanfte Melancholie wird das Gepräge meines Gesichts werden; denn dies war die Stimmung meiner mich erzeugenden Mutter; sanfte Duldungstränen wird diese oft aus mir herausweinen und mein Herz wird dann beklommen schlagen und in seiner Wehmut mit sich zufrieden sein; es wird sich nicht gern in dieser Wehmut aufstören lassen vom Tumult und dem Taumel der Welt; seine Wehmut wird seine Freude, seine Hoffnung und sein Trost sein.

Aber ein wilder auffahrender Zorn, der in mir selbst aufsteht und der in dem väterlichen Zeugungsstoff mir mitgegeben wurde, wird diese Ruhe oft wider ihren Willen stören und sie in Unzufriedenheit mit mir verwandeln, dann wird meine Melancholie Menschenfeindlichkeit, Mißtrauen, Härte und wilde Wut werden; aber der mütterliche sanfte Geist wird mich wieder zur Besinnung bringen und Scham und Reue wird an ihre Stelle treten.

Trotz gegen die schwersten Hindernisse; eigensinnige Standhaftigkeit, die es selbst mit der sinkenden Natur aufnimmt und sich gehorchen lehrt, gab mir mein Vater mit; Mut etwas durchzusetzen, Unternehmungsgeist, Eigensinn und abwechselnde üble Launen werden mein Gepräge künftig sein.

Mein ganzes melancholischcholerisches Temperament war mir damals schon mitgegeben; stürmische Geschlechtsliebe, Gallsucht, Neid und Ehrgeiz.

Mein Vater wollte sich selbst vor sich kein Dementi geben; die Natur sollte ihm gehorchen; welche Prätensionen, welch eine Hartnäckigkeit, welch ein Ehrgeiz lag darin!

Das milderte aber meine Mutter wieder; sie gab mir ihre sanfte Duldsamkeit, die Ruhe und Gelassenheit, die sich, wenn es nicht anders ist, in alles ruhig fügt, die stille Standhaftigkeit und die glückliche Gleichgültigkeit mit, die selbst bei allen den Hindernissen meiner reizbaren Nerven und bei ihrer stärkern Empfindung mich in das Geleis des ruhigen Nachdenkens und der stillen Duldung, die nicht gegen den Strom arbeiten will, führt.

O dank dir, Mutter! du gabst mir deine Ruhe, deine Fassungskraft mit, die Hingebung in den Willen einer höhern Hand bei mir so freundlich bewirkte und mir von dieser Seite so manchen Trost, so manche Beruhigung schuf; dann wird der Sturm meiner Gefühle und meines Temperaments immer bald wieder gestillt werden und die ruhige Überlegung wird an die Stelle der flüchtigen Übereilung treten.

Aber wider deinen Willen mischte sich dies alles dem Geiste des Zeugungsstoffes ein; es ahnete dir, daß ich bei dieser Mischung doch nicht glücklich sein würde, und du wolltest mich lieber nicht für die Welt schaffen; denn nach dieser Mischung in meinem Lebensstoff wird sich mein ganzes Leben mit allen seinen Schicksalen richten, das wußte sie, und alle meine künftigen guten und bösen Neigungen, alle die Anlagen zu künftigen Abweichungen und Änderungen, die in meinem Temperament ihren Grund haben und die Folge desselben sind, die einen großen Teil meines künftigen Glücks und Unglücks machen werden, lagen darin.

Wenn alle Nebenumstände Einfluß auf den Zeugungsstoff haben, dann wird auch der Blick meines Vaters auf Paulus mitten in der Ekstase seine gesegnete Wirkung tun und sich meinem Gesichte künftig einprägen; ein schwärmerischer Zug kann ihm die Empfindungen sanfter Sehnsucht und Hoffnung sprechend zeichnen und das wilde Feuer meines Vaters kann gemildert von dem schmachtenden, leidenden Blick meiner Mutter vielleicht ein ganz leidliches und nicht uninteressantes Gefühl geben; der Zug des Leidens wird selbst durch die Freude hindurchschimmern und die sanfte Träne der Empfindung die Flamme des Auges mildern.

So ward ich denn und alle meine Schicksale, insofern sie Folgen meines Temperaments sind, gegründet; mein Entstehen war originell genug; denn Unlust und Mißmut und Eigenwille und Trotz gegen die Natur erzeugten mich.

Oft hättet ihr mich lieber in meiner Behausung gelassen und einen bessern Zeitpunkt gewählt!

Angeregtes Liebesgefühl von beiden Seiten, gleiche heitere Seelenstimmungen, ein reiner, gesunder, durch Strapatzen nicht abgematteter Körper, müssen die Formen sein, in welche der neue Mensch gegossen wird, dann kann etwas aus ihm werden, kann groß werden und gedeihn an Seel und Leib, an Glück und Segen.

Hätt' ich armer Tropf damals sprechen können, ich hätt' es ihnen wohl gesagt; aber ich mußte ja mir alles gefallenlassen und mein Entgegensträuben half nichts.

Das allerübelste war nun noch dabei, daß es gerade Sonntag war, denn die Sonntagskinder taugen all meine Tage nichts.

Ihr wißt schon, liebe Leser, was mein Vater sich an diesem Tage vorgenommen hatte, wie er in die Kirche gegangen war und sich durch Nachdenken abgequält und seine Einbildungskraft erhitzt und seine Empfindungen hochangespannt hatte, wie dann Überladung im Essen und Stillsitzen und Hauspostillenlesen und Zeitungengrübeln und Lottoberechnungen vollends alles getan hatte ihn abzumüden, und könnt euch nun schon denken, was daraus Gutes werden wird.

Der Sonntag! der Sonntag ist an allem Schuld.

Wie das, fragst du lieber Leser? Sonntagskinder sind Grillenkinder, und das werd' ich nun auch werden; bitt euch darum, ihr lieben Leute, die ihr des Alltags viel zu tun habt und des Sonntags feiert und müßig gehet, gleich zum voraus: denkt am Sonntage gar nicht ans Kinderzeugen und folgt nicht dem Beispiel meiner Eltern und so vieler, die es eben so machen.

Es ist nichts damit, glaubt mirs; wenn ihr euch die ganze Woche mit harter Arbeit beschäftigt und ruht nun auf einmal einen ganzen Tag von dieser Arbeit und bewegt euch gar nicht so viel, so ist das ein Sprung der Natur und die Natur tut keine Sprünge unbeschadet ihres Wohlbefindens. Und nehmt ihr euch nun gar ungewohnte Sachen vor, als Lesen, Schreiben, Nachdenken, dann geratet ihr in Gefahr verrückt zu werden und werdet gar zu sehr abgespannt; das viele Essen und der Mangel an Bewegung macht euch dann träge und ihr werdet abgestumpft.

Und so schreitet ihr dann zum Kinderzeugen – und das ist wirklich nicht gut, glaubt mirs; eure Körper und eure Seelen sind dann geschwängert von allerlei Unfug, eure Seele ist dann nicht heiter, eure Ideen nicht lachend und schön, nicht schöpferisch rege, eure Einbildungskraft stumpf und trocken.

Und dies taugt gar nicht zum Kinderzeugen. Euer ganzes Zeugungsgeschäft ist dann nur Maschinenwerk; die Seele wirkt nicht mit. Wißt es auch selbst, daß daraus nichts Gutes wird; denn ihr hört immer vom Aberglauben, daß er seine treusten Sclaven Sonntagskinder nennt; er sagt von ihnen, daß nur sie dazu taugen, Gespenster zu sehen.

'S ist auch ganz natürlich; die kranke, fieberhafte Phantasie, die ihnen Vater und Mutter mitgeben, und das dicke Blut wirft einen falschen Flor vor die Augen, daß sie oft etwas zu sehn glauben, was nicht da ist, ihnen bei der geringsten Kleinigkeit ein Schrecken oder Furcht einjagt.

Bei diesen Leuten ist denn auch die Einbildungskraft gar zu groß und schauerlich; und diese erzeugt Hirngespinste, Träume am hellen lichten Tage, phantastische Schwärmereien, Schreck und Furcht stellt ihnen bei den kleinsten Gegenständen die Sache anders und in einem falschen Lichte vor.

Ach! eine kranke Einbildungskraft ist ein böses Ding, lieber Leser, wills keinem wünschen, macht alles schwarz was weiß ist, aus Tag Nacht und aus der Nacht eine tausendmal schwärzere als sie ist, führt einen so oft hinters Licht und zeigt einem nichts in seiner wahren Gestalt und genießt das Leben gar nicht recht.

Was wird dann aus mir werden, lieber Leser! die Zeit wirds lehren.

Laßt mich hier noch ein paar Stoßseufzer und ein paar fromme Wünsche tun, woraus sich dieser und der nach Gefallen vielleicht etwas nehmen kann.

Hätte mein Vater und Mutter nun nicht einen weit bessern Zeitpunkt wählen können, der mich in ein frohes Dasein gerufen hätte?

Wär ich lieber an einem Arbeitstage, der nur nicht gar zu sauer und abmattend war, vorbereitet und gezeugt; an einem solchen, wo ein gesundes, leichtes, aber doch nahrhaftes Essen durch gehörige Bewegung in schöne Kraft und Saft verdaut wurde und der Geist über irgend eine frohe Nachricht recht heiter war; o da hättet ihr früh in die Arme sinken und an mich denken sollen; da wäre ein leichtes, frohes Blut durch meine Adern geflossen; aber so, am Ende eines Grillentages, so abgemattet und abgestumpft, aus Langeweile und Eigenwillen entsprossen; ei, ei, was soll aus solchem Kindlein werden!

Papa! das können Sie nie wieder gut machen mit mir; ich merke es schon; das wird tüchtige Prügel auf mich herabregnen, Sie werden mich ziehn wollen; aber Sie haben den Stoff zu allen Unarten gelegt und prügeln ihre eignen Untugenden.

Hätte mich doch ein schöner Frühlingsmorgen lieber gezeugt, wo der Schlaf die müden Glieder erquickt und reine, frische Säfte zubereitet und abgesetzt hat; hätte doch da der Geschlechtstrieb zur Begattung gerufen und mir Frühling ins Herz und Seele mitgegeben; eine innige Umarmung mich aus meinem Schlummer geweckt; o welche herrliche heitre Tage würden sich da meinem ersten heitern Augenblick angeschlossen haben!

O hätt' ich mich doch einer süßen Ruhe im Grünen zu verdanken, einer innigen frohen Empfindung über die Werke der Natur, wo vielleicht ein Lerchenpaar durch ihre Begattung die Idee zu mir hervorgerufen hätte, wo der Anblick ins Freie, der Genuß der reinen frischen Luft, der freundliche Anblick des Himmels jede Kraft, jeden Trieb zu mir hervorgerufen und beide Seelen und Körper miteinander vereinigt hätte.

Oder nach einer schönen Tat, im Bewußtsein edel gehandelt zu haben, in der reinen Freude über sich selbst – o was muß solch ein Augenblick für ein herrliches edles Geschöpf hervorbringen; heiter und schön wie die gute Tat, froh und selig wie das Bewußtsein sie getan zu haben. Ach hätte mich solch ein Augenblick gezeugt, solch eine Seelenstimmung geprägt – Gott! was wär ich für ein glücklicher Mensch.

Oder nach einem mäßigen frohen Mahle, das Heiterkeit und Freude und Freundschaft würzte, wo Seel und Leib gestärkt ist und Freude und Empfindung überall rege ist, die Neigung zu einander laut spricht und sich gegenseitig selig fühlt in der Umarmung, wie Seel' in Seele überfließt und Geist und Geist sich küßt.

Oder in den Freuden des Wiedersehens nach einer langen Trennung, während welcher der Körper sich reiche Kräfte sammelte und Gesundheit und Kraft nun in vollen Zügen trinkt. O was für herrliche Geschöpfe müssen so aus dem Schoße der Natur hervorgehen, gestimmt für die Freude, mit herrlichen Anlagen zum Glücklichwerden!

Gesunde heitre Eltern, gesunde heitre Kinder folgt, liebe Leser, wie Sonnenschein auf Regen; bitt' euch darum, liebe Leser, euch nie mit der Begattung zu übereilen; es ist so ein wichtiger Schritt; ihr gebt nicht allein einem Geschöpf das Leben, ihr sollt ihm auch sein Glück mitgeben, seine Anlage zum Glücklichwerden, seine Gesundheit. O und wahrlich, gebt ihr dies euren Kindern mit, dann seid ihr sehr glückliche Menschen und braucht mit dem Größten nicht zu tauschen, dann habt ihr viel Gutes für die Welt gestiftet; dann verdanken sie euch frohes Leben und Glück und Gesundheit.

Eine herrliche, schöne Aussicht für gesunde Väter und Mütter; die andern solltens unmaßgeblich immer bleiben lassen; die schwächlichen Kinder sind dem ganzen Staate eine Last und sind nicht nötig für diese Welt, kann man so hier die Schultern nicht breit genug haben; es gibt heuer so gnug zu tragen, daß man drunter erliegen müßte, wenn man nicht die Geschicklichkeit erlernt, sich durch die Art, wie man mit der Last umgeht und sie aufnimmt, sie sich zu erleichtern.

Wär ich in einer solchen frohen und schönen Veranlassung gezeugt, aus mir hätte ein ganzer Kerl werden müssen; aber wer kehrte sich an mich Würmchen, wer dachte auch nur daran, daß mirs künftig unlieb sein könnte, daß dies vorgefallen war, daß man künftig von mir wohl gar Rechenschaft würde ablegen müssen.

Das war ein böser, böser Eigensinn, den da mein Vater hatte. Um also seinen Willen nur auf einige Augenblicke zu haben, mußt' ich erscheinen, eher daß man sich darum kümmerte, ob ich für die Welt tauge oder nicht; das hieß leichtsinnig bei mir zu Werke gehen; ich war nur ein zu dummer Tropf, sonst hätt' ich mich ganz dagegen geweigert; hätt' ich wenigstens nur ein wenig von Kopf gehabt, ich hätte sie geschüttelt.

War nun aber einmal da und mußte so verbraucht werden;

es kommt nun auf die Wendungen an, die mein gutes Glück mit mir nehmen wird. Und diese, denk ich, wird der nächste Augenblick schon um ein Großes entscheiden.

Ich bekam Gesellschaft; eine sanfte Träne, wider den Willen meiner Mutter durch mütterlichen Mechanismus bewirkt, kam mir entgegen.

Nun erst versöhnte sich mein Vater mit meiner Mutter ganz; seine Arme umschlungen sie; er nannte sie seine Margaretha.

O gern, gern hätt' ich von dieser milden Empfindung etwas zu mir herüber genommen; aber sie war nicht mehr stark genug in mich einzudringen; ich war im vollen Fluge, den kein Geist und keine Empfindung mehr erreichte; es war itzt, als ob tausend Leben in mir wären und sich herumtummelten und sich den Platz verdrängten und tausend Reize alle ihre Kräfte in sich vereinigten. – Da war der Augenblick zu Ende.

Don Juan

Karl von Holtei

Juan tritt auf, im schwarzen Domino.

Juan: Ich glaube, Comtesse Fanny ist auf dem Ball.

Leoporello: Die junge Fremde, die neulich mit ihren Eltern in der Krone ankam? Nicht möglich, gnädigster Herr! Denn die Eltern sind die Würde selbst; der Oberkellner versichert, die Comtess' schlag' ihre Augen nicht auf.

Juan: Der Oberkellner ist ein Maultier und Du bist ein Esel. Was kümmern mich die Eltern? Was geht die Schüchternheit der Tochter mich an? Je schüchterner, desto reizender. Je kindlicher, desto leichter zu liefern. – Jetzt, eh' ich hierher fuhr, macht' ich meinen gewöhnlichen Abendweg durch die Winkelgassen. Plötzlich fiel mir ein, daß ich an den

Fenstern der Krone ein Zauberbild von Schönheit gesehen, vor den Tagen des Tumultes.

Leporello: Ja, ja, das ist sie. Die Eltern haben Alles aufgeboten, um wieder fortzukommen, aber bei den unruhigen Zeitläuften . . .

Juan: Ich hatte befohlen, sie nicht fortzulassen, ihnen den Paß zu verweigern. Im Gedränge dieser Tage war des Mädchens Bild mir wieder entschwunden. Jetzt ist es desto lebendiger. Ich ging an die Krone, und langte mir den alten Hausknecht.

Leporello: Ach, das ehrwürdige, schneebedeckte Haupt. Dieser Generalissimus aller Kuppler.

Juan: Ich wünschte Dir von seiner Geschicklichkeit. Durch ihn erfuhr ich in einer Minute, wozu Du zwei Tage gebraucht hättest, daß sich im Gefolge der fremden Familie ein Zöfchen befindet, welches Florchen heißt. Sie ist die Vertraute der Mutter, wie der Tochter; bei der einen listig, bei der andern lustig, bei beiden keusch und verschämt. Der alte Tobias hatt' ihr auf den ersten Blick angesehen, daß sie wert sei, zu seiner Kundschaft zu gehören. Er brachte sie mir herab. Im Reise-Wagen ihrer Herrschaft lernt' ich die Holde kennen.

Leporello: Lohnt' es die Mühe?

Juan: Daß ich ein Narr gewesen wäre, mich mit ihr einzulassen. Ich blieb kalt gegen sie, und überredete sie nur, mit ihrer jungen Gräfin auf den Ball zu kommen, sobald die Eltern schliefen. Sie widerstand lange. Endlich siegte das Verlangen bei ihr, den Teufel Don Juan zu sehen. Als ich ihr die heiligsten Schwüre ablegte, daß sie diesen sehen sollte, und daß ich, der solideste Kavalier im Lande, ihre Gräfin unfehlbar heiraten würde, da sagte sie zu. Es wurde verabredet, daß ich zwei Männerkleidungen in dem Wagen niederlegen wollte. Das ist geschehen. Spät genug ist es auch. Sie könnten schon hier sein.

Leporello: Was für Masken sind es?

Juan: Türken.

Leporello: Da ist es schwer, sie herauszufinden; es wimmelt von Türken.

Juan: Ich konnte keine andre nehmen. Sie bestand darauf, in Männerkleidern zu erscheinen, um keinen Verdacht zu erregen, und doch wollte sie keine Strumpfhosen anziehn.

Leporello: Sie wird krumme Beine haben.

Juan: Ihre Gestalt ist göttlich.

Leporello: Florchens?

Juan: Wer spricht von der Padde? Fanny's mein' ich!

Leporello: Übrigens, bei den verfluchten Türkenkleidern ist auch kein Segen. Männer wie Weiber haben Hosen, 's gar kein großer Unterschied zwischen beiden Trachten.

Juan: Gleichviel. Gefunden müssen sie werden.

Leporello: Wo sind die Kleider her?

Juan: Von der Pagen-Quadrille, die an meinem Namenstag getanzt wurde.

Leporello: Wo der gnädigste Herr so zornig auf den Tanzmeister waren, weil Sie Tänzerinnen vermuteten und lauter Tänzer fanden?

Juan: Dieselben.

Leporello: Blauer Samt, mit Silber gestickt! Dann ist's schon leichter.

Juan: So geh' und hilf suchen!

(Beide ab, nachdem sie die Larven vorgenommen.
Der Bildhauer begegnet ihnen an der Thür. Er ist als Jupiter maskiert.)

Bildhauer allein:

Das war der Fürst! – Ich kenne seinen Gang! . . .
Er drängt sich ins Gewühl; ob ich ihm folge?
Nein. Sichrer, besser, ich erwart' ihn hier.
Hier ist er mir gewiß. In diese Höhlen
Halb dunkel und versteckt, schleppt er den Raub,

Den ihm des Tanzes Strudel zuführt. Hier
Betrügt er die betrogene Elvira. –
Hier will ich ihn erwarten. Und mein Dolch
Soll ihn erreichen. Er ist mir gewiß!
Ich war entwaffnet, als er seine Garden
So plötzlich wieder sich gewann. Ich war
Entwaffnet, als er Don Ottavio
Den Zweikampf anbot, tot ihn niederstreckte;
Ich war entwaffnet, als er Großmut übte
Und seine Feinde königlich beschenkte; –
Beschämt und mutlos ging ich still nach Hause.
Jetzt aber hab' ich wieder mich gefunden;
Ich fühle tief im Busen jene Schuld
Der heißen Rache gegen ihn. Nicht leben,
Nicht leben darf er länger. Müßt' ich auch
Mit meinem Tode seinen Tod bezahlen.
Was seh' ich? . . . Jetzt schon?
(Er verbirgt sich hinter einen Vorhang. Don Juan, eine Türkenmaske hereinziehend.)
Juan: Blauer Samt mit Silber
Der Schnitt; die Stickerei; es ist so, ist so:
Du bist die reizende begehrte Fanny.
(Maske verneint es.)
Juan: So bist Du Flora?
(Maske verneint es.)
Juan: Eine doch von beiden
Mußt Du ja sein. Ich will es bald erfahren.
Komm hinter jenen Vorhang, laß' uns kosen.
Bildhauer vorblickend:
In ihren Armen find' er seinen Tod.
Juan: Wie kindisch, sich zu weigern! Wolltest Du
Mir widerstreben, mußtest Du nicht kommen.
Nun bist Du da, und nun gehörst Du mir!
Laß' mich die Wangen sehn. –

(Reißt ihr die Larve weg.)

Wie? Innocenz?

Innocenz zu seinen Füßen:

Verzeihung, Herr. – –

Juan: Der Spaß ist unbezahlbar!

Der Page, Du! Was Teufel fällt Dir ein?

Wen lockst Du denn in dieser Zwittertracht?

Innocenz: Ihr nah zu sein . . .

Juan: Mich sollst Du nicht mehr täuschen;

Da von der Stickerei reiß ich die Ecke,

Daß ich Dich kenne, wenn Du wieder mir

Im Saal begegnest. (Im Gehen f. s.)

Wahrlich, er ist schön;

Wenn das ein Mädchen wär' . . . 's wär doch nicht Anna.

(Er geht.)

Innocenz. Der Bildhauer. Als dieser sich nähert, nimmt Innocenz wieder die Larve vor.

Bildhauer: Schließ nicht den Himmel Deines Angesichts!

Innocenz: Braucht Jupiter denn einen andern Himmel,

Als seinen eignen?

Bildhauer: Ihr verspottet mich.

Innocenz: Nein, Ihr verspottet mich; ich bin kein Mädchen.

Bildhauer: Ich weiß es ja, daß Du ein Jüngling bist.

Innocenz: Und sagt mir solche nicht'ge Schmeichelei.

Bildhauer: Wenn's Dich gekränkt . . . ich will's nicht wiederholen,

Verzeih'!

Innocenz (gehend)

's ist schon verziehn.

Bildhauer: Ich muß ihm folgen.

Sein Anblick hat die Mordlust mir gestillt

Und sanfte Neigung erfüllt mir jetzt die Seele.

O dieser Jüngling ist bezaubernd schön. (Er geht.)

(Nach einer Pause tritt eine Eremiten-Maske ein. Sie bleibt lange, das Gesicht nach dem Tanzsaal gewendet stehen. Endlich sieht sie Don Juan erscheinen, und begibt sich schnell in eine der Nischen, vor welche sie den Vorhang zieht.
Don Juan und Leporello führen Fanny und Flora, beide in Türkenkleidern, herein. Leporello zieht auf einen Wink Don Juans, Floren in die zweite Nische, und läßt auch den Teppich fallen.)

Fanny: Ach, ich vergeh' vor Angst. Was wird aus Flora?

Juan: Seid unbesorgt! Sie spricht mit meinem Bruder
Von unsrer Zukunft; von der besten Art,
Wie ich in Demut Euren Eltern nahen,
Um Eure Hand sie bitten soll ...

Fanny: Ach Gott
Ich kenn' Euch nicht. – Bestraft mein eitler Leichtsinn
Sich denn so schwer? Weil einen Maskenball
Ich nie gesehn; weil Flora Kleider mir
Versprochen, die mich sicher stellen würden.
Vor jeglichem Verrat, war ich so kühn,
Hierher zu folgen. Nun enthüllt sichs mir;
Treulos ist sie gewesen. Sie verläßt
Mich in dem Augenblick der Not.

Juan: Geliebte,
Was droht Dir denn an meiner Seite? Wie?
So glühend, als ich liebe ...

Fanny: Laßt mich los! –
Flora, wo bist Du? ... Lieber in den Saal,
In das Gewühl der Masken, als mit Euch
Allein – (sie will fort)

Juan (eilt ihr vor und schließt die Tür zum Saal.)
Nun sind wir sicher. Bleib' und höre.
(Er nimmt seine Larve ab.)
Zu Deinen Füßen liegt ein Edelmann,
Der Deine Hand begehrt ...

Fanny: Ich bin die Braut
Des Grafen . . .
Juan: Teure, Teure nenn ihn nicht
Den Namen nicht von Deinen süßen Lippen;
Entweihen würd' er sie.
Fanny: Mein Herr, Ihr seid –
Juan: Derselbe, der vor Deinen Fenstern schwärmt,
So lange Du in diesen Mauern weilst.
Mein mußt Du werden. Dich erringen will ich . . .
. . . Wofern nicht Du den Bräutigam erwählt
Aus eignem Herzen. – Rede! hast Du dies?
War's Deine Wahl? Bei allem, was Dir heilig;
Bei Deiner Eltern Leben; bei dem Glücke
Der eignen Zukunft; bei dem frommen Glauben
An ew'ge Seligkeit; gestehe mir's.
Du schweigst? – Du kannst nicht sagen: ja! Die Eltern
Sind's, die Dich zwingen –
Fanny: Nein. Gezwungen nicht,
Aus freiem Herzen gab ich ihm mein Wort.
Juan: So liebst Du ihn?
Fanny: Ich achte meinen edlen Bräutigam
Und werde glücklich mit ihm sein.
Juan: Du lügst!
Du wirst nicht glücklich sein. Jetzt noch ein Kind,
Bewußtlos taumelnd in dies Ehejoch,
Wird bald Dein wärmeres Gefühl erwachen.
Dann wird der bleiche Schatten Deines Freundes,
Des Freundes, der jetzt knieend vor Dir liegt,
Aus seinem frühen Grabe sich erheben
Und wird vor Dich mit tiefem Seufzer treten. –
Da wird sich Liebe mit Verzweiflung paaren.
Fanny: Hört auf! – O Herr, um Gott, was wollt Ihr tun?
Juan: Ein Leben will ich enden, das nicht würdig
Des Namens Leben ist, wenn Du mich fliehst.

Fanny: Ihr werdet nicht –
Juan: Sieh' diesen Dolch. So wahr
Du meine letzt' und erste Liebe bist:
Er dringt in diese Brust; sein harter Stahl
Träuft von dem Herzblut, das um Dich nur glüht –
Wenn nicht . . .
Fanny: O Pein! o grausames Geschick
Ihr wollt Euch töten . . .
Juan: Nein, Du willst mich töten.
Fanny: Was kann ich tun?
Juan: Mir sagen, daß ich Dir
Nicht ganz gleichgültig bin.
Fanny: Wie könnte mir
Gleichgültig sein, der mich so innig liebt?
Juan: Der Ton, in dem Du diese Worte sprichst
Klingt wie ein Grabgeläute mir in's Ohr,
Nur Mitleid ist's. – Sonst fühlst Du nichts für mich? . . .
Dein Herz fühlt nichts für mich! –
Wie könnt' es auch?
Ich bin nicht schön, nicht glatt, noch süß und sanft,
Rauh ist mein Ton, braun ist mein Angesicht;
Ich bin kein Graf auch, wie Dein Bräutigam.
O ganz gewiß ist er das Muster eines
Vornehmen zarten Jünglings. Freilich wohl
Verdient er, daß ich ihm geopfert werde! . . .
So sei's! Ich folge Dir durch alle Welt;
Und wenn Du Hochzeit machst, bin ich Dir nah',
Und wenn er Dich in seine Kammer führt,
Soll sich Dein Fuß an meinen Leichnam stoßen,
Auf Eurer Kammer-Schwelle will ich liegen,
Den Dolch in meiner blut'gen Brust. – Dann zieh'
Mit ihm hinein, und schwelg' in Freud' und Wonne.
Mein Todesröcheln soll Euch wenig stören.
Fanny: Das ist zu viel! Nein, das ertrag' ich nicht!

Mensch, Ihr zerreißt mein Herz; was wollt Ihr, sprecht;
Ich will ja jedem Eurer Wünsche mich,
Wenn's möglich, fügen.

Juan: Nein, ich wünsche nichts,
Ich brauche nichts zu wünschen. Sagst Du mir,
Daß Du mich liebst, so lach' ich aller Wünsche,
Die sonst noch schwimmen zwischen Erd' und Himmel.
Sagst Du das nicht, so wünsch' ich nur den Tod.

Fanny: Unglücklicher! Mußt Du mich elend machen?!
Was willst Du ein Geständnis ab mir trotzen,
Da Du mir fremd bist, wie ich Dir! Wie kann
Ich Liebe fühlen?! . . . Dennoch rührst Du mich
Wenn Du so flehend sprichst; aus Deinen Blicken
Dringt feurig mir das Mitleid in die Brust . . .
O glätte wieder Deine Stirn. Laß' mich
Die finstern Locken aufwärts streichen. Mildern
Soll die Berührung meiner Hand den Schmerz,
Der dieses edle Haupt durchzuckt. Der Segen
Den ich Dir gebe, möge sich erfüllen,
Und Beiden, Beiden geb' uns Gott den Frieden.

Juan: Ach laß' die Hand, wie jetzt, auf dieser Stirn;
Die andre laß mich an die Lippen drücken . . .
Und sieh mich an! . . . Wie Deine Wange glüht!
Wie Deine Augen glänzen . . . wie Du zitterst!
Ja, ja, 's ist mehr als Mitleid, was Du fühlst.

Fanny: 's ist Scham und Reue! Laßt mich wieder frei!
Ich bin in Banden, sie umstricken mich;
Mein Auge heftet krampfhaft sich auf Eures –
Ihr tut mir Zauberei . . .

Juan: Blick' fest mich an:
Und immer dichter laß der Blicke Glut
Sich nun verschmelzen; sauge dieses Feuer,
Das mächtig und vollströmend Dich erfüllt.

Fanny: Ich schwindle! – Alles dreht im Kreise sich . . .

Mir hängt die Ohnmacht zu . . .

Juan: Es ist das Kleid,
Das so Dich engt! . . . Dort winkt ein Ruhebett . . .
Hier laß' Dich nieder. Öffne diese Schleifen . . .
O wie das preßt und drückt; die zarte Brust,
Will freien Spielraum.

Fanny: Wie geschieht mir?

Juan: Falle
Du Teppich. – Falle Du, wie sie.

(Er hat sie in die Nische getragen, worin der Eremit verborgen. Flora hervorstürzend wird von Leporello gehalten.)

Flora: Nein, nein, das duld' ich nicht. Sie ist noch unschuldig, er will sie verführen.

(Leporello hält ihr den Mund zu.)

Wenn Dir Dein Leben lieb ist, so schweige!
Er ist der Fürst.

Flora: Das? Don Juan?

Leporello: Sei still; stör' ihn nicht!

Flora: Also, der heut' im Wagen bei mir war . . .

Leporello: Derselbe! – Aber leise; er kann's nicht leiden, wenn man laut redet.

Flora: Aber wer seid Ihr denn, wenn das Don Juan ist? Ihr seid doch nicht etwa der berüchtigte Leporello?

Leporello: Und wenn ich es nun wäre?

Flora: So würd' ich Frau Leporello werden, denn Ihr habt mir meine Unschuld genommen, und ich klage auf Heirat.

Leporello: Ach, warum nicht gar!? – Das müßt' ich auch gemerkt haben. Seh' ich wohl aus, wie einer, der Unschulden raubt? Nein, Florchen, der Dich defloriert hat, der war jünger, als ich, und damals war er auch jünger, als Du jetzt bist. Es muß schon verschiedene Jahre her sein.

Flora: Verleumderischer Lügner.

Leporello: Ich bin fest überzeugt, daß ich reine Wahrheit flüstre. Aber, sprich auch Du nicht so laut, Pomona.

Flora: Flora heiß' ich.

Leporello: Sonst, wie Du blühst. Jetzt bist Du mehr Pomona, als Flora.

Flora: Blüh' ich nicht mehr?

Leporello: Doch, immer noch. Aber Du blühst und trägst Früchte zugleich, wie die Pomeranze.

Flora: Schmeichler! – Was soll denn nun aber aus meinem Komteßchen werden?

Leporello: Eine Gräfin! Du sagst, sie sei Braut eines Grafen.

Flora: Wenn doch der Fürst sie so sehr liebt, wie er schwur? Wenn er nicht mehr von ihr lassen will?

Leporello: In dem Punkte sei unbesorgt, Flormonchen, er wird von ihr lassen.

Flora: So sind das alles nur Lügen gewesen?

Leporello: Ja, allerliebstes Pomflorchen, reine Lügen.

Flora: Das ist doch aber abscheulich!

Leporello: Ja, Schatz, es ist abscheulich. Aber, um das zu genießen, wovon Du mich glauben machen wolltest, ich hätt' es bei Dir genossen, scheut er einen Mord nicht. Warum sollt' er falsche Schwüre scheuen?

Flora: Ei, so ist er ja ein Türke.

Leporello: Sieh', Pomchen, dann paßt es gerade recht. Sie ist eben auch einer. Da sind zwei Türken zusammen gekommen.

Flora: Ihr könnt noch spotten. Nein, bei mir spricht das Gewissen. Ein so hohes Fräulein, von gräflichem Geschlecht, in Gottesfurcht und Tugend erzogen –

Leporello: Also sie war wirklich noch reine Jungfrau?

Flora: Ja, darauf kann ich einen Eid ablegen. Seit sechs Monaten erst ist sie mannbar. Ich habe das Batisthemdchen zum ewigen Angedenken aufgehoben. –

Leporello: Nun kannst Du das heutige dazulegen; das sind dann Siegestrophäen . . .

Flora: Pfui, ihr häßlichen Männer!

Leporello: Was ist denn ihr Bräutigam für ein Kerl?

Flora: Ach, ein schöner, feiner, stolzer Herr!

Leporello: Was er nicht weiß, macht ihn nicht heiß. Er wird's nicht merken. Und Du wirst's ihm wohl nicht sagen?

Flora: Daß mich der Himmel behüte!

Leporello: Nun so kann noch Alles gut werden.

(Juan tritt vor. Die wankende Fanny führend.)

Juan: Ist Euch nun wieder besser, gnäd'ge Gräfin? He, Flora, führt Eure Gebieterin. Es wurd' ihr unwohl. Leitet sie nach Hause. – Nehmt Eure Larven vor. (Leise zu Fanny.) Morgen mehr.

Fanny: Komm, Flora, schnell. Ein Fieber hat mich überfallen. Ich kann kaum aufrecht stehen. Komm, schnell nach Hause!

(Leporello öffnet. Fanny geht, von Flora geführt. Juan. Leporello.)

Juan: Wenn sie nur glücklich durch den Saal kommt, ohne zusammen zu brechen.

Leporello: Ist sie so matt?

Juan: Sie ist fast bewußtlos.

Leporello: Aus Liebe?

Juan: Weiß ich's, wie's heißt? Aus Begierde, Frömmigkeit, Tugend, Sehnsucht und so weiter. Gleich auf den ersten Blick sah ich, daß sie zu den frühreifen Mädchen gehört, die bei den edelsten Phrasen und den feinsten Sitten, doch keinen Widerstand leisten, wenn man sie an den Nerven zu fassen weiß. Ich hab' sie mit den Augen magnetisiert.

Leporello: Ja, der Magnetismus! Das ist eigentlich der alte Adam in einer neuen Jacke. – Diese Gräfin muß aber ein äußerst reizendes Nervensystem entwickeln. Auch schwur Flora, daß Ihr die Blüte bracht. Seid Ihr nicht ganz entzückt? Werdet Ihr sie nicht ferner frequentieren?

Juan: Nein, ich hab' schon genug. – Wechsel, Wechsel, das

ist mein Gott. Was ich haben kann, was ich schon hatte ... das reizt mich nicht mehr! Was mich reizt, lockt, anzieht (halb für sich) was all' meine Sinne beschäftigt, was mich wachend und träumend verfolgt; – das kann ich nicht mehr haben. Und das wird mich noch rasend machen!

Leporello (für sich.): Er spricht immer von der Anna. Aber nur, weil sie tot ist; wenn sie lebte, ließ er sie laufen. Nun sie fault, schwärmt er für sie; das nenn' ich haut goût. (Laut.) Um auf Etwas anderes zu kommen, gnädigster Herr, wißt Ihr, daß die revolutionären Gesinnungen noch nicht ganz erstickt, die Gefahren für Eure höchste Person noch nicht ganz beseitigt sind?

Juan: Schweig' von den Bestien, die sich hier auf dem Ball umhertreiben. Sie lecken mir die Füße, wie geprügelte Hunde.

Leporello: Einer nicht. – Der Bildhauer.

Juan: Ist das die Jupitermaske?

Leporello: Und bewaffnet.

Juan: Auch er ist jetzt nicht zu fürchten. – Obschon er der Einzige ist, der Mut genug hätte, seiner Rache Tat zu geben. Der haßt mich gründlich.

Leporello: Warum eben der?

Juan: Er war mein Lehrer im Zeichnen, als ich noch Knabe. Damals hattest Du mir schon allnächtig Gesellschafterinnen zugeführt, und so war ich den heimlichen Knabensünden entgangen. Mein junger Meister aber fand an seinem prinzlichen Schüler Gefallen, verliebte sich in mich.

Leporello: Ist das so Einer?

Juan: Ja, es ist so Einer. Als ich merkte, was er wollte, zog ich ihn an der Nase herum, und trieb meinen Spott mit ihm mondenlang. Endlich versprach ich ihm Erhörung. Ich bestellte ihn in den Park in eine ferne Grotte, und dort, wo er mich zu finden hoffte, fand er einen verlebten zudringlichen

Straßennickel, vor dem er sich kaum retten konnte. Seit der Zeit hab' ich ihn nicht in der Nähe gesehen.

Leporello: Nun, er war die Seele der Verschwörung.

Juan: Ich fürcht' ihn nicht, diesen Jupiter. Er hat sich an des Pagen Innocenz Fersen geheftet, der als Türke Elviren verfolgt. Ich bin sicher vor seinem Dolch.

Leporello: Das ist eine Jagd! Und Elvira sucht Euch.

Juan: Sie kann mich doch nicht erraten?

Leporello: Ich hab' Euch einen Domino angedichtet, den kein Teufel in der Hölle tragen würde. Aber Eugenio ist zur Hand.

Juan: Wer ist das?

Leporello: Ihr wißt's ja! Der Stellvertreter Eures Stellvertreters.

Juan: Mache, daß sie ihn findet, im Wahne, sie finde mich.

Leporello: Das ist leicht. Ich darf ihr nur sagen, Ihr hättet wider Vermuten die Hülle gewechselt, und dann zeig' ich ihr Eugenio.

Juan: Tu's! Hierher soll er sie locken. Ich verberge mich hier.

Leporello: Und in dieselbe Nische . . .

Juan: Wo ich mit Fanny war. In diese soll Eugenio sie leiten. Ich will Zeuge sein, aber er darf's nicht wissen.
(Leporello geht.)

Juan (allein.)

Gefällige Elvira! Nicht vermeinet
Hast Du, indem Du diese Wölbung ziertest,
Mit weichem Pfühl und purpurrotem Teppich,
Daß einer andern ich mich freuen würde,
Wo Du für Dich gesorgt . . . ja, Lieb' ist blind.
(Er zieht den Vorhang zurück; die Eremitenmaske tritt vor.)

Die Kunst als Kupplerin

Maurice Guy Vicomte de Varause

Was mich betrifft, so hielt mich meine Mutter noch für viel zu jung, um die Gesellschaft zu besuchen, und ich mußte, wenn sie fort war, meine Abende verbringen, so gut ich konnte. Herr Viktor hatte nun während der Abwesenheit seiner Gebieterin in den Boudoirs und Vorzimmern nichts zu suchen, aber trotzdem war er immer hier zu finden. Bald machte er sich in einem der Zimmer zu schaffen, bald schwindelte er mir vor, er sei beauftragt, sich zu meiner Verfügung zu halten. Ich glaube, die Beschließerin ermutigte seine Pläne und schickte ihn oft mit einer Schokolade und Kuchen zu mir herein.

Es dauerte nicht lange, da wurde er kühner und ich zutraulicher. Ich ließ mir von ihm Geschichten aus der Gesellschaft erzählen, die nicht immer gerade sehr passend waren. So zum Beispiel die von dem jungen Vicomte P., den man auf dem Sopha gefunden hatte. Daran war ja nichts Außerordentliches, nur befand sich leider die Gouvernante seiner Schwester zwischen ihm und dem Sopha, was allerdings eine etwas ungewöhnliche Situation war. Dann die von dem Marquis de B., der unerwartet nach Hause kam, in das Zimmer seiner Frau ging (was er scheinbar nicht so oft tat, wie er es eigentlich hätte tun sollen) und daselbst den Chevalier de G. in den Armen seiner Frau Gemahlin fand etc. etc.

Obgleich ich diese Geschichten nicht so recht verstand, so blieben sie doch nicht ohne Wirkung auf mich, um so mehr, als mir der junge Schlingel Bilder zeigte, die zwar nicht absolut unanständig, so doch immerhin frei genug waren. Eines Abends war meine Mutter auf einen Maskenball gegangen und wurde nicht vor drei oder vier Uhr morgens zurück erwartet. Herr Viktor hatte sich inzwischen viel interessanter als gewöhnlich gemacht, hatte mir viele Gravüren gezeigt, amüsante Geschichten erzählt, und zu meiner Schande muß ich gestehen, daß ich mich in ihn verliebte. Während wir nun so plauderten, wollte er einige Bilder aus der Tasche ziehen und ließ dabei eine kleine Brieftasche fallen, die ich an mich riß und öffnen wollte. Er lachte mich aber aus und sagte, kein Mensch könnte das Buch öffnen, da der Verschluß ein Geheimnis sei. Das stachelte natürlich meine kindliche Neugier noch mehr an, und ich versteifte mich erst recht darauf, den Inhalt des Heftes kennen zu lernen.

»Wenn Sie durchaus wollen«, sagte er, »die Gravüren stellen eine Reihe von Szenen dar, die von einem jungen Manne und einem jungen Mädchen unter Ausschluß der Öffentlichkeit ausgeführt werden.«

Ich gab nicht nach, ich wollte sie augenblicklich sehen, also tat er mir den Willen, setzte sich dicht neben mich auf das Sofa und zeigte mir eine nach der andern. Das Buch wurde durch eine geheime Feder geöffnet – eine seltsame und unnütze Vorsicht, wie ich dachte, denn an den ersten Gravüren war, wie ich sah, nichts Absonderliches. Aber ich wurde bald anderer Meinung. Ich kann sie Ihnen nicht alle beschreiben, aber sie stellten Liebesszenen zwischen einem jungen Mann und einem jungen Mädchen dar. Zuerst gingen sie, innig aneinandergeschmiegt, im Garten spazieren, dann kniete er vor ihr in einem Gebüsch, dann küßten sie sich und so weiter. Diese Gravüren waren wirklich sehr hübsch und gut koloriert und, als Viktor, auf meine Nachsicht bauend, den Vorschlag machte, wir sollten doch die Szenen, die wir da vor Augen hätten, selber nachmachen, lachte ich nur und sagte, er wäre unverschämt. Augenscheinlich faßte er das als Zustimmung auf, denn er kniete vor mir nieder und legte seinen rechten Arm um meinen Hals, während er mit dem linken mich an sich zog. Für einen Groom war das, der Tochter des

Hauses gegenüber, gewiß ein höchst unziemliches Benehmen. Aber er beschränkte sich nicht einmal darauf. Denn das nächste Bild stellte den Liebhaber in einer vorgeschrittenen Situation dar. Er hatte die Hosen herunter gelassen und die Hände unter den Kleidern der Dame, zeigte sich also dem Beschauer in einer höchst unanständigen Weise. Der Anblick dieses Bildes machte mich ganz verwirrt, und ich konnte die Augen nicht davon losreißen. Mein verschlagener, kleiner Groom merkte das, denn er schob seine Hand unter mein Gewand und begann mich zu kitzeln. Ich hätte nun aufstehen müssen, um zu läuten oder um Hilfe zu rufen, konnte aber weder das eine noch das andere, so daß er sich meine Unbeweglichkeit zunutze machte. Als ich die nächste Seite aufschlug, fielen meine Blicke auf meinen jungen Freund und fanden ihn erzbereit . . . In diesem Augenblick hatte ich noch keinen genauen Begriff von der ganzen Geschichte, aber ich wußte doch, was der Anblick für mich bedeutete. Ich erschrak und geriet in Zorn. Aber er wandte mir sein hübsches Gesicht zu und schaute mir mit einem so flehentlichen und leidenschaftlichen Blick in die Augen, daß ich mich wieder besänftigte und nicht recht wußte, was ich tun sollte. Um meine Verwirrung zu verbergen, senkte ich die Augen auf das Bild, das ich gerade in der Hand hielt. Ach, lieber Himmel, war das ein Bild! Es stellte den jungen Mann im Momente des Sieges dar. Er suchte mit seinem Schwerte den Eingang zum Heiligtum des jungen Mädchens.

Der Anblick dieses hübschen Bildes verdrehte mir dermaßen den Kopf, daß ich nun erst recht keine Ahnung hatte, was ich anfangen sollte. Viktor, dem meine Verwirrung nicht entging, nahm seinen Vorteil augenblicklich wahr und hob mir mein Seidenkleid und meine eleganten Unterröcke auf.

»In meinem ganzen Leben«, murmelte er, »habe ich noch keine so weiße und zarte Haut gesehen.« Er küßte mich, überhäufte mich mit verzehrenden Liebkosungen und drang vor. Ich stieß einen leichten Schrei aus, den er allerdings auf eine brutale Manier unterdrückte. Er legte mir ein Sofakissen aufs Gesicht und verschloß mir so hermetisch den Mund.

Als er sich wieder beisammen hatte, bat er mich um Verzeihung dafür, daß er mir Gewalt angetan und erklärte mir, daß jedes junge Mädchen beim Verlust seiner Jungfernschaft schreien müsse. Daher hätte er aus Furcht, daß mich ein Unberufener hörte, zu diesem ein wenig brutalen Mittel greifen müssen, um meinen Ruf nicht zu kompromittieren.

Er ordnete seine Kleider, glättete seine Haare, wie wenn nichts passiert wäre und verließ das Zimmer. Mir empfahl er, mich während seiner Abwesenheit auszuruhen. Wenn es mir Spaß machte, könnte ich mir derweil die Bilder in seinem nichtsnutzigen Buch ansehen. Im Großen und Ganzen, meine Lieben, war das Buch außerordentlich anziehend, denn alle Stellungen, die nur die wollüstige Phantasie erfinden konnte, waren darin abgebildet. Diese Bilder förderten die Pläne Viktors, denn sie regten mich dermaßen auf, daß, als er mit der Schokolade und den Konfitüren sowie dem Champagner zurückkehrte, mir seine Gesellschaft ebensolches Entzücken bereitete, wie seine Erfrischungen und der Wein. Seine Erklärungen und Reden brachten mich vollständig in Hitze, und ich versprach ihm, wenn er es möglich machen könnte, in der Nacht zu mir zu kommen, würde ich ihm alles gewähren, was eben ein junges Mädchen gewähren kann.

Ein Reiseerlebnis

Aus ›Les cousines de la colonelle‹ (Die Nichten der Frau Oberst), Verfasser ungewiß

Mit großem Gepäck war eines Tages die Herzogin von Herisez und ihr Sohn Gaetano angelangt.

Ein hübscher Junge von achtzehn Jahren, der nur einen leichten Flaum am Kinn hatte und dessen rosiger Teint und blaue Augen »die Männlichkeit noch nicht ankündigten«, wie die alten Nonnen flüsterten. Ein richtiger Cherubin, der allerdings das Alter schon überschritten hatte, in welchem das männliche Geschlecht Zutritt ins Kloster hatte. Aber mit dem Himmel kann man sich ja auseinandersetzen. Die Herzogin, die einer der Hauptpfeiler des Klosters in pekuniärer Hinsicht war, hatte erklärt, daß Gaetan eben erst fünfzehn Jahre alt geworden sei, und niemand hatte gewagt, Belege für diese Behauptung von ihr zu fordern.

Gaetan wurde selbstverständlich sofort der Begleiter Florentinens auf deren Spaziergängen. Frau Briquart und die Herzogin hatten Gefallen aneinander gefunden, und so ließ man denn die »Kinder«, wie man die beiden im Kloster nannte, in Frieden umherstreifen. Natürlich verliebte sich Cherubin sterblich in seine Begleiterin und wurde in seiner Einbildung der gewaltigste Held aller vergangenen und zukünftigen Zeiten. Aber er war furchtsam und wagte seine Wünsche nicht zu äußern, nur seine Augen waren Boten einer Leidenschaft.

Florentine machte die Bewunderung ihres jugendlichen Liebhabers Spaß, und so flirtete man einen Monat lang, so elegant, wie es im Yankeelande Sitte ist, bis eines Tages Frau Briquart, die sich tödlich langweilte, beschloß, auf eine Woche zu verreisen, dies unter dem Vorwande, ihren Pariser Arzt zu konsultieren.

»Ich bin zurück, bevor Georg seine Kur beendet hat. Übrigens lasse ich dich unter dem Schutze der Herzogin von Herisez.«

Dagegen war nichts einzuwenden. Vier Tage atmete sie mit Wonne wieder die Luft ihrer Wohnung in der Rue d'Assas, als plötzlich von St. Gildas eine Depesche von Georg eintraf:

»Abreise nach Mentone, um dort Winter zu verbringen. Trefft mich dort unverzüglich.«

»Was ist da zu machen, gnädige Frau?« fragte Florentine erschrocken die Herzogin.

»Mein liebes Kind, Sie sind noch viel zu jung, um allein zu reisen. Sie müssen einen Beschützer haben. Ich biete Ihnen Gaetan an.«

»Cherubin?«

»Allerdings. Er ist groß genug, um Sie der äußeren Verlegenheit der Reise zu überheben und noch nicht alt genug, um Sie zu kompromittieren. Wollen Sie seine Hilfe annehmen?«

»Wenn Sie es für passend halten, sehr gerne.«

»Also abgemacht. Telegraphieren Sie Ihrem Herrn und Gebieter, daß Sie kommen. Auf der Durchreise durch Paris nehmen Sie Ihre Tante mit, die gewiß nicht allzu betrübt sein wird, den Strand von St. Gildas nicht wiederzusehen.«

Das Klima der Bretagne hat seine Reize, namentlich für Leute, die einen grauen Himmel lieben; aber es hat auch seine Unbequemlichkeiten, deren größte die absolut unberechenbare Temperatur ist.

Als man Georgs Depesche erhielt, war das Wetter schön gewesen. Aber bei der Abreise schon raste der Wind an der Küste, und die Sturmmöven pfiffen unheilverkündend durch die Luft.

Gaetan hatte genaue Weisungen erhalten über die Art, wie ein Edelmann eine junge Dame auf der Reise zu begleiten hat; und da Florentine ihn wie ein Kind behandelte, nahm er sich zahlreiche Freiheiten heraus . . .

Man achtete wenig auf den Schnee, der allmählich dichter zu fallen begann. Bis Nantes ging alles gut. Dort konnte man konstatieren, daß der Schnellzug nur mehr im Tempo einer Postkutsche vorwärts kam, was aber unsere beiden Reisenden nicht sonderlich bekümmerte.

Gaetan hatte Florentine gut eingehüllt und sich unter der wärmenden Decke an sie geschmiegt, so daß die Kälte ihm nicht so unerträglich schien. Es gab jetzt häufige Fahrtunterbrechungen. Le Mans zeigte sich in der Ferne. Der Zugführer kam und erklärte den Reisenden, es sei sehr zu befürchten, daß man nicht weiter komme, als bis La Loupe; die Strecke sei verweht. Die Situation wurde kritisch, und Florentine lachte nicht mehr. Sie fand plötzlich ihren Begleiter weit weniger jung als bisher, und die Aussicht, eine ganze Nacht im Wagen verbringen zu müssen, flößte ihr Angst ein. Plötzlich hielt der Zug hart vor Bretoncelle. Eine halbe Stunde verging – der Zug rührte sich nicht von der Stelle.

»Mein Gott, was soll aus uns werden, kleiner Gaetan?«

Es war eine Bärenkälte; nur zweierlei blieb zu tun übrig: Telegramme abschicken, um die Familie zu benachrichtigen und eine Unterkunft zu suchen. Als dies geschehen, und der erste Schrecken vorüber war, lachten die beiden Passagiere schon wieder. Aber der Schnee lag zwei Fuß hoch. Wie sollte man nach Bretoncelle gelangen?

»Gnädige Frau, lassen Sie mich Ihr Pferd sein!« sagte Gaetan, lebhaft errötend.

»Wie meinen Sie das?«

»Sie können in diesem Schnee nicht zu Fuß gehen. Steigen Sie also auf meine Schultern, und ich werde Sie tragen!«

Jetzt errötete Florentine.

»Hm!« sagte sie sich, »ein verdammter Bursche!«

Aber sie mußte sich fügen und stieg also rittlings auf die Schultern des jungen Burschen.

Es nutzt nicht viel, daß man keinen richtigen Bart hat,

wenn man eine Frau, die man liebt, auf seinen Schultern trägt. Als man daher ins Gasthaus ankam, war Gaetan stark erregt. Die Bauern witterten eine gute Beute und beeilten sich, die Reisenden zu wärmen und ihnen ein Nachtessen vorzusetzen. Die unerwartete Situation und die Wärme belebten die junge Frau wieder, und sie speisten vergnügt das Hammelfleisch, die Kohlsuppe und den Weißwein, den man ihnen servierte. Gegen neuneinhalb Uhr wärmten sie sich vor dem Ofen und plauderten über tausenderlei Dinge, wobei der kleine Liebesgott hinter jedem Worte verborgen war. Florentine sagte sich freilich, daß ihr Mann, der sie unter dem Schutze der Obristin glaubte, wahrscheinlich nicht ganz einverstanden wäre, wenn er sie so im Tête-à-Tête mit Cherubin sähe.

»Aber ... er ist ja ein dummer Junge!« beruhigte sie ihr Gewissen.

Plötzlich ertönte eine grobe Stimme:

»Meine Herrschaften, Ihr Zimmer ist bereit. Sie können schlafen gehen. Gute Decken, ein gutes Bett und zwei junge Leute, wie Sie, frieren ja gewöhnlich nicht, wenn sie zusammenschlafen, haha!«

Diese derben Worte erschreckten Florentine heftig und jagten Gaetan wieder das Blut in den Kopf. Er verlor aber seine Geistesgegenwart nicht und flüsterte rasch seiner Gefährtin ins Ohr:

»Machen Sie ihn nicht stutzig und fürchten Sie nichts! Ich bin ein Ehrenmann!«

Seine Worte beruhigten die junge Frau nicht gerade, aber eine heimliche Erregung bemächtigte sich ihrer.

»Wenn wir ihm die Wahrheit sagen«, fuhr Gaetan fort, »setzt er uns an die Türe und das wäre nicht heiter!«

Das war richtig. Florentine begriff und folgte ihm ohne Weigerung.

Ins Zimmer gekommen, sahen sie sich verdutzt an.

»Nun?« fragte sie.

»Sie werden sich ins Bett legen, und ich werde die Nacht in der Küche zubringen.«

»Oh nein, da würde ich mich fürchten, so ganz allein. Gehen Sie einen Augenblick hinaus und kommen Sie dann wieder!«

Nach einer halben Stunde kam Gaetan wieder hinein. Er war sehr blaß und warf einen lauernden Blick auf das Bett, in dem Florentine lag, deren zartblonder Kopf auf dem Polster ruhte, während die Decke deutlich die reizenden Formen ihres Körpers abzeichnete.

Gaetan fühlte, wie er zitterte. Gedanken, die ihm bei Frau Mama nie gekommen waren, zuckten durch seinen Kopf.

»Nein, nein!« sagte er sich. »Sie steht unter meinem Schutz. Ich darf die Situation nicht ausnützen. Aber, aber . . .«

Er setzte sich auf den besten Sessel, der vorhanden war, in der Stellung eines Hundes, der sich zu Füßen seiner Herrin niederkauert. Schon nach einer Viertelstunde klapperte er mit den Zähnen und fing an, zu Eis zu erstarren.

Florentine hatte Mitleid mit ihm.

»Meiner Treu!« sagte sie sich mutig, »honny soit qui mal y pense. – Kleiner Gaetan, Sie werden sich auf Ihrem Sessel den Tod holen. Legen Sie sich neben mich, aber in Kleidern natürlich.«

Cherubin glaubte, ohnmächtig zu werden bei diesen Worten.

»Nun, worauf warten Sie?« fragte Frau Vaudrez.

»Ich bin ganz erstarrt.«

»Holen Sie eine Wärmeflasche und wärmen Sie sich wieder ein wenig!«

Die Wärmeflasche war bald gefunden, und Gaetan legte sie mit unendlicher Vorsicht unter die Füße der jungen Frau, die weiß und rosig unter dem Bettuche hervorsahen. Dann knöpfte er seinen Paletot zu, legte sich ebenfalls nieder und sah seine Nachbarin an, die ihm ins Gesicht lachte.

»Ei, Gaetan, wenn mein Mann uns hier sähe, was würde er wohl dazu sagen? Wahrscheinlich wenig Angenehmes für uns beide!«

»So? Trotz allem?«

»Ja, ja«, murmelte Gaetan, der trotz der grimmigen Kälte fand, daß es sehr warm sei.

Niemand von ihnen hatte Lust, zu schlafen, und sie plauderten bis das Herz Gaetans überging und er in die Worte ausbrauch:

»Ach, Florentine! Wie ich Sie liebe!«

»Ei, ei! Sehe sich einer dieses Baby an!« rief Florentine.

»Baby immerhin, aber ein Baby, das jetzt gerne in den Leib seiner kleinen Mama zurückkehren möchte!«

»Wahrhaftig! Und mein Mann?«

Der arme Cherubin! Dicke Schweißtropfen standen auf seiner Stirne, seine rosigen Nasenflügel zitterten wie die eines jungen Mädchens. Florentine war so hübsch und Gaetan so sehr jung. Der Myrtenkranz hätte ihn schmücken können. Aber es gibt offenbar Dinge, die man instinktiv erfaßt, denn plötzlich schrie Florentine auf:

»Hören Sie doch auf! Gaetan, Sie kitzeln mich ja!«

Aber Gaetan gehorchte nicht.

»Nun, was soll das heißen?«

»Das soll heißen: ich liebe Sie!«

»Und was beweist das?«

»Daß ich Ihnen meinen ersten Liebesrausch verdanken möchte!«

»Du bietest mir deine Jungfernschaft an, Baby? Ist es denn wirklich wahr? Hast du noch nie . . .? Los, erzähle mir deine Abenteuer!«

»Noch nie habe ich eine Frau berührt, so wie ich Sie jetzt berühre. Mein Lehrer und meine Mutter ließen mich nicht einen Augenblick allein.«

»Komisch! Aber siehst du, jetzt, wo du mir dies erklärt

hast, kann ich dich nicht mehr so in meinen Armen behalten. Es ist deine Schuld, aber du mußt jetzt erfrieren ... und dann, Herr Cherubin, eine verheiratete Frau ..., pfui, wie schlecht das ist!«

»Nein, reizend ist es, und ich bete Sie an!«

»Hinaus mit dir, kleiner Verbrecher!«

Florentine stieß ihn aus dem Bett. Aber der Stoß war wahrscheinlich schlecht berechnet, denn der Delinquent fiel statt hinaus noch tiefer in das Bett hinein.

»Verteufelter Bursche, und boshaft ist er wie ein Äffchen. Aber jetzt Schluß, Gaetan! Vernünftig sein, oder ich werfe dich hinaus!«

Das Kind gehorchte. Aber wie Kinder sind, die selten etwas Gutes stiften, wenn man sie eine Zeitlang nicht hört, beschäftigte er sich jetzt damit, seine Hose aufzuknöpfen. Plötzlich stieß Florentine einen Schrei aus.

»Halt, halt! Er fängt schon wieder an mit seinen Dummheiten! Baby, ich werde wirklich böse! – – – Siehst du, deine Jungfernschaft, es ist ja ganz amüsant. Und wenn ich nicht eine anständige Frau wäre, wer weiß! Aber ich liebe meinen Mann. – Da, der verdammte Junge, er hört nicht auf. Du kitzelst mich, Gaetan. Hör auf, ich sag's Mama!«

Aber Gaetan kitzelte immer weiter, und ein nervöses Lachen hinderte schließlich die junge Frau, sich noch weiter zu wehren. Gaetan benutzte diesen Moment, und Florentine konnte sich nur noch schwach gegen das Liebesopfer wehren, das der Junge ihr bot. Und um die Wahrheit zu gestehen, sie machte sich ein wenig zum Mitschuldigen an der Frechheit Cherubins, denn sie konstatierte mit einemmal einen deutlichen Unterschied zwischen dem, was sie empfand, und dem, was sie bisher gekannt hatte. So gab sie es denn schließlich ganz auf, sich zu wehren, und das glückliche Baby wurde in Gnaden aufgenommen ... einmal ... zweimal ... sogar ein drittesmal ... und plötzlich ging Florentine ein Licht auf ...

»Jetzt weiß ich, warum ich wahrscheinlich von Georg kein Kind haben werde. Nicht nur Glaube macht selig im Leben. Lassen wir ihm den seinigen und machen wir ihn glücklich ohne jede Einschränkung!«

Also nur, um ihrem geliebten Ehemann eine Freude zu bereiten, überhäufte sie Cherubin mit Wonnen, der nicht verfehlte, sich als ein wahres Wunderkind zu zeigen . . .

Mit lachendem Munde langten beide am nächsten Tage bei Frau Briquart an, die sich gegen Gaetan in Dankesworten erschöpfte.

»Schmeicheln Sie ihm nicht zu sehr, liebe Tante!« sagte die junge Frau. »So ganz verdient er es nicht!«

»Aber, gnädige Frau!«

»Es ist gut. Ich weiß, was ich weiß!«

In Begleitung ihrer Tante suchte Florentine ihren Mann wieder auf, und schon sechs Wochen später konnte der Arzt Herrn Vaudrez, der ihn wegen eines leichten Unwohlseins der jungen Frau konsultierte, sagen:

»Nichts Ernstliches. In einigen Monaten wird die Krisis durch die Geburt eines hübschen Sprößlings sich lösen.«

»Doktor, Sie glauben wirklich?«

»Ich glaube es nicht. Ich weiß es. Sie sind noch ein kräftiger Bursche, und ich wünsche Ihnen einen Jungen!«

Georg war im siebenten Himmel und umarmte innig seine junge Frau, die etwas rot wurde – ohne Zweifel vor glücklicher Erregung.

Die Mannstolle

Friedrich Kohlhoff

Lore konnte kaum den nächsten Tag erwarten. Ihr Blut war noch so in Erregung, daß sie die ganze Nacht hindurch wenig Schlaf fand. Wie würde sich Werner von nun an gegen sie zeigen? Endlich hatte sie die Gewißheit – kühl und korrekt wie bisher. Ja, er tadelte sie, daß sie ohne sein Vorherwissen mit Hilde gebadet habe. Sie möge doch bedenken, daß das für zwei schutzlose junge Mädchen sehr gefährlich sein könne. Bitter enttäuscht, klagte sie Hilde den Mißerfolg.

»Kind, er ist ein Frosch, ein Fisch, ein Eisklumpen! Wenn er gar nicht dort war und wenn er dort war und doch Feuer fing. Heute reiten wir beide aus, weit fort!«

»Aber ich werde ihn fragen müssen!«

»Lachhaft! Nein, tu es nicht! Beweise ihm Selbständigkeit!« Hilde räkelte sich bequem im Bett. Es war schon 10 Uhr, und die Mutter hatte ihr schon die Schokolade ans Bett gebracht.

»Du, Lorchen, ich werde dir sagen: gelehrte Männer taugen nichts zur Liebe. Je unkultivierter Männer sind, um so besser lieben sie. Ich nehme mir einen Bauernburschen. Platz, ich stehe jetzt auf!«

Das dunkelhaarige Mädchen sprang in den Teppich.

Lore sagte: »Ich werde deine Zofe sein«, und öffnete ihr die Knöpfe ihres Nachthemdes. Hilde hatte einen bräunlichen Hautton und war mehr üppig als schlank. Die blonde Freundin bewunderte sie mit Blicken und reichte ihr das Badetuch. Hilde stieg im Nebenzimmer in ein kaltes Bad. Als sie heraustrat, trocknete Lore sie ab.

»Lore, dazu erziehe ich mir meinen künftigen Mann. Nichts tut wohler, als so abgerieben zu werden . . .«

»Ach, wenn dein Mann es aber für unsittlich hält?«

»Dann hole ich mir dazu einen andern.«

Lore seufzte und half der Freundin in die langen, hauchdünnen Seidenstrümpfe.

»Was du für volle Schenkel und Hüften hast!«

»Nicht wahr? Und meine Brüste – wie Äpfel oder Pfirsiche aus dem Garten der Huris, würde der Orientale schmeicheln. Das zieht viele Männer an. Vielleicht reizest du Werner nicht so, weil du feiner und zarter gebaut bist. Aber nun flink, ich will noch einen neuen Gaul zureiten. Und nachmittags um drei geht's los, du, auf meinem lammfrommen Achilles.«

Lore empfand Gewissensbisse. Sie wollte doch lieber fragen. Sie horchte mit klopfendem Herzen, ob Werner in seinem Arbeitszimmer wäre, und trat dann ein. Der Studierende sah erstaunt auf. Sie legte ihm traulich die Arme um den Nacken. »Verzeih, Werner, ich möchte dich um etwas bitten!« Ihr rührender Ausdruck entwaffnete ihn. Er zog sie auf seine Knie und zog sie fester an sich als sonst. Er hatte soeben überlegt, ob er seine Hochzeit mit Lore beschleunigen könnte. In schwachen Augenblicken wünschte er das . . .

Achmed und Chlothilde

Felice Dubois

Achmed:

Ihr überschüttet mich mit Huld und Milde,
So komm in meine Arme denn, Chlothilde,
Du ahnst das Grausen nicht, was Dich entgeistert,
Wenn Dir mein Finger durch die Saiten meistert,
Doch, hast Du Deinen Kranz noch? Nur in reiner
Und nie gespielter Zither steht mir meiner!

Prinzessin:
Wie kannst Du fragen, grimmer Jungfernspalter?
Du greifst zum erstenmal in ihren Psalter.
Achmed:
Nun denn, Prinzeß, in welcher Lage
Befehlt ihr, daß ich ihr die Zither schlage,
Denn all' die 1000 Weisen sind mir kund
Der süßen Königin von Amasunth!
Prinzessin:
Da wird ja hohe Weisheit offenbart,
Ich armes Ding kenn' keine einz'ge Art! –
Richt's nur so ein, daß ich bei der Geschichte
Kann alles seh'n im allerbesten Lichte.
Achmed zu Clothilde:
Wohlan, Kind, leg' Dich auf des Bettes Quere.
zur Prinzessin:
Die Position, Prinzeß, nennt man die Scheere;
Prinzessin nehmen auf der Kante Platz
Und schauen fest auf meinen Hosenlatz.
Amme:
Und gönnst Du keine Freude mir, der Alten?
Achmed:
Zum Zauberwerke kannst das Licht Du halten,
Die Akte folgen so im wilden Zorn:
Das erste Opfer bring ich ihr von vorn,
Und raschen Schwung's sich wendend, dann mit Pinten,
Wie Venus lehrt, komm ich ihr schnell von hinten;
Leg' ich dann aber aus zum dritten Stoß,
Nehm ich den Liebling rittlings auf den Schoß.
Prinzessin:
Achmed, ich bin entzückt von dem Programme,
Und bist es nicht auch, geliebte Amme?
Amme:
Ein wack'rer Kämpe ist der traute Buhle,

Er kennt die Tradition der alten Schule!
Das heutige Geschlecht ist matt und schlapp
Und bringt den Gaul kaum mehr zu kurzem Trab,
In schlotternder Hose krankt morsches Gebein;
Doch er schaut mir nicht so jammervoll darein.

Achmed:

Ich bin keiner von den modernen Fratzen,
Mir sitzt die Hose, daß die Nähte platzen;
Und neuen Mut, Gesundheit und Erfrischung
Schöpf' ich aus jeder fleischlichen Vermischung

(z. Chlothilde):

Und nun erlaube, daß zur hehren Feier:
Ich Dir entblößen darf die Leyer; (entblößt sie)
O, laß mich trinken, ein beglückter Zecher,
Himmlischen Rausch aus diesem Freudenbecher
Zu Deinen Füßen knieend, mit Getöse,
Preß' ich viel 1000 Küß' auf Deine Möse!

(Tut dieses.)

Prinzessin:

Wie tut es, Thildchen, scheinst ja ganz entzückt
Als wärest Du der Erde uns entrückt?

Chlothilde:

O, Himmelsseligkeit, ich fühle Fluten,
Mein Mark und Bein durchdringen Wollustgluten.

Amme:

Uns Damen währt das Vorspiel schon zu lang,
Achmed, mach' endlich ernst und ziehe blank!

Achmed zieht blank:

So seht und staunt!

Prinzessin:

O Himmel, welches Glück!
Da bleiben meine Träume weit zurück,
Nein, solchen Zauber konnt' ich nimmer ahnen.

Achmed:
Ja, ja, das ist was And'res als Bananen,
Mit einem Stoß von oben fällt zum Raube,
Dem wilden Sperber jetzt die Taube. (Er stößt zu.)
Chlothilde:
Au!! – eh der Wilde!!
Prinzessin:
Tut's, weh, Chlothilde?
Chlothilde:
O Götter, decket mich mit Eurem Schilde,
Es bohrt ein Pfeil in meinen Eingeweiden,
Unhold entfleuch, ich kann es nimmer leiden!
Prinzessin:
Zeigt so verrät'risch sich das Ungeheuer
Und schien mir eben noch so lieb und teuer?
Da klag' ich selbst mich an, mein ist die Schuld.
Amme:
Lieb Kind, nur einen Augenblick Geduld,
Laß ihn noch ein paar Stöße weiter rammeln,
Und weinend wird sie ihren Dank ihm stammeln.
Chlothilde:
Wie wird mir? – o, ich sterbe, süßer Tod!
Prinzessin:
O weh, sie stirbt. –
Amme:
Noch hat es keine Not.
Der Casus macht mich alte Amme lachen,
Zu neuem Dasein wird sie bald erwachen.
Chlothilde erwachend:
Mir ist es, wenn der Wilde mich so stempelt,
Als würde ich im Leibe umgekrempelt!
Ein jeder Nerv erschüttert, bebt und zittert,
Wenn die Natur die nahe Krisis wittert.
Ein Wollustschauer rieselt durch die Glieder,

O – süßer Todesgrau – mir kommt's schon wieder!

Amme zur Prinzessin:

Kind, glaubst Du jetzt wohl an Chlothildens Glück?

Prinzessin:

Was ich gesagt, ich nehm' es gern zurück!
Ein Zaub'rer ist der Pint, kein Ungeheuer,
Und mutig geh ich selber jetzt ins Feuer!
Achmed, – da Du den Sieg gewannst in Ehren,
Will ich Dir eine Gnade jetzt gewähren:

Achmed unwirsch:

Die eine kleine Bitte hab' ich bloß:
Beim Ficken redet mir nicht in den Stoß!
Doch, nein, wenn ihr wollt meine Lust erhöh'n,
Gnäd'ge Prinzessin, ei – so bitte schön,
Mit Euren kleinen Patschen,
Ein wenig auf den Hintern mir zu klatschen;
Mit solcherlei Finessen bei dem Fick
Da kriegt die Sache erst den rechten Schick!

Prinzessin:

O Achmed, aller Hochmut ist mir fern,
Und diesen kleinen Dienst erweis' ich gern.

(Es wird gev. und geklatscht, die Musik spielt einen ungarischen Tanz von Brahms.)

Achmed:

So, die drei ersten Opfer sind gebracht,
Lieb' Schätzchen, hat es Dir Plaisier gemacht?
Der Chronist will aus seiner Klause,
Zum neuen Opfer braucht er eine Pause!
Tragt Sorge für das Fräulein, liebe Amme,
Wascht ihr die Scham mit milchgetränktem Schwamme.
Indessen Ihr Prinzeß geruht in Gnaden,
In lauem Wasser mir den Pint zu baden.

Prinzessin:

O Achmed, gerne mit beglückten Händen,

Wasch ich die Klöten Dir, wie Pint und Lenden,
Bin ich erst angetraut dann meinem Gatten,
So hoff' ich, bessern Dank Dir abzustatten!
Wenn dann auch Frau, als Tochter eines Fürsten
Könnt'st Du im Ernst dich weigern, mich zu bürsten?
O nein, gewiß es bleibt Dir keine Wahl.
Zum Hausfreund muß Dich machen mein Gemahl
Und gelt, er wächst Dir, wenn ich mich erbiete,
Zum süßen Werk der holden Aphrodite?

Achmed:
Ach, Eurem holden Reiz Tribut zu zollen,
Bin freudig ich bereit, es sollen
Die Haare fliegen in der Nachbarschaft,
Wenn brünstig Eures Leibes Spalte klafft.

Chlothilde:
Und nicht mehr kosen willst Du meine Möse,
Dann stoß nur gleich den Dolch mir ins Gekröse.

Achmed:
Nein auch mein Thildchen will ich fleißig lieb ha'n
So oft Du willst, faß mich getrost am Piephahn;
Nur quäl' mich nicht mit schnöder Eifersucht,
Spring' ich 'mal bei 'ner Andern in die Bucht.

Chlothilde:
Nein, kühlst Du nur genügend meine Brunst,
So treibe, wo Du Lust hast, Deine Kunst.

Amme:
Die Kunst, zu lieben, kennst Du aus dem Grund'
Nur ein Geheimnis ward Dir noch nicht kund,
Bring mir ein Stammbuch, daß ich Alte dort,
Dir niederschreibe dieses gold'ne Wort:
»Die jungen Schnepfen und Wachteln,
»Sie sind oft ein lecker Gericht,
»Doch auch die alten Schachteln,
»Mein Sohn verachte nicht!

»Bewandert in allen Ränken
»Gehn sie um so feuriger los,
»Weil jedesmal sie denken:
»Dies sei ihr letzter Stoß! –
»Und hast Du dieses gold'ne Wort,
»Getreu bewahr's im Herzen,
»So lindere auch ich einmal,
»Dir gerne Deine Schmerzen.«
(Der Vorhang fällt.)

Der effeminierte Sklave

Nun hatte ich dennoch einen Auftrag auszuführen, der, wie ich zugeben muß, äußerst angenehm war, da es sich dabei um Mademoiselles Person handelte. Ihre Art, mich zu quälen und zu foltern, mich bald zur schärfsten Abneigung und zu unüberwindlichem Abscheu zu reizen, bald wieder die wärmste Zuneigung in mir zu erregen, brachte mich auf einen Zustand großer Furchtsamkeit und Nervosität herab, der mich aller Selbstbeherrschung beraubte. Als ich mich, zitternd unter ihrem Blicke, eilig soweit abgetrocknet hatte, als sie für notwendig hielt, schlüpfte sie aus ihrem Schlafrock und sagte mit scharfer Betonung: »Jetzt kleide mich an!«

Die Strümpfe mußten feierlich und sorgsam angelegt und geschickt auf den Strumpfhaltern befestigt werden; die Halbschuhe waren nicht gleich zu finden, wofür ich mehrere Hiebe mit der kleinen Reitpeitsche erhielt. Zur Schärfung des Verstandes und zur Beschleunigung meiner Bewegungen, wie sie sagte. Sie nahm ein anderes Mieder, das zu ihrer Zufriedenheit geschnürt wurde. Das war eine schwere und heikle Sache. Dann mußte das Kleid angelegt und zugehakt werden. Da sie klagte, daß der eine Strumpf im Schuhe zusammengeknüllt sei, mußte ich diesen ausziehen und das zarte Gewebe glätten.

Kaum hatte ich den Schuh wieder auf den Fuß gezogen, als Mademoiselle aufsprang und mir unerwarteterweise einen kräftigen Tritt in den Rücken gab. Ich wurde mir des Gewichts ihres hübschen kleinen Fußes bewußt. Ich schrie auf und hielt mir den Rücken mit den Händen. Mademoiselle hörte nicht auf, mir Tritte zu versetzen; sie tanzte dabei hinter mir mit erstaunlicher Beweglichkeit und Lebhaftigkeit umher und zielte unausgesetzt, bald mit dem einen, bald mit dem anderen Fuße nach meinem Hintern. Ich hatte keinen Anlaß, mich über diesen neuartigen Serpentinentanz zu freuen, obgleich Mademoiselle reizend aussah, und ihr Lachen und ihre freudigen Ausrufe die heitere Seite der Vorführung verbürgten. Die spitzigen Schuhe schmerzten verdammt, und der Schmerz wurde durch den lieblichen Anblick, den ich genoß, nicht gelindert. Ich war ganz grün und blau geschlagen.

Mademoiselle krampfte sich vor Lachen, während ich eher zum Weinen aufgelegt war, und zwar hauptsächlich wegen der lächerlichen Rolle, die ich spielte. Denn meine Liebe wurde verspottet und ich nackt von meiner Angebeteten mit Fußtritten im Zimmer umhergestoßen.

Als ich erschöpft war, rief sie nach Elise, damit diese die Frisur mache, die Toilette beende und mich während dieser Zeit unter Röcken und Unterröcken im Schranke einsperre.

Nach einer halben Stunde wurde ich freigelassen. Mademoiselle war aus dem Zimmer gegangen und ich sah mich, nicht ohne Furcht, der »sanften« Gnade ihrer Kammerjungfer überlassen. Diese riß mich mit der einen Hand am Arm aus dem Schranke hervor, während sie mit der andern kräftige Schläge auf mich – wo immer es treffen mochte – niederhageln ließ. Dabei erwies sie sich als sehr neugierig, um herauszubringen, was ich angestellt habe, daß eine Dame mich hatte benässen wollen. Ganz besonders eifrig erkundigte sie sich jedoch darnach, wie mir die Behandlung gefallen habe. Ich bestritt, irgendwie daran Gefallen gefunden zu haben.

»Mich belügst du nicht, du ekliger, dreckiger Kerl, du. Ich weiß genau, was sie getan hat. Nicht einmal mit Zangen sollte ich dich anrühren. Ich weiß, was für Wasser das war: mir machst du nichts weis! Sofort kommst du mit ins Badezimmer. – Rasch! Wir haben keine Zeit zu Dummheiten!« schnauzte mich Elise an. Das warme Bad und der große Schwamm waren mir gerade recht. Nur fand ich's komisch, von einem Mädchen gewaschen zu werden. Und als sie den Waschlappen einseifte und mich zwischen den Beinen wusch, wie man es bei kleinen Kindern macht, wand ich mich und errötete und kam mir dabei ganz dumm vor. Mein Hintern war von der Rute und von den Fußtritten förmlich aufgebrannt. Elise kümmerte sich einen Deut darum und rieb mich mit gewärmten rauhen Handtüchern rasch trocken. Dann führte sie mich auf mein Zimmer, wo sie mich ebenso rasch ankleidete. Ich bekam eine seidene Bluse, ein ausgeschnittenes Hemd – ich hatte eine volle Brust und schön gerundete Arme – Hosen, ein Mieder, das viel besser paßte als das frühere, Strümpfe und was sonst noch zur Gesellschaftskleiduung einer Dame gehört. Sogar mein Haar war nach Mädchenart aufgesteckt und, da es nicht lang genug war, wurde ein breites Band um meinen Kopf geschlungen.

Ich darf einen wesentlichen Bestandteil meiner Kleidung nicht vergessen, der mir umso unangenehmer wurde, je weiter der Abend vorschritt. Am vorderen und unteren Ende meines langleibigen Mieders waren in einem Abstande von vier Zoll zwei Haken angebracht. Sobald sie damit fertig geworden war, das schreckliche Marterwerkzeug unnachsichtig festzuschnüren, ging sie daran, ein viereckig geschnittenes Stück Leinen anzulegen, das an zwei nebeneinanderliegenden Enden je eine Bandöse trug. Diese steckte sie über die Haken und außerdem führte sie noch eine zusammengefaltete Serviette durch die Schleifen. Die Serviette wurde zwischen die Beine gelegt, durch eine rückwärts am Mieder angebrachte Öse und dann wieder nach vorn gezogen, wo die beiden Enden zusammengeknüpft wurden. Elise zog fest an, so daß das Leinenstück mein Glied an den Körper preßte. Unbarmherzig eng lag das Ganze an. Es war furchtbar unbequem.

Meine Einwendungen blieben naturgemäß unbeachtet. Elise sagte nur, daß die Zurückdrängung nottue, um auf den Röcken Andeutungen zu verhindern, die mein wahres Geschlecht verraten könnten und daß, wenn ich das Vorrecht genoß, mich wie ein Mädchen zu tragen und auch so aussah, wie wenn ich eins wäre, ich schon eine geringe Strafe dafür in Kauf nehmen müsse, daß ich in Wirklichkeit ein Mann sei!

Die Reibung der Serviette gegen die zarte Haut und die empfindlichen Nerven in der Gegend zwischen den Beinen war mein einziger Trost. Sie verursachte ein angenehmes Kitzeln und hielt mich in andauernder und entzückender Aufgeregtheit, deren natürliche Ausdrucksform, die Erektion, jedoch ganz entschieden nicht in Frage kommen konnte.

Endlich war ich fertig. Das Ankleiden war keine leichte Sache gewesen. Damit ich Farbe bekomme, bevor ich in den Salon gelange, schob Elise, die übrigens wirklich ein reizendes Dämchen war, die rechte Hand von rückwärts unter meine Röcke und rieb und zwickte meinen Hintern energisch. Dabei vergaß sie nicht, dem Gefangenen, der sich vorn befand, einen gehörigen Denkzettel zu geben. Das trieb mir wirklich das Blut in die Wangen.

Lust und Laster

Robert Prutz

Nicht wahr? ihr sitzt doch auch wohl gern im Opernhaus, ich wette,
Und schärft die stumpfe Sinnlichkeit am neuesten Ballette?
Es dünket euch ganz magnifique, wenn hoch die Röcke fliegen
Und wollustatmend, rückgelehnt, die Leiberchen sich wiegen?
Ihr jauchzt doch auch und applaudiert mit fieberheißen Händen
Dem ausgestopften Hinterteil und den trikotnen Lenden?
Ihr spannt doch auch die Pferde aus und seid in Lust zerflossen,
Wenn ihr die Reste seht von dem, was Gentz einst ganz genossen?
Und dann Marquise von Belleisle, Vicomte von Latorières –
»Herr Bruder, ha, das ist ein Stück! Seht nur das Weib, auf Ehre!
Was ihr die Hose niedlich steht! und was der Frack ihr puppert!«
So schwört ihr laut, indes nach Luft vor Gier die Nase schnuppert.
Auch lest ihr doch (die Hand aufs Herz) nachmittags auf dem Sopha,
Ihr lest doch auch den Crebillon, Faublas und Casanova?
Mitsamt den neuromantischen Ehbruchsdiebstahlsnovellen,
Und aus dem Pückler (ist's nicht so?) die quergedruckten Stellen?
Nicht wahr? das ist noch amüsant? da sammelt man Histörchen?
Die wispern sich so allerliebst der Gnädigen ins Öhrchen?
Das treibt dem Kinde, das heut zuerst in die Soiree gegangen,

Das dumme jüngferliche Blut so niedlich in die Wangen?
Zwar heimlich kämpft es mit der Scham, es weint beinah im stillen:
Und doch zum Lächeln zwingt es sich, bloß um des Anstands willen,
Damit ihr ja nicht denken sollt, als wären wir vom Lande,
Und unsre Bildung wäre nicht d'accord mit unsrem Stande,
Was tut es, ob der Teufel auch des Kindes Unschuld hole?
Zum Löwen der Sozietät erhebt sich der Frivole!

Vogel Rock

Ad vocem Vogel Rock! rief Kaspar dazwischen – fällt mir eine kostbare Anekdote ein –

Schon wieder kommt er mit seinen Narrenspossen, sagte Ferdinand unwillig, halte dein ungewaschenes Maul und unterbrich die Erzählung nicht unaufhörlich.

Du tust dir selbst schaden, antwortete Kaspar; siehe, du bist jetzt in Erwartung der Dinge, die da kommen sollen, sehr stimuliert, fuhr Wilhelm fort, so ginge alles in eins hin, – jetzt komme ich mit meiner Erzählung dazwischen, Alles begibt sich zur Ruhe, dann beginnt der wackere Freund wieder von Neuem und alle deine Gefühle erwachen wieder, und dieses Erheben der Toten, dieses Auferstehungsfest ist gerade das Allerschönste an der ganzen Sache – du verlörst die Freude, wenn jener dort im blauen Frack nicht unterbrochen worden wäre.

Drück nur ab, spricht Wilhelm geduldig, es drückt dir sonst das Herz ab.

Du bist eine mitleidige Seele, möge dir, was du jetzt an mir tust, dereinst an den Höllenstrafen abgerechnet werden, sagte Kaspar und begann seine Anekdote.

Ein Bauernbursche, der schon wußte, wo Barthel Most

holt, lag während der Heuernte mit einem runden hübschen Mädchen im Gras und trieb seine Späße mit ihr. Sie ließ sich zwar belecken und betasten, allein wollte dem braven Burschen durchaus nichts weiter zugestehen.

Indem sie so daliegt auf dem Rücken, fällt ihr Blick auf einen mächtigen Habicht, der mit ausgespannten Flügeln im Blau des Himmels schwebt. Sie fragt ihren Liebhaber, was das für ein Vogel ist, – er sieht sich um – ach! ach! schreit er los und bedeckt das Gesicht mit beiden Händen, ach! das ist der Vogel Rock!

Weshalb schreist du denn so, Hannes?

Ach, weißt du denn das nicht, Marie? Das ist ja das abscheuliche Ungeheuer, was den jungen Mädchen und Buben die Augen aushackt? Der ist so stark, daß er einen gleich niederwirft, wenn man nicht recht feststeht, und dann mit seinem Schnabel die Augen herausholt.

Weinend fragte Marie, was sie machen sollte, sie wollte ihr Gesicht doch nicht gerne verlieren.

Weißt du was? fragte Hannes, da gibt es nur ein Mittel – komm da zu dem Heuschober, da will ich dir ein Loch machen, wo du mit dem Kopf und dem halben Leib hineinkriechen kannst; wenn du dann ruhig stehen bleibst und dich nicht umsiehst, der Vogel Rock mag machen was er will, so kann er dir nicht an die Augen kommen, aber sobald du den Kopf herausstreckst, bist du verloren.

Marie ließ sich den Vorschlag gefallen, und Hannes stellte sich das Mädchen so gut zurecht, wie es irgend möglich war, versichernd, er wolle sich nun neben sie hinlegen.

Jetzt rauscht mit mächtigem Flügelschlage der Vogel Rock hernieder, fängt an zu schnurren wie eine Katze, zu klappern wie ein Storch, endlich hebt er der Bauerndirne den Rock auf. – Diese will sich umkehren, aber Hannes ruft ihr zu: Um Himmels willen, rege dich nicht, sonst ist's um deine blauen Guckerl geschehen. – Schnell verbirgt sie den Kopf noch tiefer in dem duftenden Heu, der Vogel Rock zieht die Hosen herunter und findet den Weg, den er gesucht hat, glücklich.

... Was ihr das erstemal wehe getan haben mochte, das tat ihr diesmal wohl, und sie fängt an zu lachen und brummt aus ihrem Heu hervor: Ja, stoße und bohre du mit deinem dicken Schnabel nur immer zu, du kannst lange warten, ehe ich mich umkehre und dir meine Augen zeige.

Dir sei verziehen, sprach Theodor lachend, als Kaspar seine Erzählung beendet. – Die Anekdote charakterisiert, und darum ist sie nicht übel.

Schwester Monica

Verfasser ungewiß

Beinahe – sagte eben Aurelie zur Nichte, und ich und Clementine, Befehle erwartend, standen in der Mitte des Zimmers – wäre mir Arrivens Schicksal zu Teil geworden. –

Que vous me dites! versetzte Eugenie und sah ihre Tante so zweideutig an, daß diese das trefflich Edle in diesem: que vous me dites! – über das berühmte Hamlet'sche: Geh' in ein Kloster! – setzte, mit einem: Ah, je compreds! dem reizenden Mädchen die Näherei aus den Händen nahm und ihr befahl, aufzustehen.

Eugenie gehorchte, Aurelie stellte sie gegen die Sonne, welche eben am hohen Mittag die rotseidenen Gardinen transparierte, und – hob ihre Röcke und Hemde bis über den Gürtel in die Höhe. –

Entzückender Anblick! Die herrlichen Formen der jungfräulichen, noch nie entweihten Glieder erröteten im purpurfarbenen Gardinenglanz des schleierhassenden Tages-Gestirns; nur allein das Madonnenangesicht, das, während

Tante die zarten Lenden öffnete und aufmerksam die heimlichen Wunder der schalkhaften Natur betrachtete, der Sonne selbst in den Flammen-Spiegel schaute, – behielt seine Lilienfarbe.

Ah ma Nièce! ma Chère! rief Aurelie und drückte einen Kuß auf die Lippen der Lust, deren edles Lispeln der Kulturmensch so verächtlich behandelt. –

Ah ma Nièce! – Dir kann ich alles gestehen! – Unentweiht sehe ich das Symbol deiner Seelen-Unschuld mit meinen leiblichen Augen, und – du verstehst mich, hast mich ganz durchdrungen, vor dir habe ich nichts zu verbergen. –

Schnell war sie verhüllt, und Aurelie fuhr fort:

Ja, meine Liebe. Arrivens Schicksal hätte ich zum Teil heute erlebt. – Den Pater Anselm fand ich schon im Beichtstuhl; ich hatte nicht viel zu beichten, dem System getreu, daß keine Sitte ohne Sinne, keine Sittlichkeit ohne Sinnlichkeit zur Vollkommenheit oder Vollendung reife und hohen Sinn trage: klagte ich ihm bloß, daß ich bis jetzt noch wenigen Versuchungen mit Mühe widerstanden hätte, alle wären mir leicht geworden.

Wirklich! versetzte Anselm und sah mich staunend an.

Jugend! Schönheit! – Temperament! – Alles hier auf einem Punkte vereinigt, dem des Genusses und dennoch – !! Eine solche Tugend ist mir ein Rätsel! – – –

Könnten Sie wohl dieses Geständnis dort vor dem Altare der großen Sünderin Maria Magdalena wiederholen, ohne sich Ihrer Eitelkeit und Ihres Stolzes zu schämen, mein Fräulein?

Das kann ich! – war meine Antwort. –

Nun! so kommen Sie, versetzte Anselm und trat mit mir aus dem Beichtstuhl vor den Altar der Maria Magdalena, der, wie du weißt, in einem Winkel steht. –

Ohne mich zu besinnen, was zu tun oder abzuwarten, was Anselm von mir verlangte, warf ich mich auf die Stufen des

Altars nieder und sprach: Heiligste, frömmste aller Sünderinnen meines Geschlechts! – Kaum waren diese paar Worte den Lippen gleichsam entronnen, so fühlte ich mich festgehalten, fühlte ich mir Röcke und Hemde aufgehoben und meine Lenden auseinandergezogen. –

Kein Laut kam über meine Lippen – auch war niemand in der Kirche. – Wie eine Bajadere wand ich mich hin und her. Herkules selbst hätte mich nicht zu Schanden gemacht.

Das tat Anselm – der Schwächling? fragte Eugenie.

Gott bewahre! fuhr Eugenie fort. – Es war der reizende Romuald, unser Domherr, der auf der letzten Maskerade deinen Beifall so ungeteilt erhielt.

Dieser? –

Dieser! – Er war im Chorrock und ohne Beinkleider! – Das ganze reizende muskulöse Unterteil seines schönen Leibes ruhte auf meinen bloßen Hüften, sein wütendes Glied drängte sich wie ein Donnerkeil durch die Lüfte nach meinem Schoße hin, aber – vergebens! Ich preßte es mit meinen Lenden so fest und mannhaft zusammen, daß er nicht einmal sich des Zaubers zu entledigen vermochte, der seine Begierden bis zur Wut aufgeregt hatte.

Mademoiselle! – Mademoiselle! stöhnte der Wütende – o Anselm! einen Dolch mir her! stoß ihn in den Busen der Abscheulichen! –

Madelaine! – Madelaine! Sainte Madelaine! rief ich. – Sieh, was ein Weib vermag!

In aller Teufel Namen! schrie jetzt Romuald, als ich immer fester hielt – laß mich los! du Hure ohne Gleichen! – Dein sei der Sieg. –

Ich öffnete meine Schenkel und im Nu war ich von Anselm zugedeckt und Romuald verschwunden. –

Anselm küßte mir die Hand und sagte: Ich gebe Ihnen Absolution bis zu Ihrem vierzigsten Jahre. –

Yoshiwara

Aus ›Die Lasterbrücke oder Die nackte Frau‹

Bei uns ist es so, unsere Frauen sind erotisiert, aber sie lieben nicht die Ausschweifung oder die Exaltation.

Ich weiß nicht, ob Ihr es kennt oder wenigstens gelesen habt, wie die japanische Hetäre in einem dauernden erotischen Hochgefühl erhalten wird.

Wir haben zwei Mittel zur Erotisierung. Das eine heißt bei uns Ri-No-Tama. Es sind zwei fast gleichgroße Kugeln aus poliertem Metall, innen hohl, die mit je einer frei darin beweglichen Kugel versehen sind. Beide Kugeln sind durch zwei biegsame Stahlbänder nach Art einer Astgabel an einem Griff beweglich befestigt. Beide Kugeln werden hintereinander in die Scheide eingeführt und bleiben, so lange das Mädchen allein ist, dauernd darin. Bei jedem Schritt bringen die kleinen Innenkugeln die großen hohlen in Bewegung. Der ganze Uterus einer solchen Frau ist in unaufhörlicher Erschütterung stets gereizt und für den Empfang des Mannes vorbereitet.

»Ich möchte meinen«, warf einer ein, »daß das eher abstumpft als anregt.«

»Nein, denn es befriedigt nicht!« sagte Saito.

»Also«, sagte ich, »treibt es die Weiber zur Onanie.«

»Nein, auch das nicht«, verteidigte wieder Saito, »es hält sie nur in einer dauernden sanften Spannung, die nicht heftig wird.«

»Dazu kommt dann«, setzte er seine Erzählung fort, »dazu kommt noch die dauernde künstliche Erregung der Brüste. Diese werden von oben nach unten durchstochen und dann wird eine Nadel hineingelassen, an der ein Ring so befestigt ist, daß er den äußeren Rand der Brustwarze sanft und unaufhörlich reibt.

In diesem Zustand sind unsere Frauen in den Teehäusern, wenn sie uns empfangen. Diese Erotisierung teilt sich dem ganzen Körper mit, ihre Phantasie und ihre Intelligenz wird davon ganz eingenommen. Alles, was sie denken, geht um den einen Punkt. Dabei treten sie jedem fremden Mann gegenüber wie einem langerwarteten Gast, ja wie eure Frauen dem Geliebten entgegen, nachdem sie sich Tage lang gesehnt haben.

Aber sie sind weder lasterhaft noch pervers, sie lieben nur auf eine Art und suchen nicht nach neuen Stellungen. Sie lieben nur, sich einfach hinzugeben.

Eure jungen Mädchen erfinden tausend Formalitäten, ein Gefühl auszudrücken, das sie sich vielleicht nur selber einlügen. Unsere Teehausmädchen haben nur eine Form sich hinzugeben, aber sie erfüllen sie mit einer Erotik, die aus Seele und Sinnen strömt, ohne daß sie vorgeben zu lieben, mit einer großen Einheitlichkeit des Gefühls, die sich gegen jeden seiner Erfüller richtet.

So findet jeder Besucher eines Teehauses seine Geliebte vor, die er sich aussucht.

Das blonde Milchen

Christian Dietrich Grabbe

Berdoa: Schon gut, zu etwas anderem. Wie geht
Es deinem hübschen Nachtgeschirr?

Irnak: Nachtgeschirr?

Berdoa: Nun, ich meine das wohlgebaute
Breithüftige Christenmädchen, welches du
Vergangnes Jahr im Schwedenkrieg
Erbeutet hast.

Irnak: Ihr meint das blonde Milchen?

Berdoa: Ja, ja, Emilie Scherwenz!

Irnak: Da habt Ihr recht, die ist ein Nachttopf!
Sie sitzt in meinem Zelte, wenn Ihr pissen wollt,
So steht sie Euch zu Diensten.

Berdoa: Was treibt sie denn?

Irnak: Sie melkt die Männer!

Berdoa: Sie war damals recht üppig schön,
Ist sie es noch?

Irnak: Wo sie vorbeigeht, springen
Die Hosenknöpfe los.

Berdoa: Wenn sie nur fett ist.

Irnak: Ihr solltet ihren weißen blühenden Nacken,
Auch ihren vollen Hintern, auf dem sie doch so häufig liegen muß,
Und ihre vollen Arme sehn, auch ihr –

Berdoa: Hat sie eine tüchtige – – ?

Irnak: Hat sie. Man kann –
Die Stiefel ausziehn.

Berdoa: So befehl der Dirn,
Daß sie sich kostbar schmücke, ich bezahle alles:
Durchsichtiger Flor umschatte ihre Brüste –
Ein seidenes Gewand von feinstem Stoff
Umschließe ihren Leib so enge, daß
Man jeden Atemzug bemerken kann,
Und eine Silberspange, welche beim
Geringsten Druck des Fingers auffliegt
Und es verräterisch öffne, halte es
Fürerst zusammen – – So erwartet sie
Die Nacht, dann wird der junge Gothland zu
Ihr kommen und sie fragen, ob
Sie bei der schwed'schen Königstochter Selma
In Dienst gestanden; sie bejaht es, spricht
Mit Überschwenglichkeit von der
Prinzessin, schwärmt empfindsam

Von Frühlingsblum' und Abendstern,
Von goldner Zeit und sel'gen Stunden;
Die Liebe sei des Lebens höchstes Gut,
Ein Tor nur sage, daß
Die Liebe irdisch oder sinnlich sei;
Behüte Gott! Die Liebe sei vielmehr
Unsterblich, ewig, heilig, geistig! – Hier
Wird sich der Bube nicht mehr halten können,
Entzückt, begeistert, weinend wird
Er in die Arm' ihr fallen, ihr beistimmen,
Mit himmlisch und mit göttlich um
Sich werfen wie mit Straßendreck,
Venus Urania sie heißen,
Und ihr voll Wollust in die Brüste beißen,
Sie aber lehrt ihn dann,
Was in natura eigentlich die Liebe ist.

*

Gustav: Was machen wir heut nacht?
Berdoa: In meinem Zelt ist großer Schmaus;
Ich lade Euch dazu; an Mädchen und an Wein
Soll es nicht fehlen.
Gustav: Milchen ist doch auch dabei?
Berdoa: Ei, das versteht sich. Auch
Adelaide ist geladen.
Gustav: Fy, das schmutz'ge Mensch?
Berdoa: Laß das nur sein, sie hat 'nen hübschen Steiß!
Wie prachtvoll wölbt er sich!
Gustav: Fürwahr, da hast
Du recht. Ihr Steiß ist delikat, ist göttlich.
Berdoa: Sollt' er nicht auch unsterblich sein?
Gustav: Wie?
Berdoa: Nichts. – Seit Milchen hast du wohl
Die schöne Selma ganz und gar vergessen?

Gustav: Du bist ein dummer Kerl. Wie kannst du nur
So sinnlos schwatzen? Selma ich vergessen;
Bloß weil ich Selma liebe, bloß
Daß meine Qual um sie um etwas doch
Sich lindre, gehe ich zu deinem Milchen;
O selig, überselig wär' ich, hörte ich
Nur rauschen ihres Kleides Saum!
Berdoa: Du! Mit Selma unter einer Decke
Im bloßen Hemde du und sie
Und dann der süß Errötenden
Mit wollustvollem Zögern leise, leise
Das Hemde aufzuheben!
Gustav: Ach, der Wonne!
Berdoa: Ha, das versetzte ihm den Atem. Jetzt
Will ich ihn Sprünge machen lassen.
– Eu'r Vater ist doch hart. Wißt Ihr,
Daß Eure Mutter –
Gustav: O Gott, ich weiß! O meine gute Mutter,
Jetzt, gerade jetzt vielleicht verjammert sie
Im Schnee.
Berdoa: Adelaidens Steiß . . .
Gustav: Er ist wirklich einzig.
Er ist der Steiß der Steiße.

Flördeliese

Arno Holz

Unter Blumen auf der Wiese,
Ei, wie schlägt ihr Herz den Takt,
Unter Blumen auf der Wiese,
Liegt die schöne Flördeliese,

Auf der Wiese
Splitternackt.

Über den Bachrand zwischen den Weiden
Hängen die abgestreiften Seiden
Und, wie ein Veilchen, aus ihrem Haar
Blickt hier ein blaues Pantöffelchen gar.

Scheint die Sonne, weht der Wind,
Lauter Dummheit träumt das Kind:
Gott, wo ist er nur geblieben,
Gummibusen Nummer sieben?
Seh ich wirklich? Seh ich recht?
Alles echt!
Diese Schultern zart und rund,
Liebt der Prinz von Trapezunt.
Diese Arme weiß und fein,
Sind gedreht aus Elfenbein.

Merkt er drunter die beiden Mäuschen,
Gleich ist der Schlingel wie aus dem Häuschen;
Stuppst mich, packt mich, kriegt mich her,
Als ob ich aus lauter Gußeisen wär.

Darf mich wirklich kaum noch recken,
Muß die Kleinchen ganz verstecken,
Wenn ich abends vorm Spiegel steh,
Oder meine Haare zum Knoten dreh.
Willst du wohl? Wirst? Nicht so dicht ran!
Und ich wehr mich, so gut ich kann.
Na, wird's bald? nicht doch, ich beiß sonst zu!
Siehst du, du oller Ruppsack du?
Doch das Entzückendste für mein Schätzchen
Ist dieses Kätzchen!

Ach, mein ganzes Herz geht auf,
Scheint die liebe Sonne drauf!

Guck, was hat bloß das Gesellchen
Für ein süßes blondes Fellchen,
Ohne Höschen, ohne Röckchen,
Eins, zwei, drei, vier, fünf, sechs, sieben,
Wie sie zierlich sich verschieben,
Flimmernde, goldigste Dingelchen,
Lauter kleine Kringelchen!
Laß ich Dummchen sie mal sehn,
Gott, das kann ja mal geschehn,
Bloß, ich schäme mich, es zu sagen,
Geht's mir gleich an Kopf und Kragen,
Hu, der Tollpatsch, hu, der Bär,
Hilft kein Schrein, kein Zappeln mehr!
Und wie verliebt erst ist das Bübchen
In dieses Grübchen . . .

Ach, er ist ein so herziger Bengel!
Ich bin sein Pläsierfisch, ich bin sein Engel.
Ich bin sein Goldkäferchen, sein grüner Schuh,
Sein kleines Täubchen Turlutu.
Über meine Brust kein Äderchen rennt,
Das er nicht hundertmal, tausendmal kennt,
Das kleinste Härchen auf meinem Leib
Ist ihm der himmlischste Zeitvertreib!
Gestern hat er wie verrückt
Mir einen Kuß aufs Knie gedrückt;
Warf sich dann über mich zwischen die Kissen,
Himmel, Hilfe, und hat mich gebissen!

Stöhnend wand ich mich – o du Mann –
Durch mein Blut ein Feuer rann.

Über diese runden runden Dinger
Zitterten selig seine Finger.
Über diesen weißen, weißen Samt
Haben deine stammelnden Lippen geflammt.
Ich war so erschreckt, ich war so froh,
Seine langen, blonden Schnurrbarthaare kitzelten so.
Jubelnd spürte ich seine Zunge,
Junge!

Nein, was doch so ein Tollkopf nicht alles macht!
Herr Gott, hab ich dann gelacht!
Ob ich ihm böse war? Hm, ja Kuchen.
So ein Mädel kann er suchen.
So ein Mädel, so wie mich,
So ein Mädel find't er nicht.

Wiegt mich erst in den Armen wer,
Kennt mein Herz kein Erbarmen mehr.
Um den Zitternden, um den Bangen
Ringelt es selig seine Schlangen,
Ringt ihn sich, zwingt ihn sich in den Schoß,
Zittert und zuckt und läßt ihn nicht mehr los,
Und nicht eher bin ich besiegt,
Als bis er tot und auf mir liegt.
Dort der Himmel, hier das Moos,
Ach, ich wollt, ich hätt ihn bloß! –
Scheint die Sonne, weht der Wind,
Lauter Dummheit träumt das Kind.
Drückt die Augen zu, kichert: »Wenn er das wüßte!«
Und bewirft sich mit Schlüsselblumen die Brüste.

Ohne Hemd und ohne Strümpfe,
Ei, wie schlägt mein Herz den Takt,
Ohne Hemd und ohne Strümpfe,

Bin ich nicht die schönste Nymphe,
Ohne Strümpfe,
Splitternackt?

Der Sterngucker

Carl Müller (genannt Saumüller)

In seinem Taubenkobel hoch
Saß Meister Winterbrand
Als weltberühmter Astrolog,
So wie als Arzt bekannt.
Der blickt empor zum Sternenheer,
Und ach! erschrickt so sehr.

Ein Unglücksbote, ein Komet,
Zeigt sich geg'n Westen hin,
Der Schwanz jedoch geg'n Baiern steht,
Was führt wohl der im Sinn,
So dachte dieser Wundersmann,
Ein Selbstgespräch begann:

Als Anno 80, spricht er, sich
Hat ein Komet gezeigt,
Da war ganz Baiern fürchterlich
Zur Hungersnot geneigt.
Der Zwölferlaib drei Batzen galt,
Ich selbst hab'n so bezahlt.
Und Anno 93 war
Der zweite mir bekannt,
Da wütete in diesem Jahr
Viehseuch im ganzen Land.
Und selbst, was mich zu Tränen rührt,
Die Hauskatz ist krepiert.

Auch 1800 neune ward
Ein solcher Stern erkannt.
Ein Krieg entstand und drückte hart
Mit Truppen unser Land.
Denn bald darauf bekamen wir
Zwei Baiern ins Quartier.

Und der bedeutet Hungersnot,
Glaubt mir's auf meine Ehr.
So spricht er, zieht ein Stückchen Brot
Hervor, ihm schmeckts so sehr,
Wollt von der Hungersnot nix sagn
Mir iß nur um mein Magn.

Und nimmt von einem Oberarm
Ein hohles Knochenrohr,
Blickt immerhin, daß Gott erbarm,
Hinauf zum Sternenchor.
Geht endlich auf und ab und spricht:
»Der Schwanz gefällt mir nicht!«

Lisettchen hörte ober ihr
Den Monolog des Herrn,
Und schleicht sich leise an die Tür,
War eben nicht mehr fern,
Als der die dunkeln Worte spricht,
»Der Schwanz gefällt mir nicht!«

Entsetzlich, sprach sie, nimmermehr,
Das kann ohnmöglich sein,
Mein braver tugendhafter Herr!
Der wäre nicht mehr rein,
Und doch sein eigner Mund es spricht:
»Der Schwanz gefällt mir nicht!«

Da muß ich überzeugen mich,
Sonst glaubt ichs nimmermehr.
Sie lenkt die Schritte in die Küch,
Besinnt sich hin und her –,
Und endlich tragt sie gleich darauf
Das Nachtg'schirr ihm hinauf.

Als der das hübsche Mädchen sieht
Beim Mondessilberschein,
So nimmt er sie beim Hals und zieht
Aufs Bettchen sie hinein,
Und drückt sie denn in seine Arm –
Dem Astrolog ward warm –,

Und zögernd wagt er sich hervor
Mit seinem Instrument.
Und drückt dasselbe noch zuvor
Lisettchen in die Händ,
Doch reizlos wie ein Wintertag
Blieb der in seiner Lag.
Sie streichelt ihn so sanft dabei
Und glaubt nun werd' es geh'n,
Doch der bleibt seiner Form getreu
Und wollt nicht auferstehn,
Da seufzt der Astrolog im Bett:
»Ach wär ich der Komet.«

Und Lischen, als sie endlich sah
Daß zwar ihr Herr noch rein,
Doch zu dem Liebsgeschäfte da
Nicht tauglich müsse sein,
Steht auf und lächelt, geht und spricht:
Jaja! der Schwanz gefällt mir nicht.

Überrascht

Carl Müller (genannt Saumüller)

A Metzgerstochter is in Dorf
A herrlis Madl gwesen.
Die hot sie von Professor halt
Oft lassen überlesen.
Und daß wir allzeit naus hobn gmüßt,
Dös hat uns halt verdrossen,
Dös hob i mir extra gmerkt,
Daß d' Thür habn allzeit g'schlossen.
Wart, denk i mir, mußt dengast segn,
Was ös zwoa habts zon beichten
Wen i in Zimmer mi versteck,
So sieg is ja mit leichten.
Wart Kerl, du wirst garsti di
No hintern Ohrna kratzen,
Komm du mir mehr mit Spaniol
Mit Fasten oder Tatzen.
Wies wieder kummt, so sieg is glei,
Und schleich mi nei ins Zimmer
Und leg mi unters Kanapee,
Und rühr und muck mi nimma:
Mei Deanerl kommt zerst hinein,
's Profeßerl schleicht nacha,
Schreit auß zu mein Kameradn:
Könnts Rekration itz macha.
Sie setzen sich aufs Kanapee,
Sie sträubt si woll a bißl,
Er aber spricht von Seligkeit
Und von an Himmelsschlüßel:
Und was i itz gar wohl begreif,
So seins halt einig worden.

Er sperrt mit seinem Schlüßelein
Die jungfräuliche Pforten.
Dort aber hab i gar so viel
No freyli nöt verstanden,
Von Rosenketten, Seligkeit,
Und derley süßen Banden.
Mir war von alleweil angst und bang,
Mein Kanapee möcht brechen:
Denn knarzt und kracht hot ja das Ding,
Is gor net zum aussprechen.
Und wie man denn in Angst und Noth,
Von oan oft kummt zum andern:
So muß itz just a gwißi Luft
In Bauch drin uma wandern.
I hob mi wohl hübsch zamazwickt,
Und dengast, tausend, saframich,
Der Kerl fangt on z' bruma.
I hätt koan Tropfen Blut net gebn,
Wennts mi mit Nadeln g'stocha,
's Profeßerl hots gar wohl g'hört,
Und no viel besser grocha.
Im Hui iß er von Kanapee
Als wie der Blitz herunter,
Und 's Deanerl zu der Thür hinaus
Als wie a Geist verschwunden.
Itz sucht a 's ganze Zimmer aus,
Iß doch a weng daschrocka,
Schaut endli unters Kanapee
Und sieht mi drunten hocka:
»Wart, Galgenschliffel, was machst du
Do unterm Soffa drunten?«
»Wir hobn nur grod Versteckerls gspielt,
Die hobn mi no net gfunden.«
Kurios ist, daß ers dösmal just

So gor gnau net hat gnumma,
I bin mit etli Ohrfeign no
Fürs Ganzi durchi kumma:
»Du, Lausjung, laß du nomal di
Auf solcher That betretten,
Was hast denn du an Schoaß d'rein z'thoan,
Wenn d'Leut rinn mit mir bethen?«
Ja, bethen, denk' i, 's war mir schon
Mein Seel des rechti bethen,
Was hätts denn no dös Knarzen do
Vom Kanapee vonnöthen?

Stendhal erzählt

»Ihre Geschichten sind alle schrecklich gruselig!« sagte die Zimmerwirtin, eine sehr lebhafte, junge kleine Pariserin, die Witwe eines Advokaten, der keine Reichtümer hinterlassen hatte, indem sie sich wie entsetzt schüttelte, zu einem etwa fünfundvierzigjährigen, ziemlich beleibten, aber offenbar geistvollen Manne, der sich auf ein paar Wochen bei ihr eingemietet hatte und nun in den nächsten Tagen nach Italien abreisen sollte, wo ein diplomatischer Posten seiner harrte.

»So?« meinte der Angesprochene, indem er der koketten, hübschen Person einen epikureisch-mitleidigen Blick seiner kohlrabenschwarzen Augen gönnte, in denen ein fast kindlicher Frohsinn lachte.

»Jawohl, mein Lieber, wenn Sie mir heute abend keine lustigere Geschichte zu erzählen haben und damit den gräßlichen Eindruck wieder verwischen, – dann . . .«

In diesem Moment verlor sie den Staubbesen, mit dem sie im Zimmer herum manövrierte.

Dieses »dann . . .« schien der Besitzer der lachenden Augen doch lieber verhindern zu wollen. Es galt für ihn, auf voraussichtlich lange Jahre von den lieben kleinen Französinnen Abschied zu nehmen, diesen reizenden Geschöpfen, die so leicht verliebt sind und doch im Grunde von der Liebe so furchtbar wenig Ahnung haben. Und der Diplomat mit dem gutmütigen Silenengesichte, der in seiner Jugend ein leidenschaftliches Buch gegen die französische Liebe geschrieben hatte, war just zu bequem, auf seine letzten paar Pariser Tage noch einmal anderweitig auf die Jagd nach dem Alkovenglück zu gehen.

»Gern, mein Schatz!« gab er gelassen zur Antwort, indem er sich – im Geiste bereits wieder Italiener – nonchalant auf die Tischplatte setzte und die Beine in den Korbsitz eines gerade dastehenden Stuhles stemmte. »Ich denke, ich erzähle Ihnen die verlangte lustige Geschichte auf der Stelle.«

Die Kleine gab lachend ihre Zustimmung. Der Dicke hatte es ihr vom ersten Augenblick an angetan und ihr trotz seiner Gespenstergeschichte viel Spaß gemacht. Ein amüsanter, lieber Mensch. So schnell pflegte sie sonst tatsächlich nicht zu kapitulieren.

»Und heute abend?« fragte sie mit erheuchelter Betrübnis.

»Na, da werde ich mein Kätzchen an die Pointe erinnern. Passen Sie nur jetzt auf!«

Es war im Jahre Soundsoviel in Dingsda, der schönen Besitzung eines verabschiedeten Marineministers weiland Ludwig des Sechzehnten. Sie wissen, das ist der Mann, den sie geköpft haben. Gott hab ihn selig! Der Graf weilte noch in Paris, die Gräfin war bereits im Schlosse. Ein brühend heißer Sommer. Der Landaufenthalt wirklich eine Wohltat. Sie war noch eine schöne Frau trotz ihrer eingestandenen achtunddreißig Jahre und ungeachtet der Schrecknisse, die sie während der Revolution wacker durchgemacht hatte. Entstammend einer der berühmtesten Familien Frankreichs, war sie – wie üblich – in einem Kloster erzogen worden. Ihr Wesen, urvornehm, liebenswürdig und leutselig, war umflossen von unbeschreiblicher Grazie. Etwas ganz Eigentümliches in ihrem Gange, das mir respektvollste Verehrung erweckte und dabei zugleich unklare begehrliche Gefühle, habe ich nie wieder an irgendeiner andern Frau beobachtet. Sie war groß, tadellos geformt und fromm. Leicht begreiflich, welchen tiefen Eindruck diese wundervolle Frau auf einen lebhaften dreizehnjährigen Jungen machten mußte! Der war ich damals. Ich empfand etwas wie Furcht, wenn ich sie sah. Nein, nicht eigentlich Furcht, eher eine lüsterne, feige Unruhe, und wenn ich von ihr träumte und sie mir in der Phantasie vorzustellen suchte, verschmachtete ich in hilfloser Begehrlichkeit.

Eines Abends war im Schlosse Damengesellschaft; ob sie zufällig zusammengekommen war oder wie, das weiß ich nicht mehr. Kurzum, sieben bis acht Damen saßen lachend und plaudernd beisammen. Es war schon elf Uhr. Trotzdem der Tag so heiß gewesen war, mochte man doch die kühle, feuchte Abendluft gefürchtet haben. Das Gut lag in einer wasser- und wiesenreichen Niederung. Denn ich erinnere mich, im Kamine, um den man in bequemen, weichen Stühlen ruhte, glimmte und blinzelte ein leichtes Holzfeuer, eine rote Glut, die nicht flackerte und nicht flammte und vielleicht nur eine imaginäre Wärme ausstrahlte, aber jene trauliche, gemütliche Stimmung atmete, die die Herzen umschmeichelt und die Plauderei zu Intimitäten verlockt.

Ich kauerte in einem Winkel, hinter einem hochlehnigen Stuhle mit geschnörkelten Beinen, offenbar im dunkelsten Schatten, denn einmal sah sich die Gräfin suchend im geräumigen Saale um. Zweifellos erinnerte sie sich, daß sie mich anfänglich im Zimmer gesehen hatte. Da sie mich jetzt aber nicht mehr bemerkte, mochte sie glauben, ich sei zu ihrem Sohne, meinem gleichaltrigen Freunde, gelaufen, dessen Gast ich im Schlosse war. Ihr Blick war scharf, aber sie konnte mich nicht erkennen. So blieb ich weiter in meiner Ecke hocken, unbeweglich und voll Vergnügen, daß ich nicht verjagt worden war.

Die Damen erzählten sich sotto voce Geschichten. Anfangs hatte ich gar nicht genau darauf gehört. Meine Augen träumten über dem helldunklen Bilde meiner Göttin. Als ich aber gewahr ward, daß eine Dame nach der anderen das Wort hatte und jede dieser Einzelerzählungen von einem allgemeinen vergnüglichen Lachen der Zuhörerinnen quittiert wurde, da horchte ich auf und begann zu lauschen. Ich war neugierig wie jedes Kind.

»Sie sind an der Reihe, Gräfin!« rief der Chor der Damen. »Jetzt müssen Sie uns erzählen, wie . . .«

Wiederum schien sich die Gräfin meiner zu besinnen. Sie stand plötzlich auf und wäre schnurstracks auf den mich beschattenden Lehnstuhl losgegangen, wenn sie nicht von einer besonders ungeduldigen Freundin zurückgehalten worden wäre.

»Sie suchen wohl den Kleinen?« fragte man. »Der ist längst artig schlafen gegangen. Wozu wollen Sie übrigens ängstlicher sein als wir alle? Erzählen Sie, bitte!«

Die Unruhige setzte sich wieder. Einen Augenblick schlossen sich ihre schönen braunen Augen. Dann begann sie:

»Ich bin im Kloster von . . . erzogen worden, und dort ließ man mich bis drei Tage vor meiner Hochzeit. Alle meine Genossinnen beneideten mich um meine baldige mondäne Freiheit. Unaufhörlich schwatzten sie von dem mir so nahe bevorstehenden Glück. Sie philosophierten über die Ehe und stellten die tollsten Hypothesen über deren Geheimnisse auf. Ich will Ihnen Proben all dieses Unsinnes ersparen. Ich könnte doch nur Wiederholungen bringen von Dingen, die wir eben gehört haben. Jede von uns hat die nämliche Entwicklung durchgemacht.

Wir waren unserer vier in einem engeren Freundinnenkreis, alle vier Mädel zusammen keine siebzig Jahre alt. Es war am letzten Tage vor meinem Scheiden aus dem Kloster. Zum letzten Male standen wir in der freien Stunde nach dem Mittagsmahle plaudernd an einem Korridorfenster. Es ging nach dem großen Vorhofe hinaus; ihm gegenüber lag das kleine rotdachige Pförtnerhaus am Haupttor, von dem eine alte Kastanienallee hinüber zur Landstraße führte. Wiederum drehte sich das Gespräch um die Ehemysterien. Davon gingen meine erregten Freundinnen in jenen letzten gemeinsamen Tagen nun einmal nicht ab. Wiederum kam das tollste Zeug zutage. Aber wahrlich, im Grunde waren wir allesamt komisch unschuldig.

Eine der Schwestern schritt dicht an unserer Gruppe vorüber, zufällig eine, die uns immer mit besonderer Güte zu behandeln pflegte, die Tochter eines reichen Landedelmannes. Wer weiß, warum man sie dereinst ins Kloster gesteckt hatte, vielleicht weil sie das Aschenbrödel zum Vorteile ihrer Brüder war, vielleicht auch wegen einer galanten Verirrung mit irgendeinem strammen Gärtnerburschen. Man munkelte so etwas. Jedenfalls war sie sehr jung in das Kloster gekommen und war nun längst nicht mehr der Jüngsten eine. Wie gesagt, sie war ein gutmütiges Geschöpf, das einen Spaß verstand.

Mademoiselle de Langeac, die Übermütigste von uns vieren, packte die Vorübergehende am Ärmel, hielt sie fest und legte ihr keck dar, daß ich in der peinlichsten Verlegenheit sei. Ich solle in drei Tagen einen Mann kriegen und wüßte weder Gix noch Gax, was mir damit bevorstünde.

Die Schwester lachte. Zufällig fiel ihr Blick durch das offene Fenster. Mit stummer Gebärde wies sie hinunter nach dem Hoftore. Wir sahen hin. An der alten Kastanie am Torwege stand der Pförtner, eine Hünengestalt in den besten Jahren, und lag gerade einer Dringlichkeit ob . . .

Ein Prachtkerl in Paradestellung . . .«

Die Damen am Kamin steckten kichernd die Köpfe zusammen. Die Erzählerin senkte ihre Stimme, gerade da, wo ich zu gern weiteres erlauscht hätte. Aber ich hörte nichts Rechtes als mit einem Male ein allgemeines Auflachen aus vibrierenden, etwas heiseren Kehlen. Die Augen der Damen, denen ich in die Gesichter blicken konnte, schimmerten im Glanze feuchter Perlmutter.

»Voilà un homme!« spottete eine der Damen.

Die Gräfin fuhr in ihrer Erzählung fort. Ihre Stimme wurde wieder lauter, aber es kam mir vor, als klänge sie silberner und süßer. Ich hörte sie sagen:

»Bei diesem Anblicke wurde mir übel zumute. Totenblaß stand ich unter meinen verdutzten Freundinnen. Nie wieder in meinem ganzen Leben hat mich der Schrecken so lange und so furchtbar gepackt wie damals. Ich verbrachte eine Nacht, wahrlich nichts gegen jene andere später erlebte Schreckensnacht, in der ich glaubte und glauben mußte, am nächsten Morgen das Blutgerüst der Jakobiner besteigen zu müssen. Ich kam zu der mir gräßlichen Erkenntnis, daß ich anders sein müsse als die anderen Frauen.

Am nächsten Vormittag holte mich mein Vater ab. Zitternd folgte ich ihm. Im Vaterhaus wurde mir mein künftiger Gatte vorgestellt. Ich sah ihn mir genau an, voll grauenvoller Neugier, aber ich konnte an diesem schmächtigen Höfling keine verdächtigen Merkmale entdecken. Dessenungeachtet hätte ich am liebsten meinem Vater anvertraut, daß ich zur Ehe nicht tauge. Aber das brachte ich auch nicht fertig. Und meine Mutter hatte ich nicht mehr. Kurz und gut, ich war schließlich mehr tot als lebendig, als mein Stündlein schlug.«

Hier unterbrach die schöne Gräfin ihren Bericht, indem sie herzlich lachte. Dann wurde sie ernst und fügte im heuchlerischen Tone einer frommen Betschwester hinzu:

»Ich habe alsbald eingesehen, meine Damen, daß man dem

lieben Gott immer vertrauen soll. Es wachsen keine Kürbisse am Eichelbaume!«

»Weiter!« ermunterte die kleine Pariserin.

»War das etwa keine lustige Geschichte?« fragte der Dicke gelassen.

»O ja! Sie hat sehr nett begonnen, aber sie ist – unanständig.«

»Unanständig?« wiederholte der Erzähler in naiver Verwunderung. »Die Damen von heute wollen lachen und was Lustiges hören, verbieten aber dabei, aus jenen frischen Quellen zu schöpfen, die das Ergötzen unserer gesunden Vorfahren waren. Sieht man von den Treubrüchen der Ehefrauen, den Ränken der Pfaffen, den ein wenig derben Abenteuern im Stile eines Verville oder Rabelais ab, ja, über was will man dann aber noch ordentlich lachen? Soll man an Stelle jener freilich urwüchsigen Schwänke etwa die faulen Kalauer unserer faden Dutzendwitzblätter wiederkäuen? Soll das etwa gar etwas Edleres sein? Um Himmels willen! Heutzutage fehlt es den Leuten am Mute der Natürlichkeit. Am Ende darf man selbst seinem Schätzchen nicht mal mehr eine herzhafte Geschichte erzählen! Wir leben in einem Zeitalter der stummen Verderbnis. Und dabei sind komischerweise die Zugstücke unserer Theater, die Moderomane, die Bilder der Maler en vogue bei aller Sentimentalität schamloser als das schlüpfrigste Gespräch der Damen bei Brantôme. Wir selber aber sagen kein unanständiges Wort. Der Tag, an dem man darauf verfiel, keusch zu reden, der ist in Wirklichkeit der Sterbetag der gesunden Sinnlichkeit gewesen.«

Noch eine Hexe (ein Apothekermärchen)

Arthur Fitger

Es war einmal eine böse Hex,
Ein altes verschrumpfeltes Höllengewächs,
Hochmeisterin jeder verruchten Hantierung,
Schwarzkunst, Beschreiung und Magnetisierung.
Ihr schändliches Nestelknüpfen betrübte
Besonders mancherlei Treuverliebte,
Nicht schützten die blühendsten zwanzig Jahr,
Nicht Herkules Muskeln, nicht Simsons Haar;
Ein einziger Spruch ihrer Zauberkunst –
Und der Liebe Mühe war, ach, umsunst.
Madam Schlappmeier war nämlich der Name
Von dieser infamen alten Dame.
Was Wunder, daß ihr hoch und gering,
Und arm und reich aus dem Wege ging,
Und lieber den weitesten Bogen machte,
Als den Blick ihrer triefenden Augen wagte.

Nun aber begab es sich wieder einmal,
Daß Herr Bürgermeister und sein Gemahl
Vergeblich die Linnenlaken zerwühlten,
Ins Feuer gerieten und wieder verkühlten;
(Anmerkung: Mussets Ballade à la lune.)
Da klagte der Gatte: »Es ist die Rancüne
Der schändlichen Hexe! Immer klemmt
Sich zwischen mich und mein Glück das Hemd.«

»Mein Herr und Gatte« – versetzte darob
Die Gattin, indem sie verdrießlich schnob –
»Wenn diese Hexe nicht morgenden Tags

Gebraten wird, beim Himmel, ich sag's,
Ich werd es im Tagescourier gestehn,
Wie schnöde mir deinerseits geschehn.
Wie oftmals pflegtest du schon den Schaden
Auf den Rücken der Schlappmeiern abzuladen,
Das hab ich nun satt; entweder du gibst
Die Hexe den Flammen oder du liebst.«
Und damit drehte sie kurz entschlossen
Den Rücken dem trauernden Ehegenossen.

Um Mittag präsidierte dem Rat
Der Bürgermeister im vollen Ornat,
Das Armesünderstäbchen in strenger Hand
Und vor ihm die Angeklagte stand,
Zur Rechten, zur Linken rotröckige Büttel,
Und der Syndikus las die Anklagekapitel,
Zahllose Paragraphen,
Die zahllose Fälle betrafen.
»Jetzt, Witwe Schlappmeier, muß ich fragen,
Was kann sie zu ihrer Verteidigung sagen?
Präsident und Justitiarii
Erwarten die Antwort; rede sie.«
»Mein Herr Gerichtshof« – begann die Alte –
»Daß Gott des Rechtes in Gnaden walte.
Ich bin ein armes, ehrliches Weib,
Und das Kapaunenschneiden betreib'
Ich als Lebensberuf, der mich ernährt
Und Ihren Diners den Braten beschert;
Doch suchen Bosheit und List und Tücken
Mir immerdar am Zeuge zu flicken:
Ich bin unschuldig, Magnifizenz
Laborieren schon längst an der Impotenz;
Was einer will, was einer kann,
Er muß es wissen, mich geht's nichts an!

Ich will es beschwören mit heiligen Eiden!«
Und dabei wackelten ihr die beiden
Grasgrünen Eckzähne und dabei schwoll
In den roten Augen der Hexengroll.
»Und weiter hat sie nichts zu gestehn?
Profoß, laß er in die Kammer sie sehn!«
Da hingen Schrauben und Hebel und Zangen
Und spanische Stiefel und türkische Stangen
»Dies braucht man so und dies braucht man so«;
Die Alte schrie Zetermordio.

»Gestrenger Herr Richter, ich fühle mich rein!
Ich schwör' es bei meinem Mutterschwein,
Ich schwör' es bei seinen zwanzig Ferken;
Ich befasse mich nie mit Zauberwerken,
Ich schwör es bei meinem Lieblingsbesen,
Ich halte mich fern von Zauberwesen,
Bei meinem Kater, bei meinem Bock,
Bei meinem Schornstein, bei meinem Trog,
Bei der Nacht, die der heiligen Walpurga geheiligt,
Beim Bürgermeister bin ich nicht beteiligt!«
»Und weiter hat sie nichts zu bekennen?
Schlappmeiersche, Schlappmeiersche, sie muß brennen.«
Da fletschte die Alte die wackelnden Zähne
Und kreischte wie eine verrückte Hyäne:
»Wohlan, ihr wollt es nicht besser haben,
So will ich im Tode der Rache mich laben!
Ich bin eine Hexe, ich hehl es nicht mehr;
Groß ist meine Macht und mein Zorn ist schwer;
In den großen Bann
Tu ich Mann für Mann:

Sit amor iratus,
Ne possit senatus,

Populusque ne possit!
In Ewigkeit, prosit.«
Und dem schaudernden Richter entriß sie jäh
Das Stäbchen und schwang es in die Höh'
In Kreisen teuflischer Zauberei
Und bog es und brach's überm Knie entzwei.
»Jetzt mögt ihr mich brennen, jetzt mögt ihr mich braten,
Des Fluches wird keiner erraten;
Und bis das Ende der Tage naht,
Sei ein trauernder Spargel das Wappen der Stadt.«
Die Richter erlahmten in Schrecken und Graus,
Der Präses setzte die Sitzung aus
Und sagte: Wat schall eener dorbi dauhn?
Dat is ja eine infame Person!
Gott Amor ging aber auf diese Weise
Natürlich alsbald auf die Ferienreise:
Abtötung des Fleisches nannten's die Frommen,
Der Jäger: Es ist Schonzeit gekommen,
Der Arzt sprach: Nur der Gesundheit wegen,
Und der Bankier: Kapital anlegen,
Der Bierphilister dämpfte sein Feuer,
Das Schulgeld würde allmählich zu teuer.
Sogar die Kürassiere und Ulanen,
Täten sie von fern eine Köchin nur ahnen,
Sie bogen errötend zur rechten Zeit
In eine Nebengasse beiseit:
Die Stadt war erfroren, versandet, verdorrt,
Es war ein Elend mit einem Wort.
So ging es Tage, so ging es Wochen.
Wie schrecklich wurde die Alte gerochen!
Da ließ der Bürgermeister zum zweiten
Sie aus dem Kerker vor sich bescheiden:
»Madame Schlappmeier, wir überschritten
Befugnis und Recht, wir gestehen es ein;

Wir sind bereit, um Pardon zu bitten;
Nun aber laßt Friede zwischen uns sein;
Seid, gnädige Frau, nun so freundlich und sagt,
Was für Bedingungen sonst ihr macht.«

Die Alte die dünnen Lippen leckte,
Als ob sie 'nen Vorspuk vom Honig schmeckte
Und lächelnd sprach sie: »Gestrenger Herr,
Viel Freud erwart ich auf Erden nicht mehr;
Doch gern, gesteh ich euch, vor dem Scheiden
Genöß ich noch einmal der Liebe Freuden;
Wohlan, eine einzige glückliche Nacht,
Dann lös ich den Bann, dann lös ich die Acht.«

»Infame Person! Auf die Folterbank!
Auf den Scheiterhaufen direktement!
Doch wehe dann uns! Wir Armen,
Wer wird sich unser erbarmen,
Wer wird uns von der bösen
Verwünschung in Gnaden erlösen!«
Kam je ein Gericht in solches Gedränge?
Die Sitzung zog sich sehr in die Länge;
Von zahllosen Anträgen wuchs und schwoll
Zu Bergeshöhen das Protokoll;
Doch endlich ward beschlossen: Es sei,
Man gebe die Witwe Schlappmeiern frei
Und prämiiere den heldenmütigen Mann,
Der, was sie wünschte, ihr leisten kann.
Man sammle, ihn zu belohnen,
Sofort ein paar Millionen.
Der Syndikus entwarf die Kollekte,
Die schnell sich mit Unterschriften bedeckte,
Voran der Präses mit protziger Summe,
Zwar wußt er, daß es ihm doch nichts frumme.

Was aber gibt man in seinen Jahren
Nicht aus, den guten Schein zu bewahren?
Die Bürger drängten sich alle
Mit Macht in die Rathaushalle
Und griffen begeistert ins Portemonnaie.
Wann gab man so gern und so reichlich je?
Und riß sich ums Subskribieren,
Wie bei Hungersnot
Ums tägliche Brot
Man sich reißt an den Bäckertüren.
Auch stellte man aus die Kirchenbecken
Zu gemeinnützigen Liebeszwecken
Und trieb durch den innern Missionsverein
Bewunderungswürdige Summen ein;
Zugleich mit doppelt und dreifacher Steuer
Stürzten die Weiber sich auch ins Feuer,
Die Vermählten wie die Ledigen,
Die Witwen wie die Mädchen,
Die Köchinnen wie die Ladenmamsellen,
Sie schlugen mit Feuerzangen und Ellen
Sich durch's Gedränge; an diesem Altar
Brachten die letzten Heller sie dar.
So kam ein unermeßlich Vermögen
Zusammen, Rothschilds war nichts dagegen;
Mit Zinsen auf Zinsen häuft es sich,
O braver Mann, braver Mann, zeige dich!
Anfangs wohl kamen verwegne Gesellen
Genug, dem großen Werk sich zu stellen,
Sie gingen voll Mut ins Hexenhaus,
Wie aber kamen sie wieder heraus?
Das Haar gesträubt, mit Zittern und Bangen,
Wie eine Maus, die der Katz entgangen.
Der Hausknecht im Löwenbräu war ein Mann,
Der tat, als käm es ihm nie darauf an;

Zum Hinausschmeißen tät ihn der Löwenwirt dingen,
Sollt ihm das Gegenteil nicht gelingen?
Auf seine Schultern, auf seine Schenkel,
Auf seinen Nacken, auf seine Enkel,
Auf seine Waden zählte die Stadt –
Er kam, er sah und er wurde matt.

Der Schiffer Mairose kehrte zum Glück
Von einer Weltumseglung zurück,
Und seit neun Monden oder zehn
Hat er kein Frauenzimmer gesehn:
Der bringt, will's Gott, einen Appetit
Wie ein Menschenfresser der Südsee mit!
Begleitet von hunderttausend Gebeten
Tät Schiffer Mairose das Haus betreten –
Die Hexe führt ihn über die Flur –
Er folgte und zwang mit Gewalt die Natur,
Die Hexe führt ihn empor ins Zimmer –
Mit eisernem Willen folgt er noch immer,
Die Hexe führt ihn ins Brautgemach –
O wehe, da wurde dem Helden schwach,
Ihm wirbelt's im Kopfe, ihm schwanken die Knie,
Er kam auf die Straße, er wußte nicht wie;
Er eilt an den Hafen, er ging an Bord,
Er lichtet die Anker, er segelt fort,
Und erst, als die letzte Küste entschwand,
Er ein bißchen Beruhigung wiederfand.
Unselige Stadt, was hofftest du noch,
Da auch der letzte Schimmer dich trog?
Betrübt vom Rathausturme weht
In schweigender Trauermajestät
Halbmast der schwarze Lappen
Mit seinem beschämenden Wappen.
Vergebens schreibst du in riesigen Zeilen

An allen Brandmauern und Litfaßsäulen
An allen Bahnhöfen die Prämie aus,
Keine Taube bringt dir ein Ölblatt ins Haus.
So weit die Augen reichen,
Kein Stern, kein Hoffnungszeichen,
Verzweiflung, Wüste, leeres Grau –
O Unbarmherzigkeit einer Frau!

So steckten die Dinge im Elend tief,
Da sprach bei sich der Doktor Stief:
»Jetzt ist es Zeit, daß die Wissenschaft
Aufrichte die Welt, die so schmählich erschlafft;
Mich ruft des Genius Stimme,
Daß ich das Höchste erklimme,
Daß ich das Tiefste ergründe
Und das rettende Mittel finde.«

Der Doktor Stief, der war nun nicht gerade,
Wie man einen Herkules sich denkt;
Der kahle Schädel hing tief gesenkt
Und der Krückstock war dicker als die Wade,
Doch war er ein Meister in der Chemie
Und ein Menschenfreund und Geschäftsgenie.
Nun kramt er in Schränken, nun sucht er in Borten,
Nun zischt es und sprüht es in hundert Retorten.
Das war ein Filtrieren, ein Destillieren,
Ein Amalgamieren, Purgieren und Schmieren
Und der grübelnde Stadtbeglücker sah aus
Als wäre er nicht richtig im Oberhaus,
Die Hände geschwärzt von des Kessels Bauch,
Die Augen gerötet vom bittren Rauch,
Die Schürze besudelt von tausend Dekokten,
Die rings in Kolben und Tiegeln stockten;
Doch endlich wurde dem heißen Bemühn

Der Segen: die mächtigen Substanzen gediehn
– Und wuchsen – Heureka!
Die böse Zauberkraft ist bezwungen,
Die Wissenschaft hat den Sieg errungen,
Die erlösenden Pillen, sie sind, sie sind da,
Die Erospillen, von deren Tugend
Das Alter erstarkt zu neuer Jugend,
Und Überfluß wuchert aus Bankerott –
Wann mischte, wann rührte, wann briet, wann sott
Jemals ein Pharmazeute,
Was so die Menschen erfreute!

Stief als ein gewissenhafter Mann,
Stellt bei sich selber die Prob erst an;
Die flandrische Mod ihm zustatten kam,
Als die erste Pille er zu sich nahm;
Die weite bauschige Hose
Verbarg in dem faltigen Schoße
Die riesige Wirkung, die er erzielt
Und mühsam nur hinter den Knöpfen hielt.
Ja, einer derselben ward dergestalt
Hinausgeschleudert von innerer Gewalt,
Daß er den Spiegel in Scherben schmiß,
Nun war sich Stief seiner Sache gewiß,
Und Tatsache war der Liebeswecker.
Wie pochte das Herz dem stolzen Entdecker,
Wie fühlt er sich flammenbegeistert und jung,
Als er bei sinkender Dämmerung
Sein Laboratorium schloß und protzig
Zum Kampf entschlossen und todesstrotzig
Die Glocke zog an der Hexentür.
Wir bleiben jedoch lieber haußen für
Und reden derweil mit dem holden Mond.
»O Mond, du bist ja so viel gewohnt,

Und wie die Sonne, so siehst auch du
Fast nie einem neuen Schauspiel zu;
Doch hast du je des Abends um zehn
Eine Stadt so tief im Schlafe gesehen?
Daß Rosenlauben und Ehebetten
Heuschober und sonstige geweihte Stätten,
In denen das zwitschernde Duo summt,
Wie ausgenommene Nester verstummt,
Daß unter tausenden nur ein Paar,
Und noch dazu eines mit grauem Haar,
Sein Opfer brachte auf Amors Altar?
Hüll in die dichtesten Wolken dich ein
Mitsamt den unmündigen Sternelein,
Und hüte dich, auszuspionieren,
Was bei der Schlappmeiern mag passieren.«
Gottlob, die Mitternacht ist vorbei,
Die Uhr geht auf eins, die Uhr geht auf zwei,
Gottlob, die schleppenden Zeiger gehn
Auf drei, auf vier, die Hähne krähn.
Im Nebel schwinden die Nachtgespenster,
Da röchelt es hinter dem Hexenfenster;
Die Rosen erblühn auf Helios Pfade,
Da schreit die Schlappmeiern: »Gnade, Gnade!«
»Laß, Doktor, genug sein des grausamen Spiels,
Denn was zuviel ist, das ist zuviel!«

Auf Plätzen und Gassen ein Sturm der Freude,
Ein wundersam Ostern feiert man heute.
Die Fahnen wallen,
Die Böller knallen,
Im Kloster braust das Te deum laudamus,
Amamus, amatis, amant, gaudeamus!
Ums Rathaus aber wogte die Menge
Im ungestümsten Entzückungsgedränge;

Denn eben quittierte der Doktor Stief
Die Million, die laut Siegel und Brief
Der Hexe er ohne Defraude,
Im Gegenteil summa cum laude
Sich redlich verdient. Da löste den Fluch
Die Hexe von dem unseligen Städtchen,
Von Männlein und Weiblein, von Buben und Mädchen,
Ich sage nichts weiter, genug, genug!
Nur manche Häuser wackelten sehr,
Kalk fiel von den Wänden, als ob ein schwer
Gewitter oder Erdbeben wär.
In Trümmer bei dieser Gelegenheit
Brach das ganze Kloster des heiligen Veit;
Nur beim Bürgermeister hing nach wie vor
Um die Haustürnummer ein Trauerflor.

*

Ein jeder Stümper kann Pillen drechseln,
Doch Doktor Stiefs philantropischen Stoff
Darf man nicht mit dem Malzextrakt von Hoff
Und Migargees Barterzeuger verwechseln,
Noch mit den Schweizerpillen von Brand
Und dem faulen Zauber, den sonst man erfand.
Dies Labsal der Menschheit, das von Geschlecht
Zu Geschlecht vererbt, gibt's einzig echt
In der Apotheke zur lockenden Wachtel
Zehntausend Mark die gestempelte Schachtel.

Ilse

Frank Wedekind

Ich war ein Kind von fünfzehn Jahren,
Ein reines, unschuldsvolles Kind,
Als ich zum erstenmal erfahren,
Wie süß der Liebe Freuden sind.

Er nahm mich um den Leib und lachte
Und flüsterte: Es tut nicht weh!
Und darauf hob er sachte, sachte
Mein Unterröckchen in die Höh.

Seit jenem Tag lieb ich sie alle,
Des Lebens schönster Lenz ist mein,
Und wenn ich keinem mehr gefalle,
Dann will ich gern begraben sein.

Ein Duett

Otto Julius Bierbaum

Schwül war die Nacht, und dumpfe Wetter grollten,
Wir saßen beide in der feuchten Laube,
Allwo der Liebe Taumellust wir zollten, –
Sie trug von Seidenklunkern eine Haube.
Der Springbrunn plätscherte so traumverschwommen,
Der Mond erschien bleich, wie ein alter Dreier.
Da fuhr es mir durch's zage Hirn beklommen,
Und ich ergriff die alte Dichterleier:
Grausames Lieb, ist's wahr, ganz wahr, daß Leute,
Tagtäglich zweimal essen, satt sich essen?

Ich kenne andre, die der Bauchgier Beute,
Gar viermal jeden Tag sich stopfend fressen.
»Ich aber«, sprach sie, »kenne, so da hungern,
Und dennoch ihre Kräfte aufwärts recken,
Und deren Schwänze dennoch niemals lungern
(Drum operieren ewig sie durch Lecken).

So folge ihnen, hebe meine Hülle,
Und flöße Wollust mir in meine Glieder,
Füll aus die Möse!
Fülle, fülle, fülle!!!
Doch fülle nicht nur viermal! Fülle *wieder!!*
Dein Penispilz er schwille, schwille, schwille,
Boa konstriktorhaft mög Saft er gießen!
Und ob mir berstend auch zerkrach' die Nille –
Wenn wir in Wollustsaft zusammenfließen.«

Ich aber sprach: bläh' deine Falten, blähe!
Und du, du sprachst: steif' steifer deinen Schwanz –
Er werde härter, stehe, stehe, stehe,
Gischt sprühe deines Hahnes Lustgekrähe!
O sterbe so im Fickefackeltanz!!

Werbung

Otto Julius Bierbaum

I.

Sie sprach:
Hernach!
Er flog –
Sie trog.

II.

Er sprach:
Ich möchte!
(O Schmach –
Der Schlechte!)
Sie lachte.
Ich auch!
(Der Achte
Im Bauch!)
Es passen
Die beiden
Sehr gut
Zusammen!
Was hassen
Und neiden?
Jung Blut
Muß rammen!
Denn los!
Famos!
Sie nicken
Und neigen,
Und ficken
Und schweigen.
Und krachen dir auch die Weichen:
Geh' hin, und tue desgleichen!

Das schlafende Mädchen

Erotisches Volkslied

Einst ging ich am Ufer der Donau und fand
Ein schlafendes Mädchen im leichten Gewand.

Die Füß und der Busen nur halb bedeckt,
So lag sie da, ins Gras gestreckt.

Auf einmal, da sah ich ein'n hüpfenden Floh,
Ich weiß wohl das Plätzchen und sag doch nicht wo.

Es schlugen die Brüste so innig warm,
Da sank ich dem schlafenden Mädchen in'n Arm.

Es schlug meine Brust auf ihre so schwer,
Ich hörte das Rauschen der Donau nicht mehr.

Und als das schlafende Mädchen erwacht,
Da war schon das Werk der Liebe vollbracht.

Sie schaute mit lächelndem Blicke mich an:
Du holder Jüngling, was hast du getan?

Erziehung zum Weibe

Aus dem ›Roman der kleinen Violette‹, Verfasser ungewiß

»Also werden Sie alles tun, was Sie können, damit ich Schauspielerin werde?«

»Jawohl, ich werde tun, was in meiner Macht steht.«

»Ach, wie lieb Sie sind!« Und Violette, die sich gar nicht

darum kümmerte, was sie meinen Blicken preisgab, öffnete weit ihre Arme und warf sie mir um den Hals. Dieses Mal – ich gestehe es – war ich ganz und gar hingerissen, meine Hand fuhr über die biegsamen Hüften und lag bald darauf auf einem feinen seidigen Haar, das sie zu längerem Verweilen veranlaßte.

Bei dieser Berührung meiner Hand streckte sich Violette lang aus; ihr Kopf sank hintenüber, ihr Mund öffnete sich und ließ die kleinen, weißen Zähnchen sehen; ihr Auge umflorte sich und nahm den Ausdruck eines heftigen Taumels an, ihr Haar floß vom Kopfe lang hinab wie eine Kaskade vom schwarzen Jaspis. Dabei hatte sie meine Finger nur eben berührt.

Wahnsinnig, in einem glühenden Liebesdelirium, ihre heißen Seufzer mit ebenso heißem Stöhnen beantwortend, trug ich sie auf das Bett, wo ich mich niederließ, und wo mein Mund bald die Stelle der Hand einnahm. Ich empfand die unaussprechliche Wonne, die die liebeglühende Lippe vermittelt, die eine ebenso liebeglühende Jungfräulichkeit berührt.

Violette stieß jetzt nur noch kleine, unartikulierte Laute aus, um sich schließlich in einem Paroxismus von Wonne zu winden, der kein Ende nehmen zu wollen schien.

Ich richtete mich wieder auf und sah ihr zu, wie sie langsam wieder zu sich kam. Sie öffnete die Augen, setzte sich mühsam auf und sagte:

»O Gott – ist das gut! – Können wir's noch einmal machen?«

Plötzlich besann sie sich und, indem sie mich ernst anschaute, sagte sie:

»Ich habe eine Idee – «

»So, was für eine – ?« fragte ich.

»Mir scheint, daß das, was ich soeben gemacht habe, schlecht ist.«

Ich setzte mich neben sie aufs Bett.

»Höre!« erwiderte ich, »hat man schon einmal ernsthaft mit dir gesprochen?«

»Natürlich«, antwortete sie, »mein Vater manchmal! Wie oft hat er mich ausgescholten!«

»Das meine ich nicht«, sagte ich. »Ich meine, ob du es verstehen würdest, wenn man von ernsthaften Dingen zu dir spräche.«

»Ich weiß nicht. Das hängt von der Sache ab, von der geredet wird. Wenn du zu mir sprechen wolltest, ich glaube, ich würde alles verstehen.«

»Ist dir nicht kalt?«

»Nein.«

»Nun gut; höre aufmerksam auf das, was ich dir sagen will.«

Sie schlang einen Arm um meinen Hals, sah mir gerade in die Augen und öffnete ersichtlich alle Türen ihres Verständnisses.

»Rede! Ich höre.« – Ich begann:

»Wenn das Weib geboren wird, erhält es sicherlich vom Schöpfer dieselben Rechte wie der Mann, seinen natürlichen Neigungen gemäß zu leben.

Der Mensch hat eine Familie gegründet; diese wurde durch sein Weib und seine Kinder gebildet. Mehrere Familien haben sich zusammen verbunden; sie haben einen Stamm gebildet; fünf oder sechs Stämme gingen nachher gemeinschaftliche Verträge ein; sie bilden die Gesellschaft. – Wenn die Frauen die Stärkeren gewesen wären, hätten sie die Welt nach ihrem Willen eingerichtet. Da aber die Männer die Stärkeren waren, wurden sie die Herrschenden, und die Frauen hatten sich ihrem Willen zu unterwerfen. Eines der Gebote, die den jungen Mädchen auferlegt wurden, war das Gebot der Keuschheit, eines von denjenigen, die den Frauen galten, die Treue.

Indem die Männer diese Gesetze und Verbote den Frauen auferlegten, behielten sie sich das Recht vor, ihre eigenen Leidenschaften und Wünsche zu jeder Gelegenheit zu befriedigen, ohne daran zu denken, daß sie solchen Leidenschaften nicht freien Lauf lassen konnten, ohne die Frauen von der Erfüllung der ihnen auferlegten Verpflichtungen abzuhalten. Die Frauen, welche die ihnen ohne ihr Dazutun auferlegten Pflichten vergaßen, wurden für die Männer die Spenderinnen der süßesten Wonnen. Zum Danke dafür wurden sie mit Schmach und Schande überhäuft.«

»Aber das ist doch sehr ungerecht!« meinte die kleine Violette.

»Ja, mein Kind, es ist in der Tat sehr ungerecht. Deshalb haben sich auch einige Frauen dagegen aufgelehnt und haben sich gesagt: Was bietet mir die Gesellschaft als Entschädigung für die Sklaverei, die sie mir auferlegt? Die Ehe mit einem Manne, den ich vielleicht nicht lieben kann, der mich mit achtzehn Jahren für sich mit Beschlag belegt, und der mich vielleicht für mein ganzes Leben unglücklich macht? Da ziehe ich schon vor, außerhalb der Gesellschaft zu bleiben, mir selbst und meinen Wünschen überlassen, und frei denjenigen zu lieben, der mir gerade am besten paßt. Ich werde eine natürliche, nicht eine gesellschaftliche Frau sein.

Also, vom gesellschaftlichen Standpunkte aus betrachtet, ist das, was wir gemacht haben, schlecht. Vom natürlichen Standpunkt aus indessen haben wir weiter nichts getan, als unseren Neigungen Folge geleistet, ohne sonst irgend wen zu kränken. Hast du verstanden?«

»O ja, sehr gut!«

»Nun gut, denke heute darüber nach und sage mir heute abend, ob du lieber das natürliche oder das gesellschaftliche Weib sein willst.«

Ich zog die Glocke; die Kammerfrau trat ein. Violette war im Bett und hatte sich bis ans Kinn zugedeckt.

»Madame Leonie!« sagte ich. »Ich empfehle das Fräulein Ihrer besten Obhut. Ihre Mahlzeiten werden Sie von Chevet, ihre kleinen Kuchen und alles andere von Julian beschaffen. Im Schrank ist Rotwein, und in der Schublade der Etagère sind dreihundert Franks.

Ja, und noch etwas – holen Sie auch eine Schneiderin und lassen Sie dem Fräulein zu zwei einfachen, aber geschmackvollen Kostümen Maß nehmen. Auch werden Sie sich mit einer Wäschelieferantin in Bezug auf das Notwendige verständigen und von einer Modistin zwei Hüte beschaffen, die zu den Kostümen passen.«

Hierauf küßte ich Violette: »Auf Wiedersehen heute Abend.« –

Am Abend kam ich gegen neun Uhr. Die Kleine sprang mir entgegen, warf sich mir an den Hals und rief: »Ich habe nachgedacht!«

»Den ganzen Tag?«

»Nein, fünf Minuten.«

»Und – «

»Ich will lieber das natürliche Weib sein!«

Das liebe Kind! Es war in der Tat die Natur, die aus ihr sprach.

In meiner Bibliothek waren viele ausgezeichnete Bücher. Sie hatte den ganzen Tag über gelesen.

»Hast du dich nicht gelangweilt?« fragte ich sie.

»Gesehnt habe ich mich nach dir, gelangweilt nicht.«

»Was hast du gelesen?«

»Valentine.«

»Weißt du, das ist ein Meisterwerk!«

»Das weiß ich nicht, aber ich weiß, daß ich sehr viel weinen mußte.«

Ich schellte. Madame Leonie trat ein.

»Bereiten Sie uns den Tee!« sagte ich. Und zu Violette:

»Trinkst du gern Tee?«

»Ich weiß nicht; ich habe niemals welchen getrunken.«

Leonie hatte einen kleinen Tisch gedeckt und zwei feine Porzellantassen sowie ein japanisches Zuckergefäß darauf gestellt. In einem kleinen, silbernen Topf war Sahne.

Leonie brachte uns den in der silbernen Teekanne aufgebrühten Tee, sowie kochendes Wasser in einem anderen japanischen Gefäß.

»Brauchst du Madame Leonie noch?« fragte ich Violette.

»Nein – wozu?«

»Nun, um dich auszukleiden?«

»Nein«, sagte sie, indem sie ihre Gürtelschnur löste, »ich habe nur diesen Peignoir und das Hemd an.«

»Also können wir sie entlassen?«

»Natürlich.«

»So, da sind wir ungestört.« Und da Leonie hinausgegangen war, schloß ich die Tür hinter ihr ab.

»Also du bleibst hier?«

»Wenn du's erlaubst – «

»Die ganze Nacht?«

»Die ganze Nacht!«

»Oh – welches Glück! Also, da können wir zusammen schlafen, wie ich's schon manchmal getan habe?«

»So? Mit wem hast du denn schon geschlafen?«

»In der Schule mit anderen Kameradinnen, die dort logierten, oder auch manchmal mit meiner Schwester.«

»Und was hast du gemacht, wenn du so bei deiner Schwester schliefst?«

»Was ich gemacht habe – ich habe ihr ›Gute Nacht‹ gewünscht und bin eingeschlafen.«

»Ist das alles?«

»Na ja! Was denn?«

»Und wenn wir beide zusammen schlafen, glaubst du, daß das ebenso sein wird?«

»Ich weiß nicht. Aber ich glaube, es wird wohl anders sein.«

»So – und was werden wir wohl machen?«

Sie zuckte die Achseln. Nachher meinte sie:

»Vielleicht – das, was du mir heute früh gemacht hast – « Und hiermit warf sie sich mir an den Hals.

Ich nahm sie in meine Arme und setzte sie auf meine Knie; dann schenkte ich ihr eine Tasse ein, die ich mit Sahne und Zucker versüßte und hieß sie trinken.

»Nun? Schmeckt's?« fragte ich.

»O ja!« erwiderte sie, ohne jedoch besonderen Enthusiasmus zu bezeugen. »Es ist ganz gut, aber – «

»Nun? Aber – ?«

»Aber ich habe frische Milch lieber. Frische, warme Milch, die soeben aus dem Euter der Kuh kommt.«

Ihre Gleichgültigkeit gegenüber dem Tee wunderte mich nicht. Ich habe öfter bemerkt, daß der feine Geschmack des chinesischen Getränkes nichts für natürliche, plebejische Gaumen ist.

»Morgen früh wirst du frische Milch bekommen.«

Hierauf folgte eine Stille. Ich schaute sie an. Sie lächelte.

»Weißt du, was ich möchte?« sagte sie plötzlich.

»Nun?«

»Ich möchte gelehrt sein.«

»Gelehrt? Wozu denn um Gotteswillen?«

»Um alles zu verstehen, was ich nicht verstehe.«

»Und was verstehst du denn nicht?«

»O, eine Menge Dinge. Zum Beispiel, du hast mich gefragt, ob ich jungfräulich wäre.«

»Ja, und – ?«

»Ich habe gesagt, ich weiß es nicht, und du hast gelacht.«

»Allerdings.«

»Nun, ich möchte wissen, was das ist, jungfräulich sein!«

»Nun, das ist – noch niemals von einem Manne geliebkost worden sein.«

»Also bin ich jetzt nicht mehr jungfräulich?«

»Wieso?«

»Nun, du hast mich doch heute Morgen geliebkost!«

»Liebes Kind – es gibt Liebkosungen und Liebkosungen. Die Liebkosung von heute früh, wenn sie auch sehr süß war – «

»O ja!«

» – so ist sie doch keine von denen, die die Jungfräulichkeit zerstören.«

»Und welche zerstören die Jungfräulichkeit?«

»Ja, da muß ich dir zuerst erklären, worin eigentlich die Jungfräulichkeit besteht!«

»Nun, so erkläre mir's!«

»Das ist schwierig!«

»Ach, du wirst es schon fertig bringen!«

»Die Jungfräulichkeit ist der physische und seelische Zustand eines jungen Mädchens, die, wie du, noch keinen Geliebten gehabt hat.«

»Aber wie – noch keinen Geliebten gehabt?«

»Na, das ist, wenn sie mit einem Manne nicht das gemacht, wodurch sich die Menschen vermehren.«

»Haben wir das nicht gemacht?«

»Nein.«

»Also bist du nicht mein Geliebter?«

»Vorläufig bin ich nur dein Liebhaber.«

»Und wann wirst du mein Geliebter sein?«

»So spät als möglich!«

»Ist dir's denn so unangenehm?«

»Im Gegenteil – ich wünschte nichts auf der Welt so sehr, als dein Geliebter zu sein.«

»Gott, ist das langweilig! Ich verstehe schon wieder nichts!«

»Der Geliebte eines Weibes sein, meine hübsche, kleine Violette, heißt, im Alphabet des Glücks beim Buchstaben Z angelangt sein. Nun siehst du, es gibt vierundzwanzig Buchstaben vorher, von denen der Handkuß so ziemlich als das A betrachtet werden kann.«

Hiermit nahm ich ihre kleine Hand und küßte sie.

»Und das, was du heute früh mit mir gemacht hast, welcher Buchstabe ist denn das?«

Ich mußte zugeben, daß das schon dem Z bedenklich nahe stand, und daß ich eine große Reihe von Konsonanten und Vokalen übersprungen hatte.

»Ich glaube, du hältst mich zum Narren!«

»Nein, mein Engel, siehst du, ich möchte, daß dieses reizende Alphabet so lange als möglich andauert, um jeden Buchstaben zu durchkosten, denn jeder Buchstabe ist eine Liebkosung und jede Liebkosung eine Wonne. Ich möchte dich nur nach und nach deiner seelischen Unschuld entkleiden, so wie ich dich nach und nach deiner körperlichen Kleidung entledige.

Wenn du angezogen wärst, so wäre jedes einzelne Kleidungsstück, das ich dir abnehme, für mich eine neue Entdeckung. Immer würde ich etwas Neues, etwas bisher Unbekanntes sehen: den Hals, die Schultern, den Busen – dann nach und nach alles Übrige. Leider bin ich recht brutal über alle diese Feinheiten hinweggestiegen. Meine Augen haben deine ganze Nacktheit bereits verschlungen. Du weißt gar nicht, wie verschwenderisch du mich damit beschenkt hast.«

»War's denn nicht recht?«

»Ach, weißt du, ich liebe dich zu sehr, ich habe zu großes Verlangen nach dir, um alles zu berechnen und so programmmäßig vorschreiten zu können.«

Ich zog die seidene Schnur auf, die ihren Peignoir um die Hüften festhielt, und ließ das Kleidungsstück zur Erde gleiten. So hielt ich sie auf meinem Schoße, nur mit dem Hemde bekleidet.

»Willst du also wissen, was die Jungfräulichkeit ist?«

fragte ich, da ich alle Sinne schwinden fühlte. »Nun, ich werde es dir sagen – warte – hier, noch näher – deine Lippen auf meine Lippen –«

Ich drückte sie in meinen Armen heftig an meine Brust. Sie hatte ihrerseits ihren Arm um meinen Hals geschlungen, wobei sie verlangende Seufzer ausstieß und vor Wonne bebte.

»Fühlst du meine Hand?« flüsterte ich.

»Ja –« hauchte sie zitternd.

»Und meine Finger?«

»Ja –«

»Das, was ich berühre, ist die Jungfräulichkeit. Ich berühre die feine Haut, die zerrissen werden muß, damit das Weib zur Mutter werde. Sobald diese Haut zerrissen oder – durchgestoßen ist, hört die Jungfrau auf, zu sein – das Weib beginnt.

Nun, was ich möchte, ist, dir und mir deine Jungfräulichkeit so lange als möglich zu bewahren, indem ich dir nur äußerliche Liebkosungen erweise. Verstehst du?«

Vorspiele

Aus ›Edmées Ausbildung zur Demi-Vierge‹,
Verfasser ungewiß

Es ist bekanntlich ein prickelndes Vergnügen, gewissermaßen eine Art Worthurerei, der Geliebten Ausdrücke ins Ohr zu flüstern, über die sie errötet und schielt, aber nur, um den köstlichen Kitzel, den diese Laute ihrem Ohr verursachen, zu verbergen. Das Wort, von dem der Oberst sprach, war ihr sehr bekannt, denn ihr Mann war ihr auch auf diesem Gebiete ein kenntnisreicher Lehrmeister gewesen. Gleichwohl antwortete sie: »Ich weiß nicht, welches Wort Sie meinen?«

»Minett machen. Ich habe Ihnen Minett gemacht, teuerste Georgette.«

»Ja, und zwar ganz delicios«, flüsterte sie zärtlich, ihm mit der Hand, die während seiner interessanten Tätigkeit auf seinem Haupte geruht und hie und da durch einen flüchtigen Druck leise Direktiven gegeben hatte, Haar und Wange streichelnd.

»Die zarteste jungfräuliche Rose läuft keine Gefahr, wenn sie so geliebkost wird.«

Sie verstand die Anspielung wohl und war entzückt, auf diese Weise auch die letzten Bedenken zerstreut zu sehen, die sie hinsichtlich der Erhaltung der Jungfernschaft ihrer Tochter hatte. Sie diesen harmlosen Liebkosungen des Obersten auszusetzen, bedeutete wirklich nicht die geringste Gefahr.

Aber wo steckte Edmée? Warum zeigte sie sich nicht? Sie mußte doch vor Begierde brennen, bei der Abwicklung des Programms die ihr zugewiesene Rolle zu spielen.

»Sie erinnern mich daran, daß meine Tochter bald zurückkommen muß. Sie wird überrascht sein, Sie hier zu sehen. Vielleicht ist sie schon da. Darf ich mal nachsehen?«

»Ob Sie das dürfen? Sie fragen danach mich, der ich noch in der Erinnerung an die berauschenden Augenblicke schwelge, wo ich die Kleine im Arm hielt und ihre geheimsten Reize flüchtig liebkosen durfte, ohne daß sie selbst, ja, ohne daß auch Sie, meine Teuerste, den geringsten Einwand dagegen erhoben!?«

»O, bitte, schweigen Sie . . . ich hätte Sie nicht wiedersehen sollen . . . ich bin Ihnen eine Erklärung schuldig . . . aber ich weiß nicht, wie ich Ihnen das sagen soll.«

Sie schlug ihre Arme um seinen Hals und barg ihr Gesicht an seiner Schulter, wie wenn das Geständnis, das sie ihm jetzt machen wollte, sie ganz verwirre.

»Sie hat es ja durchaus gewollt«, flüsterte sie dann. »Sie machen sich keinen Begriff, wie frühreif sie ist. Sie ist wie närrisch, sie liebt Sie. Sie wollte ganz allein zu Ihnen gehen, ich würde sie nicht halten können. Und da ist es doch schließlich besser, wenn ich dabei bin. Sie werden mich verstehen.«

Während sie diese Worte rasch hervorstieß, hatte er sie zärtlich umschlungen und, um sie zu beruhigen, ihr schönes braunes Haar leise gestreichelt.

»Ich verstehe Sie ja so gut, einzigste Georgette. So selbstlos kann nur eine Mutter handeln, die ihr Kind wirklich lieb hat. Sie würden sich eines Verbrechens schuldig machen, wenn Sie sie nicht auf diese einzig mögliche Weise vor den Gefahren, die sie überall umlauern, schützten.«

Ein inniger Kuß belohnte ihn für diese Worte und, ihre schmachtenden Blicke tief in die seinen versenkend, flüsterte sie, erregt durch die Verwirrung, welche der Eintritt des entscheidenden Augenblickes in ihr hervorrief:

»Wenn ich darauf rechnen könnte . . .«

»Worauf, mein Engel?« fragte er, die Bebende zitternd an seine Brust drückend.

»Darauf, daß Sie die Jungfräulichkeit Edmées nicht antasten . . .«

»O«, rief er glühend, »welchen Schwur soll ich leisten? Wollen Sie mein Leben zum Pfand? Nehmen Sie es, und lassen Sie mich dafür die herrlich erblühte Rose genießen und das reizende Knöspchen neben ihr auf die Genüsse vorbereiten, die seiner warten, wenn es selbst zur Rose sich entfaltet hat.«

»Oberst, wie gut verstehen Sie es, mich vor Leidenschaft sinnlos zu machen«, rief die junge Frau im Übermaß ihres Glückes, sich sanft aus seiner Umarmung lösend, um nach ihrer Tochter zu sehen.

Klein-Edmée stand schon lange auf der Lauer. Sie hätte zu gern gesehen, daß ihre Mutter die ihr erwiesenen Liebkosungen dem Freunde ebenso zurückgegeben hätte, wie sie es bei Lucie beobachtet hatte. Als der Oberst die beiden im Nebenzimmer tuscheln hörte, trat er unvermutet ein, umschlang jede mit einem Arm und rief:

»Jetzt habe ich euch beide. Jetzt seid ihr . . .«

»Vom Schmetterling gefangen«, lachte Edmée mutwillig.

»Du hast uns belauscht, Herzchen?«

Ohne ihm zu antworten, ließ sich der Backfisch abküssen und unter die Röcke fassen.

»Geben Sie bitte acht, daß Sie ihr das Kleid nicht zerdrücken. Sie soll es lieber ausziehen, es ist zwar ihr Schulkleid, aber für den Unterricht, den sie jetzt empfangen wird, ist es doch wohl im Wege.«

Fröhlich stimmte sie in das Lachen Edmées und des Obersten ein. Ihr war ja, nachdem der kritische Moment überstanden war, so frei, so leicht, daß sie förmlich danach lechzte, die ersten, schwankenden Schritte ihres Töchterchens auf dem schlüpfrigen Pfade der Liebe zu lenken und sich an dem Genusse zu weiden, den Lehrer und Schülerin bei dieser Wanderung empfinden mußten. Der Oberst war vor Edmée niedergekniet und hatte, ihr Kleid hochhebend, blitzschnell seine Zunge in ihr rosiges Spältchen getaucht, so daß die Kleine überrascht von dem unerwarteten Angriff und überwältigt von dem schönen Gefühl, der Mutter in die Arme gesunken war. Schnell entführte diese dem ungeduldigen Freunde das Kind in das Schlafzimmer, wo sich Edmée völlig zwischen seine Knie ziehen und Kleid und Korsett aufknöpfen ließ. Sie löste selbst die Achselschleifen ihres Battisthemdchens und zeigte Herrn de Serrigny ihre niedlichen Brüstchen.

»Sind das nicht niedliche Piezchen?« fragte sie schalkhaft. »Sie sind noch nicht groß, aber sie wachsen ja auch noch.«

»Ganz reizend sind sie und dafür, daß du noch nicht vierzehn Jahre alt bist, schon groß genug. Und so schön rund und glatt und fest, als wenn sie ganz voll Milch wären. Ich glaube, du könntest schon ein Baby füttern.«

»Probieren Sie mal«, rief Edmée und steckte ihm lachend eine der zierlichen Himbeeren, die die Spitze der Elfenbeinhalbkügelchen krönten, in den Mund.

Unter solchen Scherzen fielen allmählich Unterröcke und Höschen, und bald stand Edmée wie ihre Mutter im Hemde da. Sie hob es bis zur Mitte der Schenkel auf und zeigte Herrn de Serrigny die hübschen Strumpfbänder, die Mama ihr vor wenigen Tagen geschenkt hatte.

»Ja, komm nur ins Bett, da kannst du deine Strumpfbänder und alles Übrige zeigen!« mahnte die Mutter.

Das tapfere Schneiderlein

Erotisches Volksmärchen, Verfasser unbekannt

An einem Sonntagmorgen ging ein Schneiderlein ins Feld, begegnete ihm da ein junges Mädchen, das warf er ins Gras und nahm es, daß der Himmel einzustürzen drohte. Es war aber ein ganz besonders glücklicher Tag, und das Schneiderlein brachte es dreimal hintereinander zusammen. Im Nachhausegehen wunderte er sich über sich selber und sagte: »Was bist du für ein Held!« Und nach jeder Viertelstunde dichtete er eine Nummer dazu, so daß es sieben waren, als er zu Hause anlangte. Da schnitt er sich in der Eile einen Gürtel zurecht. Auf den schrieb er mit eingestickten Goldbuchstaben drauf: »Sieben Nummern in einer Nacht!«

»Ei was, Stadt!« sprach er zu sich, »die ganze Welt soll's erfahren!« und sein Schweif wackelte ihm vor Freude wie ein Lämmerschwänzchen.

Der Schneider band sich seinen Gürtel um den Leib und wollte in die Welt hinaus, weil er meinte, die Werkstätte sei zu klein für seine Tapferkeit. Er nahm den Weg gut zwischen die Beine und, weil er leicht und behend war, fühlte er keine

Müdigkeit. Der Weg führte ihn auf einen Berg und, als er den höchsten Gipfel erreicht hatte, so saß da ein gewaltiger Riese mit seiner Frau und schaute sich ganz gemächlich um. Das Schneiderlein ging beherzt auf das Riesenweib zu und fragte:

»Seid Ihr mit Eurem Mann zufrieden?«

Der Riese sah den Schneider verächtlich an und sprach:

»Du Lump, du miserabler Kerl!«

»Das wäre!« antwortete das Schneiderlein, knöpfte den Rock auf und zeigte dem Riesen den Gürtel. »Da kannst du lesen, was ich für ein Mann bin.«

Der Riese las: »Sieben Nummern in einer Nacht« und kriegte ein wenig Respekt vor dem kleinen Kerl. Doch wollte er ihn erst prüfen, zog seinen riesigen Schweif aus dem Hosenlatz, ließ ihn von der Frau aufkitzeln und hängte sein Wehrgehänge drauf.

»Das ist weiter kein Kunststück«, sagte der Schneider, ließ seine Elle, die er mittrug, weit beim Hosenlatz herausstehen und hängte das Bügeleisen daran. Da erschrak der Riese und stellte sich geschwind vor seine Frau, damit sie nicht sähe, wozu das winzige Schneiderlein imstande war. Das Schneiderlein merkte aber, wieviel es geschlagen habe, ließ das Bügeleisen an der Elle hin- und herbaumeln und sagte ganz laut, damit es die Riesenfrau höre:

»Das ist noch gar nichts. Mich solltest du einmal bei der Arbeit sehen. Ich packe die Weiber bei allen Sachen auf einmal, und ich höre nicht eher auf, bis das Weib um Gnade fleht. Ich stoße sie sonst in der Mitte auseinander.«

Da nahm der Riese das Schneiderlein beiseite und sprach:

»Steck doch den ungeheuern Schweif wieder ein. Sonst quält mich mein Weib zu Tode, daß ich dir's nachmachen soll, und das ist nicht jedermanns Sache.«

»Kommst du mir so«, entgegnete der Schneider, »so zahl mir erst eine Handvoll Goldstücke. Wer das Lieben nicht versteht, muß zahlen.«

Der Riese zahlte und war froh, daß er den unbequemen Gast los wurde. Das Schneiderlein aber zog weiter, immer seiner spitzen Nase nach. Er kam abends in ein Wirtshaus. Da tat er sehr groß, zeigte seinen Gürtel und warf die Goldfüchse auf den Tisch, daß es klirrte.

»Sieben Nummern oder neun oder elf, das gilt mir gleich, nur muß mir das Weib gefallen.« Danach ging er zu Bett.

Die Männer aber kamen nach Hause und erzählten ihren Ehefrauen von dem gewaltigen Manne, der sieben Nummern machte oder mehr. Nicht lange, so kam die Tochter des Wirtes in die Kammer geschlichen, wo der Schneider lag, und wollte sich zu ihm legen. Sie klinkte lange im Finstern an der Tür herum. Der Schneider hörte es und sprang behend aus dem Bett und kroch darunter, also daß das Bett leerstand, aber noch ganz warm war von seinem Körper. Die Wirtstochter kam ins Zimmer und legte sich in das Bett des Schneiders, denn sieben Nummern erschienen ihr schon der Mühe wert. Sie wunderte sich, daß sie den Schneider darinnen nicht fand. Weil das Bett aber noch warm war, so dachte sie, es könne gar nicht lange dauern, bis der schöne Mann von einem kleinen Gange wieder heimkehre, und blieb ruhig liegen. Nicht lange, so machte sich auch die Köchin auf die Strümpfe und kletterte leise über die Holzstiege zu des Schneiderleins Kammer, um von der seltenen Speise zu kosten. Sie klinkte auf und legte sich in der Dunkelheit zu der Wirtstochter ins Bett, die erst vermeinte, der Schneider käme zurück, und der Spaß könne losgehen. Deshalb griff sie geschwinde dorthin, wo Männer eine Stange haben, und fand nichts und eine Vertiefung. Da merkte sie, was es mit diesem Gaste für eine Bewandtnis habe und war in Sorge, daß ihr nächtlicher Ausflug ans Tageslicht kommen könnte. Darum stellte sie sich, als ob sie der Schneider wäre, ließ sich von der Köchin stürmisch umarmen und gab nur acht, daß sie ihr nicht zwischen die Beine griff, wo sie nicht viel Brauchbares aufzuweisen hatte.

Es war aber eine warme Sommernacht, der Mond ging auf und schien ins offene Fenster. Da kam ein Weib aus dem Dorf über das Spalier geklettert und dann noch eins. Die wollten auch des Schneiders froh werden. Die Köchin sah das und stieg aus dem Bett, um andere auch was erreichen zu lassen, setzte sich auf einen Sessel und schaute zu. So bekam die Wirtstochter in dieser Nacht viel unverhoffte Arbeit und wenig Lohn. Als das so eine Weile gedauert hatte, öffnete sich die Tür wiederum, und die Wirtin kam herein. Sie hatte ihren Mann ganz ausgeschöpft. Jetzt wollte sie sich's beim Schneider gut sein lassen. In diesem Augenblick sprang der Schneider unterm Bett hervor und rief:

»Jetzt ist es genug. Vier Weiber hab ich schon befriedigt. Die fünfte mag noch hingehen, aber keine mehr.« Damit jagte er die vier zur Tür und zum Fenster hinaus und behielt die Wirtin bis zum Morgen. Er machte nicht viel mit ihr, aber sie gab sich zufrieden, denn sie hatte mit eigenen Augen vier andere Weiber gesehen, die vor ihr befriedigt worden waren. Einen solchen Mann hatte sie ihr Lebtag nicht gesehen.

Am andern Morgen tat das Schneiderlein sehr groß und sagte, daß zwei Dutzend Weiber diese Nacht bei ihm geschlafen hätten. Hier gefalle es ihm, und er wolle nicht früher abreisen, bis er das ganze Dorf durchgeliebt habe. Da kamen die Ehemänner und brachten ihm jeder zwei Goldstücke, er möge nur gleich abreisen. Einen so gewaltigen Mann und Störenfried könne man hier nicht brauchen.

»Das ist etwas anderes«, sagte das Schneiderlein, packte sein Felleisen und reiste. Nachdem er lange gewandert war, kam er in den Hof eines königlichen Palastes und, da er Müdigkeit empfand, legte er sich ins Gras und schlief ein. Während er da lag, kam die Prinzessin, die im Hofe Ball spielte, heran und las die Inschrift auf seinem Gürtel: »Sieben Nummern in einer Nacht.« Das gefiel ihr mächtig wohl, sie ging gleich in den Thronsaal zu ihrem Vater und sagte:

»Drunten im Hof liegt ein Mann und schläft. Der und kein andrer wird mein Mann. Denkt euch, Vater, er macht sieben Nummern in einer Nacht.«

Der König sagte: »Sachte, sachte, wir wollen das Ding erst besehen«, ging mit seiner Tochter in den Hof und sah das Schneiderlein an. »Der sieht nicht gerade nach sieben Nummern aus«, sagte er. »Wir wollen's aber versuchen.«

Da wurde der Schneider aufgeweckt, gut aufgenommen und, als es Abend wurde, mußte eine Kammerjungfrau der Prinzessin mit ihm schlafen gehen. An ihr sollte des Schneiders Kraft ausprobiert werden. Die Jungfer aber war wirklich eine Jungfer und wollte es gerne noch eine Zeitlang bleiben. Deshalb bat sie den Schneider, neben dem sie lag, er solle ihrer schonen.

»Ha freilich«, sagte der, »sieben Nummern und noch eine als Dreingabe.« Aber sie bat soviel, daß der Schneider sich erweichen ließ und sagte:

»Aber morgen mußt du erzählen, daß dir's sieben Mal gekommen ist.«

»Von Herzen gern«, erwiderte die Jungfer. Auf das Leintuch gaben sie rote Tinte, und am andern Morgen gab die Jungfer Kopfschmerzen vor, weil der Mann auf ihr ohne Unterlaß in sie gestoßen habe, von Abend bis Morgen. Sie könne gar nicht zählen, wieviel Nummern das gewesen seien.

»Da siehst du, was für ein Mann das ist«, sprach die Königstochter, entzückt zu ihrem Vater. »Ich will ihn noch heute heiraten, denn es ist schade um jede Nacht.«

»Hab nur Geduld!« sprach der König, dem das Schneiderlein zum Eidam gar nicht passen wollte. »Eine Nacht ist herum, aber wir müssen erst sehen, ob er Ausdauer hat.«

Da wurde der Schneider mit der zweiten Kammerjungfer schlafen geschickt. Die war aber keine Jungfer, sondern hatte schon zwei Kinder gehabt und fürchtete sehr, daß der Schneider das merken würde. Darum gestand sie's lieber selbst und bat den Schneider, nichts davon laut werden zu lassen.

»Gut«, sprach der Schneider, »ich will schweigen, aber machen will ich mit dir auch nichts. Für sieben Nummern ist mir dein Ding zu weit. Du mußt aber dennoch morgen sprechen, wie die Kammerjungfer von gestern.«

Das war die zweite wohl zufrieden und konnte am andern Tag nicht Worte genug finden, um die herrliche Nacht zu loben, die sie mit dem Schneiderlein verbracht hatte. Jetzt konnte der König auch nichts mehr darüber sagen. Die Hochzeit ward mit großer Pracht und kleiner Freude gehalten und aus einem Schneiderlein ein König gemacht.

In der Nacht hielt sich der Schneider wacker, und da er mit Zunge und Finger kräftig nachhalf, auch jede Nummer lange ausdehnte und sich's erst spät kommen ließ, war die Königstochter ziemlich zufrieden. Die Herren vom Hofe aber waren sehr unzufrieden, daß ein Schneider ihr König werden sollte. Sie beschlossen, ihm in der Nacht aufzulauern, ihn zu binden und auf ein Schiff zu tragen, das ihn in die weite Welt führen solle. Einer aber war dem jungen Herrn gewogen und hinterbrachte ihm den Anschlag.

»Dem Ding will ich einen Ring vorschieben«, sagte das Schneiderlein.

Abends legte er sich zu gewöhnlicher Stunde mit seiner Frau zu Bett. Als er nun dachte, die Mordbuben stünden schon draußen, fing er mit heller Stimme zu seiner Frau zu sprechen an:

»Ich will Ihnen allen Hörner aufsetzen. Aber denen, die draußen stehen, hab ich's schon angetan. Ich will dir nur erzählen, was ich von ihren Frauen erfuhr. Der eine hat das Schwänzlein zu kurz, daß seine Frau nichts von ihm hat. Dem andern kommt's zu früh, der dritte macht nur eine Nummer in der Woche . . .«

Als das die Herren vor der Türe hörten, schämten sie sich

einer vor dem andern und eilten von hinnen, um nicht noch bloßgestellt zu werden. Also war und blieb das Schneiderlein sein Lebtag ein König.

Der perverse Backfisch

Pierre Louys

»Wahrhaftig, Sie sind ein rascher Angreifer«, sagte sie. »Wir ziehen eben hier ein, Mama, meine Schwester und ich. Heute treffen wir uns auf der Treppe, Sie umarmen mich, schieben mich zu Ihrer Tür hinein, die Tür geht zu . . . Und nun?«

»Ach, das ist nur der Anfang«, sagte ich mit vorsichtigem Nachdruck.

»So, sieh mal an! Sie wissen nicht, daß hier unsere zwei Wohnungen zusammentreffen? Daß es hier zwischen ihnen nichts als eine verdammte Tür gibt? Und daß ich keine Not haben werde, mit Ihnen zu kämpfen, wenn Sie nicht vernünftig sind, mein Herr! Ich brauche nur zu rufen: Diebe! Räuber! Überfall!«

Diese Drohung sollte mich wohl einschüchtern, aber sie erst machte mich sicher. Meine Skrupel verflogen, und meine befreite Lust machte einen Luftsprung.

Die junge Dame von fünfzehn Jahren, die ich so gefangen genommen hatte, hatte kohlrabenschwarzes Haar, halblang mit Nackenrolle, eine seidene Bluse, einen blauen, kurzen Jungmädelrock und einen kupferfarbenen Gürtel.

Rank, braun und leise zitternd wie ein Rassepferd vor dem Dogcart vor mir stehend, preßte sie die kleinen Pfoten und senkte den Kopf, ohne die Augen zu senken, als wenn sie Lust hätte, mit Hörnern zu stoßen wie ein Böckchen.

Ihr Worte, sowohl wie ihre anscheinende Bereitwilligkeit reizten mich sehr, sie gleich herzunehmen. Indessen glaubte ich nicht, daß die Sache so schnell gehen sollte.

»Wie heißen Sie?« fragte sie.

»Xaver, 20 Jahre alt. Und Sie?«

»Ich, Mauricette, 14½. Wie spät ist es denn?«

»Drei Uhr!«

»Drei Uhr?« sagte sie nachdenklich.

»Möchten Sie mit mir ins Bett gehen?«

Platt über diese Frage, die ich am allerwenigsten erwartet hätte, trat ich einen Schritt zurück, anstatt zu antworten.

»Hören Sie«, sagte sie, den Finger an die Lippen haltend: »Schwören Sie, leise zu sprechen, mich um vier Uhr gehen zu lassen. Schwören Sie – überhaupt . . . Nein, ich will sagen, zu tun, was mir gefällt. – Aber, wenn Sie das nicht wollen – schwören Sie mir, nichts zu tun, was mir nicht gefällt.«

»Ich schwöre alles, was Sie wollen!«

»Gut, ich glaube Ihnen. Ich bleibe.«

»Ja, ja! Das ist wahr!« sagte ich.

»O«, machte sie, »das ist doch, um gleich lang hinzuschlagen.«

Herausfordernd und munter wie ein Kind streichelte und knetete sie den Stoff meiner Hose über dem, was sie darin wohl zu finden wußte, ehe sie zu dem Hintergrund des Zimmers trat, um Kleid, Wäsche und Schuhe abzulegen. Dann hielt sie ihr Hemd mit beiden Händen wie ein Segel und fragte: »Soll ich ganz nackt sein?«

»Soll ich das auch beschwören? Also bei meiner Ehre und Seligkeit . . .«

»Werdet Ihr es auch niemals zu bereuen haben?« fragte sie, auf mein feierliches Pathos eingehend.

»Niemals! Dann . . . wenn ich bitten darf, hier, meine kleine Mauricette!«

Wir legten uns Arm in Arm auf mein breites Bett. Sie suchte meinen Mund. Sie schloß die Lippen fest auf meine und kam mit ihrer Zunge tief und süß. Bald schloß sie ganz die Augen, bald öffnete sie sie wie plötzlich erwachend. Alles an ihr war vierzehn Jahre – ihr Aussehen, ihre Küsse und ihre kecke Nasenspitze. Schließlich gab sie einen Laut von sich wie ein kleines Tier im Schmerz. Unsere Lippen fanden sich und trennten sich im reizvollen stetigen Wechselspiel. Da ich nun ja nicht wußte, was für geheimnisvolle Tugenden ihr nicht zu rauben, ich ihr hatte schwören müssen, sagte ich aufs Geradewohl ein paar Albernheiten, um hinter diese Geheimnisse zu kommen, ohne danach fragen zu müssen.

Ach, wie niedlich ist das, was du da auf der Brust hast. Wie heißt denn das in der Gärtnersprache?«

»Schlummerkissen!«

»Und dieser kleine Persianerpelz unter dem Bauche? Ist es denn Mode, Rauchwerk im Juli zu tragen? Frierst du da unten?«

»Nicht so oft!«

»Und das? Ich ahne gar nicht, was das sein mag!«

»Du ahnst es nicht?« fragte sie, ein bißchen höhnisch. »Du wirst es selber sagen, was es ist!«

Mit der Harmlosigkeit der Jugend spreizte sie ihre Schenkel, zog sie mit beiden Händen an sich und öffnete ihren weichen Schoß . . . Meine Überraschung war jetzt um so lebhafter, als die Frechheit der Stellung nicht auf eine solche Entdeckung vorbereitet hatte, die folgte.

»Eine Jungfernschaft!« rief ich aus.

»Und eine feine!«

»Ist sie für mich?«

Ich dachte, sie würde nein sagen, ja, ich will gestehen, daß ich es hoffte. Denn es war eine von diesen unzerstörbaren Jungfernschaften, wie mir schon zwei unter die Finger gekommen waren. Ach, ich hatte schon genug davon. Nichtsdestoweniger war ich erstaunt, Mauricette auf meine Frage antworten zu sehen, indem sie mit einem ganz mokanten Gesicht einen Finger unter der Nase langstrich, als ob sie sagen wollte: »Pfeif drauf!« oder noch anders. Und da sie selbst das vor meinen Augen so offen zeigte, was sie nicht zu berühren geboten hatte, trieb mich die Necksucht, ihr zu sagen:

»Sie haben aber schlechte Gewohnheiten, wenn Sie allein sind, mein Fräulein!«

»Ja, warum siehst du dir das an?« fragte sie und schloß die Schenkel. Dieses Wort machte mehr als alles andere ihre letzte Scheu verschwinden. Weil es nun heraus war, was nützte es noch zu schweigen. Sie fing richtig an, zu prahlen. Mit einem richtigen Spitzbubenlächeln ihren Mund immer und immer wieder auf den meinen drückend, sagte sie ganz leise:

»Ich wichse, ich wichse, ich wichse, ich wichse, ich wichse, ich wichse.«

Je öfter sie es sagte, desto lustiger wurde sie. Nach diesem ersten losgelassenen Wort folgten die andern hinterher, als ob sie nur auf ein Signal zum Auffliegen gewartet hätten.

»Du kannst sehen, wie ich entlade!«

»Das möchte ich gern sehen, wahrhaftig!«

»Gib mir deinen kleinen Mann!«

»Wohin mit ihm?«

»Such!«

»Was ist denn verboten?«

»Meine Jungfernschaft und mein Mund!«

Da man zum Gefühl des Weibes nur auf drei Wegen reisen kann, und da ich einen im Ahnen von sehr schwierigen Geheimnissen ungeheuerlich geübten Geist habe – so begriff ich.

Aber diese neue Entdeckung schnitt mir das Wort vom Munde ab. Ich sagte nichts. Ich stellte mich stumm und dumm, um mir von Mauricette selbst ihr Geheimnis erklären zu lassen. Sie lächelte und seufzte, dann warf sie mir einen Blick zu, der deutlich sagte: »Gott, was gibt es für dumme Luder!« Schließlich wurde sie unruhig und fing an zu fragen:

»Was möchtest du machen? Was möchtest du am liebsten?«

»Richtig liebhaben, mein Fräulein!«

»Aber, das ist verboten. Und was liebst du denn ganz und gar nicht?«

»Ach, diese kleine Handvoll da unten, sie ist zu niedlich. Ich will weiter nichts als dies auf der Welt.«

»Es geht nicht, daß ich . . .« machte sie in äußerster Verwirrung. ». . . es kann mir nicht kommen. Du wolltest meinen Mund?«

»Du hast ihn mir ja gern gegeben«, stellte ich mich dumm an.

»Nein, es war nicht derselbe Mund.«

Mauricette verlor die Ruhe, sie wagte nicht mehr, zu sprechen, glaubte alles verloren. Es war Zeit, auf dieses verzweifelte Gesicht ein Lächeln zurück zu zaubern. Eine meiner Hände, die sie fest an sich gedrückt hielt, schob sich ganz leise an die gewünschte Stelle, nachdem sie bereits daran gezweifelt hatte, daß ich sie annehmen oder überhaupt nur begreifen würde, worauf ich hinaus wollte. Das erschreckte Kind sah mich an, sah, daß mein Gesicht nicht ganz ernst war und ging los mit einer so jähen Verwandlung, die mich erzittern ließ.

»Ach, Halunke!« schrie sie. »Du Tier! Du Hurenkerl! Du Schwein!«

»Aber, willst du wohl schweigen!«

»Über eine Viertelstunde tut er so, als ob er nichts ahnt, und macht sich lustig über mich, weil ich nicht weiß, wie ich es sagen soll.«

Dann kam sie wieder mit gutem Humor in ihren alten Gassenjungenton und, ohne die Stimme zu erheben, aber Nase an Nase, sagte sie:

»Wenn ich nicht solche Lust hätte, verdientest du, daß ich mich anziehe!«

»Lust auf was?«

»Daß du dich meines Popos bedienst!« sagte sie lächelnd. »Ich habe es dir doch gesagt. Ich verstehe nicht alles zu tun, aber ich weiß es doch zu sagen.«

Kranke Liebe

Sie glauben nicht, daß es trotz alledem geschehen muß, denn: Sie sind so »ziemlich sicher«, daß ich mich irre, wenn ich glaube, Sie zu lieben; ich könnte mich ja selbst auf die Probe stellen: »wenn ich meinte, daß das, wovon ich schrieb, häßlich sei, auch wenn es sich um Sie handelt, so liebe ich Sie jedenfalls nicht.« Du großer Gott, Vera, wenn ich morgens in dem Bett erwache, worin Sie einmal gelegen und worin seitdem keine Frau gelegen, worin nie wieder eine Frau liegen wird, solange es mein Bett ist – wenn ich hier in diesem Bett erwache und den Tag verfluche und die Arme um das Kopfkissen presse und immer und immer wieder suche nach dem langen Haar, das ich essen möchte, und es nicht finde, und meine Phantasie anstrenge und anstrenge, um Ihren nackten Körper, den ich in allen Linien glaube kennen zu müssen, mir hervorzuzaubern, was mir aber trotzdem nicht gelingt, weil über jedem Ihrer Glieder ein so wunderbares Geheimnis weilt, über jedem Fleck Ihrer Haut, wenn ich daliege und aus meiner ganzen Seele nach Ihnen schreie – glauben Sie, daß ich in meiner Phantasie mich damit begnüge, das mit Ihnen zu machen, was ich mit Hunderten von Dirnen gemacht habe?! O nein, mit Ihnen tue ich das Mögliche und Unmögliche, ich werde nicht gesättigt von Ihnen: danach, Ihren Schweiß zu trinken, ihr Blut, das aus Ihnen rinnt, zu saugen, ich will es in mich hineinsaugen, ... alles, alles will ich mit Ihnen machen, was nur ein Menschenhirn aussinnen kann – und ich liege hier und suche nach etwas, was alles erschöpfen könnte und finde schließlich nichts anderes als dieses: o, könnte ich mich doch winzig klein machen und in Ihren Körper hineinkriechen und Sie darin küssen und küssen, überall, und leben darin und sterben darin – – – aber, das würde ja auch nicht genügen . . .

So, jetzt ist alles ausgesprochen und es mußte gesagt werden, da ich nun einmal damit angefangen. Ob dieses nun häßlich ist oder nicht häßlich, hat nichts mit der Sache zu tun. Das hängt ja davon ab, ob *Sie* finden, daß es häßlich ist oder nicht. Für *mich* ist das alles miteinander ja herrlicher als irgend etwas in der Welt, wenn ich daliege und nach Ihnen aus tiefster Seele schreie – herrlicher als irgend etwas in der Welt – und im gleichen Atemzug ekele ich mich über mich selbst, daß ich nur das eine, wovon ich Ihnen schrieb, mit jemand hatte machen können, der nicht Sie waren. Aber, daß dies krank ist, das ist gewiß. Oder, weshalb, wenn ich hier liege in diesem Bett, wo Sie einmal gelegen haben, und phantasierte es mir zurecht, daß Sie mich lieben – weshalb rieselt nicht ein kalter Schauer über meine Haut, weshalb erhebt sich nicht in mir eine mächtige Welle, drinnen in mir, und steigt empor durch meinen ganzen Körper, daß er wie aus Eisen wird – und ich lege meine Hände auf Ihre Schultern und sehe in Ihre Augen und sehe, daß Sie mich lieben und wollen – und ich drücke Sie hart an mich und küsse Ihre herrlich gebogenen Lippen und sinke hin über Sie und vergesse mich selbst und verschwinde in Wollust darüber, daß wirklich, wirklich das Wunderbare, das Unausdenkbare geschieht: daß Sie Ihren Schoß mir öffnen und mich in Ihre Arme, in Ihre Arme schließen, Sie, in Ihre Arme – weshalb ist es nicht diese Phantasie, die zuerst kommt? Und wenn später, so diese Phantasie durchbrochen, und ich mir Sie nicht vorstellen könnte, und ich daliege und nach Ihnen stöhne – wenn dann all dies anders käme, das würde nicht krank sein. Denn es gibt nichts Ausdenkbares in der Welt, wozu ich nicht Lust hätte und was ich nicht köstlich finden würde, mit Ihnen zu tun, mit Ihnen, die ich liebe. – Doch daß all dies andere zuerst kommt, und daß das Erste, das Natürlichste, das was geschieht und was geschehen muß, wenn man ganz genommen ist, nicht nur psychisch und nicht nur physisch, sondern psychisch und physisch zu gleicher Zeit, daß dieses Erste erst zuletzt kommt, wie eine kranke Frage, das ist krank – und häßlich. Denn Sie würden es häßlich finden, Vera. Oder denken Sie sich, daß Sie mich lieben, und daß ich bei Ihnen die erste Nacht liege, – und ich tue mit Ihnen alles, was man nur ausfinden kann, und dann erst zum Schlusse so ganz zufällig auch das, was natürlich das Erste ist, wenn man liebt, denn, wenn dies nur zufällig kommt, so ist man nicht ganz genommen, sowohl psychisch wie physisch zugleich – was würden Sie wohl dabei fühlen, wenn Sie mich liebten? Und ich? – Begreifen Sie, daß ich sterben würde vor Scham darüber, nicht ganz genommen zu sein von Ihnen, die ich liebe? – Und vielleicht würde die Scham es machen, daß es nicht einmal zufällig käme, denn wenn man vor Scham stirbt, so will man, und wenn man will, dann gerade kommt es nicht . . . Diese Fragen waren es, die mir durch den Kopf jagten, während jener Nacht, als ich zusammen mit Ihnen auf der Bank an der Avenue Friedland saß und plötzlich begriff, plötzlich wußte, daß ich Sie liebe. Und ich antwortete mir selbst: wer, wer, wer könnte wissen! . . . Aber ich saß ja da mit meiner Wunde an der Lippe und konnte Ihnen nicht um den Hals fallen und Sie nicht küssen und Ihnen nicht sagen, wie ich Sie liebe, Ihnen nicht sagen, daß es für mich Leben oder Tod sei, ob Sie mich lieben oder nicht – konnte Ihnen dies alles miteinander nicht begreiflich machen – und hätte Sie vielleicht, vielleicht erobert und wäre wieder ein lebenstüchtiger Mensch geworden, der etwas beginnen und den Kampf hätte aufnehmen können, wie nie zuvor. Ich konnte es damals nicht, – mit der Wunde auf der Lippe – und so fühlte ich, die Schlacht sei verloren, für immer verloren. Auf diese Weise bekam die Wunde für mich Bedeutung. Sonst bedeutete sie ja nichts für mich, o, wie ich diese Wunde haßte. Aber so wurde sie also mein Trost, während ich dasaß, verzweifelt über die Wunde, sie wurde mein bittrer Trost: denn, Herr Gott, hätte ich Sie damals für einen Augenblick wirklich gewonnen, es hätte ja trotz alledem nichts genützt. Denn angenommen, Sie hätten mich trotz der psychischen Krankheit, an der ich litt, lieben können, und angenommen, Ihre Liebe hätte aushalten können, bis ich die Krankheit überwunden und ich wieder ein junger Mensch geworden, und ganz von Ihnen, die ich liebe, hätte genommen werden können – und schon dieses wäre ja eine große Liebe, eine so große, fast nicht ausdenkbare Liebe gewesen –: jeden Augenblick hätte ja eine solche Wunde wiederkommen können, wer könnte dafür einstehen! – und eines guten Tages könnte ich, ohne es zu merken, eine kleine Stelle im Munde bekommen – und im Augenblick, wo sie aufbräche, vielleicht während eines Kusses, und Sie hätten zufällig einen kleinen Riß an der Lippe von einer Erkältung oder ähnlichem: und Sie könnten auch angesteckt werden. Und ein halbes Jahr dürften Sie nicht den kleinen Gog küssen, und auch später müßten Sie für immer ängstlich sein, ihn zu küssen, so wie ich Angst haben müßte, Sie zu küssen. – Und obendrein könnte vielleicht mit Gottes Hilfe ein Unglück mit Ihnen geschehen, so wie es mir geschehen. Und gingen Sie obendrein noch mit einem Kinde, so würde das Kind in Ihrem Leib zerstört sein. Und außerdem all das andere: Vielleicht könnten Sie nicht einmal von mir ein Kind bekommen, weil ich an Epididymit oder Epidydemit, oder wie es nun heißt, gelitten habe, und zwar so furchtbar und so oft – eine Folge dieser Krankheit fühlte ich an dem Morgen, wo ich die drei Absinths hintereinander trinken mußte. Herr Gott, ich habe ja alle Krankheiten dieser Art, die man nur bekommen kann, durchgemacht. Und vielleicht habe ich wohl auch noch, wie so viele andere, einen Rest von einer alten Gonorrhoe in mir – und so könnten Sie, wenn Sie mich liebten, eines guten Tages, wie es ja oft bei verheirateten Frauen passiert, mit einer schlimmen Unterleibskrankheit dasitzen. Was würde es also nützen, daß ich diese Krankheit ohne Schaden ertragen könnte, vielleicht ohne auch nur im geringsten darunter zu leiden, mich frisch und gesund fühlen hundert Jahre lang! Nein, nein! Ich fühlte es als ich neben Ihnen auf der Bank saß und verzweifelt in das Dunkel starrte, Gott, wie fühlte ich es: selbst wenn Sie mich mit einer so mutigen Liebe hätten lieben können, daß Sie meine psychische Krankheit hätten überwinden können – niemals hätten Sie mich so lieben können, daß Sie all diese verzweifelten Gefahren hätten auf sich nehmen können. Niemals! Niemals!

Endymion will nicht!

Wladimir Aratow

Eine sonderbare, eine in ihrer Absurdität völlig lächerliche Empfindung riß mich auf und meine Lippen von den ihren. Entsetzt sprang ich auf, um mich durch den Augenschein zu überzeugen.

Es war so. Meine Finger waren darauf gefaßt gewesen, weichem und zärtlichem Haar zu begegnen und hatten etwas Rauhes und Hartes gefühlt. Diana war rasiert. Sie war tatsächlich dort rasiert.

Was soll ich Ihnen sagen: es ging nicht. Es ging einfach nicht. Erschüttert setzte ich mich.

Auch Diana richtete sich auf. Sie sah mich lange an, und ich glaube mich nicht zu täuschen, wenn ich sage, daß ihre Augen wärmer waren als vorhin. Sie waren noch genau so groß und ein wenig hochmütig, aber sie waren wärmer.

Ein Muskel unter ihrem rechten Auge zuckte. Sie war nervös.

Wir müssen eine lange Weile geschwiegen haben. Endlich konnte ich es nicht mehr ertragen, ich richtete mich auf und brachte meinen Anzug in Ordnung, dann schenkte ich mir ein Glas Likör ein, trank es auf einen Zug aus und steckte mir eine Zigarette an. Ich vermied es, Diana anzusehen, aber ich hatte die ganze Zeit über die Empfindung, als beobachte sie mich. Das Schweigen machte mich verrückt. Endlich brach sie den Bann:

»Ich weiß nicht, was Ihnen geschehen ist, mein Freund«, sagte sie weich und kehrte wieder zu dem ersehnten Sie zurück, »aber ich sehe, daß Sie leiden, und ich möchte fragen, ob ich Ihnen helfen kann?«

Ich wußte nicht, was ich ihr erwidern sollte, jedes Wort hätte wie ein Witz geklungen. Ich konnte ihr doch nicht sagen: Sie sind rasiert, wo man nicht rasiert sein soll, und das irritiert mich. Es ist, als ob ich dort, wo ich die höchste Trunkenheit empfinden sollte, meine eigene Backe anfasse. Dieser so entzückenden und begehrenswerten Frau konnte ich nichts dergleichen sagen. Ich schwieg also.

Sie sah mich prüfend an, dann fuhr sie fort:

»Ist es darum, weil Sie glauben, jener andere hätte mich vorhin besessen? Bitte, überzeugen Sie sich selber, daß das nicht geschehen ist. Ich habe bloß ihm zur Seligkeit verholfen und nicht er mir.«

Ich schwieg. Dann sah ich sie an. Im roten Licht der Bettlampe war es ein entzückender Anblick, sie im hübschesten Negligé, das man sich denken kann, dort auf meiner Ottomane zu sehen. Ich zuckte die Achseln. Es war eine gräßliche Situation.

»Verstehen Sie mich recht, Diana Appolonowa, denken Sie meinetwegen, ich wäre ein junger Mann aus der Provinz. Sie sind bezaubernd, ich kenne wenig Frauen, die so hinreißend sind wie Sie. Und trotzdem, etwas hat mich gestört!«

Sie sah mich zweifelnd an. Dann sagte sie trocken:

»Das erste Wort, das ich von Ihnen hörte, war ein Hymnus auf die natürliche Frau. Ich verstehe, was Sie meinen. Aber die natürliche Frau ist ein Schwein. Es ist unnatürlich, dort Haare zu haben, wo . . . Sie wissen schon. Es ist schmutzig. Ich verabscheue das. Genau so, wie Sie als Mann mit Sauberkeitsgefühl sich jeden Tag rasieren, tu ich es auch. Es ist absurd, daß Sie mich deswegen plötzlich verabscheuen. Sie sollten mich doppelt schätzen.«

Tatsächlich, die Situation war absurd. Ja, noch mehr, sie war irgendwie sogar lächerlich. Ich erwiderte ihr:

»Diana Apollonowna, Sie haben vielleicht sehr recht, aber über das Theoretische kann ich mit Ihnen nicht streiten, und praktisch können Sie mich nicht widerlegen. Was tun? Sie sind hinreißend, und ich konnte stundenlang so sitzen und Sie ansehen, aber das ist scheinbar alles . . .«

Sie erhob sich. Ich sah es ihr an, daß sie böse war, aber sie wollte es nicht zeigen. Sie fragte: »Glauben Sie, daß eine Möglichkeit besteht, hier wieder ungesehen herauszukommen?«

»Ich glaube nein. Wir müssen warten, bis es Tag wird.«

»Dann gehe ich schlafen.«

Kam es mir nur so vor, oder sagte sie es wirklich mit einem kleinen Spott in der Stimme, jedenfalls begann sie sich endgültig auszuziehen. Mein Herzschlag verdoppelte sich. Es war ein wundervoller Anblick, wie sie schließlich in diesem matten, roten Licht völlig nackt vor mir stand. Aber sie sah mich nicht an. Sie schlüpfte mit einem leisen Lachen ins Bett.

Nachdem sie sich hingelegt hatte, sagte sie mit einer gewissen ironischen Kälte:

»Wenn Sie müde sind, können Sie sich auf die Ottomane

hin legen. Sie können aber auch, wenn Sie wollen, ins Bett kommen. Es wird ja doch nichts geschehen. Gut Nacht.«

Und sie drehte mir den Rücken zu und tat, als ob sie einschliefe.

Ich schenkte mir noch einen Likör ein. Es war wohl so ziemlich die dümmste Situation, in die ein Mann geraten konnte. Ich machte mir Vorwürfe. Ich hätte ihr meine Bestürzung nicht zeigen dürfen. Schließlich kann man sich doch überwinden. Nun gut, es war eine unangenehme Empfindung, aber was weiter. Ich war exaltiert. Wenn ich schnell vorgegangen wäre, wäre auch diese Empfindung durch die andere, die überwältigend süße Berührung aufgehoben worden, und alles wäre zurecht gekommen. Dies sagte mein Verstand, aber das Gefühl protestierte. Und so stritten die beiden so lange, bis ich schläfrig wurde. Gähnend erhob ich mich und zog mich aus. Verdrießlich legte ich mich auf die Ottomane und versuchte einzuschlafen. Eine leichte Berührung weckte mich auf. Ich öffnete die Augen. Über mich gebeugt, saß auf meiner Ottomane Diana und sah mich zärtlich an.

»Komm ins Bett, Endymion«, sagte sie mit einem rätselhaften Lächeln, »komm zu mir, deiner Schwester und deiner Freundin Diana. Ich weiß noch andere Spiele, leichte und himmlische Spiele, die dein Blut erhitzen und dein Verlangen beglücken werden. Komm nur, hier schläfst du so schlecht, und du wirst es kalt haben. Im Bett ist es warm, mein Körper ist warm, Endymion . . .«

Und immer noch leise lachend, beugte sie sich über mich und küßte mich: ihre schlanken und zärtlichen Finger spielten auf meinem Fleische, das sich unter dieser lieblichen und süßen Berührung ungestüm anschwellend erhob. Sie führte meine Hand an ihre weiche und glatte Brust und sah mir in die Augen, und sie preßte sich an mich.

Und schon kam die alte Verzauberung über mich. Stöhnend ließ ich sie gewähren. In einer unendlich weichen Dämmerung der Sinne fühlte ich, wie ihre Lippen die meinen verließen und ihr verliebter, saugender Kuß sich an mein Glied heftete, und schon stieg es auf, schon nahte sich die hinströmende Ohnmacht der Sinne. Meine irrende Hand zuckte und fieberte über dieses mir völlig hingegebene weiche und blühende Fleisch, schon fühlte ich, wie meine verzückten Augen übergingen ... da lachte sie leise auf und erhob sich mit einer einzig leichten und natürlichen Bewegung.

»Kommst du nun, Endymion?« flüsterte sie und glitt ins Bett. »Vielleicht kommst du nun?«

Und ich konnte ihr nicht folgen, denn die Kräfte, die sie schmeichelnd aus ihren dunklen, warmen und feuchten Tiefen aufgerufen, kamen über mich und quollen über. Ein wenig beschämt und ein wenig hilflos, mußte ich es über mich ergehen lassen und konnte nichts erwidern, als sie mir kichernd aus dem Bett zurief:

»Das ist der verschmähten Diana Rache, Endymion!«

Das dichte Vließ

Auguste Poulet-Malassis

Nun wohl, meine liebe Kleine, meine Belagerung hat nicht ganz so lange gedauert wie die der Stadt Troja; ich bin Herrin der Situation und dein Platz, seit mehr als drei Monaten frei, ist besetzt!

Du willst Einzelheiten, nicht?

Hier hast du den Plan, nach dem ich meine Batterien aufgestellt hatte. Gestern Morgen besuchte ich Madame, deren Übel alle Tage sichtlich zunimmt. Ich beklage mich über ein leichtes Unwohlsein. Des Mittags hatte sich dieses

Übelbefinden verdoppelt, ohne daß ich, wie du dir denken kannst, angeben konnte, wo es eigentlich saß. Bald war es der Kopf, bald waren es die Nerven; überhaupt die Nerven, oh, die Nerven!

Am Abend wollte ich Madame wie gewöhnlich Gesellschaft leisten, aber ich befand mich bald so unpäßlich, daß mich Monsieur zwang, zu Bette zu gehen, und Felicie, deren Zimmer nicht weit von dem meinigen ist, empfahl, aufmerksam auf mich acht zu geben, indem er mir versicherte, daß es genüge, wenn er bei seiner Frau bliebe.

Das war gerade das, was ich wollte. Seufzend erhob ich mich und ging mit leidenden Schritten nach meinem Zimmer, gefolgt von meiner Oberkämmerin.

Dort angekommen, fühlte ich mich so bedrückt, daß sie mir beim Auskleiden helfen mußte. Als ich aber in meinem Bette war und eine Tasse Kamillentee genossen hatte, fühlte ich mich bedeutend besser und schickte Felicie zu Monsieur, um ihn zu benachrichtigen, mein Unwohlsein ginge vorüber und ich sei von einer unbesiegbaren Müdigkeit befallen.

Nach dieser Seite hin gesichert, wurde ich, als mein Bote zurückkam, plötzlich wieder von dem Übel befallen. Bis jetzt unbestimmt, ergriff es nun die Nerven. Ich warf mich hin und schlug mit den Armen um mich.

Felicie war sehr verlegen und sprach davon, Monsieur holen zu wollen, als sich der Anfall legte, wie durch Zauber. Sie schlug mir darauf vor, die Nacht bei mir zu bleiben und ließ sich auf einem Stuhl neben meinem Bette nieder.

Nach einer Viertelstunde Ruhe bat ich sie, auf ihr Zimmer zu gehen. Sie wollte das natürlich auf keinen Fall tun. Darauf bot ich ihr an, um eine Einigung zu erzielen, mein Bett mit mir zu teilen, was ihr erlauben würde, mir bei einem neuen Anfalle sofort zu helfen.

Sie zierte sich erst ein wenig und stimmte dann zu.

Der entscheidende Augenblick nahte.

Wie nun Felicie Bluse, Rock und Korsett ablegte, wobei ich sie von der Seite her betrachtete, entdeckte ich mehr und mehr mit dem Fallen ihrer Kleidungsstücke außergewöhnlich feine und reine Formen, wenn auch noch nicht ganz entwickelt.

Endlich legte sie sich ins Bett.

Wie ich sie so nahe bei mir fühlte, bemächtigte sich meiner ganzen Person eine Art Fieber. Erst gezwungen, die Kranke zu spielen, wurde ich beinahe wirklich krank. Die heißen Wünsche, die ich hatte – seit acht Tagen beobachtete ich ein strenges Fasten in der Erwartung dieses glücklichen Momentes – die Furcht, mich schlecht aufgenommen zu sehen, die Gefahr eines Skandals, das alles ging mir so stark auf die Nerven, daß meine Zähne wider meinen Willen klapperten und daß ich von einem Zittern überfallen wurde, das ich nicht bemeistern konnte.

Wirklich, meine liebe Adele, ich spielte meine Rolle aufs vollkommenste.

Zuerst bat ich Felicie, die Nachtlampe auszulöschen, deren Schein mich am Schlafen hindere.

Nach dieser Vorsichtsmaßregel und nach Verlauf von fünf Minuten, die mir wie fünf Jahrhunderte vorkamen, war ich nicht mehr länger imstande, an mich zu halten. Ich drehte mich unter tiefen Seufzern nach ihrer Seite. Sie fragte mich, ob ich Schmerzen hätte.

»Schrecklich, meine Liebe«, sagte ich.

Und indem ich mich ihr hastig nähere, werfe ich mich an ihren Hals, als wollte ich sie um Hilfe anflehen, und umarme sie.

Dieser Angriff wurde nicht übel aufgenommen. Im Gegenteil, ich glaubte eine Umarmung zu spüren, die der meinigen antwortete. Das gute Mädchen würde alles tun, um mir zu helfen.

Dieser glückliche Versuch ermutigte mich und der erste

Erfolg stachelte meine Wünsche an, so drücke ich mich fest an sie, unter fortwährenden Seufzern und immer auf meine verwünschten Nerven mich berufend. Darauf mache ich mich daran, überall herumzufühlen, mit vorsichtiger Hand, wohlverstanden, um keinen Alarmruf zu veranlassen, und finde dabei eine feine und weiche Haut, einen frischen, geschmeidigen entzückenden Körper.

Da mir kein Hindernis entgegensteht und ich mich selbst mehr angezogen als abgestoßen fühle, entschließe ich mich, einen großen Schlag zu versuchen. Ich schlinge meinen linken Arm um Felicie, drücke meinen Mund auf den ihrigen und indem ich ihre Knie auseinanderzwänge, gleite ich langsam mit meiner rechten Hand zwischen ihre glatten Schenkel, die weit entfernt davon, mir den Durchgang streitig zu machen, meinen Bemühungen entgegen zu kommen scheinen.

Ich berühre das Ziel, da ist es! Ich gehe . . .

Plötzlich zieht sich meine Hand zurück, ich stoße einen Ausruf der Überraschung aus, auf den meine Provençalin mit einem Anfalle eines tollen Lachens antwortet.

Ich sehe dich an dieser Stelle ganz erstaunt. Du fragst dich, was mich auf einem so schönen Wege aufhielt, warum dieses Lachen, warum dieses Erstaunen? Du sprachst mir kürzlich von einer gewissen Muschel, die dir und mir bekannt ist, »kokett geformt, niedlich frisiert«!

Ah, liebe Kleine, wenn man das ein Vließ nennen kann, wie soll man das bezeichnen, was ich da berührte? Ich mußte auf einen Wald gestoßen sein, vielleicht nicht so Urwald wie die in Amerika, aber fast ebenso undurchdringlich. Oder vielmehr, aber suchen wir nicht nach unmöglichen Vergleichen: Das war ein Vließ, ein wirkliches Vließ, das da! Buschig, borstig, gesprenkelt, urwüchsig, sich rauh anfühlend, das Fell einer Ziege, ähnlich dem, mit dem sich Jakob versah, um den guten Isaak zu täuschen, was mich – nebenbei bemerkt – annehmen läßt, daß das Geschlecht des Esau noch nicht ausgestorben ist. Felicie stammt ganz bestimmt in direkter Linie von diesem haarigen linsenliebenden Patriarchen ab.

Aber du mußt das Ende des Abenteuers hören.

Nachdem sich der Anfall von Felicie gelegt und ich mich von meinem Erstaunen erholt hatte, gestand mir das schalkhafte Mädchen, daß sie bereits seit einer Viertelstunde meine List durchschaut hatte und nicht mehr durch meine Nervenanfälle getäuscht wurde. Sie hat mich nichtsdestoweniger meine Rolle zu Ende spielen lassen, neugierig auf die Wirkung, die die Berührung ihres ungewöhnlichen Schmuckes auf mich ausüben würde. Die Tatsache hatte ihr auf ihre Erwartung geantwortet.

Bei der Erinnerung an meinen Ausruf, der so natürlich herausgestoßen war, und an meinen hastigen Rückzug, fingen wir beide wie zwei Tolle an zu lachen, und das vollkommenste, herzlichste Einvernehmen stellte sich sofort ein. Felicie ergriff meine Hand, die noch feucht war und führte sie selbst in das Dickicht, das ich nicht ohne Mühe durchbrach. Bald bewies sie mir durch ihre heftigen wie schnellen Bewegungen, daß sie nicht weniger als ich auf ein Vergnügen erpicht war, das mir ganz vergeblich soviel Aufwand an Diplomatie gekostet hatte.

Und alles in allem waren wir zufrieden miteinander, die eine mit der anderen. Die Nacht wurde gewissenhaft ausgenützt. Als mich am anderen Morgen Monsieur und Madame fragten, ob ich mich von meinem Unwohlsein erholt hätte, urteilten sie nach meinem interessanten Aussehen, das mir meine matten Augen und mein ermüdetes Gehirn verliehen, daß ich schlecht geschlafen haben müßte, und bedauerten mich sehr.

Du siehst, daß ich dir Wort gehalten habe. Dies ist in allen Einzelheiten die Geschichte meiner neuen Eroberung. Jetzt ist die Reihe an dir.

Lebe wohl, kleine Adele, ich küsse dich und liebe dich noch immer trotz meiner großen Untreue.

Albertine.

Literaturnachweise

von Paul Englisch

Antike

I. Abteilung

Die hier übersetzten Epigramme aus der »Griechischen Anthologie« (deutsch von O. Knapp) brachten zuerst »Die Opale«, I, 15/16. Über diese »Anthologia Planudea«, nach dem Mönch Maximos Planudes, vgl. Englisch, Geschichte der erotischen Literatur, S. 51 ff., wo noch weitere Proben enthalten sind.

Von Lukian, dem griechischen Voltaire (etwa 130 bis ungefähr 200 n. Chr.), stammen vor allem »Der verzauberte Esel«, seine »Liebesgespräche« und »Hetärengespräche« (vgl. Englisch, S. 43 ff.), die seinen Namen unsterblich machten.

Funde ägyptischer Papyri entrissen 1890 Herondas, einen vorzüglichen Sittenschilderer, der Vergessenheit. Seine »Mimiamben« wurden zuerst von O. Crusius in Göttingen 1893 herausgegeben. 1926 erschien eine Neuausgabe bei Dietrich in Leipzig.

Von dem griechischen Dichter Philemon ist sonst nichts Erwähnenswertes übrig geblieben, als sein Preislied an Solon, weil er das erste Staatsbordell schuf (594 v. Chr.; vgl. Englisch, Sittengeschichte Europas, Berlin und Wien, 1931, S. 36).

Das anrüchige Rätsel stammt aus der Komödie »Sphingokarion« des Eubulos und wurde zuerst verdeutscht von Hans Licht (= Paul Brandt) in Anthropophyteia VII, 162-163.

Antonio Beccadelli, genannt Panormita (1394-1471), brachte 1426 ein kleines Büchlein »Hermaphroditus« heraus, eine Sammlung lateinischer Epigramme und Elegien, die trotz ihrer unverhüllten Obszönität fast ungeteiltes Lob fand. (Näheres bei Englisch, Geschichte, S. 584 ff.).

Titus Petronius Arbiter, ein geistreicher Lebemann unter Nero, verdankt seine Unsterblichkeit seinen »Begebenheiten des Enkolp«, die Wilhelm Heinse als erster verdeutschte (Englisch, Geschichte, S. 76 ff.).

Decimus Magnus Ausonius aus dem 4. Jahrhundert (unter Maximianus) schrieb sehr unfromme Epigramme, die zuerst 1472 in Venedig gedruckt wurden.

»Eheliche Neckerei« ist ein Bruchstück aus des großen *Aristophanes* witzreicher Komödie »Lysistrata«, die beste seiner 11 erhaltenen Stücke, von denen er 44 verfaßte. Aristophanes (450-383) schrieb sie um 411 v. Chr.

Publius *Ovidius* Naso (43 v. Chr. bis 14 n. Chr.) war Meister der erotischen Elegie. Aus der ersten Periode seines Schaffens stammen die »Amores«, deren Mittelpunkt eine Corinna genannte Geliebte ist. Sie wurden 1880 von Öhlschläger übersetzt. Ludwig Goldschneider übertrug sie 1924 (als 4. Phaidon-Druck) neu. Daraus sind die Stücke »Heißer Mittag« und »Tagebuch«. Das Motiv der plötzlichen Impotenz ist in der Weltliteratur mehrfach behandelt worden, z. B. von Straton (XII, 11 und 216 der Palatinischen Anthologie), Skynthinus (ebd. XII, 232), Meleagros (ebd. XII, 41), Tibull (in Priap. 83), Petron c. 132; von neueren Dichtern: Casti (Novelli galanti), Ariost (Rasender Roland VIII, 49-50), Bussy-Rabutin, Comtesse d'Olonne; Morlini; Crébillon (Das Sopha), Rochester (The Disappointment, in The Works of Rochester, Roscommon, Dorset usw. London 1714, S. 114), Schnitzler (Reigen) Stendhal-Beyle (Über die Liebe) usw. usw. Vorstehendes Gedicht, das wohl Goethe beeinflußt haben mag, steht im 3. Buche der »Amores« Nr. 7.

Petronius Arbiter, der arbiter elegantiarum oder maître de plaisir, am Hofe Neros, verübte, von diesem zum Tode verurteilt, Harakiri durch Öffnen der Pulsadern i. J. 66, schrieb einen Roman von 20 Büchern »Satirae« betitelt, von denen uns jedoch nur Bruchstücke überliefert sind, die man als »Satyrikon« oder »Die Begebenheiten des Enkolp« kennt. Sie wurden zuerst von Wilhelm Heinse 1773 übersetzt (vgl. Tacitus Annal. XVI, 17 und 19 und P. Englisch, Geschichte der erotischen Literatur, Stuttgart 1927, S. 76 f.), »Der unvermögende Liebhaber« ist daraus entnommen.

Titus Maccus Plautus, geb. um 254 v. Chr., gest. um 184, der bedeutendste römische Lustspieldichter, soll 130 Stücke geschrieben haben, von denen jedoch nur 21 als echt anerkannt sind. Ludwig Gurlitt (gest. 12. 7. 31) hat als erster die Dunkelheiten seines Stils erschlossen (Erotica Plautina, München, G. Müller 1921), »Unschuldiger Flirt« erweist, daß Plautus auch heute noch lesbar ist.

Decimus Junius Juvenalis, um 60-114 n. Chr., römischer Satyriker, ist in seinen berühmten Satyren mehr prüder Polterer als unparteiischer Berichterstatter. Die vorstehende Probe aus der berühmten sechsten Satyre zeigt seinen moralisierenden Standpunkt zur Genüge.

Orient

Die indischen Erotiker sind in Europa noch fast gänzlich unbekannt. Nur von wenigen sind deutsche Übersetzungen vorhanden (vgl. Hayn-Gotendorf VII, 496-510). Richard Schmidt hat als erster versucht, das Verständnis für morgenländisches Empfinden zu erschließen, besonders in: Beiträge zur indischen Erotik. Das Liebesleben des Sanskritvolkes nach den Quellen dargestellt, Leipzig 1902.

Die Liebeslieder des Armeniers Nahabed Kutschak (1680-1710) stammen aus dem Armenischen und sind aus der französischen Übersetzung des Tschabonian von F. B. ins Deutsche übertragen.

Die arabischen Liebeslieder des Imr El Kais und Nabigha Dhobinar aus der vorislamitischen Zeit stammen aus dem Werke der sieben ältesten Dichter, das man unter dem Namen Moallakat kennt. Die anderen Prosaerzählungen aus dem Arabischen sind aus der Kairo-Handschrift von »Tausend und eine Nacht«, bzw. aus deren französischer Übersetzung durch Dr. Mardrus.

Die kleinen chinesischen Geschichten sind Schwanksammlungen des 18. und frühen 19. Jahrhunderts entnommen, dürften aber auf noch ältere Vorbilder zurückgehen.

Unter dem Titel »Das heilige Buch der Liebe« sind Stücke aus dem Tiruk-Aschaka veröffentlicht, welcher Roman dem indischen Dichter und heiligen Manikkava Aschaka – 6. Jahrhundert v. Chr. – zugeschrieben wird. (Der Amethyst, S. 30).

Die Stücke aus dem Mongolischen, Tibetanischen und Afghanischen sind aus den »Transactions of the Oriental Society« 1882 und 1884.

Aus dem Arabischen des Omar Khayam Abu-Said.

Stammt aus dem Persischen des Helali und wurde im »Amethyst«, S. 141-143, zuerst veröffentlicht.

Ist eine türkische Volkserzählung, veröffentlicht im »Amethyst«, S. 85-89.

Aus dem Türkischen Bah-Namek.

Dieses Stück aus dem modernen japanischen »Liebesunterricht« ist einer anonymen, auch heute stark verbreiteten Sammlung ähnlicher (1860) Yoshiwara-Anpreisungen entnommen.

Ein Stück aus einem hindostanischen Roman. Lahore 1870 erschienen (»Amethyst«, S. 210 ff.).

Mittelalter

I. Abteilung

»Frau Venus Tempel« vom Archipoeta ist von K. Mischke übersetzt und in dem als Manuskript gedruckten Nachtrag zu seinem »Des fahrenden Schülers Liederbuch«. Eine Auswahl der Vagantengesänge in modernen Übertragungen, Berlin, Detto 1893 erschienen. Der »Nachtrag« (in kl. 8, VI + 22 S.) enthält die wegen ihrer »Anstößigkeit« in dem anderen Bande (XII + 208 S.) unterdrückten Gedichte (»Amethyst«, S. 161).

Neidhart von Reuenthal, von dessen Lebensdaten man nicht allzu viel kennt, dichtete zwischen 1210-1240. Er ist der Hauptvertreter einer besonderen Art von Minnesang, der sogenannten »höfischen Dorfpoesie«, in der das Leben und Treiben der Bauern, besonders die Derbheit in ihren Liebesgenüssen, anschaulich geschildert wird. Eine noch dem 13. Jahrhundert angehörige Sammlung seiner Liebeslieder befindet sich auf Burg Riedegg und wurde zuerst von Beneke in »Beiträge zur Kenntnis der altdeutschen Sprache«, Band 2, Göttingen 1832, herausgegeben.

Dieses Stück wurde entnommen aus »Gesamtabenteuer«. Hundert altdeutsche Erzählungen usw., hrsg. v. Friedr. Heinrich v. d. Hagen, Stuttgart u. Tübingen 1850, u. zw. dem zweiten Bande.

Den Verfasser des alttiroler Fastnachtsspieles aus dem Jahre 1529 kennt man nicht. Es ist uns in einer Handschrift des Spielleiters, Akteurs und Theatermalers Vigil Raber erhalten, die dieser in den Jahren 1510-1535 niedergeschrieben hat (»Amethyst«, S. 130). Das Stück wurde öffentlich aufgeführt. Für uns unter der Fuchtel der Zensur Großgewordenen ein unausdenkbarer Gedanke. (Abgedruckt im »Amethyst«, S. 116 ff.).

II. Abteilung

»Der wahrsagende Baum« findet sich in »Gesamtabenteuer. Hundert altdeutsche Erzählungen«, hrsg. v. Friedr. Heinr. v. d. Hagen (3 Bände, Stuttgart, Cotta 1850, XIX. Stück, S. 141-144).

Die Vaganten, wandernde Scholaren, schufen »aus der Tiefe ihres Gemüts« ihre daseinsfreudigen Lieder. Vielen dieser Lieder ist eine seltsame Vermischung der deutschen und lateinischen Sprache eigen (vgl. die Literaturangaben bei Englisch a.a.O. S. 163).

»Lob der Ehe« und »Gleich und gleich gesellt sich gern« sind genaue

Wiedergaben von Einblattdrucken des 16. Jahrhunderts und entnommen aus »Ludwig Uhlands Sammlung fliegender Blätter«, hrsg. v. K. L. Blümml, Straßburg 1911.

»Des Teufels Dank«. Ein guetter schwanckh von einem einfältigen bawren, zw einem lied 10 gemacht durch G(eorg) von Helmstorff zu H(elmstorff) den jüngern, und ist im rotten Zwinger oder in des Marners gulden thon zu singen. – Im Berliner ms. germ. qu. 402, bl. 3 b, abgedruckt in: Jacob Frey, Gartengesellschaft, hrsg. von J. Bolte, Stuttgart 1896, S. 194-197. »Der Bauernsohn und die beiden Nonnen« ebd.

Die Schwänke, beginnend mit »Einer het gern gewißt . . .« letzter: »Drei Frawen streichen ein Kupplerin« stammen aus Pauli, Schimpff und Ernst, hrsg. v. J. Bolte, Berlin, Stubenrauch 1924; die Schwänke: Von einem Mönch, der einer Tochter einen Dorn aus dem Fuß zog – und: Ein Mäher fand zwei Köpfe in einem Bett, aus Jörg Wickrams »Rollwagenbüchlein«. *Johannes Pauli*, Franziskanermönch, geb. um 1455, gest. nach 1530, erlebte mit seiner lebendig erzählten Schwanksammlung zahlreiche Auflagen. Fast eben so bekannt wurde das »Rollwagenbüchlein« von Georg (oder Jörg) *Wickram* (gest. vor 1562).

»Der große Klunkermutz. Im Jahr 1671« ist ein ganz ordinäres Pamphlet gegen die Dirnen. Obwohl der Verfasser immer und immer wieder betont, daß er die keuschen Ohren seiner Leser und Leserinnen nicht verletzen will, gibt er sich dennoch so ungeniert, daß ein Erotiker der zeitgenössischen Literatur nicht obszöner wirken kann. Seine Ausführungen sind jedoch von hohem kulturgeschichtlichen Interesse. (Vgl. Bilderlexikon der Erotik II, 591).

Die doppelsinnigen Rätsel entstammen aus dem Volksbuch »Die Schiltbürger« (Bobertag, Volksbücher des 16. Jahrhunderts, S. 301 f.). Zum Vergleich folgen zwei weitere Rätsel aus dem 18. Jahrhundert von Menantes (Christian Friedrich Hunold, 1681-1721).

Abraham a Santa Clara, eigentlich Ulrich Megerle, Augustinermönch und humorvoller Kanzelredner sowie Volksschriftsteller, eiferte von berufswegen gegen die Narrheit der Welt. Seine Werke in 21 Bänden kamen zu Passau und Lindau 1835-54 heraus. Die Stücke »Die Weiber-Narren«, »Eine Kleider-Närrin« stehen in Teil 3, S. 46-54 und Teil 2, 127-134.

Geiler von Kaisersberg (1445-1510) ist der wichtigste Vorläufer von Abraham a Santa Clara. Seine hier wiedergegebenen Predigten sind abgedruckt in »Das Kloster«, hrsg. v. J. Scheible, Stuttgart I, 397 ff.

Renaissance und Humanismus

I. Abteilung

Pietro Bembo (1470-1547), ausgezeichneter Latinist, wurde wegen seiner Verdienste um die alten Sprachen und Schriftsteller von Papst Paul III. mit dem Kardinalshut belehnt. Seine Unvoreingenommenheit und erotische Sinnenfreudigkeit bezeugt er in seinem Gedicht Priapus, das von Albert Weselski ins Deutsche übertragen wurde. (»Die Opale«, I, 189-190.)

Pietro Aretino (1492-1556), der König der Revolverjournalisten, schuf sich Macht und Reichtum durch seine oft in Gift getauchte Feder. Als Sittenschilderer (in seinen »Raggionamenti«) wird er von wenigen übertroffen. Zotig ist er natürlich, wie alle seine schriftstellernden Zeitgenossen es mehr oder minder waren. Als eigentlicher Erotiker tritt er uns erst in seinen »Wollüstigen Sonetten« entgegen. Giulio Romano hatte auf ausdrückliches Verlangen des Papstes Leo X. zehn wollüstige Zeichnungen gefertigt, die dann Marc Antonio Raimondi in Kupfer stach. Aretino besah sich die Zeichnungen und schrieb dazu, begeistert von der exquisiten Darstellung, zehn Sonette, deren Originale ebenso verloren gegangen sind wie die »Posizioni« des Stechers. Was seit Jahrhunderten im Handel als »Stellungen des Aretino« herumschwirrt, sind in der Hauptsache Stiche von Auguste und Annibale Caracci, die sich auf dem gleichen Gebiete betätigten. Die vorliegenden Übersetzungen einiger Sonette stammen von Heinrich Conrad und sind entnommen seinem 1904 erschienenen Privatdruck »Dichtungen und Gespräche des göttlichen Aretino« (vgl. Englisch, Geschichte, S. 595-601).

François Villon (geb. 1431, gest. zwischen 1480 und 1490), ein vagabondierender Landstreicher zwar, aber ein Volksdichter, wie ihn Frankreich in hundert Jahren nur einmal hervorbringt. Sein Hauptwerk ist das »Grand Testament«, eine Sammlung von Balladen und Liedern, in denen er seinen Spießgesellen etwas vermacht, was ihm gar nicht gehört und was sich die Bedachten erst stehlen sollen. Sein Ausdruck ist, seinem »Miljöh« entsprechend, oft derb und obszön. Die vorliegende Übersetzung stammt von K. L. Ammer (François Villon, Des Meisters Werke, Berlin, Hyperion-Verlag, 1921, vgl. Englisch, Geschichte, S. 331/2.).

Clement Marot (1495-1544), Kammerdiener und Schützling der Margarete von Navarra, der Verfasserin des »Heptameron«, ein unruhiger, ziellos strebender Geist, den Mantel nach dem Winde hängend, stets in Liebesabenteuer verstrickt, die sein Leben entscheidend beeinflußten. Seine Gedichte sind wirklich Bekenntnisse. Margarete Beutler verdeutschte vorliegende Proben (Epigramme des Clément Margot, übersetzt von Margarete Beutler, herausgeg. von Fr. Freksa bei Georg Müller, München und Leipzig, 1908, Nr. 15, 2, 30, 37, 21, 23, 39).

Girolamo Morlini verfaßte sehr derbe Novellen, die zuerst 1520 erschienen. In der Sammlung »Perlen älterer romanischer Prosa« kam 1907 bei Georg Müller in München die einzige deutsche Übersetzung heraus (vgl. Englisch, Geschichte etc., S. 561/2).

Jacob Frey's »Gartengesellschaft« (1556) ist eines der bekannten deutschen Volksbücher, an denen das Mittelalter nicht arm war (vgl. Heitz und Ritter, Versuch einer Zusammenstellung der deutschen Volksbücher des 15. und 16. Jahrhunderts, Straßburg, 1924).

Die Schwänke des Florentiners Antonio Francesco Doni (1513-1574) sind nach Auszügen aus seinem Gesamtwerk zusammengestellt und erschienen zuerst 1815, zuletzt Roma 1892 in 49 Stücken.

Francesco Maria Molza (1489-1544) ist eines der bedeutendsten lyrischen Talente seines Jahrhunderts. Novellen hat er nur wenige geschrieben. Sie erschienen erst nach seinem Tode: Novella di N. Francesco Maria Molza, Bologna 1547, und Quattro delle Novelle dell honoratissimo Molza, 1549. Die »Novelle« sind 1863 in Lucca neu gedruckt.

Franco Sacchetti (1335 bis ca. 1400) schrieb Trecenti novelli, die aber bei seinen Lebzeiten nicht erschienen und von Poggio, Grazzini, Bandello u. a. gründlich ausgeschlachtet wurden. (Vgl. Englisch, Geschichte etc., S. 562-563). Eine deutsche Übersetzung veranstaltete in drei Bänden 1907 Hanns Floerke im Verlag Georg Müller in München (in der Reihe »Perlen älterer romanischer Prosa«).

Das vorliegende Stück von Caesarius von Heisterbach ist von Albert Wesselski übersetzt (Die Opale II, 164/5) und stammt aus dem Dialogus Miraculorum.

Der Schwank von Valentin Schumann stammt aus seinem »Nachtbüchlein« (1559).

Die Schwänke von Hieronymus Balbus und Caelius Calcagninus sind von Gaston Vorberg und W. Bähr übersetzt (Meistersinger neulateinischer Liebesdichtung, München, Georg Müller, 1920).

Vorliegender Schwank Girolamo Morlinis, von F. B. übersetzt, erschien zuerst in »Die Opale«, Band I, S. 125/6.

Nicolas de Troyes, »Sattler und Poet dazu«, lebte am Hofe von

Franz I. in Frankreich. Von seinen zwei Bänden »Der große Prüfstein der neuen Novellen«, mit deren Abfassung 1535 begonnen wurde, ist nur der zweite Band erhalten. Eine deutsche Übersetzung erschien 1913 in der Sammlung »Perlen älterer romanischer Prosa« bei Georg Müller in München.

II. Abteilung

Shakespeare ist nicht nur ein großer Dichter, sondern auch ein kräftiger Erotiker. Eine kurze Stelle aus »Romeo und Julia« mag das belegen.

Ferrante Pallavicino (1618-1644) hat ein die Knabenliebe verherrlichendes Werk »Alcibiades fanciullo a scuola« hinterlassen, das 8 Jahre nach seinem Tode von Freunden ediert wurde. (Näheres bei Englisch a.a.O., S. 604 ff.)

»Tafelscherze« ist eine Probe aus dem kuriosen Buche »Le moyen de parvenir« von *Béroalde de Verville* (1558-1612), die mit freundlicher Erlaubnis des Verlags Bruno Cassirer, Berlin, der hier erschienenen einzigen deutschen Übersetzung »Der Weg zum Erfolge« entnommen wurde.

»Der König der Erde« von Antonio d'Acerra (Rom 1908) ist eine freie Bearbeitung des Libro del perchè, französische Ausgabe unter dem Namen *»Parapilla«* (vgl. Bilderlexikon der Erotik II, 13).

»Liebesunterricht« bringt eine kurze Szene aus dem berühmten Erotikon des *Nicolas Chorier* »Elegantiae latini sermonis Aloisiae Sigaea Toletanae Satira de Arcanis Amoris et Veneris. Aloisia Hispanice scripsit, Latinitate donavit Johannes Meursius«, zuerst 1658 oder 1659 erschienen. (Näheres bei Englisch a.a.O., S. 355 ff.)

»Warum schlägt man die Geliebte?« ist ein Stück aus der zopfigen »Abhandlung von dem Gebrauche der Alten, fürnehmlich der Griechen und Römer, ihre Geliebte zu schlagen. Berlin 1766 (Nach Hayn-Gotendorf I, 13 vonK. Oelrichs.)

Barock und Rokoko

I. Abteilung

Man sollte eigentlich nicht annehmen, daß Pierre de Ronsard (1524-1585), das Haupt der Dichterschule, die man später die »Plejade« nannte, der »prince des poètes«, in seinen Oden langweilig und geschmacklos, auch leicht lesbare und gefällige Liebesgedichte geschrieben hat. Seine »Amours« gehören mit zum Besten, was er geschaffen hat. Im Vorliegenden ist eine Probe gebracht.

Robert Herrick (1591-1674), englischer Landpfarrer, bis er 1647 als Royalist durch den Bürgerkrieg seine Stelle verlor. Seine vielgelesenen Gedichte gab er selbst in zwei Sammlungen heraus »Noble numbers, or pious pieces« (1647) und »Hesperides« (1648). Sie zeichnen sich durch Melodik und natürliche Anmut aus.

In Anlehnung an das Gesellschaftsspiel Trou-Madame erschien in der Mitte des 18. Jahrhunderts ein kleiner »Almanach du Trou-Madame«, der ziemlich harmlos war. Er gab dann zu den gewagtesten Anspielungen Anlaß, die, um 1760 sehr beliebt, unter dem Titel Trou-Trou gingen. (Vgl. John Grand-Carteret, Les Almanachs Français. Bibliographie – Iconographie. Paris 1846.)

Die Crailsheimer Liedersammlung, von Albert Ernst Friedrich von Crailsheim (1727-1794) in den Jahren 1747-1749 gesammelt, enthält auf 589 Seiten erotische Volkslieder der Zeit, von denen viele auch heute noch im Volke leben. Die Beziehungen der Geschlechter in und außer der Ehe, die reinen und zarten wie die schmutzigen und rohen, finden im Liede erschöpfenden Ausdruck. Herr von Crailsheim schenkte die gerade nicht von Prüderie überfließende Sammlung seiner 14jährigen Tochter Christiane Wilhelmine (gest. 1761). Ein immerhin etwas seltsames Geschenk! Die Handschrift ist veröffentlicht als Band III der »Futilitates, Beiträge zur volkskundlichen Erotik«, Wien, Verlag Dr. Rudolf Ludwig, 1907/8.

Christian Felix Weisse (1726-1804), Theaterschriftsteller, als Gegner Gottscheds bekannt. Seine zahlreichen dramatischen Schriften sind heute mit Recht vergessen. Nur in manchen lyrischen Stücken trifft er den Volkston. Das hier gebrachte Stück ist auch veröffentlicht in »Die Opale«, I, 204/4.

Christian Hofmann von Hofmannswaldau (1617-1679), mit Daniel Casper von Lohenstein (1635-1683) zusammen Führer der sogenannten zweiten schlesischen Schule. Beide als Dichter, besonders in der Lyrik, wenig original, führten den schwülstigen Stil, der damals Mode war, bis zum äußersten fort und verkündeten ihr sinnliches Sehnen und Trachten in galanten Versen von allzu großer Deutlichkeit, dabei aber ängstlich bestrebt, nach außen hin den Schein zu wahren. Recht wenig sympathische Biedermänner! Nur wenige Gedichte von ihnen sind heute noch lesbar.

Gottlieb Siegmund Corvinus, bekannter unter dem Namen Amaranthes, schrieb in dem schwülstig-galanten Stil, der damals, beeinflußt von Marino, Loredano, Testi und Colletet die Literatur beherrschte. Das zweite hier gebrachte Gedicht »Als er ihretwegen einen schlimmen Traum hatte«, findet sich in »Sammlung von Johann Christian Günthers aus Schlesien, theils noch nie gedruckten theils schon herausgegebenen Deutschen und Lateinischen Gedichten. Franckfurth und Leipzig 1724«, was zu dem Irrtum Anlaß gab, daß Günther der Verfasser sei. Tatsächlich jedoch findet es sich schon in den »Proben der Poesie in Galanten-Verliebten etc. Gedichten von Amaranthes. Franckfurth und Leipzig 1710«, S. 20 ff. (Grisebach, Weltliteraturkatalog, 2. A., Nr. 1433).

Das Gedicht von Le Pansif, wie man sieht, ganz im Zeitgeschmack, erschien Erfurth 1729. Die anderen sind bereits abgedruckt in »Das Lustwäldchen«. Galante Gedichte aus der deutschen Barockzeit, herausgegeben von Franz Blei, Berlin, S. 81-83 und 89.

Celander, ein bis heute noch nicht enthülltes Pseudonym. Es soll sich hinter dem Namen entweder ein gewisser Joh. Georg. Gressel oder Chp. Woltereck (1686-1735), ein Theologe und Numismatiker, verbergen. Celander hat wohl mit das Lüsternste geschrieben, was je in deutscher Sprache erschien. Besonders bezeichnend dafür ist die »Sammlung Allerhand Sinnreicher Gedichte. Von C** und H**(ochgesang). Stockholm 1721«.

Von Johann Christian Günther (1695-1729) kennt man im großen Publikum mehr Goethes philisterhaftes Urteil über ihn, als sein Leben und seine Gedichte. Eigentlicher Erotiker ist er durchaus nicht. Wegen der Ausgabe seiner Gedichte vgl. die Anmerkung zu Corvinus, ferner Band 39 von Kürschners Nationalliteratur.

Jean Lafontaine (1621-1695) schrieb außer Fabeln noch »Erzählungen«, vor denen prüde Zeitgenossen sich bekreuzigten, die aber besser als ihr Ruf erscheinen. Es sind versifizierte Berichte galanter Begebenheiten, deren Stoffe Lafontaine nahm, wo er sie fand. Theodor Etzel verdeutschte sehr geschickt die »Contes«, die zuerst bei Georg Müller in München, dann im Propyläen-Verlag in Berlin erschienen sind.

Joseph Vasselier, ein galanter Dichterling des 18. Jahrhunderts, von dessen Lebensumständen nicht viel bekannt ist.

Fällt der Name Piron (der von 1689-1773 lebte), so denkt man in erster Linie an seine »Ode à Priape«, die aber mit zu seinen schwächsten Schöpfungen gehört. Daß er in der witzigen Anekdote Hervorragendes leistete, beweist vorliegende Probe.

H. Pajou ist ein nicht besonders hervorragender Lyriker des 18. Jahrhunderts. Das hier veröffentlichte Gedicht steht in A. von Bever's »Conteurs libertins du XVIIIe siècle«, Paris.

Jean B. Jos. Villart de Grécourt (1683-1743), Domherr von Saint-Martin de Tours, verlor seine Pfründe wegen seiner ausgelassenen Schwänke, die den Frommen ein Dorn im Auge waren. Trotzdem gewann er die Freundschaft der Besten seiner Zeit. Von seinen, auf fremde Vorbilder zurückgehenden Gedichten ist zu seinen Lebzeiten nichts im Druck erschienen. Zuerst kamen sie in »Œuvres diverses, Lausanne et Paris 1746« heraus. – Ihm eiferte nach der Kriegs- und Domänenrat Johann George Scheffner (1736 bis 1820), der 1771 seine »Gedichte im Geschmack des Grécourt«, Frankfurt und Leipzig (richtig: Königsberg, bei Kanter) erscheinen ließ. 1919 brachte der Hyperion-Verlag in Berlin einen Neudruck.

Im Jahre 1800 erschien ein schmales Bändchen: Phantasien in drei priapischen Oden dargestellt und im Wettstreit verfertigt von B**, V** und St**. Letzterer erhielt die Dichterkrone. Berlin, in allen guten Buchhandlungen 1800. Die drei an Zynismus das Menschenmögliche leistenden Gedichte sollen Gottfried August Bürger, Johann Voss und Friedrich von Stolberg zu Verfassern haben. Bürger hat die Zuschreibung energisch abgelehnt (vgl. Hayn-Gotendorf VI, 168 und IX, 455-467, wo auch Bürgers geharnischter Protest abgedruckt ist).

John Cleland (1707-1789) hat mit seiner »Woman of Pleasure« wohl das erfolgreichste Erotikon aller Zeiten geschrieben. In »Memoiren eines Freudenmädchens« von John Cleland. Ein bibliographischer Versuch, Stuttgart, 1929, von Paul Englisch sind 94 Ausgaben dieses Erotikons verzeichnet, wozu noch 8 weitere Übersetzungen und Bearbeitungen kommen, die hier noch nicht mit angegeben sind. Man kennt den eigenartigen Glücksfall Clelands, der sich wegen seiner Verfasserschaft verantworten mußte und dem, da er bekannte, nur aus Not zur Herausgabe veranlaßt worden zu sein, von dem verständigen Richter (Earl Granville hieß der Edle) eine jährliche Rente von 100 Pfund ausgesetzt wurde, damit er nicht mehr in Versuchung käme, ein derartiges Erotikon zu schreiben. (Vgl. noch Englisch, Geschichte etc., S. 627-632.)

»Les Aphrodites« sind eines der Hauptwerke des Chevalier Andréa de Nerciat (1739-1800). Der genaue Titel lautet: Les Aphrodites ou fragments thalipriapiques pour servir à l'histoire du plaisir. Lampsaque 1793. Wir besitzen in diesem Werke ein wenn auch nicht streng historisches, so doch auf Tatsachen gegründetes Sittendokument der Zeit. Derartige Liebesgesellschaften hat es im Rokoko mehr als eine gegeben. Natürlich wurde das sittengeschichtlich hochinteressante Dokument auch ins Deutsche übertragen: Les Aphrodites. Thalipriapeische Fragmente. Beiträge zur Geschichte des Liebesgenusses. Zum ersten Male ins Deutsche übertragen von E. D. Loty. Gedruckt in der Kaiserlichen Hofdruckerei. Paris, 1908. 2 Bände. Ausführliche Angaben über den Autor und seine übrigen Werke finden sich in: Englisch, Geschichte etc., S. 463-473.

Die »Denkwürdigkeiten des Herrn von H., eines teutschen Edelmannes«, Rom (Berlin, Himburg), 1787, sind eines der Standardwerke der deutschen erotischen Literatur, die sich von Roheiten und Geschmacklosigkeiten, welche sonst den deutschen Produkten eigen sind, freihalten. Verfasser ist der Artilleriehauptmann Gustav Schilling (1766-1839). Die verschiedenen Nachdruckausgaben verzeichnen Hayn-Gotendorf IX, 124-125.

Marquis de Sade (1739-1814) war nicht nur starker Erotiker, sondern auch ein eminent philosophischer Kopf, mit dem sich die Forschung neuerdings zunehmend befaßt. Seine Hauptwerke sind: »Justine und Juliette, die Leiden der Tugend und die Wonnen des Lasters« – »Die 120 Tage von Sodom oder die Schule der Unzucht« und »Die Philosophie im Boudoir«. Die deutschen Ausgaben sind verzeichnet bei Hayn-Gotendorf, Bibliotheca Germanorum erotica VI, 24 ff. und IX, 518 ff. Vgl. ferner: Englisch, Geschichte der erotischen Literatur, Stuttgart 1927, S. 473 ff.: Dühren, Der Marquis de Sade und seine Zeit. Berlin 1900 und »Neue Forschungen über den Marquis de Sade«. Berlin 1904. Vorliegendes Stück bringen die »Historiettes, contes et fabliaux du Marquis de Sade, publiés pour la première fois par Maurice Heine. Paris 1926«.

Die Carmina Priapeia sind römische Gelegenheitspoesien, die von unbekannten Dichtern und Dichterlingen in Bedürfnisanstalten und Lupanaren an die Wände gekritzelt wurden, und die sich fast durchwegs auf Erotik und Sexualität beziehen. Alexander von Bernus gab 1905 die Gedichte in deutscher Nachdichtung bei Schuster & Löffler in Berlin heraus.

Grandval père, eigentlich Nicolas Racot (1676-1754), schrieb eine ganze Anzahl erotischer und skatologischer Komödien, die für die moralische Einstellung der Zeit bezeichnend sind. Die »La Comtesse d'Olonne« s. l. n. d. (Paris 1738) ging in eine ganze Anzahl Sammlungen erotischer Stücke über.

Daß Gottfried August Bürger den derben Umgangston liebte, bezeugte außer der hier veröffentlichten Übersetzungsprobe (bereits in »Die Opale« I, 205, erschienen) auch ein Brief an seinen Verleger Dietrich, der bei Englisch (Geschichte, S. 205, Anm. 3a) wiedergegeben ist.

II. Abteilung

»Adieu, o zarte Jungfrawschafft« ist eines der vielen Hochzeitskarmina (vorhanden in der Preuß. Staatsbibliothek unter Yf 6805).

»Ruhestatt der Liebe« und »Abbildung der vollkommenen Schönheit« sind entnommen »Des Herrn von Besser Schrifften, Beydes in gebundener und ungebundener Rede. Andere Auflage, Leipzig im Jahr 1720.« S. 415-422. »Die ideale Frau« ist eine freie Übersetzung eines lateinischen Gedichtes Sylva nuptialis eines gewissen Johannes Nevizanus (16. Jhrh.).

Die »Sinngedichte« von »Die doppelte Last« bis »Die gute Diät« haben Friedrich v. Logau (1604-1655) zum Verfasser. »Die schöne Gertraud« ist eine moderne Umdichtung des letzten Sinngedichtes aus der Zeitschrift »Der Strohwitwer«.

Johann Christoph Rost (1717-1765) ist der Adoptivvater der lustigen Schnurre »Die Nachtigall«, von der bereits Boccaccio ergötzlich erzählt.

»Die Nonnenbeichte« veröffentlichte zuerst Otto Schütte in »Zeitschrift des Vereins für Volkskunde« (22. Jhrg. 1912, S. 186-188).

»Flirt«: Pierre de Bourdeilles, Seigneur de *Brantôme* (1527-1614), erzählt in seinem, mit Liebe verfaßten Anekdotenbuch, wie sich die Herrschaften seinerzeit das Leben angenehm vertrieben: »Das Leben der galanten Damen« ist mehrfach ins Deutsche übertragen (die beste Ausgabe vom Hyperion-Verlag).

»Die Wonnen des Klosters« bilden den ernsten Teil der beiden Dialoge des Erotikons »Les délices du cloître ou la Nonne éclairée« o. O. 1747, wahrscheinlich von Jacques Rochette de la *Morlière* (1719-1785), dem berühmten Verfasser von »Angola« (vgl. Englisch a.a.O., S. 401). Nicht zu verwechseln damit ist »Vénus dans le cloître ou la Réligieuse en chemise« (bereits 1692 erschienen, unrichtig deshalb die diesbezüglichen Bemerkungen in »Bilderlexikon der Erotik« II, 226 ff.).

Der Pariser Advokat Charles *Gervaise de Latouche* (1715-1782) schrieb 1738 das berühmte Erotikon »Histoire de Dom Bougre, portier des chartreux«, das zu den Klassikern dieser Gattung gehört und die »Klosterfreuden« der Mönche und Nonnen schildert. (Näheres bei Englisch a.a.O. S. 389-393.)

»Liebe auf den ersten Blick« stammt aus dem graziösen Werk »Das Sopha« von Prosper Jolyot de *Crébillon* (1707-1777; über ihn vgl. Englisch a.a.O. S. 442-449).

Honoré Riquetti Comte de *Mirabeau* (1749-1791), sein Leben lang ein glühender Erotiker, schrieb vor seiner politischen Karriere einige starke Erotika, nämlich »Ma conversion« (1783) und »Erotica biblion« (1783). »Zierden der Nation« ist dem erstgenannten Werk, »Beschneidung« dem zweiten entnommen (vgl. Englisch a.a.O., S. 455-463).

»Der Fauteuil« ist ein Bruchstück von: Restif de la Bretonne »Anti-Justine«, der in seinem langen Leben (1734-1806) unheimlich viel zusammenschrieb, doch nur dieses eine pornographische Werk verfaßte (vgl. Englisch a.a.O., S. 480-484).

»Lob der Tribadie« und »Seltsame Laune« stammen aus »Anandria. Bekenntnisse der Mademoiselle Sappho«, das zuerst im 12. Bande von »L'espion anglais ou correspondance secrète entre Milord All'Eye et Milord All'Ear. Londres 1779-1785« stand.

In seinem Alter schrieb der Abbé *Voisenon* seine »Exercices de dévotion de M. Henri Roch avec Mme. la duchesse de Condor« (gegen 1780), in dem er die Prüderie verspottete (vgl. Du Roure, Analectabiblion. Paris 1837, Bd. 2, S. 456-461 und Pisanus Fraxis, Centuria librorum absconditorum, London 1879, S. 270-280). Eine deutsche Übersetzung erschien als Privatdruck 1908.

»Die beiden Betschwestern« schildert sehr lebensecht *Denis Diderot* (1713-1784) in seinen »Bijoux indiscrets« (1748; vgl. Englisch, S. 434-436).

»Jesuitenliebschaft« erzählt die Verführungsszene in dem Erotikon »Thérèse philosophe ou Mémoires pour servir a l'histoire de M. Dirrag et de Mlle Eradicèe« A la Haye s. d. (1748), das ein tatsächliches Ereignis romanartig verarbeitet (vgl. Englisch a.a.O., S. 397-401). Verfasser ist höchstwahrscheinlich der Marquis d'Argens, der intime Freund Friedrichs des Großen.

Voltaire hat bekanntlich versucht, die Jungfrau von Orléans in seiner »Pucelle d'Orléans« lächerlich zu machen, während Schiller den gleichen Stoff als Trauerspiel formte. »Johannas Eselabenteuer« ist einer anonymen Übersetzung, vielmehr Bearbeitung entnommen, die Ernst Christian Bindemann (1766-1845) zum Verfasser haben soll (vgl. Neudrucke literarhistorischer Seltenheiten Nr. 3, hrsg. v. Fedor v. Zobeltitz, Berlin 1905).

Neuzeit

I. Abteilung

Von der Sinnenfreudigkeit Goethes ist uns mehr als ein bezeichnendes Beispiel erhalten. Er liebte nicht nur die Derbheit im persönlichen Verkehr, was uns Schopenhauer bezeugt (Englisch, Dichter und Schriftsteller als Freunde erotischer Literatur, in: Jahrbuch deutscher Bibliophilen und Literaturfreunde. Jhrg. 1927/28, S. 33 ff.), sondern steuerte selbst manche Proben zur erotischen Literatur bei. Die hier gebrachten Beispiele gehören mit zum Zahmsten. Das Weimarer Schiller- und Goethearchiv verwahrt noch manches Ungedruckte, das sich angeblich nicht zur Veröffentlichung eignet. Über die Entstehung und die Druckgeschichte von »Das Tagebuch« vgl. die literarhistorische Einleitung von Max Mendheim in der 1910 bei Adolf Weigel, Leipzig, herausgebrachten Ausgabe. Zwölf verschiedene Ausgaben sind verzeichnet bei Hayn-Gotendorf IX, 240/1.

Das kleine Gedicht der »Citronia« von Heinrich Heine ist abgedruckt bei Englisch, Geschichte der erotischen Literatur. Die früheren Herausgeber von Heines Werken, Strodtmann (1869) und Engel (1884), hatten das Gedicht als »anstößig« weggelassen.

Die Autorschaft Alfred de Musset's steht nach den Forschungen Iwan Bloch's jetzt unzweifelhaft fest. Vgl. Iwan Bloch, Alfred de Musset ein Pornograph! in: Abhandlungen zur Geschichte der erotischen Literatur, hrsg. v. Paul Englisch, Stuttgart 1930, wo auch die verschiedenen Ausgaben der »Gamiani« vom Herausgeber verzeichnet sind.

Theophile Gautier hat 2 oder 3 recht freie Briefe geschrieben, um sich in der Rabelais'schen Derbheit zu versuchen. Sie waren natürlich nicht für die Öffentlichkeit bestimmt. Der vorliegende Brief stammt aus dem Jahre 1835 und ist an eine Madame Sabatier gerichtet, in deren Salons nur Künstler wie Gautier, Musset, Flaubert, Baudelaire, Henry Monnier etc. verkehrten. Es herrschte in ihrem Salon ein sehr freier Ton. Vorurteilslosigkeit hieß die Parole! (Vgl. Ernest Feydeau, Souvenirs intimes de Th. Gautier – Léon Séché, La jeunesse dorée etc., S. 269-294 und Eugène

Crépet, Charles Baudelaire, Paris 1907, S. 116). Das Original dieses Briefes (verzeichnet bei Grisebach, Weltliteraturkatalog, 2. A., Nr. 1021) erschien 1890 in 100 Exemplaren. Eine deutsche Übersetzung (die einzige) veranstaltete Willy Schindler in Berlin 1906.

Charles Baudelaire (1821-1867) ist durch seine »Fleurs du mal« 1857 als Erotiker hervorgetreten. Sie wurden gleich nach Erscheinen von der police correctionelle als »unsittlich« beschlagnahmt und sechs Gedichte daraus als »unzüchtig« inhibiert. Der Verleger Poulet-Malassis und der Dichter Baudelaire erhielten Geldstrafen. Diese sechs Gedichte nebst anderen satirischen Inhalts kamen 1866 in Brüssel als Privatdruck in den »Épâves« heraus. 1910 erschienen die erotischen und satirischen Gedichte in 350 Exemplaren deutsch bei Oesterheld & Co. in Berlin unter dem Titel »Die Vorhölle« (vgl. Englisch, Geschichte der erotischen Literatur, S. 537/8).

Das vorliegende Stück »Die Hochzeits-Gedächtnisfeier« ist eine Parodie auf Theodor Banvilles »Liebesgedächtnisfeier« und stammt von den beiden Autoren Lemercier de Neuville und J. Duboys gemeinsam. Veröffentlicht wurde es in »Le Théâtre de la rue de la Santé« (Batignolles 1864-1866). Die einzige deutsche Übersetzung gab Willy Schindler 1906 als Privatdruck heraus: »Das erotische Theater der Rue de la Santé«. Es kam auch tatsächlich zur Aufführung (vgl. Englisch, Geschichte etc., S. 539-541 und »L'enfer de la bibliothèque nationale« von Apollinaire, Fleuret et Perceau, Paris 1919, S. 92-114).

Die »Memoiren einer Sängerin« werden ohne den Schimmer einer Berechtigung der berühmten Sängerin Wilhelmine Schroeder-Devrient (1804-1860) zugeschrieben. Nach den Untersuchungen von Paul Englisch in »Irrgarten der Erotik«, Leipzig, 1931, S. 58-63, kann diese Mythe wohl endgültig als erledigt betrachtet werden. Die deutschen Ausgaben sind verzeichnet bei Hayn-Gotendorf, VII, 218-220; IX, 395/6, 537.

Ob wirklich Algernon Charles Swinburne (1832-1909) der Verfasser dieses ultragalanten Preisliedes auf Cunnilingus und Fellatio ist, wird sich wohl kaum je zweifelsfrei feststellen lassen. Die Originalausgabe führt den Titel: Flossie, a Venus of fifteen, by one who knew this charming, goddess and worshipped at her shrine. Printed at Carnopolis for the delectation of the Amorous and the Instruction of the Amateurs (London s. d.). Die beiden deutschen Übersetzungen verzeichnen Hayn-Gotendorf VII, 498 und IX, 187.

Der Titel der deutschen Ausgabe lautet: »Abenteuer einer Pariser Kokotte von Léna de M . . .« (Guy de Maupassant), Leipzig, 1908. Der

Übersetzer Paul Felix Breunwald läßt aber in der Einleitung (ungeachtet der Angabe auf dem Titel) die Frage, ob Maupassant der Autor ist, offen. M. E. ist die Frage zu verneinen. Maupassant scheute zwar vor Obszönitäten nicht zurück (vgl. Englisch, Geschichte etc., S. 531). Aber die Originalausgabe »Impressions d'une fille par Léna de Mauregard, Lewis et Co. Editeurs, San Francisco, 1900, erschien sieben Jahre nach dem Tode von M. Nach Perceau (Bibliographie du roman érotique au XIXe siècle. Paris 1930, I, S. 395) ist der (pseudonyme) Vielschreiber J. Le Nismois der Verfasser.

Aubrey Beardsley, der große englische Zeichner, strebte auch nach der Dichterpalme. Die »Geschichte von Venus und Tannhäuser« ist aber unvollendet geblieben. Ausgaben bei Hayn-Gotendorf IX, 571.

Der Titel des Originals lautet: Venus in India or love adventures in Hindustan by Capt. C. Devereux of the General Staff. 2 vol. Printed at Carnopolis for the Delectation of the Amorous etc. MDCCCLVIII. 1910 erschien eine deutsche Übersetzung: Venus in Indien. Roman. Privatdruck, Leipzig 1910. Näheres in: Bilderlexikon der Erotik, Wien, 1929, S. 866.

Von dem alternden Paul Verlaine (1844-1896) sind drei clandestine Sammlungen erschienen: »Les Amies«, in denen die lesbische Liebe verherrlicht wird, »Femmes« und »Hombres«, die mehrere Übersetzer gefunden haben. Die beste ist die von Curt Moreck 1919 bei Paul Steegemann in Hannover besorgte Ausgabe der »Frauen« und »Männer«, die »Freundinnen« publizierte Chryselius in Berlin. Die vorliegenden Übersetzungen stammen zum Teil von dem anonymen H. A., zum Teil von K. L. Ammer (»Opale«, I, 129-135; II, 113-4).

Alfred Jarry, 1910 in jungen Jahren gestorben, erregte 1895 durch seine groteske Komödie »Ubu Roi« berechtigtes Aufsehen. Das vorliegende Stück ist aus seinem Buch »Après Minuit«, das Paris 1900 erschien, wiedergegeben. Ein anderes Kapitel brachte »Der Amethyst«, S. 362 ff. Die Rachilde hat 1930 über den merkwürdigen Mann ein Büchlein »Erinnerungen« veröffentlicht.

Unter dem Pseudonym Nicolaus Hafner verbirgt sich ein bekannter Wiener Schriftsteller, der mit anderen zusammen in den neunziger Jahren des vorigen Jahrhunderts solche kleinen Szenen für ein privates Puppentheater verfaßt hat.

Josefine Mutzenbacher oder Jugenderinnerungen einer wienerischen Dirne, von ihr selbst geschrieben. Privatdruck. (Wien, Fritz Freund Verlag) 1906, gehört mit zu den stärksten und verbreitetsten Werken der erotischen Literatur. Es ist wie selten eins psychologisch geschickt aufgebaut, woraus sich wohl auch die große Beliebtheit dieses Buches erklärt, das in zahlreichen Ausgaben verbreitet ist. Als Verfasser wird Felix Salten bezeichnet, der es aber nicht beendete; den Schluß schrieb Willy Handl (vgl. Bilderlexikon. Literatur und Kunst. Wien, S. 692; Englisch, Irrgarten der Erotik. Leipzig 1931, S. 86; Hayn-Gotendorf = Englisch, Bibl. Germ. Erot. IX, 422/3).

Das Prosastück »Schwestern und Dienstmädchen« aus den »Bezüglichen Erinnerungen eines Mannes von Welt« stammt aus einem 1920 geschriebenen und unveröffentlichten Manuskript eines bekannten zeitgenössischen Schriftstellers.

D. H. Lawrence (gest. am 7. März 1930) war einer der bedeutendsten Dichter Englands. In »Lady Chatterleys lover« (deutsch: Lady Chatterley und ihr Liebhaber. Wien-Leipzig, E. P. Tal. Privatdruck 1930, in 2. Auflage 1931), von welchem Roman hier mit freundlicher Genehmigung des Verlages E. P. Tal eine Probe gebracht wird, ist das fortgesetzte Brautfest zwischen der Lady und einem Proletarier geschildert. Dem Dichter ist es darum zu tun, die Menschheit dazu zu bringen, Geschlechtliches konsequent durchzudenken, ohne in die Region des Obszönen sich zu verirren (vg. Bilderlexikon. Ergänzungsband. Wien 1931, S. 382).

Der Roman »Ulysses« von dem irischen Dichter James Joyce erschien deutsch im Rhein-Verlag, zuerst in 3, dann in 2 Bänden, als Privatdruck. Es ist ein ungeheuerlicher Roman, in dem die Ereignisse von ein paar Stunden beschrieben werden. Joyce gibt, was aus seinem Unterbewußtsein kommt, ohne Überlegung wieder. Nur das scheint ihm die wahre Natur des Menschen widerzuspiegeln. »Die Literatur« bezeichnet das Erscheinen des »Ulysses« als einen Wendepunkt des Romans überhaupt.

II. Abteilung

»Das angestochene Faß« stammt aus »Biographien der Hahnreie« von Daniel Ernst Bornschein (1774-1836).

Goethe rächte sich an Nicolai wegen dessen Verspottung durch seine »Freuden des jungen Werther« mit seinem derben Gedicht »Nicolai auf Werthers Grabe« (1775). Über seine Furcht vor geschlechtlicher Ansteckung äußert er sich in der römischen Elegie, die zunächst folgt. Der Sinn des letzten Absatzes wird erst klar, wenn man bedenkt, daß der römische Name für Hermes »Merkur« und Merkur auch die Bezeichnung für Quecksilber, das Heilmittel gegen Lues ist. »Der Eilfte« (zuerst veröffentlicht in einem kleinen Privatdruck von Flodoard Freiherr von Biedermann) spielt deutlich genug auf den Phallos an. Die Brüder Grimm haben in ihrem »Wörterbuch« darauf Bezug genommen. – Auch Schiller zollte in seinen Jugendjahren der Sinnlichkeit seinen Tribut. Sein späteres wirklichkeitsfremdes Pathos aber mußte früh genug die Spötter auf den Plan rufen, um »das Erhabne in den Staub zu ziehn«. Eine Probe solcher Parodien, die zu hunderten existieren, war demnach geboten.

Zacharias Werner (1768-1823), fiel bereits frühzeitig den Zeitgenossen durch seine ungezügelte Sinnlichkeit auf, wovon auch die im »Amethyst« veröffentlichten Proben seiner Tagebuchaufzeichnungen Zeugnis ablegen. Selbst nach seiner Bekehrung und seinem Übertritt zur katholischen Kirche liebte er es, auf der Kanzel durch gewagte Anspielungen, denen er zum Schluß eine harmlose Aufklärung gab, zu verblüffen. Diese hier vorliegende, wohl authentische Anekdote findet sich in dem erotischen Roman »Die Verschwörung von Berlin« von Carlo Dandini. Ebenso die Schnurre vom »Vogel Rock«, die später folgt.

»Ein kleines Preislied« wird Christoph Martin *Wieland* zugeschrieben.

»Über die Ausschweifungen Berlins« ist dem »Gemälde von Berlin, Potsdam und Sansouci (!). Politisch, moralisch, charakteristisch freimütig entworfen von Justus Conrad Müller. London und in allen Buchhandlungen Deutschlands 1792« entnommen. Die »Standrede am Grabe der Madame Schuwitz. Ein Neujahrsgeschenk für Incroyables. Rastadt 1798« und das »Testament« beziehen sich auf Berlins berüchtigtste und bekannteste Bordellhalterin, deren Salons sich des höchsten Zuspruchs erfreuten. Der im »Testament« erwähnte Verleger ist Christian Friedrich Himburg. Der genaue Titel der darin genannten Erotika ist: Abenteuer eines Frauenzimmers von Vergnügen von John Cleland (vgl. die Bibliographie von Englisch, Stuttgart 1927), Gedichte im Geschmack des Grécourt, von J. Scheffner, Nuditäten (H. G. V, 411), Zeichen und Wert der Männerkeuschheit (H. G. VIII, 616), Thlantlaquatlapatli von Heinr. Wilh. Seyfried (H. G. VII, 662) und Biographien einiger merkwürdigen Berlinischen Freudenmädchen von Johann Christian Siede (H. G. I, 245).

»Die Haut des hl. Dorotheus im Nonnenkloster zu Macon« stammt aus dem »Almanach der Heiligen auf jedes Jahr«. (Von Heinrich Gottfried v. Bretschneider.) Rom (= Leipzig, Gräff) o. J. (1788) vgl. H. G. I, 54, wo der Inhalt mit Titelangaben wiedergegeben ist.

»Was ein Augenblick thut« ist ein Kapitel aus dem kuriosen Buch »Meine Geschichte eh' ich gebohren wurde. Eine anständige Posse vom Mann im grauen Rocke. Berlin, Himburg 1795«. Verfasser soll nach Dr. S. Rahmer, der von der Schrift 1904 einen Neudruck veranstaltete, J. G. Müller sein, nach Goedeke ist es Siede (IV, 1, 939, 29 y).

Karl *v. Holtei* (1797-1880) verfaßte eine »erotische Komödie«, betitelt: »Don Juan. Dramatische Phantasie in sieben Akten von einem deutschen Theaterdichter. Paris 1834. Bei Pierre Marteau (O. Wigand in Leipzig)«, die »frei von den Fesseln, die zufällige Bühnenform, Theater-Censur, Hofetikette und Prüderie des tugendsamen Publikums auflegen«, die Gestalt des Don Juan lebenswahr schildern sollte.

»Die Kunst als Kupplerin« ist ein kurzes Bruchstück aus »Maurice Guy Vicomte de Varause, Die lüsternen Schwestern. Privatdruck Leipzig 1910«, einer Übersetzung aus dem Französischen: »Les Nonnes lubriques«.

»Ein Reiseerlebnis« stammt aus dem Erotikon »Die Nichten der Frau Oberst« (Les cousines de la colonelle), das man Guy de Maupassant zuschreibt, das aber nach Louis Perceau (Bibliographie du roman érotique au XIXe siècle. Paris 1930, I, S. 181) Comtesse de *Mauriac de Boissiron* zum Verfasser hat.

»Die Mannstolle« ist dem Erotikon »Das Schloß der Tugend von Friedrich Kohlhoff. Verlag der Saturne« (1919) entnommen.

»Achmed und Chlothilde« (anonym zuerst 1899 erschienen, Verfasser ist Felice Dubois) enthält trotz seiner gepfefferten Erotik manchen bereits van de Velde vorweggenommenen Gedanken, den er zwecks Erhaltung der Treue propagiert. (Ausgaben bei H. G. IX, 2/3).

»Der effeminierte Sklave« wurde dem höchst seltsamen Erotikon »Weiber-Herrschaft. Die Geschichte der körperlichen und seelischen Erlebnisse des Julian Robinson, nachmaligem Viscount Ladywood etc. Privatdruck. Leipzig 1920« entnommen. Wegen des englischen Originals ist zu vgl. Apollinaire, Perceau et Fleuret, L'enfer. Paris 1414, Nr. 819.

Robert Prutz, ein aufmerksamer Beobachter seiner Zeit, zeigt in dem »Lust und Laster« betitelten Stück aus »Die politische Wochenstube«, daß seine Zeit in Bezug auf sittliche Auffassung vor der unsrigen nichts voraus hatte.

1910 gab Gustav Gugitz einen Neudruck heraus: »Schwester Monica erzählt und erfährt« (Wien, Dr. Rudolf Ludwig), den er E. T. A. Hoffmann zuschreibt (vgl. über die Verfasserschaft: Englisch a.a.O., S. 245-246; ders. Irrgarten der Erotik, Leipzig 1931, S. 153 und 189).

»Yoshiwara« ist eine Probe aus »Die Lasterbrücke oder Die nackte Frau in Ost und West von Albert Pawil. Amsterdam 1930«.

Der vorliegende Auszug »Das blonde Milchen« beweist die Dichterkraft, aber auch den Zynismus von Christian Dietrich Grabbe (1801-1836). Er ist entnommen aus »Herzog Theodor von Gothland« (1827).

Arno Holz schuf nicht nur sprachliche Kunstwerke, sondern zeigte sich zuweilen auch als Dichter von Gottes Gnaden, wovon der Auszug aus »Flördeliese« (Verlag Alfred Richard Meyer, Berlin-Wilmersdorf) Zeugnis ablegt.

»Der Sterngucker« und »Überrascht« stammen beide von Carl Müller, genannt Saumüller (1796-1873), u. z. seinem Bändchen derber »Gedichte, Aufsätze und Lieder im Geiste Marc. Sturms von M . . . C . . . Gesammelt von einem seiner Freunde. Stuttgart (!) 1864«.

Stendhal-Beyle (1783-1842) erzählte im intimen Freundeskreis gern kleine Geschichten, bei denen die erotische Fortsetzung der Phantasie des Zuhörers überlassen blieb. Eine dieser Historietten hat uns Balzac in »Contes brunes« (1832) überliefert, die Arthur Schurig im »Simplizissimus« vom 1. März 1909 übersetzte.

»Noch eine Hexe. Ein Apothekermärchen« von Arthur *Fitger* liefert den Beweis, daß Erotik und Humor Geschwister sind.

»Ilse« Frank Wedekind, »Gesammelte Werke«, München und Leipzig 1919, Bd. 1, S. 25.

»Ein Duett« und »Werbung« werden Otto Julius *Bierbaum* zugeschrieben, da die beiden Gedichte in seiner Handschrift mit Verbesserungen sich in einem seiner Notizbücher fanden.

»Das schlafende Mädchen«, ein erotisches Volkslied, ist dem Privatdruck von E. K. Blümml »Erotische Volkslieder aus Deutsch-Österreich« entnommen (Nr. L, S. 93).

»Erziehung zum Weibe« zeigt den Stil eines gewandten Schriftstellers. Das Stück ist eine Probe aus »Der Roman der kleinen Violette«, den man *Victor Hugo* (1802-1885) zuschreibt. Wohl mit Unrecht (vgl. Englisch a.a.O. S. 529).

»Vorspiele« stammt aus dem üppigen Opus »Edmées Ausbildung zur Demi-Vierge« (unter verschiedenen Titeln nachgedruckt). Verfasser ist entweder Adolphe Belot oder der Vielschreiber J. le Nismois.

»Das tapfere Schneiderlein«. 1909 gab der Verlag C.W. Stern in Wien ein zweibändiges Werk »Erotische Märchen« heraus, in denen die bekannten Volksmärchen ins Erotische umgebogen waren, wie man sieht, nicht ohne Geschick.

»Der perverse Backfisch«. Der bekannte Romanschriftsteller *Pierre Louys* (1870-1925) hinterließ bei seinem Tode mehrere Manuskripte stark erotischen Inhalts, u. a. »Trois filles de leur mère«, aus welchem Roman diese Probe wiedergegeben ist.

»Kranke Liebe.« Roman (in 3 Bänden), übersetzt von Niels Hoyer (Verlag Gustav Kiepenheuer, Potsdam 1921), spiegelt künstlerisch die Art des kranken Sexus. Die sadistische Grausamkeit gegen sich selbst ist weder vorher noch nachher so klinisch anschaulich geschildert worden wie in diesem Bekenntnisbuch.

»Endymion will nicht« von Wladimir Aratow ist ein Stück aus dessen Novelle »Die rasierte Diana« (veröffentlicht in: Der moskowitische Eros. Eine Sammlung russischer dichterischer Erotik der Gegenwart. München, Allgemeine Verlagsanstalt 1924).

»Das dichte Vließ« stammt aus dem Erotikon »Un été à la campagne«, das fälschlicherweise E. *Droz* zugeschrieben wird, das aber von dem Verleger Auguste *Poulet-Malassis* herrührt (ausführlich über ihn in: Englisch, Irrgarten der Erotik, S. 28-43).

Zu dieser Ausgabe

Nachwort von Karl Riha

Als Privatdruck und mit dem ausdrücklichen Hinweis im Impressum, das Buch werde lediglich in einer limitierten, nur für Bibliotheken und Wissenschaftler bestimmten Subskriptionsausgabe herausgebracht, deren Verleihen noch dazu ausdrücklich verboten sei, erschien die vorstehende ›Anthologie der erotischen Literatur aller Zeiten und Völker‹ erstmals 1932 im Wiener Anakreon-Verlag. Das waren offensichtlich die Vorsichtsmaßnahmen, die man auch zu diesem Zeitpunkt immer noch ergreifen mußte, wollte man nicht blind in die Fänge der Zensur geraten, die aus langer Tradition gegen derlei Literatur unter Umständen noch heftiger zu Felde zog als gegen politisch-aufmüpfige Schriften, die mit herber Gesellschaftskritik aufwarteten und zu Veränderungen im Staate aufriefen. Kein Buch für das breitere Publikum also, und doch auf dieses bezogen, stellt es sich doch der Aufgabe, die Diskussion über erotische Literatur aus der Gosse herauszuziehen, in die sie enge Moralkritik und gerichtliche Verfolgung so anhaltend abdrängten, und ihrer aufgeklärten Diskussion ein öffentliches Forum aufzuschlagen.

Paul Englisch (1887-Todesjahr unbek.) – ein promovierter Jurist, der nach dem ersten Weltkrieg als Syndikus und Großkaufmann zu Geld kam und sich ein freies Schriftstellerdasein leisten konnte – war ein Sammler vom Schlag des Eduard Fuchs, dem Walter Benjamin einen eigenen kleinen Essay widmete: statt auf Karikaturen stürzte er sich allerdings in die weiten und ebenso weitgehend unerforschten Gefilde der ›verschwiegenen Literatur‹, wie die zeitgenössische Umschreibung für Erotika lautete. Da ihm der Zugang zu den »sekretierten Abteilungen der öffentlichen Bibliotheken« wohl oft genug versperrt gewesen sein mag, häufte er – über viele Jahre hinweg – eine größere Privatbibliothek an: so jedenfalls berichtet er in seiner ›Geschichte der erotischen Literatur‹, die 1927 in der Stuttgarter Verlagshandlung Julius Püttmann herauskam und bis heute ein Standardwerk auf ihrem Gebiet geblieben ist; sie besticht durch ihren immensen Materialreichtum. Auf eben diesen weitläufigen Recherchen und eigenen Sammlungen basiert auch unsere Ausgabe, für die der renommierte Zeitschriftenherausgeber, Übersetzer und Schriftsteller Franz Blei (1871-1942), der sich zu diesem Zeitpunkt bereits durch zahlreiche Publikationen im Bereich der erotischen Literatur und ihrer diversen Filiationen einen bekannten Namen gemacht hatte, zu einem Vorwort gewonnen wurde; ich verweise als einschlägige Publikationen hier lediglich auf seine Essaysammlungen ›Von amoureusen Frauen‹ (1908), das Damenbrevier ›Die Puderquaste‹ (ebenfalls 1908), ›Das Lesebuch der Marquise‹ (1917), auf seine ›Lehrbücher der Liebe‹ (1923), auf diverse Titel wie ›Das Erotische‹ (1927), ›Himmlische und irdische Liebe in Frauenschicksalen‹ (1928), ›Formen der Liebe‹ (1930) und schließlich auf eine große Fülle einschlägiger Anthologien wie ›Das Lustwäldchen‹ (1908), ›Liebesgedichte des Orients‹ (1922) oder ›Der buntfarbige Eros‹ (1924).

Mit seiner 1930 erschienenen Autobiographie ›Erzählung eines Lebens‹ liefert Blei – direkt wie indirekt – ein informatives Dokument für das rapide Anwachsen des Interesses an der erotischen Literaturthematik zum Ende des neunzehnten Jahrhunderts und um die Jahrhundertwende. Zunächst in seiner Entwicklung ganz und gar politisch determiniert, ein marxistischer Anhänger Victor Adlers, entdeckt der jugendliche Autor die Sexualität zuallererst bei sich selbst und reflektiert sie im Rahmen seiner Familien- und Gesellschaftsverhältnisse. An der Geldheirat der älteren Schwester beobachtet er, daß die herrschende Gesellschaft mehr am Zurechtkommen mit der Liebe als am Sterben daran interessiert ist und »dem Liebesgefühl lieber eine geringe als übermäßige Bedeutung gibt und es kalmiert«: Liebe – aufgefaßt als eine »alles verzehrende göttliche Flamme« – offenbart sich deshalb als starke, die Mediokrität der Zeit sprengende, oppositionelle Kraft, als Herausforderung mit entsprechender Protestfunktion.

Wo immer sich dazu Möglichkeiten anbieten, setzt Blei zu kleinen Exkursen an, in denen er die Sexualverhältnisse der Zeit thematisiert, so etwa mit Blick auf das sogenannte ›süße Madel‹, eine Wiener Erotik-Spezialität, der vor allem Arthur Schnitzler in seinen Dramen und Erzählungen huldigte. »Das Wunschgemälde dieser süßen Mädeln«, heißt es dagegen recht nüchtern und ernüchtert bei Blei, »entsprach nur sehr rudimentär einer Wirklichkeit. Diese Töchter kleinbürgerlicher Vorstädtler und Arbeiter hatten, wenn sie und solange sie jung und hübsch waren, ihren Liebesehrgeiz, der sie so einem eleganten jungen Herrn aus der Stadt geneigter machte als einem Spengler, selbst wenn er ein Galanteriespengler war. Zwischen sechzehn und zwanzig resigniert so ein junges hübsches Ding nicht und sucht ihrem Leben die Spannung zu geben in einem Erleben außerhalb der Klasse.«

Oder er kommt – mehr psychologisierend als soziologisch klassifizierend – auf Beobachtungen zu sprechen, die er an sich selbst gemacht haben mag: »Keines Zwanzigjährigen Liebesgeschichte beginnt mit der Liebe. Das heißt nicht, daß sie mit nichts als dem bewußt gewordenen sexuellen Appettit beginnt, – mit ihm vielleicht am wenigsten, denn keinem Zwanzigjährigen sind, außer er hat einen Knacks, die Mädchen wichtig. Aber er wird nicht versäumen, sich ihnen wichtig zu machen. Er will ja Person werden. (. . .) Und Person zu sein, das nimmt er in der sexuellen Situation vorweg.« Oder: »Etwas aus der Art geschlagene Tiere, die wir als Menschen sind, scheint uns der nichts als sexuelle Vorgang der Funktion so etwas wie eine Adelung nötig zu haben, als welche eben die Liebe ist. Nicht das allein nur. Denn sie ist, wie unsere organisierte Ökonomie gegen die individuelle Not, eine Schutzform gegen das immer zum Einbruch auf der Lauer liegende Individuelle des sinnlichen Triebes. So sehr, daß Paare, die nichts miteinander haben als ihre gelegentliche Brunst, diese dennoch Liebe nennen. Sie leben mit dieser Bezeichnung sozial komfortabler und stehen für sich selber in einem schöneren Lichte.«

Was lag näher, als diese aktuellen Erfahrungen und Beobachtungen auch ins Historische zu wenden? Eine Art Schlüsselstelle nimmt hier jene Passage in seiner Autobiographie ein, in der Blei berichtet, daß er sich während seiner Genfer Studienzeit einige Aufzeichnungen zu den unveröffentlichen Tagebüchern des französischen Philosophen Amiel gemacht habe, in denen dieser von seinen geheimen Leidenschaften Bericht gibt. Erst mit vierzig Jahren – so das intime Bekenntnis – habe er seine erste körperliche Erfahrung in der Liebe gemacht; später habe er dieses anachoretische Leben beklagt und bekannt: »Ich glaube, der Fluch meines Lebens ist das Geschlechtliche gewesen, alles was mit der Scham der Wollust zu tun hat. Diese physiologische Funktion ist für mich eine unausgesetzte Misère gewesen. Die vorzeitige Heirat oder selbst die Libertinage wären besser gewesen als die Enthaltsamkeit und der Zölibat.« Über das Erlebnis mit einer Frau, welche die schlummernden Leidenschaften in ihm weckte, ohne sie zu befriedigen, habe er folgende Sätze dem Papier anvertraut: »Unglück über den, der die schlafende Katze aufweckt und die eingeschlummerte Phantasie. Mein Denken ließ sich gestern Abend von Cypris locken. Ich las Parny, Bertin, La Fontaine bis nach Mitternacht. Diesen Morgen Apuleius und Ovid. Das verfehlte Treffen gestern abend – das Billett kam erst heute morgen – spielte in dieser

Erregtheit ebenfalls mit. Venus versuchte mich wie einen Jüngling, und die knabbernden Neugierigkeiten der Lust kitzelten mir die Imagination wie dem heiligen Antonius. Es scheint, je diskreter, enthaltsamer, skrupulöser ich in der Praxis und vor der Wirklichkeit bin, um so stärker versucht mich libertinage Lektüre.«

Für Blei enthält diese Lektüre einen immensen Zündstoff: er unterbricht seine »mit bibliothekarischem Fleiße betriebene umfangreiche« Doktorarbeit über die Wissenschaft des Mittelalters, die ihn »als gelehrten Historiker vorstellen sollte«, und verkauft schließlich sogar seine ganze ökonomische Bibliothek, »die eigentlich einzige Voraussetzung« seiner »gelehrten Karriere, auf die ernste Leute so große Hoffnungen setzten«. Diese bislang so ernsthaft betriebene wissenschaftliche Betätigung entpuppt sich ihm plötzlich als plan und eintönig, weil nichts weiter als »gewissenhafte Untermauerung einer politischen Anschauung«. All das damals Entworfene, schreibt er im Rückblick, erscheine ihm heute vergilbt: »Aber die dazwischen liegend aufgefundenen Blätter mit den Auszügen aus Amiels Journal sind mir bis heute lebendig geblieben, weil sie es damals waren, als sie mich mit ihrem Leben anatmeten, während ich damit beschäftigt war, das Tote der Karolingerzeit mit meinem wissenschaftspolitischen Spiritismus lebendig zu machen.«

All diese Notate beanspruchen natürlich mehr als nur private Signifikanz, schneiden und treffen sich doch in ihnen markante aktuelle Tendenzen: die nach wie vor konventionelle Sexualmoral der Zeit als konservativ-reaktionärer Hintergrund ebenso wie das neuerwachte psychologische und sozialpsychologische Interesse für die Triebgeschichte des Menschen und ihre diversen Erscheinungen. In der ›schönen Literatur‹ hatte es bereits in den neunziger Jahren des neunzehnten Jahrhunderts einen markanten Umsprung von der soziologischen Fixierung auf ökonomische Sachverhalte zu den »Seelenständen« des Menschen und ihren wechselnden Einfärbungen gegeben, unter denen die erotische besonders kräftig hervortrat. Es war dies der Paradigmawechsel vom ›sozialen Drama‹ Gerhart Hauptmanns hin zur Tragikomödie des Sexus bei Frank Wedekind bzw. zu den Maskenspielen des Triebs bei Arthur Schnitzler; und eben diese Autoren waren es, an die sich Franz Blei als seine unmittelbaren literarischen Zeitgenossen schon in seinen Jugendjahren intim anschloß, wie entsprechende Abschnitte in seiner Autobiographie belegen. Ihnen zur Seite tritt ebenso früh das Interesse für Maler und Zeichner wie Félicien Rops, Bayros und vor allem Aubrey Beardsley, deren Namen bis heute für erotische Buchillustration und Graphik schlechthin stehen.

Wie der knappe Hinweis auf die geheimen Tagebücher Amiels zeigt, spielt in das eigene Erlebnis der Liebe, das in einer bislang kaum bekannten Nuanciertheit reflektiert wird, die Imagination der Liebe und damit die Lektüre erotischer Literatur unmittelbar hinein. Was das Ineinander und Gegeneinander von Geschlechtslust und Liebe angeht, kommt Blei dabei für seine eigene Biographie etwa zu folgendem Bekenntnis (er spricht von sich in der er-Person): »Daß er das Individuelle – und das ist das Gesicht – so gänzlich vergessen hatte können, machte ihn aufs äußerste unsicher, was seine Liebe betraf. Denn dafür hielt er und mußte er mit seinen zwanzig Jahren das, was da zwischen ihm und dem Mädchen geschehen war, halten, in der glücklichen Unwissenheit dieses Alters, die das wechselseitige Geschenk der Leiber für die Liebe hält, schon für die Liebe. Dieses, damit das Wechselseitige Geschenk werde, nicht wissen können und nicht wissen dürfen, daß der Rausch des Blutes blind macht, die Liebe aber sehend ist. Wie konnte der bestürzte junge Mensch wissen, daß es der heiße Atem der Gattung war, der nicht nur das Individuelle des Gesichts weggeblasen hatte, wovon in

Sturz und Umschlingung ja kaum etwas haften geblieben, sondern daß ihm nun in der Trennung und ohne die Geste und das gesprochene Wort auch das fehlte und sich nicht mehr einstellte, was er als die Gefühle für die Liebe charakteristisch meinte? Mit einer verzweifelten Aufrichtigkeit, zu der ihn Art und Dauer dieses ersten Erlebnisses und das adelige, geradlinige und schwere Wesen dieses Mädchens zwangen, sagte er sich – und warf so sein begreiflich kleines Lot ins Unergründliche –, daß er weder besondere Gedanken noch besondere Gefühle, solche der schwärmerischen Art, für das Mädchen habe, sondern nichts als diesen Zustand gestauten Strömens im immer süchtigen Blute und ein Briefwissen von der andern fernen Seite her, daß es dort nicht anders. Er mußte es, wie sollte er anders, Liebe nennen und war verzweifelt, daß sie nichts als das war. Käme eine andere in die Nähe und spräche mit den Augen das rechte Wort, so ergösse sich . . . Es war nichts als Zufall, daß diese andere nicht kam, und daß es so dem jungen Manne und dem jungen Mädchen als die Gnade zuteil wurde, daß sie in der Zeit eine um die andere die kleinen Inseln wirklicher und vermeintlicher Liebe aus dem Gischt ihres Schäumens auftauchen sahen, die Inseln mit den bittersüßen Früchten.«

Diese reflektierte eigene Sexualbiographie, die sich neben der politischen Biographie nicht nur behauptet, sondern ein eigenes Gewicht erhält und eine eigene Herausforderung darstellt, ist die Folie, auf der das Interesse für erotische Literatur aufzutragen ist, wie es unsere ›Anthologie‹ dokumentiert: erst auf sie hin erhält es – und dies in der ganzen Breite der literarischen Erscheinungen: von der Schwank-Erzählung des Mittelalters bis zur zeitgenössischen Dirnen-Biographie – seine spezifisch intellektuelle Anspannung und seinen affektiven Reiz. Sie sind es, die eine Kapitelüberschrift wie ›Das Experiment des Denkens und das Irrationale des Eros‹ rechtfertigen und tragen, unter welcher Blei in seiner

Lebensgeschichte auch auf seine eigene einschlägige Publizistik zu sprechen kommt, deren aktuelle Brisanz – sprich: Konflikt mit der verlogenen öffentlichen Moral – er an folgendem Fall erläutert, der als eine Art Auftakt zu der gemeinsam mit Paul Englisch unternommenen Anthologie angesehen werden kann; im Zusammenhang einer längeren Ausführung zu einer gegen ihn erhobenen Anklage mit Prozeß heißt es: »Während einer vier Tage lang währenden Verhandlung vor dem Münchener Geschworenengericht hatte der wegen Vergehens gegen Sittlichkeit, begangen durch die Presse, Angeklagte Zeit genug, sich über die Ursachen und Anlässe seines nun ein Vergehen genannten Unternehmens Gedanken zu machen, welches Unternehmen in einer Anthologie jener schriftstellerischen Erzeugnisse der Völker und Zeiten bestand, die man die erotischen nennt. Ein Dutzend Sachverständige führte aus, daß sie mitnichten von dieser Anthologie auf schlimme Gedanken gebracht worden seien. Aber ein anderes Dutzend bäuerischer Geschworener löcherte es, wenn der gerichtliche Vorleser dieser Sammlung etwa Schwänke aus dem deutschen 17. Jahrhundert las; sie lachten genau so wie die Zeitgenossen jener Erzähler, Wegverkürzer und Zeitvertreiber lachten, als ein naives Volk, das Spaß hat am angeführten Ehemann. Und wären unter diesen Geschworenen so geistvolle Leute wie die zeitgenössischen Leser des La Fontaine gesessen oder so anmutige junge Araber, wie es wohl jene waren, die auf ihre Dichter hörten, dann hätten sie auch zu diesen Stücken gelächelt oder verzückte Gesichter gemacht. Aber es waren die zwölf nur oberbayrische Bauern mit ihrem Verstand, der gerade nur bis zu jenen Schwänken reichte. Der anklagende Staatsanwalt wurde nachdenklich, und es war etwas matt, was er vom sittlichen Empfinden des Normalmenschen sagte, das zwischen dem Erotischen und dem Pornographischen keinen Unterschied mache und sich vor beidem entrüste« – allerdings, fügt der Autor hinzu, »meist nach gehabtem Vergnügen daran«: »Nach dem Freispruch erhielt der Angeklagte von neunen der zwölf Bauern Briefe, die ihn um das inkulpierte Buch baten. Weniger sympathisch waren ihm im nachfolgenden Leben getroffene Richter und Staatsanwälte, die mit einem pikant anzwinkernden Auge den Namen des ihnen Vorgestellten quittierten. Wenn der bürgerliche Mannstyp unter sich ist, gibt er sich gern so was wie vermeinte Freiheit im Erzählen und Anhören schweinischer Späße.«

Gerade dieses Publikum, das einerseits als Staatsanwalt, Geschworener und Richter in Sachen angeblicher Pornographie auftritt und andererseits durchaus eine ganz konkrete Lüsternheit nach sogenannten Pikanterien und Frivolitäten signalisiert, wollten die Herausgeber mit ihrer Textsammlung auf Distanz halten – auch deshalb der einschränkende Impressums-Hinweis! – Paul Englisch hatte bereits in seiner ›Geschichte der erotischen Literatur‹ Ansätze zu einer wissenschaftlichen Betrachtung der erotischen Publizistik geliefert und einige differenzierende Definitionen ihrer unterschiedlichen Genres zur Verfügung gestellt. So unterscheidet er etwa zwischen ›pikanter‹, ›galanter‹, ›frivoler‹, ›obszöner‹ und eben ›pornographischer‹ Literatur, wobei er die anstehenden Sachverhalte wie folgt illustriert: »Preist ein Hahnrei die Treue seiner Gattin vor seinen Mitarbeitern, muß ein Richter über eine weibliche Delinquentin zu Gericht sitzen, mit der er selbst die fraglichen Geheimnisse teilt, so wirkt dies pikant«, durchaus unzutreffend bezeichne man aber heute gerade solche Schriften mit diesem Terminus, »die, ohne direkt unzüchtig zu wirken, erotische Szenen mit einem gewissen Witz behandeln, das eigentliche Erotische aber geschickt mit einem durchsichtigen Schleier verhüllen«; der Begriff des ›Galanten‹ changiere, im engeren Sinne aber sei darunter jener Teil der erotischen Literatur zu verstehen,

»der unter Beiseitsetzung jeglicher sinnlicher Empfindung dem Wunsche entsprungen ist, durch grelle, aber kalte Geistesblitze, die das Gebiet der Erotik streifen, zur geselligen Unterhaltung beizutragen oder einen gewünschten Eindruck zu erzielen«; ›frivol‹ diene häufig zur Kennzeichnung der erotischen Literatur en bloc, doch handle es sich, präziser gesagt, um blasphemische bzw. travestierende Produktionen, »sei es auf grobianische Manier oder durch witzige Lächerlichmachung«; ›obszön‹ hingegen ist alles, »was in bewußtem Gegensatz zur herrschenden Moral zum Zwecke der physiologischen Reizung der Geschlechtsnerven verfaßt und diesen Zweck zu erfüllen geeignet ist«; ›Pornographie‹ schließlich »bezeichnet die erotische Literatur im engsten Sinne. Ihr Name (von Porne = Dirne und graphein = schreiben, also Dirnenliteratur) kennzeichnet sie als Erzählung von Begebenheiten, die mit dem Beruf der Freudenmädchen aufs engste zusammenhängen.«

In seiner ›Einleitung‹ zum ersten Band der ›Anthologie der erotischen Literatur aller Zeiten und Völker‹ nimmt Franz Blei diese Terminologie auf und setzt sich mit ihr auseinander, wobei er sich in besonderer Intensität mit der Qualität des ›Pornographischen‹ beschäftigt, das eine sprechende Zeitsignifikanz zu haben scheint. Daraus leitet er für sich ein dezidiert kulturhistorisches Interesse an derlei Produktionen ab, wobei das besondere Augenmerk dem Aufschluß gilt, der sich mit Hilfe solcher »weit verbreiteten Lektüre (...) über die geist-seelische Formation der Masse, für deren Wünsche, Vorstellungen und Träume« gewinnen läßt. Paul Englisch betont demgegenüber in seiner kurzen ›Einleitung‹ zum zweiten Band unserer ›Anthologie‹, auf deren vollen Abdruck wir hier in unserer Neuausgabe verzichten, gerade auch den emanzipativen Charakter der erotischen Literatur und führt aus: »Nur wer die Materie nicht kennt, wird die Ansicht vertreten, daß die stark erotische Literatur in der

Schilderung von Coitus-Szenen sich erschöpft. (...) Die Erotik in der Literatur beschränkt sich ja keineswegs auf die Befriedigung vorhandener und nicht ausrottbarer Triebe, dient nicht lediglich zur sinnlichen Ergötzung, sondern bezweckt mitunter die Verfechtung eines umstrittenen Standpunkts, zu dem mit heißem Bekennermut bekehrt werden soll (...). Der streitbare Fechter verwendet die scharfe oder ätzende Waffe der Erotik als Kampfmittel gegen veraltete Anschauungen, auch um gegen Einrichtungen anzurennen, die nicht mehr in die Zeit passen, ferner um verhaßte Gegner zu Fall zu bringen. Die französische Revolution hätte keineswegs den weltgeschichtlichen Verlauf genommen und besonders unerbittlich gegen Thron und Altar sich gekehrt, wenn nicht durch die zahllosen antiroyalistischen und antiklerikalen Erotika der Boden unterminiert und die Sprengung der vermorschten Stützen des Staates vorbereitet worden wäre. Die ›Memoiren des Saturnin‹, ›Die philosophische Therese‹ und Mirabeaus ›Bekehrung‹ beispielsweise müssen deshalb als weltgeschichtliche Dokumente betrachtet werden.«

Beide Aspekte des Erotischen, von denen hier die Rede ist, finden in den vorstehend versammelten Texten unterschiedliche Bestätigung. Ein grobes historisches Raster ermöglicht ihre zeitliche Einordnung: dieses wiederholte sich in der Originalausgabe von Band eins zu Band zwei, teilte also das anthologistische Material in zwei Hälften mit fast identischer Chronologie, wobei der zweite Band quasi als ›Ergänzung‹ zum ersten figurierte. Die vorliegende Ausgabe weicht davon ab und offeriert die Summe der Texte in einem einzigen historischen Ablauf, wobei der ursprünglichen Anordnung durch versetzte Kapitelsegmentierungen Rechnung getragen ist. Die ›Einleitung‹ Franz Bleis wurde – als Eröffnung des Ganzen – an ihrem ursprünglichen Ort belassen; was das knappe ›Vorwort‹ betrifft, das Paul Englisch zum zweiten

Band der Originalausgabe beisteuerte, muß und kann ich mich freilich auf mein ›Nachwort‹-Zitat und jenen abschließenden Hinweis beschränken, mit dem der Anthologist noch einmal auf das Ziel seiner Unternehmung hinweist – und dies in Rückwendung zu dem einleitend zitierten Impressums-Hinweis, der heute ebenfalls entfallen darf –: »Der Herausgeber vorliegender Anthologie ließ sich bei der Auswahl der zu bringenden Stücke durch (...) wissenschaftliche Motive leiten. Es wäre ein Leichtes gewesen, wahl- und kritiklos aus der erotischen Weltliteratur beliebige besser zu verdauende Coitus-Szenen aneinanderzureihen, um so den Wollustkitzel zu befriedigen. Das aber sollte gerade vermieden werden. (...) Dem ernstlich interessierten Forscher sollte für das Studium schwer zugängliches Material, sollte ein Handbuch geboten werden, das ihm die Anschaffung zahlreicher einschlägiger für ihn unentbehrlicher Quellenwerke erübrigt. (...) Die Literaturnachweise geben nur das Allernotwendigste zum Verständnis und eröffnen durch Quellenangaben die Wege zu weiterer Information«.

Mit dem ursprünglichen Erscheinungsjahr 1932 gehört die ›Anthologie der erotischen Literatur aller Zeiten und Völker‹ zur Masse jener Literatur, die dank des Stichdatums der nationalsozialistischen Machtergreifung zu keiner historischen Wirkung mehr kommen konnte; sie findet also ihre Leser erst mit einiger Verspätung und unter stark veränderten kulturellen Veränderungen: trotzdem handelt es sich um eine auch heute noch imponierende Sammlung, die als solche Aufmerksamkeit verdient, solange sich eine ›Bibliothek des Erotischen‹ neben einer ›Videothek des Erotischen‹ behaupten kann. Für Paul Englisch sind nach dem Erscheinen der ›Anthologie‹ noch einige Publikationen bis ins Jahr 1934 nachgewiesen, für Franz Blei war das Datum der Veröffentlichung identisch mit seiner Flucht vor den Nationalsozialisten und seiner Emigration: er kehrte aus einem Aufenthalt auf Mallorca nicht mehr nach Deutschland zurück, lebte dort bis 1936 und dann noch bis 1940 in Cagnes-sur-Mer in Frankreich, ehe er mit einem amerikanischen Notvisum in die Vereinigten Staaten entkam, wo er einundsiebzigjährig 1942 in New York starb.

Inhalt

Erster Band

Antike

I. Abteilung

II. Abteilung

Orient

Mittelalter

I. Abteilung

II. Abteilung

Renaissance und Humanismus

I. Abteilung

II. Abteilung

Barock und Rokoko

I. Abteilung

II. Abteilung

Zweiter Band

Neuzeit

I. Abteilung

II. Abteilung

Zu dieser Ausgabe

insel taschenbuch 1141
Anthologie der erotischen Literatur
aller Zeiten und Völker

Der Text folgt, von Karl Riha neu arrangiert, folgender Ausgabe: Anthologie der erotischen Literatur aller Zeiten und Völker. Mit einer Einleitung von Franz Blei. Herausgegeben von Paul Englisch. Anakreon-Verlag, Wien 1932. Der Abdruck erfolgt mit freundlicher Genehmigung der Erbengemeinschaft Franz Blei Internationaal Literatuur Bureau BV, Hilversum. Karl Riha schrieb für die vorliegende Ausgabe das Nachwort.

Umschlagmotiv: Auguste Rodin, Weibliches Paar. Bleistift und Aquarell. Kassettenmotiv: Auguste Rodin, Zwei Frauenakte. Bleistift und Aquarell.

Anthologien
im insel taschenbuch

Alt-Prager Geschichten. Gesammelt von Peter Demetz. Mit Illustrationen von Hugo Steiner-Prag. it 613

Alt-Wiener Geschichten. Gesammelt von Joseph Peter Strelka. Mit sechs farbigen Abbildungen. it 784

An den Mond. Ausgewählt von Elisabeth Borchers. it 956

Anthologie der erotischen Literatur aller Zeiten und Völker. 2 Bde. in Kassette. Mit einer Einleitung von Franz Blei. Herausgegeben von Karl Riha. it 1141

Arm und reich. Geschichten und Gedichte. Ausgewählt von Ralf Borchers. it 1031

Bäume. Das Insel-Buch der Bäume. Gedichte und Prosa. Ausgewählt und herausgegeben von Gottfried Honnefelder. Mit sechzehn Farbtafeln. it 1041

Ludwig Bechstein: Hexengeschichten. Mit farbigen Illustrationen von Monika Wurmdobler. it 865

Berlin im Gedicht. Herausgegeben von Barbara und Walter Laufenberg. it 851

Besuch bei Toten. Ein imaginärer Friedhof angelegt von Peter Maigler. it 871

Blätter aus Prevorst. Eine Auswahl von Berichten über Magnetismus, Hellsehen, Geistererscheinungen aus dem Kreise Justinus Kerners. Herausgegeben von Hermann Hesse. it 1019

Briefe an den Vater. Zeugnisse aus drei Jahrhunderten. Ausgewählt von Jens Haustein. it 1045

Das Brunnenbuch. Gedichte und Prosa. Herausgegeben von Hans-Joachim Simm. it 933

Das Buch der Liebe. Gedichte und Lieder ausgewählt von Elisabeth Borchers. it 82

Capri. Ein Lesebuch. Hans Bender und Hans Georg Schwark. it 1077

Deutsche Criminalgeschichten. Von Schiller, Goethe, Kleist, E. T. A. Hoffmann und anderen. Mit einem Nachwort von Volker Ladenthin. it 773

Deutsche Denker über China. Herausgegeben von Adrian Hsia. it 852

Einladung zum Essen. Ein Buch für Gäste. Vorgelegt von Claudia Schmölders. it 1161

Die Eisenbahn. Gedichte. Prosa. Bilder. Herausgegeben von Wolfgang Minaty. it 676

Ermutigungen. Das Insel-Buch der Tröstungen. Gedichte und Prosa. Ausgewählt von Rainer Malkowski. it 1053

Faust-Parodien. Eine Auswahl satirischer Kontrafakturen. Herausgegeben von Karl Riha. it 1147

163/1/7.88

Anthologien
im insel taschenbuch

Feiern und Feste. Ein Lesebuch. Herausgegeben von Hans-Joachim Simm. it 738

Das Ferienbuch. Literarische Souvenirs, aufgelesen von Vera Pagin und Hans-Joachim Simm. it 1082

Flucht und Exil. Geschichten und Berichte aus zwei Jahrhunderten. Herausgegeben von Joseph Peter Strelka. it 1070

Das Fohlen und andere Tiergeschichten. Mit Illustrationen von Josef Hegenbarth. it 993

Frauenbriefe der Romantik. Herausgegeben und mit einem Nachwort von Katja Behrens. Mit zeitgenössischen Porträts. it 545

Das Frühlingsbuch. Gedichte und Prosa. Herausgegeben von Hans Bender und Nikolaus Wolters. it 914

Geschichten vom Buch. Eine Sammlung von Klaus Schöffling. it 722

Der Golem. Geschichten um eine Legende. Herausgegeben von Franz-Heinrich Hackel. it 1036

Griechisches Lesebuch. Herausgegeben von Hellmuth Flashar. it 995

Bret Harte: Goldgräbergeschichten. Aus dem Amerikanischen von Wilhelm Lange. Mit zeitgenössischen Fotografien. it 803

Heidelberg-Lesebuch. Stadt-Bilder von 1800 bis heute. Herausgegeben von Michael Buselmeier. it 913

Das Herbstbuch. Gedichte und Prosa. Herausgegeben von Hans Bender. it 657

Das Hundebuch. Geschichten und Gedichte von Hunden und ihren Herren. Gesammelt von Gottfried Honnefelder. it 785

Jugend. Eine literarische Spurensuche. Herausgegeben von Gottfried Honnefelder. Mit farbigen Abbildungen. it 1129

Gerhard Kaiser: Augenblicke deutscher Lyrik. Von Martin Luther bis Paul Celan. it 978

Das Kalte Herz. Und andere Texte der Romantik. Mit einem Essay von Manfred Frank. it 330

Das Katzenbuch. Von Katzen und ihren Freunden. Geschichten, Gedichte, Bilder. Gesammelt von Hans Bender und Hans Georg Schwark. it 567

Kennst du das Land, wo die Zitronen blühn. Italien im deutschen Gedicht. Herausgegeben von Peter Hamm. it 927

Lesebuch der Jahrhundertwende. Prosa aus den Jahren 1889 bis 1908. Ausgewählt von Klaus Schöffling. it 997

Liebe Mutter. Eine Sammlung von Elisabeth Borchers. it 230

Lieber Vater. Eine Sammlung von Gottfried Honnefelder. it 231

Liebe und Tod in Wien. Geschichten aus einer Stadt. Herausgegeben von Jean Gyory. it 815

163/2/7.88

Anthologien
im insel taschenbuch

Liebesgeschichten. Ausgewählt von Elisabeth Borchers. it 789

Loreley. Gedichte, Prosa, Bilder. Ein Lesebuch von Wolfgang Minaty. Mit zahlreichen Abbildungen. it 1065

Der neue Pitaval. Eine Sammlung der interessantesten Kriminalgeschichten. Herausgegeben von Julius Eduard Hitzig und Wilhelm Häring. it 819

Friedrich Nietzsche: »Wie man wird, was man ist.« Ermutigungen zum kritischen Denken. Herausgegeben von Ursula Michels-Wenz. it 1096

Das Poesiealbum. Verse zum Auf- und Abschreiben. Mit Bildern und Vignetten. Ausgewählt und zusammengestellt von Elisabeth Borchers. it 414

Poetische Grabschriften. Mit zehn Radierungen von Christoph Meckel. Herausgegeben von Wulf Segebrecht. it 951

Der Rhein. Seine poetische Geschichte in Texten und Bildern. Herausgegeben von Helmut J. Schneider. it 624

Römisches Lesebuch. Herausgegeben von Manfred Fuhrmann. it 996

Schwestern berühmter Männer. Zwölf biographische Porträts. Herausgegeben von Luise F. Pusch. Redaktionelle Mitarbeit: Jutta Wasels. it 796

Das Sommerbuch. Gedichte und Prosa. Herausgegeben von Hans Bender. it 847

Spuk- und Hexengeschichten. Aus dem »Rheinischen Antiquarius« herausgegeben von Hermann Hesse. it 908

Über die Liebe. Gedichte und Interpretationen aus der ›Frankfurter Anthologie‹ Herausgegeben von Marcel Reich-Ranicki. it 794

Der versiegelte Engel. Erzählungen zu Ikonen. Mit farbigen Abbildungen. Ausgewählt und mit einem Nachwort versehen von Angela Martini-Wonde. it 1132

Vom Abschied. Eine Gedichtsammlung. Herausgegeben von Margot Litten. Originalausgabe. it 694

Vom Tod. Ein Lesebuch für Jedermann. Herausgegeben von Werner Koch. it 1037

Weihnachten. Erzählungen aus alter und neuer Zeit. Ausgewählt von Gottfried Natalis. it 946

Das Weihnachtsbuch. Mit alten und neuen Geschichten, Gedichten und Liedern. Ausgewählt von Elisabeth Borchers. it 46

Das Weihnachtsbuch der Lieder. Mit alten und neuen Liedern zum Singen und Spielen. Ausgewählt von Gottfried Natalis. Mit einem Nachwort von Ernst Klusen. it 157

163/3/7.88

Anthologien
im insel taschenbuch

Das Winterbuch. Gedichte und Prosa. Herausgegeben von Hans Bender und Hans Georg Schwark. it 728

163/4/7.88

161/1/7.88

Klassische deutsche Literatur im insel taschenbuch

Georg Büchner: Leonce und Lena. Ein Lustspiel. Mit farbigen Illustrationen von Karl Walser und einem Nachwort von Jürgen Schröder. it 594

– Woyzeck. Nach den Handschriften neu herausgegeben und kommentiert von Henri Poschmann. it 846

Georg Büchner/Ludwig Weidig: Der Hessische Landbote. Texte, Briefe, Prozeßakten. Kommentiert von Hans Magnus Enzensberger. it 51

Gottfried August Bürger: Wunderbare Reisen zu Wasser und zu Lande. Feldzüge und lustige Abenteuer des Freiherrn von Münchhausen. Mit den Holzschnitten von Gustave Doré. it 207

Bürgers Liebe. Die Ehestandsgeschichte von Elise Hahn und Gottfried August Bürger. Herausgegeben von Hermann Kinder. Mit zeitgenössischen Illustrationen. it 564

Wilhelm Busch: Kritisch-Allzukritisches. Gedichte. Ausgewählt und mit einem Nachwort von Theo Schlee. Mit Illustrationen von Wilhelm Busch. it 52

– Sämtliche Bilderbogen. Mit einem Nachwort von Gert Ueding. it 620

Adelbert von Chamisso: Peter Schlemihls wundersame Geschichte. Nachwort von Thomas Mann. Illustriert von Emil Preetorius. it 27

Matthias Claudius: Der Wandsbecker Bote. Mit einem Vorwort von Peter Suhrkamp und einem Nachwort von Hermann Hesse. it 130

Annette von Droste-Hülshoff: Bei uns zulande auf dem Lande. Prosaskizzen. Herausgegeben von Otto A. Bäumer. Mit Abbildungen. it 697

– Die Judenbuche. Ein Sittengemälde aus dem gebirgichten Westfalen. Mit Illustrationen von Max Unold. it 399

– Sämtliche Gedichte. Mit einem Nachwort von Ricarda Huch. it 1092

Johann Peter Eckermann: Gespräche mit Goethe. In den letzten Jahren seines Lebens. 2 Bde. Herausgegeben von Fritz Bergemann. it 500

Joseph von Eichendorff: Aus dem Leben eines Taugenichts. Mit Illustrationen von Adolf Schrödter und einem Nachwort von Ansgar Hillach. it 202

– Gedichte. Mit Zeichnungen von Otto Ubbelohde. Herausgegeben von Traude Dienel. it 255

– Gedichte. In chronologischer Folge herausgegeben von Hartwig Schultz. it 1060

– Novellen und Gedichte. Ausgewählt und eingeleitet von Hermann Hesse. it 360

161/2/7.88

Klassische deutsche Literatur im insel taschenbuch

Theodor Fontane: Allerlei Glück. Plaudereien, Skizzen und Unvollendetes. Ausgewählt und herausgegeben von Otto Drude. it 641
– Cécile. Mit einem Nachwort von Walter Müller-Seidel. it 689
– Effi Briest. Mit 21 Lithographien von Max Liebermann. it 138
– Frau Jenny Treibel oder ›Wo sich Herz zum Herzen findt‹. Roman. Mit einem Nachwort von Richard Brinkmann. it 746
– Grete Minde. it 1157
– Irrungen, Wirrungen. Mit einem Nachwort von Walther Killy. it 771
– Jenseit des Tweed. Bilder und Briefe aus Schottland. Herausgegeben von Otto Drude. Mit zahlreichen Abbildungen. it 1066
– Mathilde Möhring. Mit einem Nachwort von Peter Demetz. it 1107
– Meine Kinderjahre. Autobiographischer Roman. Mit einem Nachwort von Otto Drude. it 705
– Schach von Wuthenow. Erzählung aus der Zeit des Regiments Gendarmes. Mit einem Nachwort von Benno von Wiese. it 816
– Der Stechlin. Mit einem Nachwort von Walter Müller-Seidel. it 152
– Stine. Roman. Mit einem Nachwort von Peter Demetz. it 899
– Unwiederbringlich. Roman. it 286
– Von Zwanzig, bis Dreißig. Herausgegeben von Otto Drude. Mit zahlreichen Abbildungen. it 985
– Vor dem Sturm. Roman, aus dem Winter 1812 auf 13. Mit einem Nachwort von Hugo Aust. it 583
– Wanderungen durch die Mark Brandenburg. 5 Bde. in Kassette. Herausgegeben von Gotthard Erler und Rudolf Mingau. it 1181-1185
Theodor Fontane. Ein Leben in Briefen. Mit zahlreichen Bildnissen und Faksimiles ausgewählt und herausgegeben von Otto Drude. it 540
Georg Forster: Ansichten vom Niederrhein von Brabant, Flandern, Holland, England und Frankreich im April, Mai und Junius 1790. Herausgegeben von Gerhard Steiner. it 1136
– Reise um die Welt. Herausgegeben und mit einem Nachwort von Gerhard Steiner. it 757
Christian Fürchtegott Gellert: Fabeln und Lieder. Mit den vierundzwanzig Radierungen zu Gellerts Fabeln von Daniel Nikolaus Chodowiecki. Herausgegeben von Gottfried Honnefelder. it 895
Johann Wolfgang von Goethe: Dichtung und Wahrheit. 3 Bde. in Kassette. Mit Bildmaterial. it 149-151
– Faust. Erster Teil. Nachwort von Jörn Göres. Illustrationen von Eugène Delacroix. it 50

161/3/7.88

Klassische deutsche Literatur
im insel taschenbuch

Johann Wolfgang von Goethe: Faust. Zweiter Teil. Mit Federzeichnungen von Max Beckmann. Mit einem Nachwort zum Text von Jörn Göres und zu den Zeichnungen von Friedhelm Fischer. it 100

– Urfaust. Faust. Ein Fragment. Faust. Eine Tragödie. Paralleldruck der drei Fassungen. 2 Bde. Herausgegeben von Werner Keller. it 625

– Frühes Theater. Mit einer Auswahl aus den dramaturgischen Schriften 1771-1828. Herausgegeben und mit einem Nachwort von Dieter Borchmeyer. it 675

– Gedichte in zeitlicher Folge. Eine Lebensgeschichte Goethes in seinen Gedichten. 2 Bde. Herausgegeben von Heinz Nicolai. it 350

– Die guten Frauen als Gegenbild der bösen Weiber. Mit Kupferstichen von Johann Heinrich Ramberg aus dem Taschenbuch für Damen auf das Jahr 1801. it 925

– Hermann und Dorothea. Mit Aufsätzen von August Wilhelm Schlegel, Wilhelm von Humboldt, Georg Wilhelm Friedrich Hegel und Hermann Hettner. Mit zehn Kupfern von Catel. it 225

– Historische Schriften. Eine Auswahl in biographischer Folge. Herausgegeben von Horst Günther. Mit Zeichnungen von Goethe. it 650

– Italienische Reise. 2 Bde. Mit vierzig Zeichnungen des Autors. Herausgegeben und mit einem Nachwort versehen von Christoph Michel. it 175

– Klassisches Theater. Herausgegeben und mit einem Nachwort von Dieter Borchmeyer. it 700

– Die Leiden des jungen Werther. Mit einem Essay von Georg Lukács und einem Nachwort von Jörn Göres. Mit zeitgenössischen Illustrationen von Daniel Nikolaus Chodowiecki und anderen. it 25

– Märchen. Der neue Paris. Die neue Melusine. Das Märchen. Herausgegeben und erläutert von Katharina Mommsen. it 825

– Der Mann von funfzig Jahren. Mit einem Nachwort von Adolf Muschg. it 850

– Maximen und Reflexionen. Text der Ausgabe von 1907 mit den Erläuterungen und der Einleitung Max Heckers. Nachwort von Isabella Kuhn. it 200

– Novellen. Herausgegeben und mit einem Nachwort versehen von Katharina Mommsen. Mit Federzeichnungen von Max Liebermann. it 425

– Pandora. Herausgegeben von Manfred Fuhrmann. it 1075

– Reineke Fuchs. Mit Stahlstichen nach Zeichnungen von Wilhelm Kaulbach. it 125

161/4/7.88

161/5/7.88

Klassische deutsche Literatur im insel taschenbuch

Johann Wolfgang von Goethe: Der Briefwechsel zwischen Schiller und Goethe. 2 Bde. Herausgegeben von Emil Staiger. Mit Illustrationen. Bildkommentar von Hans-Georg Dewitz. it 250

– Briefwechsel mit Marianne und Jakob Willemer. Herausgegeben von Hans-J. Weitz. it 900

– Briefwechsel zwischen Goethe und Zelter 1796-1832. Herausgegeben von Max Hecker. it 950

Goethes Gedanken über Musik. Eine Sammlung aus seinen Werken, Briefen, Gesprächen und Tagebüchern. Herausgegeben von Hedwig Walwei-Wiegelmann. it 800

Goethes Liebesgedichte. Herausausgegeben von Hans Gerhard Gräf mit einem Nachwort von Emil Staiger. it 275

Jeremias Gotthelf: Die schwarze Spinne. Mit Illustrationen von Renate Sendler-Peters. it 991

Christian Dietrich Grabbe: Scherz, Satire, Ironie und tiefere Bedeutung. Ein Lustspiel in drei Aufzügen. Mit Illustrationen von Friedrich Heubner. it 534

Jacob Grimm: Über den Ursprung der Sprache. Gelesen in der Preussischen Akademie der Wissenschaften am 9. Januar 1851. Mit Anmerkungen und einem Nachwort von M. Rassem. it 877

Hans Jakob Christoffel von Grimmelshausen: Der abenteuerliche Simplicissimus. Mit Zeichnungen von Fritz Kredel. it 739

– Trutz-Simplex oder Ausführliche und wunderseltzame Lebensbeschreibung der Ertzbetrügerin und Landstörtzerin Courasche. Mit einem Nachwort von Wolfgang Koeppen. it 211

Karoline von Günderode: Gedichte. Herausgegeben von Franz Josef Görtz. it 809

Johann Christian Günther: Gedichte. it 1028

Wilhelm Hauff: Märchen. Erster Band. Herausgegeben von Bernhard Zeller. Mit Illustrationen von Theodor Weber, Theodor Hosemann und Ludwig Burger. it 216

– Mitteilungen aus den Memoiren des Satan. Herausgegeben von Bernhard Zeller und zahlreichen Illustrationen von Rolf Köhler. it 782

Friedrich Hebbel: Erzählungen und Tagebuchblätter. Ausgewählt und mit einem Nachwort versehen von Hermann Hesse. it 1029

Johann Peter Hebel: Kalendergeschichten. Ausgewählt und mit einem Nachwort von Ernst Bloch. Mit neunzehn Holzschnitten von Ludwig Richter. it 17

161/6/7.88